HISTOIRE

DU

SECOND EMPIRE

III

PARIS. — IMPRIMERIE DE E. MARTINET, RUE MIGNON, 2.

HISTOIRE

DU

SECOND EMPIRE

PAR

TAXILE DELORD

MEMBRE DE L'ASSEMBLÉE NATIONALE

TOME TROISIÈME

PARIS
LIBRAIRIE GERMER BAILLIÈRE
RUE DE L'ÉCOLE DE-MÉDECINE, 17
1873
Tous droits réservés

HISTOIRE
DU
SECOND EMPIRE
1848 — 1870

L'EMPIRE
(SUITE)

CHAPITRE PREMIER.

1860.

EXPÉDITIONS DE CHINE ET DE SYRIE.

Sommaire. — Expédition de Chine. — Traité de Tien-tsin. — Retard éprouvé dans l'échange des ratifications. — L'Angleterre et la France décident l'envoi d'une expédition en Chine. — Lord Elgin et le baron Gros sont nommés envoyés extraordinaires des deux puissances. — Prise des forts de Pé-ho. — Négociations pour la paix. — Elles sont interrompues. — Les alliés marchent sur Pé-king. — Bataille de Pa-li-kao. — Fuite de l'empereur de la Chine en Mantchourie. — Prise et pillage du Palais d'Été. — Situation difficile des alliés. — Destruction du Palais d'Été. — Le prince Hong-kong et le général Ignatieff décident le gouvernement chinois à signer la paix. — L'armée rentre en France. — Préparatifs de l'expédition de Cochinchine.
Expédition de Syrie. — Le Liban. — État de l'Orient depuis la révolte des Cipayes et la guerre de Crimée. — Les massacres du Liban et de Damas. — La nouvelle de ces événements parvient en France. — Napoléon III se prépare à secourir les chrétiens de Syrie. — Préliminaires diplomatiques de l'expédition. — Résistance de la Turquie. — Difficultés soulevées par l'Angleterre et par la Russie. — Le Piémont est exclu des négociations. — Proclamation de l'Empereur à l'armée. — Fuad-Pacha à Beyrouth et à Damas. — Lenteurs de la répression. — L'indemnité de guerre. — Exigences de l'Angleterre. — Résultat de l'expédition à la fin de l'année 1860.

La France et l'Angleterre avaient conclu avec la Chine, dans le courant du mois de juillet 1858, à Tien-tsin, un traité dont les ratifications devaient être échangées le 26 juin de l'année suivante à Pé-king.

M. Bruce, ministre d'Angleterre, M. de Bourboulon,

TAXILE DELORD. III — 1

ministre de France, M. Ward, ministre des États-Unis, se mirent donc en route pour la capitale du Céleste-Empire, après avoir arrêté avec les commissaires impériaux les conditions de leur voyage, sous la protection d'une escadre composée de sept bâtiments à vapeur, de dix canonnières et de deux transports commandés par l'amiral Hope. Les ministres, arrivés à l'embouchure du Pé-ho, furent arrêtés par les fortifications qui ferment l'entrée de ce fleuve.

L'amiral Hope, estimant ses forces suffisantes pour l'ouvrir, attaqua les forts du Pé-ho dont les Chinois avaient considérablement augmenté et perfectionné les défenses. Une tentative de débarquement fut repoussée avec de graves pertes. L'amiral Hope tomba sous une balle. Il fallut se retirer.

L'annonce d'une nouvelle expédition entreprise pour réparer l'honneur du pavillon français fut assez mal accueillie par l'opinion. La France n'avait, en effet, aucun intérêt sérieux à défendre, aucune conquête utile à faire en Chine, les éléments d'un commerce permanent entre les deux nations manquant complétement. Quel parti la France tirait-elle du traité conclu en 1844 entre elle et la Chine? Les deux nations qui entretiennent avec ce pays des relations bien autrement importantes que les siennes, la Russie et les États-Unis, sont toujours en paix avec lui; s'il en est autrement de l'Angleterre, c'est qu'elle est obligée de vendre à la Chine son opium le pistolet au poing.

Le gouvernement anglais, soit qu'il fût guidé par des motifs d'économie et d'intérêt commercial, soit par la crainte de se montrer trop souvent dans les mers de l'extrême Orient à côté de la France, paraissait peu disposé d'abord à recourir aux moyens extrêmes. Le gouvernement français, désireux de prouver à l'Europe que l'alliance anglo-française pouvait se renouer et de donner satisfaction aux intérêts religieux soutenus avec ardeur par l'impératrice, penchait au contraire pour une réparation complète, et voulait donner de grands développements à l'expédition de Chine. Il était même question au ministère de la guerre de créer quatre nouveaux régiments de zouaves avec les volontaires qui se présenteraient, et de leur adjoindre, sur la demande du ministre de Belgique, un millier de soldats belges formant un bataillon ; l'effectif des troupes de débarquement devait être de 15 à 18 000 hommes.

Le gouvernement anglais, enfin rallié aux idées de Napoléon III, ne pouvait cependant admettre que les forces françaises employées à la prochaine expédition fussent supérieures aux siennes. Napoléon III réduisit donc son armée à des proportions plus modestes, quoique le quart de l'armée se fût présenté en réponse à l'appel que le ministre de la guerre avait fait aux volontaires.

Les avantages qu'il leur offrait étaient à la vérité assez grands : pour les soldats, la solde de Paris augmentée de 10 centimes; pour les officiers subalternes, 9 francs de solde par journée passée à terre; pour les officiers supérieurs, 12 francs. Le général en chef pouvait doubler cette paye pour les officiers isolés ou en mission, un congé renouvelable d'une année leur était promis au retour. Le général en chef avait également le droit de nommer à tous les emplois vacants, sauf ratification de l'Empereur, les grades de colonel, de lieutenant-colonel et de sous-lieutenant exceptés. Si l'élan pour faire partie de l'expédition fut très-vif chez les soldats, le même empressement ne se manifesta point chez les officiers, surtout chez les officiers supérieurs. Un corps d'armée de deux brigades fut rapidement formé. Le général de division Cousin de Montauban, vieux soldat d'Afrique ayant les qualités et les défauts que développe la guerre d'Afrique, et les défauts plus que les qualités; homme habile, spirituel, de manières faciles, ne dépassant pas dans ses mœurs militaires la limite des scrupules qu'on se trace habituellement dans les bureaux arabes; sachant prendre les gens et les temps comme ils viennent et, par conséquent, capable de bien vivre avec des alliés susceptibles, reçut le commandement de l'expédition.

L'armée, moins un bataillon de chasseurs à pied et un régiment de marine partant des ports de l'Océan, s'embarqua le 5 décembre 1859 à Toulon, et prit la route du Cap. Le général de Montauban ne quitta la France que le 12 janvier. Ses instructions portaient : dépasser l'embouchure du Pé-ho, débarquer et emporter les forts qui ferment l'entrée de ce fleuve, prendre une position menaçant Pé-king, marcher sur la ville de Tien-tsin et, en cas extrême, sur Pé-king ; s'emparer de la haute direction des affaires, poursuivre la guerre aussi loin qu'il le croirait nécessaire ; rester juge de suspendre les hostilités ou de les reprendre, indiquer au ministre français le moment où il faudrait négocier; enfin s'entendre sur tous les points avec son collègue de l'armée anglaise.

M. de Montauban, nommé général en chef des forces de terre, apprit en arrivant en Chine que la flotte était placée sous les ordres de l'amiral Charner. La gravité de la situation avait en outre engagé les cabinets de Londres et de Paris à séparer les pouvoirs diplomatiques des pouvoirs militaires, et à confier leurs intérêts à des ambassadeurs extraordinaires, lord Elgin et le baron Gros, négociateurs et signataires des traités de 1858. L'amiral Charner prit son commandement le 19 avril à Shang-haï. M. Cousin de Montauban n'était plus que général d'armée.

La flotte portant les troupes françaises arriva dans le port chinois de Woosoung après une traversée de cinq mois et demi, sans avoir éprouvé de trop grandes pertes.

L'armée anglaise, qui l'avait précédée, s'organisait à Talicou-houan; l'armée française qui devait procéder à la même opération à Tché-fou sur les deux côtés du golfe de Pé-tchi-li, débarqua dans les premiers jours de juin et se répandit aussitôt dans les villages voisins maraudant beaucoup, pillant un peu, forçant les gens du pays à prendre la fuite, ce qui rendait les vivres frais fort rares au camp, se livrant à tous les désordres d'une troupe indisciplinée, jusqu'au 19 juillet où il fut décidé dans un conseil composé des généraux, des amiraux et des ambassadeurs, que le 28 les flottes alliées se réuniraient dans le golfe de Pé-tchi-li, qu'on consacrerait la journée du 29 ou du 30 à faire une reconnaissance, puis qu'on attaquerait les forts de Pé-tang d'où l'on se porterait selon la tournure des événements, soit sur le Pé-ho, soit sur la ville de Tien-tsin.

Les deux flottes étaient mouillées le 28 dans la baie de Cha-lui-tien, à six milles des forts du Pé-tang. Les deux colonnes de débarquement franchirent le 30 juillet la barre du Pé-tang, s'emparèrent du pont du village de Pé-tang et occupèrent ce village qui fut livré au pillage et à toutes les horreurs d'une ville prise d'assaut. Les Chinois, pour soustraire leurs femmes à la brutalité des soldats, les égorgeaient et les jetaient dans des puits, d'où l'on essayait en vain de les retirer; elles repoussaient tout secours et préféraient la mort à l'idée de tomber entre les mains des barbares.

Une brigade anglaise et une brigade française lancées, le 3 août, sur la chaussée qui mène au fort du Pé-ho, échangèrent quelques coups de fusil avec un corps de dix mille cavaliers tartares appuyés par de l'infanterie. Les obus lancés sur cette cavalerie ne lui firent pas lâcher pied. Les grandes opérations ne pouvaient commencer qu'après le débarquement du matériel de l'armée française ; il avançait avec une telle lenteur que le général en chef anglais crut devoir avertir le général de Montauban que s'il ne terminait pas ses préparatifs, il agirait seul. La pluie le força d'attendre. Les deux armées marchèrent ensemble le 30 août sur les forts du Pé-ho, dont elles s'emparèrent presque sans coup férir. Le général de Montauban voulait après cela opérer sur la rive droite du Pé-ho, le général Hope préférait attaquer les forts de la rive gauche et ne pas disséminer l'armée sur les deux rives.

Les alliés avaient reçu une lettre du gouverneur du Pé-tchi-li demandant une suspension des hostilités pendant laquelle de nouvelles instructions seraient demandées à Pé-king. Ces propositions faites par les Chinois pour gagner du temps donnèrent lieu à des allées et des venues qui fournirent aux alliés l'occasion de se procurer des renseignements qui leur révélèrent l'existence à 1000 mètres en avant du village de Si-kon, résidence du gouverneur, d'un camp retranché contenant un nombre assez considérable de troupes.

Les alliés, après avoir relié les deux rives du fleuve par un pont de bateaux et fait des reconnaissances sur la rive gauche suivant les plans du général anglais, attaquèrent le 21 les forts du Pé-ho sur la rive gauche; ils ne s'en rendirent maîtres qu'après un combat assez vif. Restait à prendre le fort en aval de la rive droite. Les mandarins parlèrent de nouveau de négociations, de lettres écrites à Pé-king, de réponses à recevoir, etc. L'autorisation d'entrer dans le Pé-ho serait accordée si l'on suspendait les hostilités. On leur répondit en leur donnant une heure pour rendre le fort. Les Français, l'heure expirée, s'avancent au pas de course sur la position, qui d'un moment à l'autre pouvait les foudroyer; l'infanterie de marine franchit le premier fossé, l'infanterie de ligne le passe à quatre pattes sur une échelle tendue horizontalement; le second fossé est également franchi; on est devant le troisième et dernier fossé. Les soldats, au moment de le sauter, aperçoivent entre les créneaux les baïonnettes de l'infanterie de marine qui a pénétré dans le fort par les passages ouverts sur le fleuve. Ils essayent d'abaisser le pont-levis, mais il est impossible d'en ouvrir la porte; ils se hissent par des cordages que leur tendent leurs camarades, et derrière les remparts ils trouvent quatre mille Tartares qui leur demandent la vie à genoux.

Les troupes alliées avaient sans doute fait preuve d'un grand courage en se lançant sur les forts, et ce n'est pas leur faute si elles n'avaient pas trouvé une résistance plus acharnée; mais si de tels exploits donnent lieu à des bulletins pompeux, où l'on voit figurer cinq forts, deux camps retranchés, cinq cent dix-huit canons pris, deux ou trois mille ennemis tués, quatre mille prisonniers, il faut songer que quarante hommes seulement ont été tués du côté des vainqueurs, et mesurer la valeur des résultats au chiffre de ces pertes.

Quel effet avait produit la prise du deuxième fort sur le gouverneur du Pé-tchi-li? Des officiers lui furent dépêchés avec mission d'exiger l'abandon de toutes les défenses du Pé-ho. Ces officiers en se rendant à Si-kou où ils devaient rencontrer le gouverneur, essayèrent vainement d'intimider le mandarin tartare qui commandait le grand fort de la rive droite. Ils furent plus heureux auprès de son supérieur qui, après un long débat, consentit à la remise des forts et des camps de la rive droite avec leurs canons et munitions de guerre, et à l'envoi d'officiers tartares pour indiquer l'emplacement des mines, et pour fournir tous les renseignements sur les barrages du Pé-ho. Ces conditions furent signées dans la nuit du 22, et le matin les flotilles entrèrent dans le Pé-ho, portant 2000 hommes à Tien-tsin où ils s'établirent le 26, les Français sur la rive droite et les Anglais sur la rive gauche du fleuve.

Tien-tsin est le point où le grand canal conduisant à Pé-king se réunit au Pé-ho. C'est une ville fortifiée, centre d'un immense commerce d'entrepôt, et entrepôt général de sel. Un mandarin de première classe à globule rouge, se disant plénipotentiaire de l'empereur de la Chine, arriva le 31 août à Tien-tsin. Les ambassadeurs alliés engagèrent aussitôt avec lui des pourparlers qui aboutirent à la signature de préliminaires de paix. Les ambassadeurs songeaient déjà à former l'escorte qui devait les accompagner à Pé-king où aurait lieu l'échange des ratifications du traité. Des écharpes bleu de ciel, des cravates, des burnous écarlates furent même distribués aux chasseurs d'Afrique et aux spahis qui s'apprêtaient à parader dans les rues de Pé-king, lorsqu'on apprit que le plénipotentiaire chinois avait disparu. Ces négociations n'étaient qu'une ruse de guerre, pour donner au général en chef, San-ko-li-tsin, le temps d'organiser la défense du pays.

L'approche de l'hiver commandait aux alliés d'agir promptement. Les généraux se décidèrent à marcher sur Pé-king. Le trajet était long, le pays inconnu, les approvisionnements difficiles à réunir et à transporter par terre ainsi que les soldats malades ou éclopés. L'armée partit sur trois colonnes échelonnées à un jour de distance l'une de l'autre ; la première avec le général Grant et lord Elgin, la seconde avec le général de Montauban et le baron Gros. La première colonne partit le 9 septembre.

La colonne française établit son premier bivouac au village de Pou-kao après 17 kilomètres de marche. On s'aperçut là que les Chinois requis à Tien-tsin s'étaient sauvés avec leurs attelages. Impossible d'aller plus loin. Le canal impérial put heureusement être utilisé grâces aux pontonniers. Les malades retournèrent à Tien-tsin dans les jonques qui devaient ramener les provisions et les munitions, pendant qu'une autre escadrille de jonques chargées de bagages et de vivres suivrait la marche des troupes. L'armée apprit, au moment de se remettre en route, que le prince Tsaï, membre de la famille impériale, et le ministre de la guerre Khou se rendaient au devant des alliés. Elle les rencontra en effet le 14 septembre à Rho-se-wou.

La leçon qu'ils venaient de recevoir n'empêcha pas pourtant les ambasadeurs alliés d'entrer en pourparlers avec ces prétendus plénipotentiaires sans même demander à examiner leurs pouvoirs. Il fut convenu entre eux qu'une dernière entrevue aurait lieu à Toung-chao, ville à deux lieues de laquelle les alliés pourraient approcher.

Les Chinois ne cherchaient encore qu'à gagner du temps. Les approvisionnements abondants jusqu'à ce jour devenaient de plus en plus rares. Deux interprètes anglais envoyés à Toung-chao pour acheter des denrées trouvèrent chez les Chinois une mauvaise volonté inaccoutumée. Divers endroits sur la route portaient des traces récentes de campements de cavalerie. Un messager n'en partit pas moins pour prévenir le général Collineau resté à Tien-tsin d'accourir au plus vite s'il voulait assister à l'entrée d'honneur qu'on devait faire à Pé-king.

Les alliés se dirigèrent le 17 sur Toung-chao avec une telle confiance qu'un certain nombre d'officiers, auxquels se joignirent quelques personnes qui suivaient l'expédition (1), se lancèrent en avant pour préparer les approvisionnements des deux armées et pour voir le pays. L'armée s'arrêta à onze heures et demie du matin à Ma-tao, village abandonné, et offrant les traces encore fraîches d'un grand bivouac de cavalerie. On n'y prit pas garde. Les alliés, le lendemain à six heures du matin, quittent Ma-tao. Au bout d'une heure de marche, quatre mandarins, dont un à globule bleu d'un rang supérieur, se présentent soi-disant pour régler la question des vivres à fournir aux alliés. Une conférence s'établit en plein air, pendant laquelle la présence d'une force tartare fut signalée.

Le capitaine d'état-major Chanoine, qui venait de quitter la petite troupe chargée de réunir les approvisionnements accourut sur ces entrefaites pour prévenir les alliés que l'armée chinoise tout entière était échelonnée entre le point où ils se trouvaient et Toung-chao. Les Chinois voulaient s'opposer à son passage, mais les mandarins connaissant la mission pacifique qu'ils venaient de remplir, avaient fait respecter sa liberté. Un officier d'administration arrivé presque en même temps annonça que les alliés avaient devant eux plus de 15 000 cavaliers et

---

(1) Bawley, correspondant du *Times*; de Bastard, secrétaire d'ambassade d'Escayrac de Lauture; Walker, lieutenant-colonel chef d'état-major de la cavalerie; Anderson, lieutenant de dragons, avec un dragon et dix-neuf cavaliers indiens; Parker et Locke, interprètes de l'ambassade; Norman, attaché à la légation de Shangaï; Foullon de Grandchamps, colonel d'artillerie; Chanoine, capitaine d'état-major; Caïd Osman, sous-lieutenant de spahis; Dubut, sous-intendant militaire; Oder et Gagey, comptables. Chaque officier avait son ordonnance.

une grande quantité de fantassins armés de mousquets dont la mèche était allumée. La simple prudence ordonnait de retenir tout de suite les mandarins en otages, mais quand on y songea les rusés Chinois avaient pris les devants. Il était huit heures du matin. Attaquerait-on tout de suite? Le général Montauban était de cet avis, le général Grant se prononçait dans un sens contraire, dans la crainte d'exposer la vie des officiers partis pour Tang-chao. L'arrivée du lieutenant-colonel Walker et de cinq cavaliers, qui, à travers une vive fusillade de l'ennemi, accouraient vers l'armée anglaise, décida la question ; le combat s'engagea pour finir au bout de deux heures par la défaite complète de 50 000 Tartares. Les alliés n'éprouvèrent que des pertes insignifiantes.

Le sort des officiers partis en éclaireurs donnait toujours de vives inquiétudes ; s'ils étaient prisonniers le résultat de la bataille engagerait sans doute l'ennemi à les mettre en liberté, mais un interprète anglais envoyé pour les réclamer n'obtint qu'un refus. Les Chinois n'avaient rien perdu de leur confiance ; pleins de mépris pour leur infanterie à laquelle les alliés avaient eu affaire jusqu'ici, ils comptaient, pour les exterminer, sur la cavalerie tartare placée sous les ordres de l'invincible San-ko-li-tsing, qui, dégradé pour la reddition des forts du Pé-ho, commandait l'armée sous le nom d'emprunt de Sen-wang.

Les alliés étaient le 21 septembre devant Toung-chao, dont les vastes faubourgs sont couverts par deux canaux, celui du Pé-ho et celui de Pé-king que l'on passe sur deux ponts dont l'un pour les piétons seulement ; l'autre, d'une plus grande largeur, appelé Pa-li-kao, avec ses garde-fous ornés de statues de marbre d'animaux placés sur des pieds-droits présente un aspect assez imposant. La route de

Toung-chao à Pé-king, dallée en énormes blocs de pierre, se relie au pont de Pa-li-kao. La cavalerie tartare campait échelonnée le long du canal du Pé-ho depuis Toungchao jusqu'en face du pont à piétons : un corps d'infanterie avec du canon occupait le village de Oua-kaua-yé, qui, situé au milieu et un peu en avant de ces camps, formait une position très-propre en cas d'échec à faciliter la retraite de la cavalerie. Les alliés, sans guides, ignoraient ces dispositions, et marchaient au hasard, les Français vers le pont de Pa-li-kao, les Anglais, reliés à la gauche des Français, vers l'autre pont.

La droite de l'armée alliée, tenue par les Français, aperçut bientôt la cavalerie tartare formant un immense demi-cercle et masquant ses manœuvres derrière de nombreux bouquets d'arbres. Les généraux en chef, comprenant la nécessité de rétrécir leur ligne de bataille, envoyèrent des renforts au général Collineau pour lui permettre de communiquer plus facilement avec les Anglais en obliquant à gauche. Le général Montauban et le général Jamin gardèrent le reste des forces. Les deux colonnes françaises se trouvèrent bientôt au centre du demi-cercle formé par la ligne ennemie, avec une assez grande séparation entre elles.

Les Tartares firent aussitôt converger vers leur centre menacé les masses de cavalerie formant leurs ailes. Ce mouvement, opéré derrière la ligne de bataille, produisit l'effet d'une retraite à la droite et à l'extrême droite des alliés ; mais bientôt ils virent deux masses de cavalerie fondre sur eux au galop. La gauche reçut les Tartares à la pointe de la baïonnette ; rien n'était prêt à la droite. Les tirailleurs eurent à peine le temps de se replier, et le 101ᵉ régiment de se former en carré. Les Tartares, accueillis par une vive fusillade, hésitent et se retirent au pas de leurs chevaux, sans abandonner ni un mort ni un blessé sur le terrain. Quelques chefs essayent de ramener leurs escadrons qui refusent d'avancer. La cavalerie repoussée par le général Collineau menace cependant de le prendre à revers par un mouvement tournant. La cavalerie anglaise le dégage. Les Français enlèvent alors le village de Oua-kaua-yé, en chassant la masse ennemie qui se retire en assez bon ordre. Le général Collineau marche alors devant lui pour réunir les deux ailes sur le pont de Pa-li-kao, couvert de fortifications et de canons dont, heureusement, les coups mal dirigés passent au-dessus de sa tête. Débouchant par la gauche, il bat le pont en écharpe par une batterie de 4, et de plein fouet par une batterie de 12. La prise du pont décidait du succès de la journée; Chinois et Tartares avaient cette fois montré un égal courage; les soldats de la garde impériale, à la robe jaune bordée de noir, se firent tuer à leur poste. Le combat avait commencé à sept heures du matin; les Français campaient à midi sous les tentes des vaincus, près du pont de Pa-li-kao. Les armées alliées eurent 6 hommes tués et 34 blessés : 2000 Chinois tués ou blessés restèrent sur le champ de bataille. Le chiffre de leur armée peut être évalué à 55 000 hommes, dont 30 000 de cavalerie.

La route de Pé-king était ouverte, mais les alliés manquaient de munitions et attendaient des renforts de Tien-tsin ; il fallut s'arrêter à Toung-chao. Les généraux eurent un moment l'idée de détruire cette ville, théâtre de la trahison des mandarins ; mais ils comprirent qu'il valait mieux la convertir en marché.

Le prince Kong, frère puîné de l'empereur, chargé de reprendre et de continuer désormais les négociations, demanda la cessation des hostilités. Les alliés exigeaient avant tout la remise des prisonniers; les Chinois ne voulaient les rendre qu'après la paix et l'évacuation du Pé-ho. Les généraux de Montauban et Grant, résolus à ne point laisser de temps à l'ennemi pour remonter le moral de ses soldats, se mirent en marche sur Pé-king. Ils abandonnèrent le 4 octobre le camp de Pa-li-kao, à dix heures du matin, et ils arrivèrent bientôt à un village entouré d'énormes fours à briques du haut desquels on apercevait parfaitement les murailles et les édifices de la capitale de la Chine. Un camp tartare était adossé aux murailles du Nord. Le lendemain, les alliés quittèrent ce village, chaque soldat portant trois jours de vivres sur son dos, pour se diriger sur Pé-king dont ils trouvèrent le rempart abandonné; l'ennemi s'était retiré sur le Palais d'Été (Yuen-min-yuen), situé à 10 kilomètres au nord-est de la capitale. Les alliés s'y portèrent sans délai.

Les Français, parvenus à la nuit tombante à l'entrée d'un village dont les habitants les regardaient passer avec plus de surprise que de crainte, suivirent une route encaissée par de hautes murailles qui les conduisit à une vaste plaine plantée de grands arbres, bornée à gauche par un lac, et à droite par le palais impérial défendu par une douzaine d'hommes armés d'arcs et de fusils à mèche, qui, à leur aspect, s'enfuirent en jetant leurs armes. Le palais fut fouillé et l'on put se convaincre qu'il était abandonné complétement. La nuit ne permit pas de visiter les appartements, mais le lendemain à huit heures du matin le général de Montauban et son état-major, ses chefs de service, et un brigadier anglais accompagné de ses officiers, pénétrèrent dans la résidence d'été de l'empereur de la Chine. M. de Montauban avait autorisé chacun des membres du cortége à choisir un objet à sa convenance comme souvenir, ajoutant qu'il comptait sur l'honneur de tous pour respecter les richesses contenues dans le palais jusqu'à l'arrivée de lord Elgin et du général Grant.

Le Palais d'Été, chef-d'œuvre de l'architecture chinoise, annonçait bien par son aspect extérieur les merveilles de l'ornementation intérieure. Sa porte, flanquée sur chacun de ses côtés d'un lion colossal de bronze, posé sur un piédestal de marbre blanc de plus de 3 mètres de hauteur, donnait sur une place dallée. Un bâtiment ayant la forme d'un parallélogramme s'offrait ensuite à la vue ; on y pénétrait par un escalier de marbre blanc conduisant à une salle immense, à l'extrémité de laquelle s'élevait un trône de bois noir sculpté à jour du plus merveilleux travail ; plusieurs degrés y menaient entre deux rangées de brûle-parfums cloisonnés et de gigantesques vases émaillés ornés de toutes sortes d'animaux. Un tableau peint sur soie et représentant des vues des palais impériaux couvrait le mur de gauche. Des étagères circulant autour de la salle supportaient des vases émaillés, sculptés, cloisonnés, d'une beauté sans pareille, des piles d'albums, des livres écrits de la main des empereurs, les trésors les plus précieux de l'art chinois, le plus raffiné de tous les arts.

Une seconde salle du trône, moins riche, mais plus élégante que la première, était entourée d'appartements remplis de nouvelles merveilles : « Armes damasquinées, coupes de jade vert et blanc ; châsses d'or ou d'argent incrustées de turquoises verdies par le temps, de perles, de diamants, contenant des idoles d'or massif ; fleurs, fruits de perles fines, petits palais, arbres où se tordaient et s'amalgamaient les matières les plus précieuses. Les yeux en étaient éblouis et les désirs comme saturés (1). »

---

(1) *Expédition de Chine,* par Paul Varin.

Les visiteurs, en sortant de ces appartements féeriques, se trouvèrent devant un lac artificiel entouré de rochers et de montagnes rapportés ; un pont jeté sur un canal menait dans une troisième salle aussi élégante que les précédentes, mais d'une élégance plus intime. Le magasin de fourrures et de robes, les appartements de l'Empereur et de l'Impératrice venaient ensuite : « Il faut renoncer à décrire ce que contenaient ces appartements. Les mots manquent pour en peindre les richesses matérielles et artistiques. Ce qu'on avait vu jusque-là n'était qu'un misérable échantillon du spectacle qui s'offrit alors. C'était une vision des *Mille et une Nuits*, une féerie telle, qu'une imagination en délire ne saurait en rêver de comparable à la palpable vérité qu'on avait devant soi (1). »

L'admiration dans laquelle les visiteurs s'étaient renfermés jusqu'ici faisait place peu à peu dans leur âme à un sentiment plus vulgaire : l'envie de posséder les richesses qu'ils couvaient des yeux et qu'ils touchaient d'une main fiévreuse ; sous l'influence de cette ardente convoitise, la parole donnée fut oubliée, et sans qu'on puisse savoir qui donna l'exemple, Français et Anglais se livrèrent aux préliminaires de la grande opération qu'on appela plus tard le « déménagement du Palais d'Été ». Les passions cupides de l'armée étaient déjà si fortement surexcitées, que les soldats menaçaient de faire irruption dans le palais à la suite du général en chef ; la compagnie d'infanterie de marine préposée à la garde de la porte n'était plus une protection suffisante, « la tentation était trop forte, elle avait gagné les officiers et les soldats de garde » (2).

Les précautions nécessaires furent prises pour procéder

---

(1) *Expédition de Chine*, par Paul Varin.
(2) *Ibid.*

à un pillage méthodique qui commença le jour même, et qui ne laissa inexploré aucun coin ni recoin du palais.

« Un officier débouchant d'un couloir sombre dans un enfoncement plus sombre encore, et perdu dans ces ténèbres, recourut à la clarté fugitive d'une allumette chimique. Il était dans une salle qu'il inonda bientôt de lumières grâces aux nombreux candélabres chargés de bougies dont elle était ornée. Alors surgit à ses yeux le plus splendide des spectacles. A gauche et à droite de cette salle s'élevaient deux autels merveilleusement parés, sur lesquels brillaient des brûle-parfums, des chandeliers et des vases d'or massif, ciselés et incrustés de perles et de pierres précieuses. Au centre d'un de ces autels, une petite châsse d'or, ornée de turquoises que l'antiquité avait verdies, renfermait une idole de pierre noire surmontée d'une tête d'animal, loup ou renard. La châsse portait quatre inscriptions ; à droite et à gauche de la châsse étincelaient de pierreries deux crânes humains montés en forme de coupe. L'éclat de l'illumination attira bientôt du monde dans la salle qui devint ce que devenaient à cette heure toutes choses dans le palais de l'Empereur de la Chine. C'était sa chapelle particulière (1). »

Un second lac plus vaste que le premier s'étendait derrière le palais. Trois édifices : la chancellerie, contenant des monceaux d'écrits et de boîtes d'encre de Chine, le magasin des étoffes et le magasin des meubles, vastes amas de richesses, s'élevaient près d'une immense pagode formant à l'intérieur une infinité de petits temples remplis d'offrandes splendides. On y trouva une armure dont le casque portait au cimier une perle grosse comme un œuf de pigeon et du plus pur orient (2). En face de la pagode, un palais transformé en magasin était encombré de pièces de soie, de velours, de satin, brochées d'or et ornées du dragon à cinq griffes. Le palais des concubines de l'empereur mirait dans les eaux d'un lac ses toits de laque et les fenêtres de ses appartements regorgeant de tout ce que la fantaisie et la délicatesse féminines peuvent rêver de plus admirable. Meubles, vases, bijoux, objets d'art cloisonnés,

(1) *Expédition de Chine*, par Paul Varin.
(2) L'armure et le casque furent offerts à l'Empereur. On prétend que la perle se perdit en route.

TAXILE DELORD.

craquelés, jades, laques rouges, on fit main basse sur les trésors accumulés d'une des plus anciennes civilisations du globe. Le déménagement dura jusqu'à l'arrivée du général Grant, à deux heures. Une commission composée d'un colonel et de deux officiers fut alors nommée dans chaque armée pour procéder au choix, au classement et au partage des objets dignes d'êtres offerts à LL. MM. l'empereur des Français et la reine de la Grande-Bretagne, dont les palais allaient se parer des dépouilles d'un souverain auquel ils prétendaient apporter les lumières de la civilisation. Le produit de la vente qui eut lieu après ce prélèvement fut distribué aux troupes. La part de chaque soldat fut de 100 francs environ.

Les Français et les Anglais, qui depuis leur départ pour Tang-chao n'avaient point encore rejoint l'armée, qu'étaient-ils devenus? Divers objets leur ayant appartenu trouvés dans le palais permettaient d'espérer qu'ils étaient vivants, mais on n'avait encore sur eux aucune nouvelle certaine au moment où l'armée française quitta cet étrange bivouac du Palais d'Été, où les chevaux avaient pour litière un demi-pied de soie jaune impériale, et où le soldat, après avoir dormi sur les étoffes les plus précieuses, à côté des plus admirables objets d'art, déchirait, brisait, foulait aux pieds tout ce qu'il ne pouvait pas emporter, jetant jusqu'à l'argent à cause de son poids. « Plus d'un soldat donna un lingot de 500 francs pour une bouteille d'eau-de-vie ou d'absinthe (1). » Grenadiers, voltigeurs, soldats du centre, le képi entouré de soieries précieuses rouges, jaunes, bleues, marchaient suivis d'un Chinois chargé de leur butin et attaché à leur sac par sa longue queue en cheveux.

Les alliés, pendant cette marche, apprirent enfin que les

---

(1) *Expédition de Chine*, par Paul Varin.

prisonniers allaient leur être rendus. Le récit des tortures subies par eux en présence et pour l'amusement de l'empereur et de la famille impériale adoucit, sans le justifier aux yeux des rares moralistes de l'armée, la tristesse du spectacle auquel ils venaient d'assister.

Les armées alliées campèrent le 9 octobre au soir sous les murs de Pé-king. Leur position n'était pas des plus brillantes. La cavalerie tartare pouvait, en se répandant sur les 140 kilomètres qui les séparaient de Tien-tsin, les couper de leur ligne d'approvisionnement, et les placer dans la nécessité de forcer l'entrée d'une ville immense sans les moyens nécessaires pour le tenter, car les murs seuls de Pé-king offrent une épaisseur plus forte que celle d'aucune forteresse européenne. Aussi les généraux attendaient-ils avec impatience la réponse du gouvernement chinois aux propositions des ambassadeurs, en continuant les opérations d'un siége qu'ils savaient bien ne pouvoir mener à bonne fin. Les mandarins heureusement cédèrent aux conseils du général Ignatieff, ministre de Russie, et se décidèrent à livrer une des portes de Pé-king aux alliés le 14 octobre à midi.

Les Anglais, arrivés avant l'heure convenue, pénétrèrent les premiers dans la ville, sans attendre leurs alliés, voulant sans doute accréditer le bruit déjà répandu par eux que l'armée française faisait la guerre sous leur direction et à leur solde. L'aigreur était donc grande entre les officiers des deux armées, mais le sentiment de leur isolement au bout du monde maintenaient entre eux une concorde apparente, pendant que les pourparlers entre les diplomates continuaient, mais avec une lenteur habituelle aux Chinois, et très-nuisible aux alliés. L'hiver, si dur dans ces climats, commençait à faire sentir ses rigueurs. Il fallait prendre une décision. Lord Elgin voulait que l'armée, bravant le danger de s'établir au milieu d'une population immense qui n'aurait qu'à se resserrer pour l'étouffer, prît ses quartiers d'hiver à Pé-king. Le général de Montauban se prononça pour la retraite sur Tien-tsin. Lord Elgin finit par y consentir, mais avant de se décider au départ il menaça de brûler le Palais d'Hiver si le traité n'était pas signé le 23, et comme pour donner les arrhes de cette menace, il fit mettre le feu au Palais d'Été : bibliothèques pleines des produits littéraires de plus de quarante générations, pagodes deux ou trois fois plus vieilles que les plus anciens monuments de l'Europe, palais, kiosques, ponts pittoresques, terrasses, vases, statues de granit et de marbre, tout cela n'est plus aujourd'hui qu'un amas de décombres noirs tachés de marques sulfureuses, gardé par les deux énormes lions de bronze placés à l'entrée du palais détruit, qu'on n'a pas pu emporter à cause de leur dimension et de leur poids.

Les Anglais, auxquels on reproche cet acte de vandalisme, répondent que lord Elgin n'avait que trois moyens d'obtenir justice des traitements cruels infligés à ses compatriotes : payement d'une amende préalablement à toute signature de traité ; érection d'un monument aux dépens du gouvernement chinois, avec une inscription constatant les circonstances qui ont accompagné l'arrestation et le meurtre de sujets anglais ; destruction du palais d'été. Lord Elgin éprouvait une vive répugnance à admettre une compensation en argent pour un pareil crime. Il était impossible d'ailleurs, dans l'état de désorganisation où se trouvait le gouvernement chinois, d'obtenir de lui une indemnité pécuniaire, à moins de mettre la main sur les revenus des douanes, en lui laissant cependant une portion de ce revenu, suffisante pour qu'il s'intéressât à la continuation du commerce des indigènes avec les étrangers. Or, la somme équivalant au chiffre de l'indemnité réclamée en ce moment au nom du gouvernement de la reine et du gouvernement impérial représentait déjà 40 pour 100 des recettes douanières.

Lord Elgin aurait pu, il est vrai, exiger que les individus coupables de cruautés envers les étrangers ou de violation du drapeau parlementaire lui fussent livrés ; mais quelques malheureux Chinois, au-dessous de la grâce comme du châtiment, n'étaient pas des victimes dignes de sa colère. En désignant spécialement Sang-ko-lin-tsin, dont la culpabilité en ce qui concerne la violation du drapeau parlementaire était suffisamment établie pour le faire condamner par un conseil de guerre, ne s'exposait-il pas à faire au gouvernement chinois une demande qu'il eût accordée peut-être, mais qu'il n'eût certainement pu mettre à exécution? La destruction du Yuen-ming-yuen était donc le châtiment préférable ; résidence favorite de l'empereur, l'orgueil aussi bien que les sentiments de ce souverain ne pouvaient manquer d'être profondément atteints par la ruine de ce palais. C'est là d'ailleurs que les malheureux Anglais avaient subi les plus affreuses tortures, qu'on avait trouvé les chevaux, les uniformes, les décorations arrachées de la poitrine des soldats. C'est là que devait avoir lieu l'expiation.

Les Anglais prétendent que la crainte de voir cette destruction se renouveler sur le palais d'hiver dans Pé-king même rendit les Chinois plus traitables, et contribua puissamment à tirer les alliés de la position critique dans laquelle ils se trouvaient. L'empereur de la Chine, en s'enfuyant dans la Mantchourie, leur enlevait en effet tout espoir de traiter.

L'influence du prince Kong, cousin de l'empereur, moins hostile aux Européens que les autres membres de la famille impériale, et l'entremise du général Ignatieff, ambassadeur de Russie, firent heureusement plus que les ruines du Palais d'Été pour changer la face des choses. La paix, grâce à leurs efforts communs, fut signée le 25 octobre 1860 par le baron Gros, lord Elgin et le prince chinois :

Résidence des ministres étrangers à Pé-king, ouverture de Tien-tsin au commerce, indemnité de huit millions de taëls, autorisation accordée à l'émigration chinoise, cession du territoire de Coa-loun à l'Angleterre; le prince Kong souscrivit sans hésiter à toutes les conditions qui lui furent imposées. L'échange des ratifications eut lieu le 25 octobre.

Les résultats de cette campagne, dans laquelle les alliés armés d'engins perfectionnés avaient détruit à distance, partout où elle osa se montrer, l'armée chinoise qui comptait encore un grand nombre de soldats armés de fusils à mèche et d'arcs, qui ne savaient que se faire tuer avec le mépris ordinaire des Asiatiques pour la mort, se résumèrent dans quelques phrases de la presse officieuse française sur la bataille de Pa-li-kao comparée à celle d'Héliopolis et d'Isly, et sur le drapeau tricolore déployé sur les murs de Pé-king. En admettant que les Tartares fussent aussi braves que les Mameluks ou les Arabes, il resterait toujours aux vainqueurs d'Héliopolis et d'Isly la gloire d'être rentrés pauvres dans leur pays et de n'avoir pas compromis, par le trafic public d'un butin conquis sans peine, la réputation de désintéressement de l'armée française. La paix rendait disponibles la flotte et une partie du corps expéditionnaire. Le gouvernement français entreprit aussitôt une nouvelle expédition en Cochinchine dont il confia le commandement au vice-amiral Charner, commandant en chef des forces navales depuis le commencement de la guerre de Chine.

L'expédition de Chine avait eu pour origine la nécessité de venger le meurtre d'un missionnaire et de protéger les chrétiens chinois, une cause semblable donna lieu à l'expédition de Syrie.

Le traité de Paris avait placé les populations chrétiennes de l'empire turc sous la protection de l'Europe, grands mots qui cachaient de très-petits résultats. L'action de l'Europe, humiliante pour les musulmans, inefficace pour les chrétiens, mécontenta tout le monde et créa de nouveaux griefs au lieu d'apaiser les anciens. Les ambassadeurs des grandes puissances, satisfaits de l'exactitude affectée avec laquelle la Porte tenait la main à l'exécution des réformes dans Constantinople, ne portaient pas leurs regards au delà des murs de la capitale, et, jaloux les uns des autres, ils se surveillaient au lieu de surveiller le gouvernement turc.

La révolte des Cipayes avait produit une profonde émotion dans le monde de l'Islam ; les événements de l'Inde traduits par l'imagination des populations si profondément ignorantes de l'Orient prirent des proportions extraordinaires à leurs yeux.

Les vrais croyants pensaient que l'heure était venue d'exterminer les mécréants. Des émissaires venus de la Mecque prêchaient secrètement et depuis longtemps la guerre sainte dans les centres principaux où se trouvaient groupées les populations chrétiennes.

Le patriotisme et le zèle religieux des Turcs, offensés par les concessions accordées aux chrétiens depuis la guerre n'attendaient qu'un moment pour faire explosion. Les autorités turques qui connaissaient l'état des esprits, au lieu d'interdire aux populations du Liban de renouveler par des achats leurs munitions laissèrent au contraire les Druses s'approvisionner de poudre et d'armes et retirèrent toutes les troupes régulières de Syrie, laissant Damas, la capitale de cette province, sous la garde de quelques centaines de soldats.

La route de Beyrouth à Damas divise le Liban en deux parties : les chrétiens occupent exclusivement les districts situés au nord; les districts du sud sont habités par les Druses et les Maronites; ces derniers y forment la majorité. Des cheicks et des émirs appartenant aux deux religions administraient les montagnards sous l'autorité d'un chef héréditaire commun à tout le Liban, recevant l'investiture de la Porte et lui payant tribut. Le traité du 14 juillet 1840 replaça la Syrie et le Liban sous l'autorité directe de la Turquie, qui, après bien des tentatives pour réduire le Liban à l'état de simple pachalick, se contenta de le partager et de donner un chef chrétien aux districts chrétiens, et un chef druse aux districts druses où, cependant, l'élément chrétien domine. Nulle combinaison n'était plus propre à susciter les rivalités de race et de religion.

La guerre, sous l'influence de ces causes diverses, ne pouvait pas manquer d'éclater dans le Liban. Les consuls de France, d'Angleterre, de Russie et des autres puissances demandèrent, au début des hostilités, au pacha de Beyrouth et au vice-roi de Damas des garanties pour la vie et les propriétés des chrétiens, mais l'accord sur la nature des mesures à prendre ne régnait pas, malheureusement, dans le corps consulaire; les Turcs avaient donc toute liberté pour laisser le feu s'étendre, et, au besoin, pour l'attiser.

L'attaque par les Druses d'une troupe nombreuse de Maronites, le 27 mai 1860, fut le signal des meurtres et du pillage. Un chef puissant et célèbre, Saïd Djemblat, pille et rançonne les chrétiens du district de Djezzin qui se réfugient à Saïda sous la protection des Turcs. Les Musulmans et les Druses se portent au-devant des fugitifs, enfants, vieillards, femmes, prêtres, exténués, blessés, et les massacrent devant les Turcs indifférents ou complices.

Les Druses du Hauram, district voisin de Damas, mettent le siége devant Hasbeya et Rascheya où habitent les chrétiens du rite grec non soumis à l'organisation de la montagne, et où résident des gouverneurs ayant sous la main une assez forte garnison turque; les chrétiens de Hasbeya se défendent, mais les vivres leur manquent, ils demandent protection aux Turcs. Le lieutenant-colonel Osman offre aux chrétiens de les accueillir s'ils déposent leurs armes. Ils acceptent et sont livrés aux Druses. Rascheya est le théâtre d'une semblable trahison.

Les chrétiens, après ce désastre, conservaient encore deux positions importantes : Deïr-el-Kamar et Zahlé. Les habitants de cette ville assiégés par les Druses refusèrent de laisser les Maronites, accourus à leur aide, entrer dans leur ville, sous prétexte que leur chef, Joseph Karam, voulait s'en emparer. Les consuls demandèrent le 12 juin à Kurchid-Pacha d'envoyer des troupes à Zahlé. Il promit d'agir, à condition que les chefs chrétiens se tiendraient en dehors de la lutte. Quelques centaines de soldats turcs et d'artilleurs, sous les ordres de Noury-Bey, marchèrent sur Zahlé. Les Druses n'en attaquèrent pas moins cette ville qui succomba le 19 juin, sous le canon d'une batterie montée et servie par l'artillerie turque.

Des hordes sauvages portèrent le pillage, l'incendie et le massacre dans un rayon de six lieues autour de Zaïda. Les chrétiens furent livrés à la fureur des Druses à Hasbeya et à Deïr-el-Kamar, dans le palais même du sérail où ils s'étaient réfugiés. Le massacre eut lieu en présence, sinon par les ordres du commandant de la garnison : églises dévastées, maisons pillées et incendiées, hommes sans défense assommés à coups de hâche, femmes chrétiennes et sœurs de charité soumises aux derniers outrages, les mêmes excès se commettaient partout. La terreur qui régnait dans la montagne remplit Beyrouth et Damas de fugitifs. Chaque maison chrétienne accueillit une ou deux familles : le patriarcat grec, les khans, les églises, pouvaient à peine contenir ces malheureux ; les rues étaient pleines de gens qui, riches hier, tendaient la main aujourd'hui. Les vivres avaient triplé et cependant la charité chrétienne s'exerça largement. Les chrétiens, habitants de Damas, désarmés et parqués dans un quartier, ne pouvaient ni résister ni fuir : n'ayant pour unique protection que mille *bachibouzouks*, cinq cents hommes de troupes qu'on nomme régulières en Turquie, et les soldats qui avaient suivi Abd-el-Kader dans son exil. Ces Arabes arrachèrent aux assassins un grand nombre de victimes en leur ouvrant un asile dans la maison de l'émir et dans la citadelle où ils forcèrent le gouverneur Ahmet-Pacha, plongé dans une criminelle apathie, à les recevoir.

Napoléon III reçut la nouvelle des événements de Syrie à Baden où il s'était rendu pour rassurer le régent de Prusse et les souverains allemands sur les prétendus projets de guerre et de conquête qu'on lui prêtait. Des difficultés existaient depuis quelque temps entre les cabinets de Londres et de Paris au sujet de la conduite à tenir envers le royaume de Naples. Le gouvernement impérial voulait intervenir pour réconcilier le roi de Piémont et le roi de Naples. Le ministère anglais se prononçait énergiquement contre cette intervention. Ce n'était pas le moment d'en tenter une nouvelle en Syrie au risque de réveiller la question d'Orient, mais la pensée de déployer le drapeau tricolore sur le Liban devait d'autant plus tenter un gouvernement habitué à rechercher les effets de mise en scène, qu'une partie du clergé nourrissait l'idée qu'il ne serait pas plus difficile de constituer un royaume chrétien s'étendant du Liban à Jérusalem et de la Méditerranée au Jourdain, qu'il ne l'avait été de former un royaume de Grèce (1).

Napoléon III fit, dès le 6 juillet, écrire à son ambassadeur à Constantinople qu'il comptait que la Porte remplirait les devoirs que lui imposait sa responsabilité. Une dépêche adressée le même jour aux représentants de l'Empereur à Londres, Berlin, Saint-Pétersbourg et Vienne, insista sur la nécessité de réprimer l'insurrection et de former une commission des délégués des puissances et de la Porte, pour rechercher la cause des derniers conflits, indemniser les victimes et réorganiser le pays de façon à rendre de pareils malheurs impossibles à l'avenir. L'ordre fut donné en même temps d'augmenter les forces navales du littoral syrien et de les tenir à la disposition des consuls.

M. Thouvenel manda quelques jours plus tard à M. de Persigny, ambassadeur impérial à Londres, que l'ordre donné aux commandants des escadres de mettre leurs équipages à la disposition des consuls ne permettait pas d'atteindre l'insurrection dans son foyer, et qu'un corps de troupes pouvait seul remplir cette tâche, d'accord avec la Porte et avec les puissances. Il le chargea en même temps de proposer au gouvernement anglais d'envoyer un corps de troupes anglo-françaises en Syrie. M. de Persigny lui

---

(1) Discours du cardinal Donnet au Sénat, séance du 14 mai.

répondit dès le lendemain que le cabinet anglais acceptait en principe sa proposition, mais que, ne pouvant fournir des soldats, il augmenterait considérablement la station anglaise des côtes de Syrie, afin de protéger plus efficacement les populations du littoral. Le cabinet anglais ne jugeait pas nécessaire de demander que des forces russes ou prussiennes se joignissent à l'expédition, et il attachait une grande importance à ce que l'occupation française n'eût lieu qu'en vertu d'une convention dont lord Russel priait M. Thouvenel de rédiger le projet.

Ce n'était pas sans peine que l'on avait amené l'Angleterre à se résigner. Il fallut que Napoléon III, dans une lettre (1) à M. de Persigny, plaidât pour ainsi dire sa cause auprès de lord Palmerston. « Les choses me semblent si embrouillées, grâce à la défiance semée partout depuis la guerre d'Italie, que je vous écris dans l'espoir qu'une conversation à cœur ouvert avec lord Palmerston remédiera au mal actuel. Lord Palmerston me connaît, et quand j'affirme une chose, il me croira. » Les efforts de l'Empereur pour convaincre son ami de ses intentions pacifiques n'en sont pas moins considérables. Sa pensée depuis Villafranca a été, assure-t-il, d'inaugurer une ère de paix avec tous ses voisins, surtout avec l'Angleterre. « J'avais même renoncé à la Savoie et à Nice ; l'accroissement du Piémont me fit seul revenir sur le désir de voir réunies à la France ces provinces essentiellement françaises. » Napoléon III, après avoir repoussé le reproche d'augmenter ses armements, ajoutait qu'il ne voulait faire des conquêtes qu'en France, que l'Algérie lui coûtait assez cher, et qu'il ne cherchait pas l'occasion de jouer un nouveau rôle et de

(1) *Journal d'un diplomate en Italie*, par Henri d'Ideville (pièces justificatives).

faire une petite guerre. Si les engagements pris à Villafranca l'avaient empêché de s'entendre avec l'Angleterre au sujet de l'Italie du centre, il ne demandait pas mieux que de s'entendre avec elle au sujet de l'Italie méridionale : « En résumé voici le fond de ma pensée : Je désire que l'Italie se pacifie n'importe comment, mais sans intervention étrangère, et que mes troupes puissent quitter Rome sans compromettre la sécurité du pape. »

L'Autriche et la Russie accueillirent sans trop de répugnance la proposition d'intervention de la France. La Turquie s'y opposa très-vivement : « Le projet d'une expédition », disait-elle, dans une note remise le 26 juillet au corps diplomatique à Constantinople, « par l'impression qu'elle ne manquera pas de produire sur les musulmans et les chrétiens, aura des conséquences que nul ne peut prévoir, de telle sorte qu'en voulant protéger les chrétiens dans une partie de l'Empire, on provoquera dans d'autres une grande effusion de sang. » La Porte prétendait, d'ailleurs, avoir des forces suffisantes pour rétablir l'ordre en Syrie.

Le cabinet de Londres ne tarda pas, en voyant l'opposition de la Turquie, à modifier ses dispositions. Lord Russell, sans revenir sur son consentement, aurait voulu d'abord qu'on ne recourût à l'intervention des troupes étrangères que dans le cas où les troupes turques ne suffiraient pas à rétablir l'ordre, ensuite que le commandant de ces troupes fût seul juge de l'opportunité de l'intervention, et enfin que l'occupation européenne ne durât que six mois. Ces obstacles indirects élevés contre l'expédition ne pouvaient la retarder longtemps. M. Thouvenel n'eut pas de peine à démontrer que l'obligation de ne recourir à l'emploi de moyens militaires que sur le consentement de la Porte était une chose tout à fait incompatible avec la sûreté du corps expéditionnaire et l'indépendance du commandement.

La Russie montrait à son tour des dispositions moins bienveillantes à l'égard du projet de Napoléon III et commençait même à lui susciter des difficultés. Elle proposait d'ajouter à la convention un article dans lequel les puissances, « d'accord avec la Turquie, et conformément à ses engagements solennels, prendraient des mesures efficaces pour améliorer la situation des chrétiens dans tout l'Empire, pour mettre un terme aux intolérables abus qu'on venait encore une fois de signaler, et pour en empêcher le retour par des mesures administratives organiques ». Les puissances se seraient engagées de plus, si des troubles sanglants se reproduisaient ailleurs, à agir de concert avec la Turquie comme elles seraient convenues de le faire à l'égard de la Syrie.

La Russie, en généralisant ainsi la question, restait fidèle à la politique suivie par elle, non sans succès, depuis 1856, et qui consistait à reprendre son rôle de protectrice des chrétiens d'Orient. Le gouvernement français, malgré son penchant à seconder en toute circonstance les vues de la Russie, ne pouvait consentir à changer le sens restreint de son intervention en Syrie. Une sorte de satisfaction fut néanmoins donnée à la Russie par un protocole additionnel dans lequel les puissances déclaraient qu'elles n'entendaient poursuivre aucun avantage territorial, aucune influence exclusive, ni aucune concession touchant le commerce de leurs sujets qui ne pourrait être accordée au commerce de toutes les autres nations. Les signataires de la convention ajoutaient : « Néanmoins, ils ne peuvent s'empêcher, en rappelant ici les actes émanés de S. M. le Sultan, dont l'article 9 du traité du 30 mars 1856 a constaté la haute valeur, d'exprimer le prix que leurs cours respectives attachent à ce que, conformément aux promesses solennelles de la Sublime-Porte, il soit adopté des mesures administratives sérieuses pour l'amélioration du sort des populations chrétiennes de tout rite, de l'empire ottoman. »

Le Piémont, qui avait figuré au congrès de Paris, fut, malgré ses réclamations, exclu de ces arrangements. Les puissances objectèrent à ses demandes qu'il n'avait pris aucune part aux traités de 1840, de 1842 et de 1845.

Les puissances consentaient enfin à l'intervention française; les troupes formant l'expédition de Syrie, sous le commandement du général d'Hautpoul-Beaufort, quittèrent le camp de Châlons le 7 août. L'Empereur leur adressa cette proclamation bien emphatique si on la compare aux résultats obtenus :

« Soldats,

» Vous partez pour la Syrie, et la France salue avec bonheur une expédition qui n'a qu'un but, celui de faire triompher les droits de la justice et de l'humanité.

» Vous n'allez point en effet faire la guerre à une puissance quelconque, mais vous allez aider le Sultan à faire rentrer dans l'obéissance des sujets aveuglés par le fanatisme d'un autre siècle.

» Sur cette terre lointaine, riche en grands souvenirs, vous ferez votre devoir et vous vous montrerez les dignes enfants de ces héros qui ont porté glorieusement dans ce pays la bannière du Christ.

» Vous ne partez pas en grand nombre, mais votre courage et votre prestige y suppléeront, car partout aujourd'hui où l'on voit passer le drapeau de la France, il y a une grande cause qui le précède, et un grand peuple qui le suit. »

L'armée française était suivie d'une commission internationale, chargée de rechercher les circonstances ayant amené les derniers conflits, de déterminer la part de responsabilité des chefs de l'insurrection et des agents de l'administration locale, les réparations dues aux victimes, et enfin d'étudier les dispositions qui pourraient être adoptées pour conjurer de nouveaux malheurs. Cette commission, intervention diplomatique de l'Europe à côté de l'intervention militaire, ne plaisait pas plus que celle-ci au gouvernement ottoman (1).

Le débarquement prochain de l'expédition décida la Turquie à envoyer en Syrie un représentant, Fuad-Pacha, muni de pleins pouvoirs, pour rétablir l'ordre. Il arriva le 17 juillet à Beyrouth dont il destitua le gouverneur, Kurchid-Pacha; Achmet-Pacha, gouverneur intérimaire de Damas eut le même sort. Ces deux fonctionnaires furent dirigés sur Constantinople où ils devaient être livrés à la justice turque, fort suspecte en pareille circonstance; les réclamations de M. de Lavalette, ambassadeur impérial, décidèrent enfin le gouvernement à les renvoyer en Syrie pour y être jugés par les soins de la commission européenne.

Fuad-Pacha fit le 29 juillet son entrée à Damas à la tête de 3000 hommes de troupes régulières. Sept cents individus ayant figuré parmi les principaux auteurs des attentats dont la ville avait été le théâtre le mois précédent, furent emprisonnés. Ils appartenaient aux dernières classes de la société. Les coupables d'un rang plus haut, vainement désignés par le consul de France, restèrent en liberté.

La répression ne data réellement que du débarquement des troupes françaises à Beyrouth, le 16 août; cent cinquante-huit condamnations à mort furent exécutées quatre jours après, sans atteindre encore aucun des hauts instigateurs et complices des meurtres. Fuad-Pacha espérait satisfaire

(1) *La Syrie en* 1861, par M. Saint-Marc Girardin.

ainsi l'Europe, sans porter un coup trop sensible à l'influence du parti musulman en Syrie, mais, sur l'insistance de la commission européenne, il dut se résigner à mettre en jugement les membres du grand conseil de Damas.

Les chefs druses, principaux auteurs du massacre, s'étaient réfugiés dans le Liban; le général d'Hautpoul-Beaufort, décidé à s'en emparer, avait manifesté l'intention formelle de pénétrer dans la montagne; l'occupation de Damas, la ville sainte, par les infidèles devait être la suite de ce mouvement. Fuad-Pacha, pour l'empêcher, se résigna enfin à faire fusiller Achmet-Pacha, gouverneur intérimaire de Damas, le colonel Ali-Bey, qui avait livré au poignard des Druses les chrétiens confiés à sa garde, le lieutenant-colonel Osman-Bey, gouverneur de Hasbeya, et le chef de bataillon chargé de défendre Rhasbeya. Le 18 septembre, huit misérables de la populace furent également exécutés, pendant que les membres du grand conseil comparaissaient devant leurs juges. Le principal accusé fut condamné à une détention perpétuelle, et sa famille au bannissement. Des condamnations à dix, à cinq années de détention et à sept ans d'exil frappèrent douze de ses collègues. Les autres condamnés transportés à Beyrouth y restaient pendant ce temps-là en pleine liberté; les énergiques réclamations de la commission internationale mirent un terme à ce scandale.

Le général d'Hautpoul, résolu malgré tout à poursuivre son expédition, se mit en marche à la tête d'une colonne à laquelle Fuad-Pacha fut obligé de joindre ses troupes. La petite armée partit dans les derniers jours du mois de septembre 1860. Le plan consistait à combiner les opérations militaires de façon à attaquer les Druses par Beyrouth et à intercepter en même temps leur retraite sur le Hauran. Le général d'Hautpoul eut l'imprudence de confier aux Turcs l'exécution du principal mouvement : les Druses passèrent entre leurs lignes complices, et l'expédition eut pour tout résultat la capture de quelques centaines d'individus obscurs qui passèrent devant un tribunal spécial au nombre de 290, sur lesquels 20 furent condamnés à mort, les autres acquittés.

Les coupables de Damas étaient seuls punis, encore des doutes subsistaient-ils sur l'exécution des plus importants d'entre eux; beaucoup de gens niaient celle d'Achmet-Pacha (1).

La commission internationale exigeait, comme indemnité pour les victimes, 40 millions de piastres; mais la Porte, prétendant que le droit de fixer le montant des indemnités n'appartenait qu'à elle seule, ne voulait accorder que 10 millions de piastres payés par les habitants de Damas, et 10 millions payés par elle. Le gouvernement impérial repoussait cette offre, quoiqu'elle fût appuyée très-vivement par l'Angleterre; la commission, en attendant le règlement de l'indemnité pécuniaire, exigeait des Druses, dans le délai de cinq jours, une contribution en objets mobiliers et en grains au profit des chrétiens. L'Angleterre, non contente de s'y opposer, demandait que le corps d'occupation français quittât la montagne et se concentrât sur le littoral.

Tel était l'état des choses en Syrie à la fin de l'année 1860.

(1) Discours de M. de la Rochejacquelein au Sénat, séance du 14 mai.

CHAPITRE II

1860

SUITES DE LA GUERRE D'ITALIE

SOMMAIRE. — Impuissance de la convention de Villafranca. — Ses causes. — Le gouvernement impérial modifie sa politique dans un sens favorable à l'Italie. — La brochure *Le Pape et le Congrès*. — Difficultés soulevées par la proposition du Congrès. — Les quatre propositions. — Annexion de la Savoie et de Nice à la France. — Expédition de Sicile. — Entrevue de Chambéry. — Préparatifs d'une guerre. — Les troupes piémontaises pénètrent sur le territoire pontifical. — Bataille de Castelfidardo. — Le royaume de Naples. — Sa situation intérieure. — Tentatives pour amener une alliance entre Naples et le Piémont. — Garibaldi passe le détroit. — Conquête du royaume de Naples par Garibaldi. — François II à Gaëte.

La convention de Villafranca n'était qu'un expédient dont les événements démontrèrent bientôt la fragilité. Son exécution loyale exigeait que l'empereur d'Autriche fît de la Vénétie une province italienne, et du quadrilatère un moyen d'attaque et de défense contre lui-même; que les princes absolus de l'Italie centrale consentissent à devenir des souverains constitutionnels, et surtout des souverains italiens; que le roi de Naples leur donnât l'exemple de cette transformation, et enfin que le Pape se mît à la tête du mouvement libéral dans ses États et dans la Péninsule.

Les illusions sur la possibilité de tels changements se dissipèrent bientôt, et la question italienne resta posée de la façon suivante : reconstituer l'Italie ancienne d'avant Magenta ou Solférino, ou permettre à l'Italie nouvelle de naître et de se développer. Les Italiens commençaient à désespérer de devoir jamais ce résultat à leur allié de Magenta et de Solférino, lorsque la politique du gouvernement impérial à l'égard de l'Italie subit un changement annoncé dans la brochure *Le Pape et le Congrès*. Le remplacement de M. Walewski par M. Thouvenel au ministère des affaires étrangères donnait plus d'importance à ce revirement qui eut pour première conséquence la rentrée de M. de Cavour aux affaires. La Chambre fut dissoute, et pendant qu'on dressait les listes électorales dans le Piémont et dans la Lombardie, M. de Cavour hâtait l'annexion de l'Italie centrale.

L'Autriche pourtant ne perdait pas tout espoir de refaire l'Italie ancienne; elle comptait sur le congrès proposé par Napoléon III, mais ce congrès se réunirait-il? La Russie et la Prusse ne consentaient à s'y faire représenter qu'à la condition de garder leur liberté d'action; l'Angleterre demandait qu'il fût convenu d'avance que les princes italiens dépossédés ne pourraient être rétablis par la force; la cour de Rome exigeait au contraire que les décisions du Congrès fussent exécutoires par les armes.

Le gouvernement impérial sentait de plus en plus le poids des difficultés soulevées par sa proposition de congrès. L'Angleterre, pour le remercier de la signature du traité de commerce, lui vint en aide, en soumettant à son acceptation et à celle du cabinet de Vienne les propositions suivantes : 1° renonciation de la France et de l'Autriche à toute intervention en Italie sans l'autorisation des puissances ; 2° rappel de l'armée française du nord de l'Italie et de Rome dans un délai convenable ; 3° organisation intérieure de la Vénétie laissée en dehors des négociations entre les puissances ; 4° invitation au roi de Sardaigne par l'intermédiaire de l'Angleterre et de la France de ne pas envoyer de troupes dans les États de l'Italie centrale, jusqu'au jour où les populations auraient fait connaître leurs vœux par un nouveau vote.

Le gouvernement impérial modifia ces propositions et en

réduisit le nombre aux trois suivantes : annexion des duchés de Parme et de Modène au Piémont ; administration temporelle des légations, de Ferrare et de Bologne sous la forme d'un vicariat exercé par le roi de Sardaigne au nom du Saint-Siége ; rétablissement du grand-duché de Toscane dans son autonomie politique et territoriale. Le gouvernement impérial déclarait en même temps que si la Sardaigne repoussait ces propositions, il revendiquerait l'indépendance de sa politique et la liberté de ses résolutions.

Un refus de Victor-Emmanuel pouvait lui enlever l'appui de Napoléon III, et le discours de l'Empereur à l'ouverture des Chambres confirmait cette appréhension. M. de Cavour ne craignit pas cependant de laisser aller les choses en ce qui concerne le vote de l'Italie centrale, persuadé que la politique secrète du gouvernement impérial était bien différente de celle que les circonstances lui commandaient de suivre publiquement, et qu'il ne méconnaîtrait pas les arrêts du suffrage universel. Quant au vicariat, il y consentait d'autant plus aisément qu'il était bien sûr du refus du Pape.

Le suffrage universel dans la Toscane et l'Émilie se prononça pour l'annexion à une immense majorité. Le Pape menaça Victor-Emmanuel d'excommunication ; l'Autriche et les princes dépossédés protestèrent ; la Russie et la Prusse témoignèrent leur mécontentement. L'Angleterre parut tout approuver jusqu'au jour où l'annexion de l'Italie centrale au Piémont détermina le gouvernement français à presser l'exécution des conventions relatives à l'annexion de Nice et de la Savoie à la France. Le gouvernement anglais éleva tout à coup des réclamations contre ces conventions dont il connaissait cependant l'existence, car le mécontentement du parlement menaçait l'existence ministérielle de lord Palmerston.

Le parti révolutionnaire italien de son côté protestait avec indignation contre toute pensée de cession de territoire. M. de Cavour aurait voulu, pour lui donner une fiche de consolation, garder Nice. Il essaya de traîner les choses en longueur et d'amener le gouvernement impérial à soumettre la question des annexions aux puissances. L'Empereur feignit de prêter l'oreille à ces ouvertures, dans l'intention de permettre à lord Palmerston de consolider sa position fortement ébranlée, et avec la volonté de n'accepter aucune décision contraire à ses vues.

Les Italiens crurent un moment que Napoléon III se contenterait de la Savoie, et qu'il abandonnerait ses prétentions sur Nice en présence de la protestation du gouvernement anglais. M. de Cavour qui partageait cette illusion fut désagréablement détrompé lorsque en rentrant d'un bal offert au roi par les notables négociants de Milan, il reçut des mains même de M. de Talleyrand, ministre du gouvernement impérial, un télégramme arrivé dans la nuit même avec l'ordre de le communiquer sans nul retard au chef du cabinet italien. Ce télégramme annonçait le rappel de l'armée d'occupation française, et donnait l'ordre de reprendre tout de suite les négociations au sujet de la cession de Nice et de la Savoie. « Il tient donc beaucoup à la Savoie et à cette malheureuse ville de Nice », dit-il en froissant entre ses mains ce télégramme qui contenait à la fois un ordre et une menace. M. de Cavour les braverait-il? On assure qu'il y songea un moment, mais il avait besoin d'un appui, et l'Angleterre, dont le ministre à Turin l'avait souvent encouragé dans ses velléités de résistance aux volontés de Napoléon III, n'était pas une alliée sur laquelle il pût sérieusement compter. L'intervention des puissances dans une question résolue d'avance n'était qu'un rêve. Il se résigna. Le traité dressé en quarante-huit heures, et signé le 24 mars dans le cabinet de M. de Cavour, ne porte pas les mots d'annexion ou de cession, mais celui de réunion de la Savoie et de Nice à la France. Ce fut la seule concession qu'il obtint.

Le plébiscite fut fixé au 15 avril pour Nice et au 22 pour la Savoie. M. Thouvenel se chargea d'en faire accepter le résultat aux puissances signataires des traités de 1815. La Suisse seule présenta des observations. Le Conseil fédéral soutint que les traités de 1815 en rendant la Savoie à la Sardaigne avaient établi par une disposition spéciale qu'en cas de guerre entre les puissances voisines, une portion du territoire de la Savoie, le Faucigny et le Chablais participeraient à la neutralité de la Suisse. Le traité de Turin du 24 mars constatait cette neutralité, mais le Conseil fédéral exigea qu'elle fût de nouveau sanctionnée par les puissances signataires des traités de 1815.

Le nouveau royaume d'Italie ne devait pas tarder à compenser par des annexions plus qu'équivalentes la diminution du territoire qu'il subissait par suite de la perte de la Savoie et de Nice.

Le gouvernement pontifical, qui recrutait depuis longtemps des soldats en Autriche, se flattait d'avoir une armée. Il ne lui manquait plus qu'un chef capable de la conduire à la victoire. Le général Lamoricière avait, comme on l'a vu, accepté le commandement en chef de l'armée pontificale à condition qu'il n'aurait pas à solliciter lui-même du gouvernement impérial l'autorisation officielle qui seule pouvait lui permettre de l'exercer sans cesser d'appartenir à l'armée française. Le gouvernement romain s'était chargé de la demander. Le cardinal Antonelli ne pouvait douter de l'empressement, du moins apparent, de Napoléon III à donner au général Lamoricière l'autorisation de servir à l'étranger; il délivra cependant la commission avant d'avoir reçu la réponse de Paris, comme pour indiquer qu'il saurait s'en passer au besoin. Le général Lamoricière, à peine en règle avec le gouvernement impérial, accourt à Rome où sa présence devient le signal de bruyantes manifestations. Des députations légitimistes se font présenter avec pompe à Sa Sainteté. Leurs orateurs tiennent aux pieds du trône pontifical un langage empreint de la plus grande exaltation royaliste. M. de Gramont écrit au ministre des affaires étrangères le 11 avril : « Hier un air de mystère régnait au Vatican : on arrêtait les visiteurs en leur demandant : « Êtes-vous Bretons? » et on leur expliquait que les salles étaient momentanément fermées, parce que le Saint-Père y recevait l'hommage de la Bretagne qui venait protester contre l'Empereur. Samedi dernier, c'était le tour des Lyonnais. Un Français, qui, bien que catholique fervent, n'a pas cru devoir répudier des sentiments conformes à sa nationalité, fut interpellé vivement en ces termes : « Monsieur, on est sujet du pape avant d'être sujet de son souverain; si vous n'êtes pas dans ces idées, que venez-vous faire ici? »

M. de Gramont ajoutait : « Tout ce que je vois ne fait que confirmer mon opinion sur l'opportunité du départ des troupes. »

Les amis les plus ardents du pape ne contestaient point ses torts et blâmaient sa conduite provocante. Ils comptaient sur le temps pour l'adoucir, mais le temps et les changements qu'il apporte avec lui semblent ne pas exister pour la cour de Rome. On pouvait en dire autant de la cour de

Naples. Le maintien des Bourbons sur le trône des Deux-Siciles devenait de jour en jour plus difficile au milieu des changements amenés par le triomphe de l'esprit libéral en Italie. La situation de ce royaume était réellement affreuse. 180 000 suspects (*attendibili*) inscrits sur les registres de la police, soumis à la surveillance, étaient internés dans leur province ou dans leur commune et exclus des professions libérales. L'autocratie bourbonnienne, brouillée avec presque toutes les puissances, voyait ses périls sans pouvoir et même sans vouloir les conjurer. François II, fils et successeur de Ferdinand, aurait-il la main assez habile et assez forte pour réparer le trône vermoulu de son père sans que la vieille machine tombât en ruines ?

L'état de trouble et d'anarchie dans lequel se débattait l'Italie depuis la paix de Villafranca ne pouvait se prolonger sans amener l'intervention de la révolution. La note suivante publiée par la *Gazette de Milan* du 26 avril 1860 donna le signal de son entrée en scène :

« Les volontaires désireux de se rendre en Sicile doivent s'adresser pour les instructions au bureau du journal. »

La Sicile, à peine remise des blessures reçues pendant son insurrection et la répression qui en avait été la suite, était-elle prête à s'insurger de nouveau ? Les chefs du parti révolutionnaire n'en doutaient pas. Garibaldi seul n'avait qu'une médiocre confiance dans le succès de la tentative à la tête de laquelle ses amis lui proposaient de se mettre, et dont ils activaient les préparatifs sans que le gouvernement, qui ne pouvait les ignorer cependant, y mît obstacle. Garibaldi opposa une longue résistance au projet d'une expédition en Sicile. Il ne s'y prêta qu'après avoir décliné d'avance la responsabilité de l'insuccès qu'il redoutait, et dans la nuit du 5 au 6 mai un corps de 1000 volontaires partait de Gênes sur le *Lombardo* et le *Piemonte,* navires à vapeur enlevés à la compagnie Rubattino. Garibaldi avant de s'embarquer écrivit au roi Victor-Emmanuel :

« Sire,

» Le cri de détresse de la Sicile qui parvient à mes oreilles a ému mon cœur et celui de quelques centaines de mes vieux compagnons d'armes. Je n'ai pas conseillé le mouvement insurrectionnel de mes frères de la Sicile, mais du moment qu'ils se sont soulevés au nom de l'unité italienne dont Votre Majesté est la personnification, contre la plus infâme tyrannie de notre époque, je n'ai pas dû hésiter à me mettre à la tête de l'expédition. Je sais que je m'embarque dans une entreprise dangereuse ; mais je mets ma confiance en Dieu et dans le courage de mes compagnons.

» Notre cri de guerre sera toujours : Vive l'unité de l'Italie ! Vive Victor-Emmanuel, son premier et son plus brave soldat ! Si nous échouons, j'espère que l'Italie et l'Europe libérale n'oublieront pas que cette entreprise décidée par des motifs purs de tout égoïsme est entièrement patriotique. Si nous réussissons, je serai fier d'orner la couronne de Votre Majesté d'un nouveau et peut-être plus brillant fleuron, à la condition toutefois que Votre Majesté s'opposera à ce que ses conseillers cèdent cette province à l'étranger, ainsi qu'on l'a fait pour ma ville natale.

» Je n'ai pas communiqué mon projet à Votre Majesté ; je craignais en effet que par suite de mon dévouement à sa personne, Votre Majesté ne réussît à me persuader de l'abandonner.

» De Votre Majesté, Sire, le plus dévoué sujet,

» GARIBALDI. »

L'Italie accueillit avec enthousiasme la nouvelle du départ de l'expédition. L'armée entière aurait voulu en faire partie. Le gouverneur de Gênes fut obligé de consigner la garnison. Le général Fanti, ministre de la guerre, prit des mesures sévères pour empêcher les désertions, la brigade qui portait le nom de la ville de Gênes fut dissoute. Les corps constitués votaient, malgré le gouvernement, des fonds pour subvenir aux frais de la campagne ; les souscriptions destinées à payer les navires de la compagnie Rubattino affluaient de toutes parts ; les vœux et les espérances de la nation suivaient les hardis soldats de l'unité italienne.

Garibaldi, au lieu de se diriger directement sur la Sicile,

fit escale à Talamone, petit port sur la côte Toscane, aux environs d'Orbitella. Il y laissa environ 100 hommes chargés d'opérer une diversion dans les États romains. C'est de ce port qu'il data une proclamation aux sujets du pape. Le gouvernement intercepta la proclamation et fit désarmer tous les volontaires sur la frontière.

Garibaldi repartit le 8 mai se dirigeant sur Marsala, son port de débarquement. La mer, peu profonde, empêche les navires de guerre d'en approcher, et les accidents de terrain de Marsala à Palerme sont très-favorables à une guerre de partisans comme celle qu'il allait entreprendre.

Le *Piemonte* et le *Lombardo*, aperçus par les frégates napolitaines *Stromboli* et *Capri*, prirent chasse devant elles. Les paquebots garibaldiens avaient quatre heures d'avance sur les frégates, mais celles-ci gagnaient une lieue toutes les heures, elles n'étaient plus qu'à une demi-lieue du port lorsque le *Piemonte* et le *Lombardo* y entrèrent et se rangèrent derrière deux navires anglais l'*Argus* et l'*Indépendance*. Les commandants des frégates sommèrent les capitaines des navires de se retirer ; ils répondirent qu'ils ne pouvaient s'y refuser, mais qu'ils étaient obligés auparavant de rallier leurs marins descendus à terre ; deux heures s'écoulèrent dans cette attente. Les volontaires purent débarquer en laissant leurs canons à bord.

Garibaldi se rendit sans retard de Marsala à Salemi. Les recrues lui arrivaient en foule de l'intérieur. Il avait au bout de trois jours plus de 4000 hommes sous ses ordres. Cette petite armée se mit en marche le 15 mai sur Palerme.

L'anxiété et le trouble pendant ce temps-là redoublaient à Naples. M. Carafa, ministre des affaires étrangères, convoqua le corps diplomatique pour lui offrir des concessions de la part de son maître en échange de garanties données par l'Europe, comme si les ambassadeurs des puissances étrangères étaient munis d'avance des pouvoirs indispensables pour prendre de tels arrangements. M. Carafa se rabattit à demander l'intervention des consuls étrangers pour conclure un armistice pendant lequel l'armée royale effectuerait sa retraite. Garibaldi, à la suite de plusieurs combats sanglants, étant entré à Palerme le 27 mai, François II se décida, dans les premiers jours de juin 1860, à invoquer la médiation de Napoléon III.

Le gouvernement impérial n'avait point cessé, depuis le départ de Garibaldi, d'adresser au cabinet de Turin des notes menaçantes au sujet de l'expédition de Sicile, et M. de Cavour ne se lassait pas de son côté de la désavouer, mais le ministre de Victor-Emmanuel l'avait dit au baron de Talleyrand en signant le traité de cession de la Savoie et de Nice : « Maintenant nous sommes complices » (1). Aussi s'inquiétait-il peu des représentations du cabinet des Tuileries. Sa situation n'en devenait pas moins de jour en jour plus difficile par suite du brusque changement survenu dans la politique du roi de Naples. François II accordait une constitution à ses sujets et offrait une alliance au Piémont. Les deux royaumes de l'Italie du Nord et de l'Italie du Sud auraient résolu la question romaine en se partageant le fidéicommis pontifical par un double vicariat. Le gouvernement français appuyait ces offres et le gouvernement anglais, quoiqu'il eût refusé de se joindre à lui pour interdire à Garibaldi de franchir le détroit, ne dissimulait pas l'importance qu'il attachait à la conservation du royaume de Naples.

L'inaction du gouvernement italien, enchaîné par la di-

---

(1) *Journal d'un diplomate en Italie*, par Henri d'Ideville.

plomatie, formait un dangereux contraste avec l'activité déployée par la Révolution. Le roi n'avait d'autre alternative que d'abdiquer en sa faveur ou de se mettre à sa tête. Victor-Emmanuel opta pour ce dernier parti; M. Farini et le général Cialdini portèrent à Napoléon III, alors à Chambéry, une lettre autographe du roi délibérée en conseil dans laquelle il lui exprimait les nécessités auxquelles il était forcé d'obéir. Les deux envoyés insistèrent sur les raisons qui forçaient le gouvernement d'agir. Napoléon III se contenta de leur répondre : « Faites, mais faites vite. »

Jamais instructions ne furent plus vite comprises ni plus rapidement exécutées : concentration de l'armée depuis le lac de Garde jusqu'à Arezzo; mobilisation de la garde nationale; réunion d'un corps de troupes à Gênes prêt à être transporté par mer à Naples ou sur tout autre point; transfert du quartier général de Cialdini de Bologne à Forli où se forma un corps de 30 000 hommes; appel de 15 000 volontaires à la frontière des Marches; toutes ces mesures furent prises en quelques jours. M. de Cavour adressa le 8 septembre au cardinal Antonelli une note demandant la dissolution immédiate des corps étrangers au service du Saint-Siége, et quatre jours après les troupes piémontaises passaient la frontière pontificale pour « rétablir l'ordre dans les villes désolées, et pour donner » aux peuples la liberté d'exposer leurs vœux, non pour » combattre des armées puissantes, mais pour délivrer les » malheureuses provinces italiennes de bandes d'aventu- » riers étrangers ».

La déclaration de guerre du Piémont fut lancée le 10 septembre. Le général Lamoricière faisant halte le 16 à Monte-Santo, entre Macerata et Spolète, reçut du ministre de la guerre à Rome communication de la dépêche suivante, adressée précédemment par le duc de Gramont au consul de France à Ancône :

« L'Empereur a écrit de Marseille au roi de Sardaigne que si les troupes piémontaises pénètrent sur le territoire pontifical, il sera forcé de s'y opposer ; des ordres sont déjà donnés pour embarquer des troupes à Toulon, et ces renforts doivent arriver sans retard. Le gouvernement de l'Empereur ne tolérera pas la coupable agression du gouvernement sarde. Comme vice-consul de France, vous devez régler votre conduite en conséquence.

» Signé GRAMONT. »

Le général Lamoricière comptant sur ces assurances, et se sentant appuyé, n'hésita plus à se porter en avant. Le consul de France lui confirma le jour même de son entrée à Ancône, le 18 septembre, la teneur de cette dépêche. Il la transmit en même temps au général Cialdini, en marche de Sinigaglia sur Ancône. Cialdini en accusa réception et continua sa marche (1).

M. de Gramont, obligé de donner plus tard des explications sur cette dépêche, a répondu en se plaignant de la falsification qu'elle avait subie (2) de la main du pro-ministre des armes M. de Mérode, qui, à ces mots : « l'Em-» pereur a écrit au roi de Piémont pour lui déclarer que, » s'il attaquait les États du pape, il s'y opposerait », aurait ajouté « par la force ». M. de Mérode, il faut en convenir cependant, s'il n'a pas respecté la lettre, est resté fidèle à l'esprit de cette dépêche, car il est difficile de s'imaginer que dans les circonstances où l'on était alors le gouvernement impérial pût songer à s'opposer à l'invasion des États pontificaux par d'autres moyens que par la force.

Les ennemis cependant allaient se trouver en présence ;

(1) Note du général Lamoricière dans le *Journal de Rome* du 24 octobre 1860.
(2) Réponse de M. de Gramont adressée au cardinal Antonelli.

le général Lamoricière descendit le 18 septembre, vers dix heures du matin, des hauteurs de Lorette suivi des Franco-Belges, des Allemands, des Suisses et enfin des Romains; arrivé au rivage, il marcha parallèlement à la rencontre de l'ennemi. Les Piémontais, faibles sur ce point, se replièrent sur la colline de Castelfidardo. Les volontaires franco-belges transformant en forteresses les fermes et les maisons de campagne voisines, y luttèrent vaillamment contre les Piémontais revenus à la charge avec des renforts et de l'artillerie : les Italiens de l'armée pontificale commençaient à se débander lorsque le général de Pimodan tomba percé de trois balles. Le général Lamoricière ne pouvant tenir en rase campagne se retira suivi d'une faible colonne sur Ancône où il espérait prolonger sa résistance. L'armée pontificale était détruite ou errait dans la campagne sans espoir de se joindre à la garnison de cette ville. Cialdini, laissant devant cette place les forces nécessaires pour en commencer le siége, rejoignit, le surlendemain de la bataille, Fanti qui, de Lorette, se préparait à diriger les opérations contre Ancône. Le bombardement de cette ville commença le 19 ; le blocus fut déclaré le 22 ; le général Lamoricière demanda le 28 six jours d'armistice qui lui furent refusés, et le 29 il se rendit à l'amiral Persano.

Le gouvernement impérial, obligé de prendre une résolution en présence de ces événements, renforça le corps d'occupation de Rome et publia cette note dans le *Moniteur* : « Il ne saurait appartenir qu'aux grandes puissances réunies en congrès de prononcer un jour sur les questions posées en Italie par les événements, mais jusque-là le gouvernement de l'Empereur continuera à remplir, conformément à la mission qu'il s'est donnée, les devoirs que lui imposent ses sympathies pour le Saint-Père et la présence de notre drapeau dans la capitale de la catholicité. » L'Empereur revenait à son idée favorite d'un congrès, mais ses correspondances diplomatiques et ses journaux officieux s'efforçaient en vain d'en démontrer l'efficacité. On y croyait d'autant moins, que l'empereur de Russie, l'empereur d'Autriche et le prince-régent de Prusse étaient sur le point de se réunir à Varsovie, où ils tinrent, le 22 octobre, une conférence qui semblait exclure toute idée de congrès.

La dynastie de Naples ne pouvait être sauvée que par une alliance sincère avec le Piémont, alliance conseillée par toutes les cours d'Europe, excepté par l'Autriche; mais le gouvernement italien n'était plus maître de la situation; M. La Farina, chargé par M. de Cavour de prendre la direction du gouvernement à Palerme, en avait été en quelque sorte chassé. Garibaldi, homme de sentiment plus que de raison, poussé par son patriotisme vers M. de Cavour, éloigné de lui par ses amis, sujet loyal et rebelle à la fois, résistait aux demandes réitérées du roi d'évacuer la Sicile. « Sire, lui écrivit-il, Votre Majesté sait de quel respect et de quel attachement je suis pénétré pour sa personne et combien je désire lui obéir; mais Votre Majesté doit bien comprendre dans quel embarras me placerait aujourd'hui une attitude passive en face de la population du continent napolitain que je suis obligé de contenir depuis si longtemps et à qui j'ai promis mon appui. L'Italie me demanderait compte de mon inaction et il en résulterait un mal immense. Au terme de ma mission je déposerai aux pieds de Votre Majesté l'autorité que les circonstances m'ont conférée, et je serai bien heureux de lui obéir. »

L'anarchie, pendant ce temps-là, faisait chaque jour de

nouveaux progrès dans le royaume de Naples. Les Sanfedistes s'étaient emportés jusqu'à frapper le ministre de France dans sa voiture. Le 15 juillet, une émeute militaire avait eu lieu aux cris de : *Vive le roi ! A bas la constitution !* et le roi refusant au ministère la dissolution du régiment des grenadiers de la garde, principal acteur dans ces troubles, le cabinet en masse s'était retiré. Les désordres recommencèrent le 20 ; le renvoi des troupes mercenaires ayant été vainement demandé par le peuple et par la garde nationale, le général Nunziante, un des serviteurs les plus dévoués de la monarchie, envoya sa démission à François II, et, dans un ordre du jour adressé aux troupes sous ses ordres, il les exhorta à ne se battre que pour la patrie.

La division régnait même parmi les membres de la famille royale ; le comte d'Aquila, oncle du roi, qui ne signait plus que « Louis-Marie Bourbon », accusait les nouveaux ministres de trahison ; les ministres l'accusaient à leur tour de viser à la royauté ; son neveu l'exila : les journaux furent suspendus, la ville subit de nouveau l'état de siége. Le gouvernement, aveuglé par le péril et cherchant tous les moyens de le détourner, imagina de proposer à Garibaldi de lui livrer passage par les Pouilles et les Abruzzes pour attaquer les Marches et l'Ombrie, et de lui fournir des transports, des vivres, des munitions. La flotte napolitaine et un corps de 50 000 hommes seraient ensuite mis à sa disposition pour délivrer Venise (1). Rien n'indique mieux qu'un pareil projet le

---

(1) M. La Cecilia, qui avait obtenu des ministres l'autorisation de faire ces propositions à Garibaldi, les a révélées dans une lettre reproduite le 10 septembre par le *Journal officiel* de Naples. MM. de Martino et Liborio Romano répondirent à cette lettre pour dégager leur responsabilité personnelle. M. Romano reconnaît en même temps la vérité des assertions de M. La Cecilia.

désarroi moral du gouvernement napolitain, et l'imminence de sa chute. Garibaldi, en effet, n'attendait plus, pour passer sur le continent, que d'avoir réuni les barques nécessaires au transport des troupes.

Une armée comme la sienne, composée de soldats de toutes les nationalités, Italiens du Nord et du Midi, Français, Anglais, Polonais, Hongrois, brave mais indisciplinée, ne pouvait vivre qu'en agissant ; il fallait marcher, aller à Naples, puis à Rome, puis à Venise. Garibaldi, en attendant qu'il pût réaliser ces rêves, pénétrait la nuit dans le port même de Castellamare et essayait d'enlever à l'abordage le *Monarca*, vaisseau de la marine royale. Les Napolitains vivaient dans les transes d'un bombardement semblable à celui que la flotte royale avait dirigé sur Palerme. Les légations, les consulats étaient assiégés par des gens qui venaient y chercher asile à la première nouvelle d'un débarquement des garibaldiens dans les Calabres pendant la nuit du 8 au 9 août. L'ex-représentant du peuple de Flotte, ancien officier de marine, trouva la mort du soldat dans cette descente. Garibaldi traversa le détroit, le 18, sur le *Franklin* et descendit à Mileto.

Un autre oncle du roi de Naples, le comte de Syracuse, l'engagea, dans une lettre rendue publique, à suivre l'exemple de la duchesse de Parme et à préférer l'abdication au sang versé. François II ne songea plus qu'à rassembler les troupes fidèles, surtout les régiments étrangers, et à transporter la défense entre le Vulturne et le Garigliano. Il partit le 26, n'ayant à ses côtés que M. de Martino et le président du conseil Spinelli, que son père avait tenu deux ans en prison et douze ans en surveillance. Le corps diplomatique, moins les ministres de France et d'Angleterre, vint le rejoindre le lendemain à Gaëte, où il s'était réfugié.

Garibaldi fit son entrée à Naples, le 7 septembre vers le soir, dans une voiture de louage, accompagné de quelques officiers de son état-major. Le gouvernement révolutionnaire qui s'était formé fut dissous et remplacé par une dictature confiée au chef de l'armée victorieuse; l'amiral Persano prit le commandement de la flotte napolitaine; les fonds montèrent de 88 à 93 francs.

Cette situation brillante ne pouvait pas être de longue durée : le dictateur, le ministère, les gouverneurs des provinces constituaient trois gouvernements, sans compter le gouvernement occulte de Mazzini, accouru à Naples en même temps que Garibaldi. L'armée improvisée en Sicile se trouvait en présence d'une armée réduite à ses plus sérieux éléments, enfermée dans des lignes stratégiques et appuyée sur la forteresse de Gaëte. Les annexionistes, divisés en deux partis, demandaient, les uns l'annexion immédiate, les autres l'annexion après la conquête de Rome et de Venise; partisans de l'autonomie napolitaine, mazziniens, absolutistes attendant leur revanche de l'anarchie, trois ou quatre partis ouvertement ou secrètement hostiles s'agitaient autour du dictateur, ardents à lui souffler leurs haines, leurs passions et leurs chimères. Garibaldi, assez fin pour démêler leurs projets, trop faible pour se soustraire à leur influence, passant de l'un à l'autre à chaque instant, dirigeait un de ces gouvernements d'incertitude et d'expédients qui fatiguent un peuple autant que la tyrannie elle-même et qui la lui font quelquefois regretter. L'armée garibaldienne s'épuisait en faits d'armes brillants mais inutiles devant Capoue. Les troupes de François II tenaient ferme; les volontaires diminuaient tous les jours; l'armée napolitaine ne s'organisait pas; l'importante position de Cajasso avait été reprise, après un combat meurtrier, par les troupes royales. François II, avec de l'audace, aurait pu marcher sur Naples, mais ses généraux ne se battaient que pour l'honneur militaire ; les Piémontais d'ailleurs étaient à Ascoli, sur la frontière. La bataille livrée le 1ᵉʳ octobre sur le Vulturne avec tant de bravoure et d'acharnement par les garibaldiens, qui tinrent en échec l'armée de François II, prouva néanmoins l'impossibilité de prendre Capoue avec leurs seules forces. 8000 Piémontais arrivèrent, le 9 octobre, à Naples par mer ; 4000 allèrent renforcer les assiégeants.

Les Piémontais coupèrent promptement les communications entre Gaëte et Capoue, qui se rendit le 1ᵉʳ novembre ; maîtres alors de trois passages sur le Garigliano, ils obligèrent les forces de François II à se replier sur Gaëte en suivant les bords de la mer : l'amiral Le Barbier de Tinan protégea leur retraite, mais un corps napolitain considérable n'en fut pas moins forcé de se réfugier sur le territoire pontifical. Victor-Emmanuel n'avait plus qu'à venir à Naples ; il y entra le 7 novembre en voiture, ayant Garibaldi à son côté.

L'entente paraissait cordiale entre le roi et le conquérant des Deux-Siciles, mais au fond elle était rompue. Garibaldi croyait que sa présence à Naples avec le titre de lieutenant général et des pouvoirs illimités était nécessaire pendant un an encore pour consolider la conquête. Les conseillers de Victor-Emmanuel étaient convaincus, au contraire, que la présence de Garibaldi ne servait qu'à perpétuer l'anarchie à Naples. Victor-Emmanuel offrit à Garibaldi, en échange de sa retraite volontaire, l'ordre de l'Annonciade, un des châteaux de la liste civile, le grade de général d'armée, une dotation princière pour son fils aîné et pour sa fille, le grade d'officier d'ordonnance du roi pour son fils cadet. C'était mal comprendre l'homme qui venait de conquérir la Sicile. Garibaldi, n'était pas un grand général, quoiqu'il eût de sérieuses qualités militaires et qu'il eût mieux fait la guerre que bien des capitaines célèbres, s'il est vrai que l'art de la guerre consiste à obtenir de grands résultats avec de petits moyens; il ne pouvait pas non plus passer pour un grand orateur, quoique personne ne remuât plus profondément les masses par sa parole; ni pour un grand homme d'État, quoiqu'aucun politique n'eût montré un plus sûr instinct pour choisir l'heure et le moment d'agir; mais intrépide, généreux, patriote jusqu'au fanatisme, capable de communiquer ce fanatisme à un peuple et à une armée, Garibaldi, pour employer un mot qui trouvera de plus en plus rarement désormais son application, était un héros. L'argent et les honneurs le touchaient peu; il repoussa les offres du roi, et partit pour Caprera avec 50 francs dans sa bourse.

L'artichaut italien n'avait plus que deux feuilles à détacher, les plus difficiles il est vrai, Rome et Venise. Victor-Emmanuel ne pouvait y porter la main sans l'autorisation de son fidèle allié Napoléon III; celui-ci, après avoir rappelé son ambassadeur au moment de l'invasion des États romains, refusait de reconnaître le blocus de Gaëte déclaré par l'amiral Persano, et maintenait la flotte française devant les murs de cette ville. Cependant, comme il devenait chaque jour plus évident qu'il ne s'agissait plus seulement pour François II de sauver l'honneur militaire, mais encore d'attendre les événements, sa résistance prenait un caractère tout politique. Le gouvernement impérial comprit qu'il n'en pouvait partager plus longtemps la responsabilité. Le *Moniteur* annonça donc que l'Empereur, placé entre le désir de donner un témoignage d'intérêt à un prince malheureux et d'observer le principe de non intervention, était obligé de retirer sa flotte. François II comprit enfin qu'il fallait capituler. Les conditions les plus honorables lui furent accordées; il s'embarqua, le 13 février, sur le navire français la *Mouette*, qui le conduisit à Civita-Vecchia, d'où il se rendit à Rome.

Le gouvernement impérial, entouré de gouvernements constitutionnels, jouant en quelque sorte son existence pour assurer l'indépendance de l'Italie constitutionnelle, et restant confiné lui-même dans son organisation quasi despotique, il y avait dans ce contraste quelque chose qui blessait trop profondément le bon sens et la logique pour être durable. La France et l'Europe le sentaient, l'Europe peut-être plus vivement encore que la France. Napoléon III, pressentant cet état général de l'opinion, s'appliquait à détourner autant que possible les esprits des réflexions que leur suggérait la contradiction flagrante existant entre sa politique intérieure et sa politique extérieure. Il y était parvenu jusqu'ici par toutes sortes de petits moyens, mais la pensée des résultats désastreux que pouvait avoir la guerre d'Italie, la réunion récente des empereurs de Russie, d'Autriche et du régent de Prusse à Varsovie, faisaient naître dans les esprits des inquiétudes et des préoccupations dont l'Empereur ne pouvait plus se flatter de triompher par les procédés ordinaires. M. de Morny lui fit entrevoir qu'un retour apparent aux formes des gouvernements libres, mais ne changeant rien au fond même du gouvernement personnel, ferait facilement prendre le change à l'opinion en la rassurant; il se rendit à ce conseil, et le public apprit brusquement par le *Moniteur* du 24 novembre que « l'Empereur, voulant donner aux grands corps de l'État une participation plus directe à la politique de son gouvernement et un témoignage éclatant de sa confiance », décrétait ce qui suit :

« Art. 1ᵉʳ. — Le Sénat et le corps législatif voteront tous les ans à l'ouverture de la session une adresse en réponse à notre discours.

» Art. 2. — L'adresse sera discutée en présence des commissaires du gouvernement, qui donneront aux Chambres toutes les explications nécessaires sur la politique intérieure et extérieure de l'Empire.

» Art. 3. — Afin de faciliter au Corps législatif l'expression de son opinion dans la confection des lois, et l'exercice du droit d'amendement, l'article 54 de notre décret du 22 mars 1852 est remis en vigueur et le règlement du Corps législatif est modifié de la manière suivante :

» Immédiatement après la distribution des projets de loi et au jour fixé par le président, le Corps législatif, avant de nommer sa commission, se réunit en comité secret; une discussion sommaire est ouverte sur le projet de loi, et les commissaires du gouvernement y prennent part.

» La présente disposition n'est applicable ni aux projets de loi d'intérêt local ni dans le cas d'urgence. »

Les comptes rendus des séances du Sénat et du Corps législatif, rédigés par des secrétaires-rédacteurs placés sous l'autorité du président de chaque assemblée, devaient en outre être adressés chaque soir à tous les journaux. Les débats de chaque séance, reproduits par la sténographie, figureraient *in extenso* dans le journal officiel du lendemain.

L'Empereur, pendant la durée des sessions, désignerait des ministres sans portefeuille pour défendre devant les Chambres, de concert avec le président et les membres du Conseil d'État, les projets de loi du gouvernement.

Le même décret supprimait le ministère de la maison de l'Empereur et le ministère de l'Algérie. M. de Chasseloup-Laubat passait à la marine, l'amiral Hamelin à la grande chancellerie de la Légion d'honneur, le maréchal Pélissier prenait le gouvernement de l'Algérie.

Les journaux officieux, qui, la veille encore, repoussaient avec indignation la pensée seule d'apporter la moindre modification à la constitution, s'aperçurent tout à coup que l'action des grands corps de l'État ne se manifestait pas assez aux yeux du pays, que le gouvernement et la nation manquaient de moyens pour se mettre en communication, que les discussions de la Chambre étaient gênées par des restrictions si étroites, que la politique n'y entrait qu'en contrebande, et enfin que le Sénat, le Corps législatif, le gouvernement lui-même, souffraient d'une situation à laquelle fort heureusement, selon le *Constitutionnel*, « l'Empereur, attentif à des symptômes qui pouvaient échapper à d'autres », venait de porter remède.

Ce premier acte de la comédie de libéralisme que l'Empire essayait de jouer réussit médiocrement. M. de Persigny écrivit en vain aux préfets : « Beaucoup d'hommes » honorables et distingués des anciens gouvernements, tout » en rendant hommage à l'Empereur pour les grandes choses » qu'il a accomplies, se tiennent encore à l'écart par un » sentiment de dignité personnelle. Témoignez-leur les » égards qu'ils méritent; ne négligez aucune occasion de » les engager à faire profiter le pays de leurs lumières et » de leur expérience, et rappelez-leur que, s'il est noble de » conserver le culte des souvenirs, il est encore plus noble » d'être utile à son pays. » Les hommes auxquels M. de Persigny s'adressait accueillirent le décret du 24 novembre avec indifférence. Le parti du 2 décembre s'en montra fort alarmé : Un maître et des esclaves, du pain et des spectacles, de l'argent et du silence, à quoi bon, selon les bonapartistes, détourner les esprits de ce régime auxquels ils étaient déjà faits ?

Aucun symptôme n'avait révélé à l'Empereur la nécessité d'apporter le moindre changement à la législation de 1851 sur la presse.

Le décret du 24 novembre fut soumis au Sénat dans la forme ordinaire. M. Troplong, président et rapporteur de la commission, lut son rapport dans la séance du 29 janvier. Ce document, d'une excessive longueur, presque uniquement consacré à l'éloge de la constitution de 1852, surtout de la partie concernant la presse, prouvait que M. Troplong n'avait pas grande confiance dans l'utilité du décret du 24 novembre, et de la restitution du droit d'adresse au Corps législatif. La France ressentait-elle un goût bien prononcé pour le retour de ces joutes politiques qui, jadis, ébranlaient les ministères, et dont le décret de novembre allait de nouveau donner le signal? M. Troplong en doutait fort; la France, satisfaite de l'œuvre de 1852, n'y demandait, selon lui, aucun changement; il finissait cependant par se résigner à la réforme en songeant « qu'un gouvernement sage a raison de prévoir l'avenir. Pourquoi d'ailleurs s'effrayer par des comparaisons prises dans un passé épuisé? L'adresse, au lieu d'être un champ de bataille, ne sera qu'une information loyale et patriotique sur les besoins du pays. On discutera pour éclairer le pouvoir, non pour le conserver. La parole des orateurs sera plus impartiale, maintenant que l'ambition des portefeuilles n'en est plus l'excitation. »

Le président du Sénat parut moins rassuré sur les effets du compte rendu des débats des Chambres. Les journaux, sous le régime parlementaire, avaient eu le droit, inséparable de la liberté elle-même, de reproduire les débats des assemblées par la main de leurs sténographes et de les apprécier par la plume de leurs rédacteurs. Ces comptes rendus indirects et dissimulés qui jadis, sous prétexte de faire apprécier la séance, n'étaient, d'après le président du Sénat, qu'une caricature insultante et la satire des personnes, seraient désormais interdits aux disciples frivoles d'Aristophane et de Pétrone.

M. Troplong, en traitant avec ce dédain les écrivains honorables et même illustres qui, dans les journaux, avaient jadis apprécié les débats des Chambres, montrait autant de mauvais goût que de mauvaise volonté contre les journaux, dont il niait même l'utilité. La brochure, selon lui, ne suffit déjà que trop aux besoins de la pensée. Le « funeste » *Contrat social* et le « pamphlet » *Qu'est-ce que le Tiers-État?* n'en sont-ils pas la preuve?

Le compte rendu du *Moniteur* était exempt du timbre; cette exemption fut étendue aux comptes rendus donnés en supplément par tous les journaux; mais comme une disposition fiscale ne pouvait guère trouver place dans un sénatus-consulte, les commissaires du gouvernement en retirant celle-ci prirent l'engagement d'en faire l'objet d'une présentation de loi au Corps législatif.

Trois amendements au projet de sénatus-consulte avaient été présentés, l'un par la commission, l'autre par M. Bonjean, le troisième par M. Ernest Leroy. L'amendement de la commission avait pour but d'autoriser les journaux à choisir dans la sténographie officielle un sujet de délibération entre plusieurs autres qui y seraient contenus, et à passer les autres sous silence. Celui de M. Bonjean portait que tout discours reproduit intégralement dans un journal, conformément à l'édition officielle du *Moniteur*, pourrait être, de la part de ce journal, un objet de critique, de discussion ou de réflexions. L'amendement de M. E. Leroy tendait à obliger les journaux ayant commencé à reproduire les débats d'une discussion à les insérer en entier.

M. Troplong discuta ces trois amendements dans son rapport. Après avoir découvert dans celui de la commission « une tactique insidieuse qui sépare l'orateur du milieu » qui la soutient, et lui livre à l'écart un combat singu- » lier »; attendu, — et cette fois il ne se trompait pas, — qu'il est impossible *à priori* de marquer légalement la limite qui sépare le compte rendu de la discussion, il repoussa l'amendement de M. Bonjean comme une source de difficultés, de malentendus et d'embarras pour la presse. L'amendement de M. E. Leroy trouva seul grâce devant lui.

M. Troplong crut devoir, en finissant, rassurer ceux qui craignaient que la France ne fût à la veille « de revenir » à des institutions dont le pays n'avait que trop connu la » faiblesse et les dangers », et les ministres qui par un singulier scrupule redoutaient, paraît-il, en s'associant au décret du 24 novembre, de violer les principes de 89. « Vous tous qui êtes les serviteurs zélés de l'Empire, per- » sévérez dans votre dévouement, vous n'avez point failli » aux principes de 89. » Une éloquente péroraison en l'honneur de l'Empereur terminait ce rapport, dont la discussion n'aurait donné lieu à aucun incident si M. le marquis de la Rochejacquelein n'avait cru devoir profiter de l'occasion pour se plaindre de la circulaire de M. de Persigny, qu'il trouvait trop libérale, et pour accuser le ministre de l'intérieur de capter la popularité. Il lut à l'appui de cette accusation un passage du journal *le Siècle*, transformé par lui en protecteur du gouvernement. Le président du Sénat répondit majestueusement à M. de Larochejacquelein : « Le gouvernement n'a pas besoin de la protection du » *Siècle*. Il ne se place pas sous ce patronage-là. »

Le Sénat n'approuvait pas plus que son président le décret du 24 novembre, mais redoutant sans doute de passer pour moins libéral que le gouvernement, il s'empressa d'adopter le sénatus-consulte à la majorité de 119 voix contre 2. Les opposants furent le cardinal Mathieu et le prince de Wagram.

CHAPITRE III

1861

POLITIQUE INTÉRIEURE

Sommaire. — Réception du premier jour de l'an aux Tuileries. — Réponse de l'Empereur au corps diplomatique. — Application du décret du 25 mars 1852 sur la décentralisation à la ville de Paris. — Bruits de dissolution du Corps législatif. — Embarras de la situation. — Réception du père Lacordaire à l'Académie française. — L'Impératrice assiste à la séance. — Arrestation du financier Mirès. — Rapport de M. Delangle. — La brochure du duc d'Aumale : *Lettres sur l'histoire de France*, adressée au prince Napoléon. — Saisie chez l'auteur, de l'ouvrage : *Vues sur le gouvernement de la France*, par le duc de Broglie. — Procès Blanqui. — Inauguration du boulevard Malesherbes. — Les 25 millions des chemins vicinaux. — La transformation de Paris. — Crise industrielle et financière. — Les obligations trentenaires. — Mémoire adressé à l'Empereur par M. Achille Fould, ministre des finances. — Les agents de change demandent l'autorisation de dresser une statue à l'Empereur dans la salle de la Bourse. — Procès Plassiart.

Les réceptions officielles du 1er janvier eurent lieu aux Tuileries selon le cérémonial accoutumé. Lord Cowley offrit en ces termes les vœux du corps diplomatique à l'Empereur :

« Sire,

» Les membres du corps diplomatique réunis ici ont l'honneur d'offrir à Votre Majesté, par mon organe, l'expression de leurs hommages respectueux à l'occasion du nouvel an.

» Le corps diplomatique, Sire, est toujours heureux de pouvoir renouveler ses vœux pour le bonheur de Votre Majesté et pour celui de son auguste famille. »

L'Empereur répondit :

« Je remercie le corps diplomatique des souhaits qu'il vient de m'adresser. J'envisage l'avenir avec confiance, persuadé que l'entente des grandes puissances amènera le maintien de la paix qui est le but de tous mes désirs. »

L'Empereur prononça ensuite, en se tournant vers le Sénat, ces mots que le *Moniteur* ne jugea pas à propos de reproduire : « Messieurs, je compte sur vous pour préparer les réformes qui sont utiles à la France. »

De quelles réformes s'agissait-il? En attendant que l'avenir expliquât ce mystère, un décret rendit applicables à la ville de Paris les dispositions du décret du 25 mars 1852 sur la décentralisation. Ce décret, en remettant au préfet le contrôle de nombreux actes municipaux soumis jusqu'alors à la sanction du ministre, faisait une exception à l'égard de Paris, où le magistrat municipal et le préfet se confondent. La suppression de cette exception vint ajouter une anomalie aux particularités du régime municipal de Paris. Le préfet de la Seine, n'étant plus soumis comme maire au contrôle supérieur du ministre, cessait d'être un préfet pour devenir presque un ministre.

Les vœux de M. Haussmann étaient à moitié remplis. Une rivalité des plus ardentes existait depuis longtemps entre M. de Persigny et lui. Le préfet de la Seine, las de la situation qu'une « ombrageuse susceptibilité » (1) s'obstinait à lui faire, adressa sa démission à l'Empereur, qui naturellement la refusa. M. Haussmann, cherchant alors un moyen de mettre fin à ces tiraillements, crut l'avoir trouvé dans la combinaison suivante : Comme maire de Paris et administrateur du département, il relèverait directement de l'Empereur; comme préfet, c'est-à-dire comme organe des intérêts généraux, il resterait dans les mêmes conditions que par le passé. Un projet de décret était joint à cette proposition (2). Le titre de *ministre de Paris*, que

---

(1) Lettre et note de M. Haussmann (*Papiers et correspondance de la famille impériale*, 18ᵉ livraison).

(2) RÉDACTION PROPOSÉE. — Le baron Haussmann, préfet de la Seine, a rang de ministre et a séance, en cette qualité, dans nos conseils.

L'autorité ministérielle lui est dévolue dans son ressort, en matière d'administration départementale et communale.

Il continuera d'exercer, en matière d'administration générale, les attributions

M. Haussmann aurait voulu prendre, plus encore que le crédit de M. de Persigny la fit repousser ; M. Haussmann, obligé de rester préfet de la Seine, dut se contenter de la promesse que lui fit l'Empereur, et qu'il tenait en ce moment, de rendre sa position indépendante du ministre de l'intérieur.

Le décret du 24 novembre n'avait pas cessé depuis sa publication d'être l'objet des appréciations les plus diverses. Les uns y voyaient le commencement d'un retour sérieux aux pratiques du régime parlementaire, les autres une simple manœuvre pour donner le change à l'opinion publique. Le bruit se répandit cependant que l'Empereur, pour donner la mesure de l'importance des changements apportés dans le caractère et les attributions du Corps législatif, se proposait de le dissoudre et de faire un appel aux électeurs. Ce bruit ne tarda pas à être démenti ; Napoléon III se contenta d'accorder une amnistie pour les délits de presse.

Les événements extérieurs qui avaient marqué l'année précédente, n'encourageaient pas les esprits à partager la confiance témoignée par l'Empereur dans sa réponse au corps diplomatique : expédition de Garibaldi en Sicile, invasion des Marches par Victor-Emmanuel, rappel de l'ambassadeur impérial près la cour de Turin, la politique de l'Empereur n'avait subi que des échecs ; sa grande création de Villafranca, la confédération italienne, était détruite. L'Autriche gardant la Vénétie, la France restant à Rome, faute de savoir comment en sortir, la politique impériale ne représentait plus que l'impuissance décorée

conférées au préfet de la Seine par les lois, décrets et règlements ; et les affaires de cet ordre seront réglées et soumises à notre décision comme dans le passé par les ministres compétents.

Il prendra le titre de *ministre de Paris*.

du nom de principe de non intervention. Les préoccupations politiques, plus vives que profondes en France dans tous les temps, et surtout du temps de l'Empire, firent bientôt place, heureusement pour Napoléon III, aux émotions littéraires excitées au plus haut point par la prochaine réception du père Lacordaire à l'Académie. M. Guizot devait répondre au récipiendaire. Un dominicain reçu académicien par le plus illustre représentant du protestantisme français, cela ajoutait un certain piquant à l'attrait d'une séance que devaient remplir deux des plus grands orateurs de l'époque, chargés pour ainsi dire de conclure enfin devant l'Académie cette alliance entre la foi et la raison que les plus nobles apôtres de l'une et de l'autre avaient si souvent et si inutilement tentée.

L'Impératrice, qui jusqu'alors n'avait pas montré un goût bien vif pour les séances académiques, voulut assister à celle-ci. Le bureau, composé de MM. Guizot directeur, Villemain secrétaire perpétuel, de Laprade chancelier, vint la recevoir selon le cérémonial accoutumé. L'auditoire regarda la jolie femme avec curiosité, et accueillit l'Impératrice avec froideur.

Le père Lacordaire succédait à M. de Tocqueville; il avait dans son prédécesseur un noble modèle d'homme et d'écrivain à prendre. Le célèbre dominicain se tira faiblement de sa tâche. L'analyse du plus important ouvrage de M. de Tocqueville ne fournit au récipiendaire qu'une comparaison déclamatoire entre la démocratie aux États-Unis, et cette démocratie européenne dont « les disciples, idolâtres de ce » qu'ils appellent l'État, prennent l'homme dès son berceau » pour l'offrir en holocauste à la toute-puissance publique, » professant que l'enfant, avant d'être la chose de la famille, » est la chose de la cité, et que la cité, c'est-à-dire le peuple

» représenté par ceux qui le gouvernent, a le droit de for-
» mer son intelligence sur un modèle uniforme et légal; ces
» démocrates pensent que la commune, la province et toute
» association, même la plus indifférente, dépendent de l'État
» et ne peuvent ni agir, ni parler, ni vendre, ni acheter, ni
» exister enfin sans l'intervention de l'État, et dans la me-
» sure déterminée par lui, faisant ainsi de la servitude civile
» la plus absolue, le vestibule et le fondement de la liberté
» politique. » La démocratie que le père Lacordaire définis-
sait ainsi n'est qu'une sorte de communisme, c'est-à-dire
une secte qui ne saurait passer pour la véritable démocratie
qu'à l'aide d'une équivoque. Le récipiendaire ne serra pas
les choses de plus près dans le reste de son discours :
catholique ou protestant, juif ou musulman, il suffisait
d'appartenir à l'une des nombreuses religions qui reconnaissent un Dieu unique, pour avouer hautement les
idées du père Lacordaire sur la divinité et la nécessité des croyances religieuses. La partie politique de son
discours se ressentit un peu de cette tolérance qui touchait
au scepticisme. L'illustre orateur, en regrettant la légitimité, déclara que la monarchie de Juillet aurait mérité de
réussir; quant à la République, pour rester en paix avec
ses souvenirs personnels, il n'en dit pas de mal, mais il
termina son discours par un dithyrambe en l'honneur de
l'expédition de Rome.

M. Guizot, en s'adressant au récipiendaire, l'appellerait-il
« mon père, » ou « monsieur ? » M. Guizot n'employa que
ce dernier mot, formant un assez singulier contraste avec
la robe du père Lacordaire. La séance ne tint pas tout ce
qu'elle promettait. « Le nouvel élu semblait avoir quelque
crainte d'être lui-même, et il ne l'a pas été assez. » Cette
phrase d'un journal ami de l'orateur résuma fort bien l'im-

pression générale. C'était la dernière fois que le père Lacordaire faisait entendre sa voix éloquente à un grand auditoire. Il mourut dix mois après à Sorèze, le 25 novembre, laissant le souvenir d'un puissant orateur, d'un cœur généreux, d'un esprit élevé mais inconséquent, d'une forte imagination mais usée dans la vaine recherche de ce problème d'alchimie religieuse qui consiste à extraire la liberté du creuset de la théocratie.

Caussidière, ancien préfet de police, membre de la Constituante de 1848, mourut deux jours après la réception du père Lacordaire à l'Académie. Mêlé à toutes les sociétés politiques secrètes organisées sous le règne de Louis-Philippe, il tenta, en 1848, de les neutraliser l'une par l'autre au profit de la République et de la société qu'elles menaçaient ; s'il ne réussit pas toujours dans cette politique si scabreuse qui consiste à faire de l'ordre avec le désordre, il préserva du moins pendant un certain temps Paris de très-grands périls. Caussidière avait repris dans l'exil d'où il rentrait à peine son ancien commerce de commis-voyageur en vin. Le gouvernement, craignant une manifestation populaire, fit enlever le corps et changer l'heure du convoi. Quelques amis seulement purent l'accompagner au cimetière.

Le second Empire, comme la Régence, avait fait surgir, des bas-fonds de l'agiotage, une nouvelle couche de financiers cherchant à dissimuler comme leurs prédécesseurs de la rue Quincampoix sous un vernis menteur de politesse leur grossièreté native ; ces gens usés, quoique jeunes encore, par les hasards d'une vie d'aventures, étalaient sans vergogne la honte de leurs commencements, afin qu'on pût mesurer la hauteur où ils étaient parvenus à la bassesse de leur point de départ. Insoucieux d'être malhonnêtes, à la condition de passer pour habiles, cherchant l'esprit et ne trouvant que le cynisme, leurs bons mots, leurs dîners, leurs bals remplissaient tous les jours les journaux à chroniques ; sans amis honorables, ils avaient des associés haut placés ; tel gentilhomme, tel grand personnage qui ne les eût pas reçus à sa table, ne dédaignait pas de mettre son nom à côté de leur nom sur des prospectus tirés à des milliers d'exemplaires.

L'un de ces financiers les plus connus était un juif bordelais nommé Jules Mirès. Le coup d'État le trouva dans les coulisses de la Bourse, vivotant moitié de courtage, moitié de jeu. Soutenu par l'instinct et le pressentiment des grands jours qui allaient naître pour la spéculation, voyant dans la publicité un levier capable de soulever le monde, il profita de quelques coups heureux à la Bourse pour fonder un journal ; il cherchait une enseigne à y mettre. Lamartine était là. Mirès créa pour lui le *Conseiller du peuple* et le *Civilisateur*. Devenu bientôt millionnaire, pressé de s'assurer la tolérance et presque la complicité du gouvernement dans ses incessantes spéculations, il apprend que ce dernier serait charmé d'avoir un journal qui servît d'interprète voilé à sa pensée, d'avocat discret à ses projets, sans cesser de paraître indépendant et de parler en son propre nom. Mirès achète le *Constitutionnel* et l'offre au ministère qui l'accepte ; le voilà de la maison. Les affaires naissent sous ses pas, journaux, emprunts, mines, ports, chemins de fer, il entreprend tout. Un jour il crée les chemins de fer romains, et reçoit les félicitations des cardinaux et du pape ; vingt agents de change exécutent ses ordres à la Bourse dont il est l'arbitre ; sénateurs, chambellans, membres de la plus haute noblesse, anciens préfets, figurent dans ses conseils d'administration. Les actions de ses plus hasardeuses entreprises industrielles sont recherchées avec un empressement fébrile par le public, surtout par ce public qui, commençant au petit rentier et finissant au concierge, comprend cette masse ignorante, économe, un peu cupide, dont le besoin ordinaire de bien-être était encore surexcité par la vue du luxe déployé autour d'elle.

Mirès avait vu pendant longtemps le succès couronner toutes ses entreprises; les jours difficiles étaient venus. L'année 1861 s'annonçait mal au point de vue des intérêts matériels; la crise des États-Unis menaçait de fermer un des principaux débouchés de la fabrique française; le coton allait manquer par suite du blocus des ports du Sud; la spéculation à la Bourse faiblissait; le mauvais état des affaires rendait le public irritable et soupçonneux. Mirès était à la tête d'un établissement de crédit, la *Caisse des chemins de fer*, qui recevait en dépôt des valeurs pour les faire fructifier. Le bruit se répandit parmi les dépositaires qu'il avait mis la main sur cette caisse pour s'en faire des ressources à la Bourse. Une sorte de panique s'empara de Paris tout entier.

La passion du lucre ne souffre guère de rivale dans le cœur de l'homme; Mirès et les financiers fournissaient un aliment à cette passion, le gouvernement leur savait gré de ce service, mais, rempli pour eux dans l'intimité de complaisances secrètes, il affectait de les traiter de haut en public. Les financiers étaient sûrs d'obtenir de lui aujourd'hui tout ce qu'ils voulaient, à la condition de se résigner à être sacrifiés demain si la politique l'exigeait. Mirès fut donc arrêté le 17 février, et la justice mit les scellés sur sa caisse et sur ses livres.

Des doutes s'élevaient néanmoins sur les conséquences plus ou moins sérieuses de cette arrestation. Le gouvernement, sommé par l'opinion publique de s'expliquer, répondit par l'insertion au *Moniteur* du rapport de M. Delangle, ministre de la justice, sur l'emprisonnement de Mirès.

« Cette mesure, que réclamaient la gravité des inculpations et l'importance des intérêts compromis, a eu un grand retentissement. Elle a été l'objet de jugements divers et, comme toujours, en pareil cas, la calomnie s'est efforcée d'en grossir les proportions.

» On répand que par des faits d'une générosité suspecte, Mirès a su se créer des protecteurs assez puissants pour le soustraire, si les accusations dirigées contre lui se vérifient, aux châtiments de la justice; que des tiers à qui leur position interdit non-seulement de toucher à des gains qu'on ne peut avouer, mais de se mêler aux opérations légitimes du commerce et de l'industrie, se sont clandestinement associés à sa destinée; que le mal est si général, si grand, qu'au risque de sauver des coupables, le gouvernement a résolu d'étouffer l'affaire, aimant mieux éviter un scandale dont les résultats sont incalculables, que de mettre à nu les plaies qu'a faites la corruption.

» Ces assertions impliquent tellement l'honneur de la justice et du gouvernement que je crois nécessaire de les signaler immédiatement à l'Empereur, non que je sente le besoin de défendre la magistrature contre des soupçons de connivence et de faiblesse; la conscience publique désavoue cette injure.

» Tout le monde, en France, amis, ennemis, indifférents, tout le monde sait et proclame qu'aucune considération ne détourne le magistrat de son devoir; que devant lui, comme devant la loi, tous les citoyens sont égaux et qu'il exerce avec modération et réserve son redoutable ministère; les coupables jamais n'échappent à son action. La magistrature est pénétrée de cette salutaire pensée, que si les nécessités de cette répression sont parfois douloureuses, l'impunité des fautes reconnues est un déshonneur pour la justice, un danger pour la société.

» Mais ce qui ne peut être toléré, c'est qu'on prête à un gouvernement honnête le dessein de jeter un voile sur des actes auxquels sont réservées les sévérités de la loi pénale. Je me bornerai, si l'opinion publique avait besoin d'être rassurée contre de telles suppositions, à rappeler en quels termes, au moment où le procès éclatait, Votre Majesté a tracé la conduite de la magistrature :

« Je veux que, dans cette triste affaire, la justice aille jusqu'au fond des
» choses, résolûment et sans aucune considération personnelle. Le
» soupçon planant aujourd'hui sur tout le monde, les innocents sont com-
» promis dans une accusation générale qui ne désigne pas les coupables.
» Il est indispensable que le jour se fasse. »

» Sire, les magistrats se conforment à ces intentions. L'instruction se fait avec un soin scrupuleux, avec une patience que ne déconcertent pas les obstacles. Tous les éléments de la comptabilité, tous les papiers sont soumis à un examen sévère. Rien n'échappe aux investigations de la justice ; le jour se fera et si, contre mon attente, les accusations que l'esprit de parti a soulevées et que propagent l'irréflexion et la malignité ne tombent pas devant les informations commencées, la justice ne manquera pas à sa mission. »

Les suites de cette affaire si féconde en péripéties appartiennent bien plus à la chronique judiciaire qu'à l'histoire. Il suffit de dire ici que le Tribunal correctionnel de Paris prononça, le 11 juillet 1861, un jugement condamnant Mirès et Solar, son associé, à cinq ans d'emprisonnement. Le jugement portait que le sénateur Siméon, président du conseil d'administration de la *Caisse des chemins de fer*, payerait les dépens, comme civilement responsable avec les condamnés. Le baron de Pontalba, le comte de Chassepot, le comte de Porret, membres de ce conseil, furent renvoyés des fins de la plainte. Le jugement du Tribunal correctionnel de Paris fut cassé, le 21 avril, par la Cour de Douai, après vingt audiences. La Cour de cassation, statuant sur le pourvoi formé dans l'intérêt de la loi, cassa l'arrêt de la Cour de Douai.

La sensation produite par l'arrestation du financier Mirès venait à peine de se calmer, lorsque la publication d'une brochure : *Lettre sur l'histoire de France adressée au prince Napoléon*, fit naître une émotion d'un autre genre.

Le prince Napoléon, dans un discours prononcé le 1ᵉʳ mars au Sénat, avait mêlé des attaques très-vives contre les princes de la maison de Bourbon, et surtout contre les princes d'Orléans, à ses arguments pour justifier la politique de Napoléon III et de Victor-Emmanuel dans la question de la fondation de l'unité italienne. Quelques mots, prononcés par un des membres du Sénat, avaient fourni au prince Napoléon l'occasion de son inconvenante sortie contre des exilés :

> « Il y a quelques paroles dont je tiens à remercier M. le sénateur de Heeckeren, ce sont celles par lesquelles il a justement flétri ces membres des familles royales qui, voulant se faire une situation anormale, injuste, immorale, trahissent leur drapeau, leur cause et leur prince, pour se faire une fallacieuse popularité personnelle.
> » Il a eu parfaitement raison et j'approuve ses paroles. Je ne suis pas étonné que cette observation soit venue à son esprit en parlant de la famille des Bourbons, car cette famille, *partout* et *toujours*, *dans tous les pays où elle a régné*, nous a donné ce scandaleux exemple de luttes et de trahisons intérieures. En France, rappelez-vous Philippe-Égalité ; en Espagne, les affaires de Bayonne et Ferdinand VII invoquant le secours de l'étranger contre son père Charles IV, et, en dernier lieu, le comte de Montemolin luttant contre la reine d'Espagne. »

Le ministre de l'intérieur avait fait afficher le discours du prince Napoléon dans toutes les communes de France, après l'avoir signalé aux préfets par la dépêche suivante :

> « Un magnifique discours vient d'être prononcé au Sénat par S. A. I. le prince Napoléon. Il a occupé toute la séance et produit une immense sensation. »

Le duc d'Aumale répondit au cousin de l'Empereur par une brochure intitulée : *Lettre sur l'histoire de France adressée au prince Napoléon*. Il commençait par se demander :

> « L'exil m'a-t-il fait perdre le droit le plus naturel, le plus sacré de tous, celui de défendre ma famille publiquement outragée, et, avec elle, le passé de la France ? Cette attaque injurieuse qu'un pouvoir si fort et qui vous inspire tant de confiance a endossée, propagée, affichée sur tous les murs, ma réponse peut-elle la suivre et se produire, en se conformant aux lois, sur le sol même de la patrie ? J'en veux faire l'expérience ; si elle tourne contre mes vœux, et si, au mépris des plus simples notions de la justice et de l'honneur, vous étouffez ma voix en France, dans une cause si légitime, elle aura du moins quelque écho en Europe, et ira, en tout pays, au cœur des honnêtes gens. »

L'auteur de la lettre ne reculait pas devant des représailles justement méritées d'ailleurs contre les personnes, en soulevant le voile qui couvrait l'histoire de la famille

Bonaparte pendant le règne de Louis-Philippe ; aussi les révélations suivantes produisirent-elles un très-grand effet :

« Ah ! quand vous pensez à la révolution de Février, je conçois votre colère. Si elle eût éclaté quelques mois plus tard, elle eût trouvé votre père à la Chambre des pairs, pourvu d'une bonne dotation réversible sur votre tête. Auriez-vous, par hasard, oublié les démarches faites par le roi Jérôme et par vous, leur heureux succès en 1847, la faveur qui fut accordée de rentrer en France, d'où la loi vous bannissait, et l'accueil plein de bienveillance qui vous fut fait à Saint-Cloud? Mais, parmi les huissiers qui remplissent l'antichambre de l'Empereur, vous pourriez reconnaître celui qui vous introduisit dans le cabinet de Louis-Philippe, lorsque vous veniez le remercier de ses bontés et en solliciter de nouvelles.

» Ouvrez l'*Annuaire militaire*, regardez la liste des généraux en retraite. Vous y trouverez le nom de l'aide de camp de ce même roi qui, en 1830, fut chargé de recevoir à Paris la reine Hortense et son fils, aujourd'hui votre empereur. Le roi avait violé la loi en permettant à votre tante d'entrer en France et, qui pis est, il l'avait fait à l'insu de ses ministres : c'est, je crois, le seul acte inconstitutionnel qu'on puisse lui reprocher. Mais il y a dans cette aventure quelques détails qui méritent de vous être rapportés.

» Le lendemain du jour où le roi des Français avait donné audience à la reine Hortense, il y avait conseil des ministres. « Quoi de nouveau, » messieurs? dit le roi en s'asseyant. — Une nouvelle fort grave, Sire, » reprit le maréchal Soult ; je sais, à n'en plus douter, par les rapports » de la gendarmerie, que la duchesse de Saint-Leu et son fils ont traversé » le midi de la France. » Le roi souriait. « Sire, dit alors M. Casimir » Périer, je puis compléter les renseignements que le maréchal vient de » vous fournir. Non-seulement la reine Hortense a traversé le midi de la » France, mais elle est à Paris : Votre Majesté l'a reçue hier. — Vous » êtes si bien informé, mon cher ministre, reprit le roi, que vous ne me » laissez pas le temps de vous rien apprendre. — Mais moi, Sire, j'ai » quelque chose à vous apprendre. La duchesse de Saint-Leu ne vous » a-t-elle pas présenté les excuses de son fils retenu dans sa chambre » par une indisposition? — En effet. — Eh bien ! rassurez-vous, il n'est » pas malade : à l'heure même où Votre Majesté recevait la mère, le fils » était en conférence avec les principaux chefs du parti républicain, et » cherchait avec eux le moyen de renverser plus sûrement votre trône. » Louis-Philippe ne tint pas compte de cet avis ; mais, les menées continuant, le ministre, un peu plus indépendant que ceux qui exposent aujourd'hui si clairement aux Chambres les intentions de votre cousin, prit sur lui de mettre fin au séjour de la reine Hortense et de son fils. »

Le passage suivant frappait plus haut que le prince Napoléon :

A mesure que j'écris, vos griefs contre la maison d'Orléans me reviennent à la mémoire. Il y a une de vos maximes de gouvernement,

maxime essentielle, que Louis-Philippe, trop débonnaire à votre gré, a négligé d'appliquer : « Que des légitimistes, avez-vous dit, ou des répu-
» blicains exaltés venant d'Angleterre (vous oubliez les orléanistes, mais
» je vous fais grâce de l'omission, que je tiens pour purement acciden-
» telle), essayent donc de faire avec mille ou quinze cents hommes une
» descente sur nos côtes, nous les ferions bel et bien fusiller. » Or, sous le gouvernement de Juillet, il y a eu une incursion à Strasbourg et une descente à Boulogne, et il n'y a eu personne de fusillé ! Grave faute sans doute ! Eh bien ! ces d'Orléans sont incorrigibles, et ce serait à recommencer que je crois vraiment qu'ils seraient aussi cléments que par le passé ! Mais pour les Bonaparte, quand il s'agit de faire fusiller, leur parole est bonne. Et tenez, prince, de toutes les promesses que vous et les vôtres avez faites ou pouvez faire, celle-là est la seule sur l'exécution de laquelle je compterais. »

La brochure du duc d'Aumale se trouva bientôt dans toutes les mains. Comment y était-elle parvenue dans ce temps où la police exerçait une surveillance si sévère sur toutes les publications ? Par une suite de calculs fort problématiques que la fortune prit soin de vérifier. Les personnes chargées de remplir les formalités ordinaires du dépôt s'en étaient acquittées à Versailles le vendredi 12 avril et non à Paris ; elles présumèrent que le procureur impérial et les substituts, trompés par le titre de la brochure, ne prendraient pas la peine de la lire, et que le parquet de Paris s'en rapporterait au parquet de Versailles. Les choses se passèrent ainsi. L'éditeur chargé de la vente à Paris, ne recevant le lendemain aucun de ces avis officieux devant lesquels s'arrêtait toute publication, mit la brochure en vente à une heure après midi : l'édition tout entière fut enlevée en deux heures. Lorsque la police, enfin avertie, se présenta chez l'éditeur pour opérer la saisie, elle n'y trouva plus un seul exemplaire de la brochure.

Le *Moniteur* publia, le lendemain, ces deux seules lignes :

« Une brochure ayant pour titre : *Lettre sur l'histoire de France*, et pour éditeur M. Dumineray, a été saisie. »

Les préfets furent immédiatement avertis par une dépêche de faire, sans retard, annoncer la saisie de la brochure du duc d'Aumale dans les mêmes termes que le *Moniteur,* et d'empêcher l'insertion dans les journaux de tout extrait ou commentaire de la publication séditieuse. La direction de la presse avait pris ses précautions avec les journaux de Paris ; ils se bornèrent à reproduire la première note du *Moniteur.* Une seconde note parut le 20 avril :

« Dans son numéro du 15 avril, le *Moniteur* a annoncé la saisie d'une brochure intitulée : *Lettre sur l'histoire de France, qui contenait une attaque personnelle contre le prince Napoléon.* Dès que Son Altesse Impériale a su qu'une instruction était dirigée contre l'éditeur de cette brochure, elle s'est empressée d'écrire à l'Empereur pour demander qu'il ne fût pas donné suite à la saisie. Il n'a pas paru possible d'accéder au vœu du prince et d'interrompre le cours de la justice. »

Le *Siècle* publiait le même jour la lettre suivante :

« Sire,

» Le duc d'Aumale a publié une brochure en réponse à un discours que j'ai prononcé au Sénat, il y a quelques semaines.

» Le parquet y a vu un délit contre les lois de l'Empire et une attaque à votre gouvernement. Ne s'inspirant que du droit commun, il a saisi et déféré cette publication aux tribunaux.

» C'était son devoir.

» J'ai vu hier M. le ministre de l'intérieur pour le prier de trancher par une mesure exceptionnelle une situation exceptionnelle.

» Je suis attaqué dans l'écrit du prince d'Orléans, c'est un motif de plus d'insister auprès de Votre Majesté afin d'arrêter les poursuites.

» Étouffer n'est pas répondre. Je vous supplie, Sire, de laisser circuler librement la réponse de M. le duc d'Aumale, certain que le patriotisme de la France jugera ce pamphlet comme il mérite de l'être, et que le bon sens du peuple fera justice de cette soi-disant leçon d'histoire qui n'est qu'un *manifeste orléaniste.*

» Veuillez agréer, Sire, etc.

» Napoléon Jérome. »

Le prince Napoléon, en traitant la lettre du duc d'Aumale de manifeste orléaniste obligeait le gouvernement à le poursuivre. M. Dumineray, libraire-éditeur à Paris, et M. Beau, imprimeur à Saint-Germain-en-Laye, furent en effet traduits devant la police correctionnelle, et condamnés malgré les efforts de M. Dufaure et de M. Hébert, leurs défenseurs, le premier à une année d'emprisonnement et 5000 francs d'amende, le second à six mois d'emprisonnement et 5000 francs d'amende.

Le bruit courut que le prince Napoléon provoqué en duel par le duc d'Aumale avait refusé de se battre ; c'était le témoignage des dispositions fâcheuses de l'opinion publique à son égard. Le prince Napoléon, malgré l'esprit et l'intelligence que ses amis lui prêtaient, ne savait ni se faire aimer, ni se faire craindre, ni se faire estimer. Républicain rallié à l'Empire, il vivait de l'Empire en l'attaquant sans cesse ; César en disponibilité, il se croyait à la tête d'un parti parce qu'il vivait entouré d'une cour d'artistes et de gens de lettres sars opinion, et de quelques démocrates convertis, il rêvait la dictature en émargeant au budget. La cour impériale, perpétuellement en proie à ses mauvais propos, se réjouit de sa mésaventure, car c'en était une véritable pour lui que la lettre du duc d'Aumale. L'Impératrice affectait de montrer cette brochure ouverte sur sa table à tous ceux qui entraient chez elle. Il fut bientôt de bon ton d'avoir lu la lettre, mais au bout de huit jours on ne parla plus de cette publication, que le parti orléaniste considéra comme une grande victoire et qui n'était qu'un incident grossi par la curiosité d'une époque cancannière et désœuvrée.

Le gouvernement impérial affichait la prétention de décentraliser l'administration. Le ministre de l'intérieur décida par un arrêté que les affaires locales, dont l'examen était renvoyé à l'administration centrale, seraient soustraites aux interminables longueurs nécessitées par leur renvoi forcé, des bureaux du préfet à ceux du ministre de l'intérieur, et qu'elles auraient désormais les préfets pour juges en dernier ressort ; ces fonctionnaires nommeraient en outre directement les commissaires de police dans les villes de six mille âmes et au-dessous, les surnuméraires des contributions directes et indirectes, les employés des maisons d'arrêt, de justice et de correction, les titulaires des débits de tabac. Ils auraient également la faculté de donner une infinité d'autorisations, de certificats, sans être astreints, comme autrefois, à consulter le ministre de l'intérieur, et de lui transmettre une multitude de relevés, de rapports périodiques, d'avis, d'états annuels, trimestriels, numériques, statistiques ou nominatifs.

L'expédition des affaires gagnait certainement beaucoup à ces changements, mais il aurait fallu bien d'autres conditions pour donner à ces mesures un véritable caractère de décentralisation. La décentralisation ne pouvait s'opérer réellement que par l'extension des attributions des corps électifs qui concourent, avec les préfets, à l'administration des départements et des communes, et par un accroissement de garanties, du droit de discussion et de contrôle proportionné à l'augmentation des attributions des préfets.

Le gouvernement s'était montré fort occupé du léger mouvement d'opinion excité par la brochure du duc d'Aumale. M. de Persigny avait adressé, le 13 mai, une circulaire aux préfets pour les inviter à surveiller toutes les tentatives de correspondance faites au nom de personnes bannies ou exilées du territoire. « De quelque nature que
» puissent être ces publications, sous quelque forme qu'elles
» se produisent, livres, journaux, brochures, vous devez

» procéder sur-le-champ à une saisie administrative, m'en » référer et attendre mes instructions. » Le ministre de l'intérieur ne s'en tint pas là : Le duc de Broglie n'était ni proscrit ni exilé du territoire ; retiré depuis longtemps de la vie politique, il avait consacré ses loisirs à la composition d'un ouvrage intitulé : *Vues sur le gouvernement de la France*. L'existence de cet ouvrage non imprimé, non publié, lithographié à un petit nombre d'exemplaires communiqués à quelques amis particuliers de l'auteur, parut un danger public au gouvernement. Un commissaire de police opéra une descente chez le duc de Broglie et s'empara du manuscrit. Peut-être aurait-on fait un procès à l'auteur s'il n'eût invoqué l'article de la constitution qui soumettait les grands-croix de la Légion d'honneur à la juridiction du Sénat.

Les anciens partis, divisés sur presque toutes les questions politiques et religieuses, ne pouvaient inspirer aucune crainte au gouvernement; le parti révolutionnaire seul essayait de donner de temps en temps signe de vie. Un maniaque de conspiration, condamné sous Louis-Philippe et sous la République de Février, Blanqui, reparut devant la police correctionnelle. La police avait saisi, le 19 juillet, 900 enveloppes de lettres chez sa sœur et chez une femme de ses amies, des listes sur lesquelles se trouvaient à côté des noms de plusieurs personnes, les mots : *bon à affilier*....., *actif*....., *homme de bataille*....., etc. Blanqui, traduit en police correctionnelle avec quelques individus obscurs, fut condamné à quatre ans de prison. Les débats du procès avaient prouvé son peu d'importance, mais l'imagination soupçonneuse de M. de Persigny lui inspirait des terreurs qui se firent jour deux mois après le jugement de Blanqui dans la circulaire suivante :

MINISTÈRE DE L'INTÉRIEUR.

(Très-confidentielle et pour le préfet seul.)

Le ministre de l'intérieur.

« Paris, 26 septembre 1861.

» Monsieur le préfet,

» Par une circulaire en date du 6 juin 1859, mon prédécesseur, M. le duc de Padoue, vous a prescrit les mesures à prendre dans le cas où un événement grave et imprévu amènerait la transmission du pouvoir au prince impérial sous le nom de Napoléon IV.

» En vous confirmant ces instructions, dont je vous envoie une copie, je crois devoir les compléter par les suivantes :

» Aussitôt après la réception de cette lettre, vous établirez une liste de tous les hommes dangereux, quelles que soient leurs opinions et leur position sociale.

» Après avoir étudié avec soin cette liste, vous y désignerez les hommes qui, ayant une valeur quelconque, soit pour la délibération, soit pour l'action, pourraient, à un moment donné, se faire le centre d'une résistance ou se mettre à la tête d'une insurrection.

» Vous formulerez personnellement, et vous signerez *des mandats d'arrêt pour chacun des hommes annotés sur votre liste, afin que, au premier ordre qui vous serait donné, leur arrestation ait lieu immédiatement et sans perdre une minute.*

» Vous me donnerez communication de la liste dressée par vous. Tous les mois, vous réviserez cette liste, ainsi que les mandats d'arrêt qui s'y rapportent.

» *Le ministre secrétaire d'État au département de l'intérieur,*

» F. DE PERSIGNY. »

MINISTÈRE DE L'INTÉRIEUR.

(Très-confidentielle.)

Note annexée à la circulaire n° 2.

« 1° Les listes comprendront tous les hommes dangereux, *républicains, orléanistes, légitimistes, par catégorie d'opinions.*

» 2° Elles seront tenues exactement à jour, au fur et à mesure que quelque fait nouveau parviendrait à la connaissance du préfet; les personnes inscrites sur ces listes devront, du reste, être l'objet d'une certaine surveillance.

» 3° Les formules de mandat seront imprimées à Paris et remises à MM. les préfets, qui n'auront qu'à les remplir de leur main et à les signer.

» 4° Les préfets conserveront ces mandats par devers eux, en les divisant par circonscriptions de commissaires de police.

» 5° Les préfets, dans leurs réunions, détermineront le mode qui sera employé pour faire opérer, sans perte de temps, *les arrestations dans les divers arrondissements.*

» 6° *Prévoir*, pour chaque département, *les lieux où seraient transférées les personnes arrêtées.* »

Les fêtes de la cour excitaient plus vivement que jamais la curiosité publique. Les journaux officieux, toujours empressés à lui fournir des aliments, avaient rempli leurs pages des détails de la réception solennelle faite le 18 juin aux ambassadeurs siamois à Fontainebleau. Deux trônes occupés l'un par l'Empereur, l'autre par l'Impératrice, parée des diamants de la couronne, avaient été dressés dans la galerie d'Henri III. La cour ayant pris place sur les bancs qui lui étaient réservés, on vit entrer, au signal du maître des cérémonies six hommes vêtus de pantalons et de casaques de brocart d'or, coiffés d'un immense chapeau conique, qui se jetant à quatre pattes s'avancèrent vers les trônes en rampant sur les coudes et les genoux. L'ambassadeur en chef tenait dans chaque main une coupe avec les lettres de son souverain, ce qui augmentait singulièrement pour lui les difficultés de l'ascension de l'estrade impériale, au sommet de laquelle il parvint cependant tenant toujours ses coupes, après des prodiges d'équilibre. La peinture a conservé à l'histoire le spectacle de cette triste cérémonie dans laquelle une cour désœuvrée sacrifiait si tristement les droits de la dignité humaine au besoin de se distraire et de passer le temps.

Les mêmes journaux ne tardèrent pas à publier le programme d'une nouvelle cérémonie : l'inauguration du boulevard Malesherbes, destiné à mettre en communication le nouveau quartier Monceaux avec la Madeleine. Il y eut à cette occasion, entre l'Empereur et le préfet de la Seine, un échange de discours où ils se congratulèrent de l'accomplissement progressif de cette œuvre de la transformation de Paris, qui fut la grande pensée du règne et dont les funestes conséquences politiques et sociales apparaissaient déjà aux observateurs clairvoyants.

Personne depuis la création des chemins de fer ne niait la nécessité d'apporter de grands changements dans la topographie de Paris. Les tracés des chemins de fer français y convergeaient. Les lignes étrangères cherchaient à se rattacher à ce centre. Une augmentation considérable de la population était la conséquence certaine de cette double tendance. Comment s'opéreraient les changements devenus inévitables? Il y avait là un problème d'une grande importance morale, économique et politique à résoudre.

Les corps de métiers sous l'ancien régime étaient groupés par quartiers. Paris conserva longtemps encore après la révolution quelque chose de cette organisation. Certains faubourgs restèrent la résidence de telle ou telle industrie. Les ouvriers de commerce se répandirent dans toute la ville. Paris avec ses quartiers de physionomies diverses, les uns plus spécialement habités par les riches, les autres par les pauvres, mais dans lesquels il n'y avait pas uniquement des riches et des pauvres, était vraiment la capitale industrielle et commerciale de la France. L'ouvrier trouvant à s'y loger partout, à côté ou non loin de son patron, vivait avec lui sur un certain pied de relations familières utile à tous les deux. Il restait dans son quartier, il recherchait l'estime des gens de son quartier, où toutes les classes de la société étaient représentées et se mêlaient de façon à empêcher que le pauvre ne vécût dans un isolement complet du riche. Plus de quatre cent mille personnes, hommes, femmes, enfants, commerçants, ouvriers, industriels, se trouvaient ainsi réunies dans les conditions les plus favorables à la prospérité de l'industrie, à l'aisance de la vie, à l'honnêteté des mœurs.

Napoléon III n'aimait pas ce qui restait de ce Paris de l'ancien régime et de la révolution; il en voulait un autre mieux approprié à ses besoins, à ses tendances, à ses craintes. Il rêvait un Paris sans autre industrie, sans autre commerce que l'industrie et le commerce ayant trait aux plaisirs. L'Empereur et son préfet de la Seine, marquant d'un crayon rouge le plan de Paris, y avaient donc tracé, sur des données stratégiques, des rues, des avenues, des squares et des boulevards destinés à remplacer les usines, les fabriques et les logements des ouvriers. Une armée de démolisseurs se mit à l'œuvre : quelques riches industriels prévenus de cette irruption purent accaparer les terrains près des tronçons de canaux et des gares de chemins de fer, mais les autres ne trouvèrent pour reconstruire leurs usines que des plaines sans routes et même sans chemins, autour de Paris. Les ouvriers, logés autrefois dans le voisinage des usines, se logèrent comme ils purent et fort cher, dans des villages ou des hameaux souvent très-éloignés de leurs ateliers. Les gares, le fleuve introduisaient autrefois à bon marché dans Paris les matières premières. L'exportation des objets fabriqués s'opérait par les mêmes voies à des prix modiques; le fabricant qui avait sa demeure dans ses ateliers pouvait s'entendre directement avec l'ouvrier, lui communiquer ses observations et recevoir les siennes; l'ouvrier, passant d'un atelier dans l'autre sans changer de demeure, restait à la portée du contre-maître qui l'avait toujours sous la main dans les moments de besoin et qui l'utilisait selon ses aptitudes connues. La transformation de Paris rendit l'ouvrier et le patron étrangers l'un à l'autre; l'ouvrier aujourd'hui ne connaît du patron que son luxe qu'il envie parce qu'il le croit uniquement alimenté par son travail; il n'y a plus entre eux de relations, l'ouvrier a le temps à peine de connaître le contre-maître; l'ouvrage cesse, il s'en va; obligé de déménager à chaque instant, il n'a plus de mobilier. Des entrepreneurs lui construisent des logements composés d'une pièce principale à l'entrée, avec une arrière-cuisine de un mètre carré, placée dans un des angles, une très-petite chambre à coucher; cela lui coûte de 250 à 300 francs de loyer, le double du prix de son logement d'autrefois avec la moitié moins d'air et d'espace (1).

Les ouvriers de commerce et en bâtiment, menuisiers, serruriers, peintres, cordonniers, tailleurs, chassés du centre de Paris où ils avaient leurs habitations, ont aujourd'hui trois heures de marche, en moyenne, pour se rendre de chez eux au chantier et pour en revenir chargés de leurs outils. Leurs femmes, leurs filles, autrefois ouvrières à la journée dans leurs quartiers, n'y trouvent plus d'ouvrage. Le fils n'a plus d'école. Le patron paye la journée plus cher, l'ouvrier est plus pauvre. La maladie, c'est l'hôpital pour lui et la misère pour les siens. Aussi est-il moins gai, moins ouvert qu'autrefois. Il habite trop loin de Paris, même pour se distraire par la vue de ses monuments; il s'enferme le dimanche dans le cabaret voisin de son campement.

L'ouvrier de commerce travaillait autrefois dans sa chambre, peu éloignée du logement du patron; il pouvait sans peine communiquer directement avec lui, se rendre à son appel, écouter ses observations; ces rapports quotidiens sont maintenant impossibles. Le centre commercial

---

(1) *Le nouveau Paris industriel* (journal *le Temps* des 6, 7 et 8 août 1871).

est encore la Bourse, mais les ouvriers demeurent à la Chapelle, à la Villette, à Belleville, à Grenelle, à Vaugirard, à la Maison-Blanche ; la distance oblige les fabricants à centraliser les travaux de couture dans les ateliers et à supprimer le travail en chambre. La difficulté pour les filles d'ouvriers de travailler dans leur famille les rend plus accessibles à la paresse et à ses tentations. On cherche d'où vient le flot de femmes qui alimente la prostitution à tous ses degrés ; il faut le demander à la transformation de Paris.

L'intelligence, l'habileté, le goût qui distinguent l'ouvrier parisien, de même que le bon sens, la clarté, l'esprit des écrivains français sont le produit de l'esprit de sociabilité qui caractérise la France et qui a son foyer à Paris. La société aristocratique et la société bourgeoise n'existaient pas seules autrefois à Paris ; il y avait à côté d'elles une société ouvrière : contre-maîtres, dessinateurs, simples ouvriers, se rencontraient fréquemment, causaient entre eux, échangeaient leurs observations, amélioraient leurs travaux par la critique de leurs inventions nouvelles. Cet échange perpétuel de rapports produisait des ouvriers d'élite. Le nombre de ces ouvriers diminue chaque jour depuis que la transformation de Paris ne leur permet plus d'échanger leurs pensées, leurs méthodes, leurs moyens d'exécution.

L'influence de la transformation de Paris s'est fait sentir d'une façon aussi fâcheuse sur la classe bourgeoise que sur la classe ouvrière. Les lieux que l'homme habite ne sont point sans effet sur ses mœurs ; le quartier, le logement sont des milieux où se forme aussi le caractère. L'homme que l'on force à en sortir brusquement y laisse une partie de la force morale qui lui vient de la tradition et des souvenirs de famille, sans gagner les qualités du nouveau milieu où il est transporté. C'est ce qui est arrivé au bourgeois de Paris chassé de ses pénates par l'expropriation. La bourgeoisie de Paris, si diversifiée, si nuancée autrefois par les quartiers, prend chaque jour un cachet plus prononcé d'uniformité et de monotonie; perdue dans l'immensité d'une ville cosmopolite, elle s'intéresse de moins en moins à la politique, à la littérature, aux arts; elle assiste au spectacle de la vie et de la société comme si elle n'en faisait plus partie. La transformation de Paris a hâté la décadence morale de la bourgeoisie parisienne.

Les départements éprouvaient une certaine jalousie de cette transformation dont ils se plaignaient d'être obligés de payer les frais. L'Empereur, pour calmer leurs plaintes et pour prouver que sa sollicitude providentielle s'étendait à tous les besoins du pays, ouvrit sans s'arrêter aux règles de la législation financière, en l'absence du Corps législatif, un premier crédit sur les 25 millions qu'il accordait aux chemins vicinaux. Cette décision devint pour les conseils généraux, dont la session s'ouvrit quelques jours après, le signal de l'explosion de l'enthousiasme dynastique le plus ardent. Leurs adresses enflammées remplirent pendant un mois les colonnes du *Moniteur*. L'argent manquait cependant pour continuer les travaux innombrables entrepris sur tout le territoire. L'insuffisance de la récolte des céréales rendait 300 millions de francs nécessaires pour payer les 10 millions d'hectolitres de blé formant le déficit. L'absence d'une somme aussi considérable ne pouvait manquer de se faire sentir dans les transactions usuelles, surtout au moment où les dernières barrières de la prohibition pour les fils et les tissus étaient à la veille de tomber, au grand effroi des fabricants.

Il fallait donc emprunter en rouvrant le grand-livre, ou trouver un autre moyen. Le gouvernement eut recours à l'émission d'obligations spéciales, offertes en souscription publique. Il demanda 132 millions représentés par 300 000 obligations, émises à 440 francs, remboursables en trente ans à 500 francs et recevant 25 francs d'intérêt. Le ministère des finances, à la nouvelle de cette émission, fut aussitôt assiégé par un ramassis de gens de bas étage et de vagabonds qui se chargeaient de souscrire au profit des spéculateurs. Le jour, la porte des bureaux était encombrée par la foule formant une queue bruyante et obscène comme celle des théâtres du boulevard ; la nuit, un camp de bohémiens s'installait sous les arcades de la rue de Rivoli. Jour et nuit, les bulletins de versement se cotaient dans cette bourse du ruisseau. L'empressement pour souscrire était prodigieux. Près de 4 700 000 titres, soit en valeur près de 2 milliards furent souscrits. Le ministre vit « dans l'abon- » dance des capitaux offerts, une manifestation imposante » de la puissance financière du pays et une preuve nouvelle » de la confiance qu'inspirait le gouvernement ». Les apparences étaient brillantes, mais en réalité il n'y avait pas là de quoi tant se vanter ; les désastres et les faillites ne tardèrent pas à le prouver.

Les mesures financières adoptées par le gouvernement avaient le grand inconvénient de paralyser l'initiative privée. Le public prenait l'habitude de confier son épargne à l'État au lieu de la faire fructifier lui-même. Cette épargne des particuliers servait, il est vrai, à l'État pour pousser à la construction des chemins de fer, mais si l'initiative privée continuait à faiblir, ces chemins ne finiraient-ils pas par n'avoir plus rien à transporter ? L'empressement des souscripteurs, dont le gouvernement se montrait si fier, était dû d'ailleurs à l'appât de la prime. Le ministre des finances pouvait y compter toutes les fois qu'il offrirait aux souscripteurs des obligations ou de la rente au-dessous du cours. Un autre résultat non moins fâcheux de l'émission des obligations trentenaires fut l'inauguration d'une nouvelle forme d'emprunt remboursable et d'une nouvelle nature de titres négociables à terme, quoique la loi ne reconnût pas les marchés à terme.

La souscription représentait la somme de 2 milliards, mais les versements ne produisirent que le dixième environ excédant le capital demandé. La réduction eut lieu dans des proportions énormes. 147 000 titres acquis aux souscripteurs unitaires laissaient 153 000 titres à répartir. Sur 100 obligations souscrites, on en obtint 2 3/4, c'est-à-dire qu'après avoir consacré 4000 francs au premier versement de 40 francs, le souscripteur reçut des titres pour une valeur de 1250 francs environ et fut obligé de reprendre le surplus avec la perte d'un mois d'intérêt.

L'État avait obtenu 400 millions environ destinés à la continuation de ses travaux. Une somme de 300 millions pour les blés sans compter les sommes nécessaires pour payer les expéditions de Chine, de Syrie, de Cochinchine et l'expédition du Mexique, dont les préparatifs se poursuivaient en secret, manquait encore au Trésor. L'accroissement des recettes ne compensait pas l'accroissement des dépenses, aussi les esprits attentifs et prudents commençaient-ils à concevoir des alarmes sérieuses qui se firent jour dans un article de la *Revue des deux mondes*. Le ministre des finances, M. Forcade de la Roquette donna un avertissement à ce recueil « qui s'efforçait, par les assertions les plus mensongères, de » propager l'alarme dans le pays», sans se douter qu'au moment où il fulminait cet arrêté, l'Empereur, au fond de son château de Compiègne où s'éteignait à peine le bruit des fêtes données en l'honneur du prince-régent de Prusse et du roi de Hollande, méditait sur un mémoire que son fidèle serviteur M. Fould lui avait fait parvenir secrètement, dès le mois de septembre, sur les dangers de la situation financière.

M. Fould demandait que d'importantes modifications fussent apportées au sénatus-consulte du 26 décembre 1852, en exécution des engagements pris devant le Corps législati lors de la discussion du budget rectificatif ; il démontrait que le droit du Corps législatif à voter l'impôt restait un droit illusoire et qu'un contrôle s'exerçant dix-huit mois après qu'une dépense a été faite n'était qu'une pure fiction. On en peut dire autant, ajoutait-il, de la discussion du budget au Conseil d'État et au Corps législatif, si en dépit des réductions consenties ou imposées, le gouvernement augmente les dépenses après la session. M. Achille Fould appuyait ses observations des calculs suivants : 2 milliards 400 millions de crédits extraordinaires ont été ouverts de 1851 à 1858 ; la dette publique et les découverts du Trésor se sont accrus de 400 millions de crédits extraordinaires pour les trois dernières années ; le crédit sous toutes ses formes, les ressources des établissements spéciaux sous la direction de l'État les emprunts en rente, atteignent au moins au chiffre de deux milliards. Le Trésor a absorbé les 100 millions d'augmentation de capital imposés à la Banque lors du renouvellement de son privilége et 135 millions de la caisse de dotation de l'armée, sans compter les 132 millions des obligations trentenaires ; il était d'autant plus urgent de s'arrêter que le découvert à la fin de l'année s'élèverait à près d'un milliard, et que, pour conjurer une crise imminente, il fallait supprimer les crédits

extraordinaires et supplémentaires. L'Empereur, en renonçant à la faculté de les ouvrir, coupera court, disait M. Fould, aux demandes sans cesse renaissantes des communes et des particuliers ; il calmera les inquiétudes des puissances qui se croient obligées à des armements coûteux pour être toujours prêtes à se défendre contre un souverain, maître de disposer à chaque instant, et sans intermédiaire, des ressources d'une grande nation. « En rendant au Corps légis-
» latif ses attributions les plus incontestables, l'Empereur le
» solidariserait avec son gouvernement ; il obtiendrait, pour
» prix de cette concession, un budget où les allocations
» seraient plus en rapport avec les besoins réels. En un
» mot, il réaliserait de la manière la plus certaine la pensée
» pleine de prévoyance qui a inspiré le décret du 24 no-
» vembre. »

L'Empereur, jugeant qu'un homme aussi intéressé que M. Fould au maintien de l'Empire ne pouvait lui donner que de bons conseils, lui écrivit que les conclusions de son mémoire étaient les siennes et que son intention était de réunir le Sénat le 2 décembre pour formuler ses résolutions en sénatus-consulte ; il l'invitait en même temps à passer du ministère d'État au ministère des finances. M. Forcade de la Roquette, nommé sénateur, dut être tenté, en se rendant au Luxembourg, de s'arrêter au bureau de la *Revue des deux mondes* pour lui offrir ses excuses au sujet de l'avertissement qu'il lui avait infligé.

L'auteur du mémoire apparut un instant aux yeux des populations le front orné du nimbe de premier ministre, grâce au décret du 1ᵉʳ décembre portant : « Aucun décret,
» autorisant ou ordonnant des travaux ou des mesures quel-
» conques pouvant avoir pour effet d'ajouter aux charges
» budgétaires, ne sera soumis à la signature de l'Empereur,

» qu'accompagné de l'avis du ministre des finances. » Les autres ministres, réduits à l'emploi de commis, n'auraient pas manqué, au temps des « cabinets », de donner leur démission collective ; mais les conseillers de l'Empire n'ayant de responsabilité que devant la personne impériale, pouvaient très-bien se prêter à l'exécution de tous les systèmes financiers ou politiques qu'il lui plairait d'adopter. Ils se résignèrent donc à l'élévation de l'homme qui venait de leur donner une si verte leçon, et ils consentirent à tous les changements d'attributions jugés nécessaires par M. Fould pour les surveiller de plus près.

La réforme financière ne pouvait être sérieuse qu'à la condition de supprimer non-seulement la faculté d'ouvrir des crédits supplémentaires et extraordinaires en l'absence des Chambres, mais encore celle d'opérer des virements de fonds d'un chapitre à l'autre, et d'une section à l'autre de chaque budget ministériel. Il n'y a pas en effet de bonne administration des finances publiques sans la spécialité des crédits. La faculté des virements laissée au gouvernement, c'est-à-dire à l'Empereur, équivalait à celle des crédits extraordinaires et supplémentaires.

Une autre réforme, due aussi à l'influence de M. Fould, eut lieu presque en même temps. Le préfet de la Seine, toujours en quête de ressources, avait fait placer à l'entrée de la Bourse des tourniquets qu'on ne franchissait qu'en payant un droit d'entrée. Les agents de change se lamentaient sans cesse sur cet impôt, qui produisait à peine 800 000 francs à la ville, et qui n'était, selon eux, qu'une gêne pour le public, et une cause de plus au malaise des affaires. Napoléon III, cédant tout à coup à ces doléances, supprima les tourniquets. Les agents de change, dans une lettre de remercîments à l'Empereur,

signalèrent cette suppression comme « un véritable bienfait pour le crédit de la France, » comme « le prélude d'une grande période nouvelle d'activité et de richesse pour le pays, » comme l'une des conséquences de ce nouveau programme financier si « noblement » adopté dans la lettre du 12 novembre au ministre d'État ; « Votre Majesté, ajou-
» taient-ils, a su en dix ans de règne pacifier les esprits,
» relever le crédit public et inscrire de nouvelles victoires sur
» notre drapeau. Il n'appartenait qu'au génie de l'Empereur
» d'accomplir cette tâche si difficile, de donner en même
» temps satisfaction à l'amour-propre du pays pour la gloire
» et à ses intérêts légitimes. Nous avons, Sire, naguère
» applaudi avec la France entière à votre grandeur dans
» la guerre, applaudissons aujourd'hui à votre grandeur
» dans la paix. » Ces burlesques flagorneries se terminaient ainsi : « Permettez-nous d'élever un monument de notre
» reconnaissance, en plaçant Votre Majesté dans l'enceinte
» du palais de la Bourse. Le guerrier aura sur la voie pu-
» blique ses colonnes triomphales, la statue du prince
» pacificateur dans le palais de la Bourse protégera ces
» négociations qui fécondent le travail des peuples et pro-
» clament la sagesse des souverains. » Tant de gloire à propos de tourniquets ! L'Empereur refusa, « quelque flatteuse que soit la proposition ». Il songeait sans doute déjà que sa statue équestre en costume d'apothéose serait mieux placée au fronton du Louvre.

Les élections pour les conseils généraux avaient eu lieu dans le courant de l'été. « La Révolution relève la tête, et
» c'est le canton de Chabeuil qu'elle a choisi pour tenter
» l'essai de sa résurrection ; il importe que ce canton, qui
» fut toujours si dévoué à l'ordre, donne une sévère leçon
» aux révolutionnaires et que les candidats qu'ils opposent

» aux candidats de l'administration soient repoussés de
» l'urne d'une façon si éclatante, qu'ils soient à tout jamais
» dégoûtés, et qu'ils comprennent enfin que le peuple n'est
» pas disposé à se placer sous leur joug. » Ce singulier mot
d'ordre, donné par le préfet à un canton du département
de la Dordogne et aussi docilement suivi à Chabeuil que
dans tous les autres cantons de la France, fut le prélude
de la défaite de la révolution, défaite d'autant plus complète que le gouvernement aux forces écrasantes de la
centralisation administrative avait pu joindre celles de la
centralisation religieuse. L'évêque auxiliaire de Marseille
et ses deux vicaires capitulaires adressèrent aux curés une
circulaire pour les exhorter à voter et à faire voter leurs
paroissiens en faveur des candidats officiels, quoiqu'ils
eussent pour concurrents les chefs du parti dévoué aux
intérêts temporels et spirituels de la papauté. L'exemple
du clergé de Marseille fut suivi dans les autres diocèses,
aussi l'opposition réussit-elle à peine à faire passer deux
ou trois de ses candidats. Les protestations cependant
furent nombreuses. Celle de M. de la Bigotterie donna lieu
à un procès célèbre.

Les électeurs de Coulonjes (département des Deux-Sèvres)
avaient un conseiller général à élire. MM. Plassiart et de
la Bigotterie se présentèrent ; M. Plassiart fut nommé ;
M. de la Bigotterie protesta, le conseil de préfecture cassa
l'élection par le motif que l'élu avait porté atteinte à la
sincérité des opérations électorales.

M. de la Bigotterie ne s'était pas contenté d'une protestation : il avait déposé une plainte devant l'autorité judiciaire contre M. Plassiart, pour fraude en matière électorale
et pour diffamation. Une longue instruction eut lieu, dans
laquelle plus de cent cinquante personnes furent entendues ;

M. Plassiart, son fils, la directrice des postes de Coulonjes, le garde-champêtre de la commune et un maire des environs comparurent en police correctionnelle. Le procès Migeon avait déjà montré en gros ce que c'était que le régime électoral de l'Empire, le procès Plassiart fit pénétrer dans les détails de la tyrannie d'un maire de village, usant effrontément de tous les pouvoirs qui lui sont confiés, dans l'intérêt de son ambition, promettant à l'un de réparer son chemin, à l'autre d'obtenir le maintien de son fils dans ses foyers, à l'expiration de son congé, menaçant des rigueurs administratives ceux qui refusent de voter pour lui, ayant pour agent impitoyable un garde-champêtre, cafetier, entrepositaire de bière pour tout le canton, crieur public, agent de la société centrale de la mortalité des animaux, trésorier de la société de secours mutuels, etc. Plassiart envoyait aux électeurs des cartes avec son bulletin collé par un pain à cacheter dont l'adhérence devait lui permettre quand il présiderait le bureau de connaître les votes; il lisait même au besoin son nom à la place d'un autre candidat et il ne craignait pas de violer le secret des lettres pour surveiller les démarches des électeurs. Tels étaient les délits reprochés à Plassiart, nommé chevalier de la Légion d'honneur pour le récompenser des services rendus par lui au canton de Coulonjes. Des condamnations sévères frappèrent Plassiart et ses complices, mais combien de fonctionnaires presque aussi coupables que lui restaient impunis!

Les principes posés dans le mémoire de M. Fould devaient recevoir une application législative. Le Sénat, convoqué extraordinairement par l'Empereur, se réunit le 2 décembre 1861 pour examiner un projet de sénatus-consulte, portant modification des articles 4 et 5 du sénatus-consulte du 25 décembre 1852. La lecture du rapport de M. Troplong remplit toute la séance du 17 ; c'était un livre plutôt qu'un rapport. L'auteur commençait par expliquer comment, la constitution reposant sur un contrat formulé par les comices nationaux et que seuls ils pourraient modifier, il n'était nullement question de lui faire subir le moindre changement. Le projet soumis aux délibérations du Sénat apportait une simple modification à l'article 12 du sénatus-consulte du 25 décembre 1852, réglant le mode de votation du budget. M. Troplong n'était pas bien convaincu de la nécessité de cette modification, mais puisque le Corps législatif, « poussé par cette fausse activité que les jurisconsultes romains appelaient *nimiam atque miseram diligentiam*, » demandait le vote par chapitre au lieu du vote par ministère, il conseillait au Sénat de consentir à cet examen. L'important, selon lui, était de s'assurer si les sections énumérées dans le rapport offraient des généralités assez spacieuses pour que les ministres pussent s'y mouvoir librement. Le Corps législatif se mêlerait sans cela de l'administration, car la spécialité n'était pas autre chose, aux yeux du président du Sénat, que l'administration elle-même.

La nomenclature des sections annexées au sénatus-consulte devenait constitutionnelle par suite de cette annexion. Mais ne fallait-il pas faire la part de l'imprévu ? Des circonstances fortuites ne pouvaient-elles pas se jouer d'une rigoureuse affectation ? M. Troplong avait craint d'abord qu'on n'eût oublié de prévoir ces nécessités, mais il s'était bientôt rassuré et réjoui en voyant le sénatus-consulte y pourvoir par le droit de virement. Un décret rendu au Conseil d'État permettra de s'écarter des spécialités constitutionnelles ; le virement, ajoutait M. Troplong, sans rien changer à l'ensemble du budget, supprimera le crédit extra-budgétaire qui comptait toujours sur la dette flottante. Les virements, s'opérant de section à section par le crédit total affecté au ministère, pouvaient, il est vrai, causer un dérangement dans les chiffres spécialement affectés à chaque section par le Corps législatif, mais M. Troplong s'y résignait aisément, ainsi qu'au reproche adressé aux virements étendus à toutes les sections d'un même ministère, de diminuer singulièrement le droit d'amendement. Il admettait même le virement qui, par son importance, pouvait donner naissance à des crédits nouveaux, pourvu qu'il fût justifié par la nécessité. La crainte d'être mis en accusation par le Sénat, la responsabilité devant l'Empereur, suffisaient, selon lui, pour assurer d'avance cette justification.

M. Troplong mena rondement la discussion du sénatus-consulte; un amendement de M. Bonjean demandant que les virements n'eussent lieu que pour causes urgentes et imprévues sur des économies déjà assurées, sans toucher au service ordinaire, aux *secours*, aux *primes*, aux *subventions*, *bourses*, etc., et que la faculté de se faire ouvrir des crédits extra-budgétaires sans le concours du Corps législatif fût laissée uniquement aux ministres de la guerre et de la marine, n'obtint aucun succès. M. Troplong vit dans cet amendement la négation du sénatus-consulte lui-même et de ce projet de loi « qui n'avait pas été conçu sous le
» coup d'embarras accumulés, et qui n'était qu'un change-
» ment de marche et non le désaveu d'un glorieux passé ».

M. de la Rochejacquelein aurait souhaité que le gouvernement voulût bien dissiper certains doutes que pouvait faire naître le décret impérial. M. Troplong, tremblant de voir l'interpellation parlementaire renaître de ses cendres, pria le gouvernement de ne pas répondre. M. Magne expliqua pourtant en quelques mots que la contradiction entre le projet de M. Fould et le commencement de l'exposé de la situation de l'Empire en 1861, signalé par M. de la Rochejacquelein, n'était qu'une illusion.

Il y eut un bulletin contre le sénatus-consulte.

CHAPITRE IV

1861

SESSIONS DU SÉNAT ET DU CORPS LÉGISLATIF

Sommaire. — Session législative. — Discours de l'Empereur au Sénat et au Corps législatif.
Sénat. — Discussion de l'adresse. — Discours du prince Napoléon. — Amendement sur les encouragements aux lettres et aux arts. — L'amendement des cardinaux. — Son rejet. — M. Dupin et la presse. — Timbre sur le roman-feuilleton.
Corps législatif. — Application du décret du 24 novembre. — Discussion de l'adresse au Corps législatif. — Amendement des *Cinq*. — Discours de M. Émile Ollivier. — Étonnement causé par ce discours. — Incident du procès-verbal. — Discours de M. Picard sur les finances de la ville de Paris. — Vote de l'adresse. — Discussion et vote du budget.

L'Empereur, accompagné de l'Impératrice, ouvrit en grande pompe, le 4 février, la session législative au Louvre, au milieu d'un public de plus en plus avide de tous les spectacles où se déployait l'appareil extérieur de la puissance impériale, avec ses maîtres de cérémonie, ses officiers, ses chambellans dorés, brodés, empanachés. Les femmes, surtout celles qui s'occupent le moins de politique, formaient la plus grande partie de l'auditoire pressé sur les bancs de la salle des États et s'apprêtant à saisir au passage, pour les couvrir de ses applaudissements, quelques phrases du discours très-sympathiques, disait-on, au pape et au roi de Naples. Cette petite manifestation ne réussit qu'à demi. Les dames purent battre des mains en l'honneur du roi de Naples en entendant l'Empereur s'apitoyer sur « une infortune noblement supportée », mais la glorification du principe de non intervention, quoique démenti par la présence d'une armée française à Rome, refroidit l'enthousiasme excité par l'éloge du pape.

Le projet d'adresse de la commission du Sénat n'était que la paraphrase la plus stricte, la plus sèche et la plus prosaïque du discours de la Couronne. Ce discours demandait au Sénat une discussion approfondie, indépendante de ses actes, des conseils réels, efficaces, de nature à le guider, des lumières et des solutions ; le Sénat se contentait de lui répondre : « Tout ce que vous ferez sera bien. »

M. de la Rochejacquelein ouvrit la discussion générale par un violent discours contre la politique du gouvernement italien, mais l'autorité de l'homme manquait à la parole de l'orateur. Il en était de même de celui qui lui succéda. M. de Heeckeren exprima les mêmes idées que M. de la Rochejacquelein avec la même violence. M. Piétri leur répondit sur un ton pareil. Le prince Napoléon prit la parole à son tour pour défendre à la fois son beau-père et l'unité italienne. M. de Heeckeren avait placé dans son discours des allusions contre le prince, qu'il accusait de suivre dans un intérêt personnel une conduite en opposition avec l'intérêt de l'Empereur et de sa dynastie. Le prince Napoléon, répondant à son adversaire personnel et à ceux de l'Italie, passa en revue dans un discours de plus de deux heures tous les actes de la politique italienne depuis deux ans, et il les justifia tous en mêlant à cette justification des attaques peu convenables dans sa bouche contre l'Autriche, contre le pape et contre les Bourbons. De telles attaques appelaient des représailles. Le duc d'Aumale les exerça bientôt dans sa brochure une *Leçon d'histoire de France* dont nous avons parlé dans le chapitre précédent. M. Billault, obligé de répondre au prince-sénateur, s'efforça surtout de dégager la politique de Napoléon III de celle de son cousin.

La discussion des paragraphes de l'adresse commença le 4 mars. M. de Boissy, qui parla le premier, commença par regretter qu'on n'eût pas décrété l'admission du public aux séances du Sénat; il demanda ensuite le renvoi du premier paragraphe à la commission et il ne cessa pas de prendre la parole ou plutôt de se livrer, sur chaque amendement, à un bavardage que tout l'esprit du monde ne pouvait faire passer. Quelques sénateurs timides comme MM. Ferdinand Barrot et de La Grange versèrent dans le sein de leurs collègues l'aveu des craintes que leur inspirerait les concessions du 24 novembre, mais le Sénat, sans les écouter, s'empressa de passer à la discussion de l'amendement de MM. Poniatowski, de Saulcy, Lebrun, Mérimée et Dumas, relatif aux encouragements à donner aux œuvres de l'intelligence : « Nous avons confiance que ces encoura» gements, insuffisants jusqu'à ce jour, deviendront plus » dignes du règne de Votre Majesté et du grand empire » qu'elle gouverne. »

Il y a trois manières, dit M. Mérimée, d'encourager les gens de lettres et les savants : les pensions, les souscriptions, les missions scientifiques. Les pensions sont rarement accordées à des gens de lettres militants (grande erreur), elles sont données à de malheureuses veuves, à des filles infortunées d'hommes de lettres distingués. Le chiffre des pensions lui paraissait insuffisant; quant aux souscriptions, il compara la dotation du musée britannique, qui est de 250 000 francs pour acquisitions d'imprimés, de 25 000 pour reliures et de 50 000 pour acquisitions de manuscrits, à celle de la bibliothèque impériale qui avait dépensé, l'année précédente, 25 000 francs pour acheter des imprimés et à peine 15 000 pour des reliures.

Le musée de Cluny créé pour le peuple doit se contenter

de 10 000 francs de frais d'entretien ; les arts ont cependant une influence considérable sur la fabrication française ; le bon goût des ouvriers parisiens assure la préférence à leurs produits sur tous les marchés de l'Europe. M. Mérimée avait raison. Les grands établissements scientifiques et littéraires de la France, comparés à ceux de l'Angleterre, étaient subventionnés avec une parcimonie affligeante, mais s'il avait recherché la cause de cette différence entre l'Angleterre et la France, il l'aurait trouvée dans ceci : que le gouvernement anglais ne se croit pas obligé de se mêler de tout, qu'il ne subventionne point les théâtres, qu'il laisse à la société qui demande des spectacles de luxe le soin de les payer, tandis qu'en France, où l'on donnait près de 2 millions de subvention aux théâtres, on était forcé de faire des économies sur les bibliothèques.

M. de la Riboisière invoqua contre l'amendement l'inconvénient d'ajouter aux charges d'un budget déjà trop lourd ; M. Magne le repoussa, non point pour ne pas charger le budget des recettes qui, déposé la veille sur le bureau du Corps législatif, constatait, dit il, un excédant de plus de 10 millions, mais parce qu'il semblerait impliquer une critique indirecte du gouvernement qui comblait les artistes de ses largesses. L'amendement fut donc rejeté.

M. Thayer avait profité de la discussion de ce paragraphe pour signaler au ministre d'État le danger de l'invasion des grandes scènes par des pièces destinées autrefois aux théâtres vulgaires. M. Chapuys-Montlaville rechercha de son côté les moyens d'arracher les Français « aux excita- » tions de l'imagination, brillante faculté quand elle s'exerce » sous l'empire du bon sens, flamme qui brûle et qui sème

» l'incendie autour d'elle, quand elle est abandonnée à sa
» seule nature, et de maintenir entre l'imagination et la
» raison l'équilibre nécessaire pour calmer l'emportement
» des facultés de l'esprit, qui est le défaut du caractère
» national depuis les Gaulois jusqu'à nos jours ». Le moyen
proposé par l'honorable sénateur était l'établissement d'un
timbre spécial sur le roman-feuilleton, et l'interdiction de
la vente des journaux de roman.

M. de Ladoucette reprit la question des théâtres et demanda si les prix proposés pour les auteurs dramatiques avaient produit un bon effet.

Le comte Siméon, membre du Sénat, président de la Société de la *Caisse des chemins de fer*, était impliqué civilement dans le procès du financier Mirès. M. Dupin profita de l'occasion pour s'élever contre les abus de l'agiotage, et pour sommer les hommes publics de refuser leur solidarité aux hommes d'affaires ; M. Dupin cita le chancelier de l'Hospital, tonna contre ceux qui s'enrichissent par tous les moyens *per fas et nefas*, et contre ceux qui reculent devant les charges du mariage *onera matrimonii*, à tel point qu'il faudra, dit-il, finir par établir des lois contre le célibat, *leges de maritandis ordinibus* ; il signala l'augmentation du prix de toutes choses coïncidant avec l'augmentation du luxe, le capital quittant la terre pour la bourse, la rente pour les dividendes, et le patrimoine des familles s'engloutissant dans le gouffre de l'agiotage. Le gouvernement ne peut-il prévenir le mal en accordant plus rarement certaines autorisations qui deviennent comme des lettres de marque dans les mains de ceux qui les obtiennent ? M. Dupin s'en prit aussi aux journaux : « La presse,
» dans ces derniers temps, n'a pas fait son devoir envers
» le public. Chacun a pu lire une foule d'articles destinés

» à préconiser certaines opérations où, pour étaler aux
» yeux du peuple les avantages qu'il aurait à porter son
» argent à certaines caisses, on a parlé avec emphase et
» jusqu'à satiété des gros intérêts promis, jusqu'à 10 et
» 11 pour 100 pour telle et telle négociation... » Et pas
un journal n'a ajouté : « Mais, citoyens, prenez-y garde,
» car un intérêt si fort ne se donne jamais qu'en courant
» le risque à peu près certain de perdre la plus grande
» partie de son capital. »

M. Dupin termina son discours par ces mots : « Hono-
» rons la religion et la morale, prêtons force aux lois,
» ranimons dans les cœurs cet amour désintéressé du pays
» qui inspire les grands dévouements et recommande les
» généreux sacrifices : *Honneur et patrie!* là se trouve le
» germe de ces vertus civiques qui font la force des peu-
» ples et la durée des États. »

M. Billault s'empressa de s'associer à ces nobles sentiments; il apprit au Sénat qu'une enquête allait être
ouverte sur l'affaire Mirès et que personne n'échapperait
au jugement destiné à punir les auteurs de ces désastres
qui ruinent les familles, et dont la responsabilité remonte,
disait-il comme M. Dupin, à la presse qui les encourage
par sa complicité.

La société et le gouvernement sortis du coup d'État
reposaient sur les entreprises flétries par M. Dupin. Elles
en alimentaient le luxe et les besoins matériels. M. Siméon,
voyant une allusion personnelle dans le discours de M. Dupin, se contenta de lui répondre qu'il était aussi utile et
aussi licite de se livrer à l'industrie qu'à l'agriculture,
que trop de gens recherchent les fonctions publiques ou
les professions qu'on appelle libérales, et que la plupart de
ceux qui critiquent les fondateurs des grandes entreprises

industrielles ne se font aucun scrupule de s'y associer indirectement en prenant leurs actions.

Quant à la presse, elle aurait pu dire : Monsieur Billault, vous étiez ministre de l'intérieur lorsque l'emprunt ottoman, dont vous me reprochez d'avoir soutenu l'émission, a été contracté, et vous, monsieur Dupin, vous occupiez le siège le plus élevé de la magistrature française, et aucun de vous n'a dit un seul mot pour signaler le péril que couraient nos capitaux. M. le ministre de l'intérieur, puisqu'il trouvait cet emprunt immoral, n'aurait eu qu'un signe de tête à faire, et il eût été compris par les journaux. Dira-t-on que des convenances internationales empêchaient le gouvernement d'intervenir? Mais l'intérêt français doit, ce nous semble, tout dominer, et les pères de famille qui ont perdu le fruit de leurs économies avaient bien droit eux aussi à des égards.

La presse, nul ne le savait mieux que M. Billault, n'était pas libre de parler. Vingt fois des journalistes avaient reçu des admonestations officieuses pour avoir signalé au public les dangers des entreprises de certains financiers.

Le Sénat s'occupa ensuite d'une pétition ayant pour objet de soumettre à l'Empereur des observations contre le projet de prolonger la rue Corneille à travers le jardin du Luxembourg et sur l'emplacement de la fontaine de Médicis. Le Sénat était aussi contraire à ce projet que les pétitionnaires eux-mêmes; il avait un président, un grand référendaire, une commission de comptabilité, pourquoi ce personnel n'agissait-il pas pour faire abandonner le prolongement en question? M. d'Hautpoul, grand référendaire, en donna la raison : « M. Haussmann agissant en qualité de » préfet de la Seine est venu dans mon cabinet et m'a pré-» senté son plan; je lui ai fait toutes les objections utiles : je

» l'ai combattu autant qu'il dépendait de moi ; c'est alors
» que, me présentant un papier, il me dit : connaissez-vous
» cette signature. C'était la signature de l'Empereur. Je me
» suis incliné. »

Le projet d'adresse, dans l'opinion d'un grand nombre de sénateurs, n'exprimait pas d'une façon assez formelle la volonté de maintenir le pouvoir temporel du pape. Les cardinaux surtout, transformant le Sénat en concile, voulaient lui faire déclarer ce qui n'est de la compétence d'aucun sénat, que le pouvoir temporel est indispensable à l'exercice du pouvoir spirituel.

Un amendement qui bien que signé par des sénateurs laïques, le général Gémeau, l'amiral Romain Desfossés, de Suleau, de Padoue et Leverrier, exprimait l'idée des cardinaux et portera leur nom dans les annales du second sénat, fut discuté dans la séance du 6 mars ; il consistait à ajouter dans le projet d'adresse, après les mots : « Nous
» continuerons à placer notre confiance dans le monarque
» qui couvre la papauté du drapeau français, » ceux-ci :
« ... Et maintient à Rome la souveraineté temporelle du
» Saint-Siége, sur laquelle repose l'indépendance de son
» autorité spirituelle. »

M. Barthe, ancien carbonaro, président de la Cour des comptes, défendit l'amendement dans un long et habile discours dont M. Baroche, président du Conseil d'État, et M. de Casabianca eurent beaucoup de peine à combattre l'effet. L'amendement ne fut repoussé qu'à une majorité de 9 voix.

MM. Saint-Marc Girardin, président du comité en faveur des chrétiens de Syrie, Auguste Cochin, Adolphe Crémieux, le père Gratry (de l'Oratoire), de Pressensé, ministre du Saint-Évangile, vice-présidents, avaient adressé aux rédacteurs en chef des principaux journaux de la presse périodique, un appel en faveur des chrétiens de Syrie. Le Sénat reçut, du 15 avril au 7 mai, 75 pétitions de Paris et 88 des départements, répondant à l'appel du comité.

Les juristes du Sénat s'effrayèrent et se demandèrent : est-ce bien là le droit de pétition tel que l'a prévu et ouvert la constitution de 1852 ? Agit-il là dans toute sa liberté et dans toute sa spontanéité ? se contient-il dans ses limites naturelles et légales ? Le Sénat se décida pourtant à examiner ces pétitions en songeant que « l'autorité est, dans » tous les cas, armée de pouvoirs suffisants pour empêcher, » au besoin, l'exercice du droit de pétition de dégénérer » en agitation publique ». La commission proposait l'ordre du jour, quelques sénateurs demandaient le renvoi au ministre des affaires étrangères. Le gouvernement s'y opposa en demandant au Sénat un vote unanime, afin qu'on ne pût pas dire qu'il y eût deux opinions dans l'assemblée sur sa conduite, et afin que les minorités hostiles n'eussent pas l'occasion de prétendre que, dominé par des influences étrangères, il avait faibli et oublié les capitulations. Le Sénat vota donc par acclamation. « Les sénateurs » quittent leurs places et forment dans l'hémicycle des » groupes très-animés, au milieu desquels éclatent des » témoignages de satisfaction, causée par l'unanimité du » vote. » (*Moniteur.*)

Les amis du fameux Libri, croyant que le moment était favorable pour tenter sa réhabilitation, avaient conseillé à sa femme d'adresser une pétition au Sénat pour demander l'annulation de sa condamnation. Ce Libri, membre de l'Institut, professeur à la Faculté des sciences et au Collége de France, chargé de missions dans les bibliothèques des départements, avait été condamné par contumace comme voleur de livres et de manuscrits précieux dans les bibliothèques et dépôts publics.

La dame Libri dénonçait la condamnation de son mari *comme une erreur de justice.* « Elle espère, dit-elle en
» s'adressant aux sénateurs, que vous trouverez dans nos
» lois les moyens de faire casser une procédure irrégulière ;
» de faire rayer une expertise coupable, de faire annuler un
» jugement erroné, et que si vous ne les y trouvez pas, vous
» sentirez le besoin de combler une si regrettable lacune. »

M. Delangle, mis en cause dans un document publié à Londres, répondit à la pétitionnaire que la justice avait poussé l'indulgence envers Libri jusqu'à ne pas publier dans l'acte d'accusation, selon son devoir et les usages, des faits dont elle avait des preuves authentiques, et qui atteignaient à la fois son honneur et celui de son père. « Il
» importe que le Sénat soit initié et connaisse les faits sur
» lesquels repose cette étrange supposition. Ce récit sera le
» châtiment de Libri et des auteurs de la pétition. »
L'ordre du jour fut adopté presque à l'unanimité après le discours de M. Delangle.

La discussion de l'adresse était finie ; la confusion la plus grande avait régné dans ces débats plutôt par la faute des choses mêmes que par celle du président. Comment en effet diriger avec ordre et clarté un débat parlementaire dans lequel n'interviennent pas des partis organisés, et qui ne peut avoir aucun résultat pratique ? Le gouvernement n'avait obtenu que 9 voix de majorité dans le vote de l'amendement des cardinaux ; le ministère eût donné sa démission du temps des partis politiques, mais il n'y avait au Sénat que des opinions en présence d'autres opinions ; les partis n'existent qu'à la condition d'exercer une influence sur la direction des affaires.

Les débats sur l'adresse étaient à peine clos au Sénat, qu'ils s'ouvraient au Corps législatif; le président, M. de Morny, dans la première séance, passa en revue, dans un long discours, les droits nouveaux dont le Corps législatif était investi : « Libre d'examiner la politique intérieure et » extérieure du gouvernement, sa critique pourra désor- » mais atteindre tous les actes; maître d'amender une loi en » discussion, il ne sera plus, comme sous le règlement » précédent, placé entre un acte insensé et une soumission » regrettable, il n'aura plus recours à ces ajournements » embarrassés où sa dignité avait à souffrir ». Le président, après avoir annoncé que les conseillers d'État chargés de soutenir les projets du gouvernement étaient dispensés de siéger en uniforme « détail futile en apparence, mais » adopté dans un esprit de fusion et de rapprochement » entre les deux corps dont les points de contact sont si » fréquents », avertit solennellement le Corps législatif que « de l'usage intelligent et modéré qu'il saurait faire de ses » nouvelles prérogatives, résulterait infailliblement l'éta- » blissement durable de la liberté politique ».

Ce discours fut suivi de la présentation au Corps législatif d'un exposé de la situation de l'empire, recueil contenant les documents diplomatiques les plus importants de l'année 1860, et la chambre passa tout de suite à l'examen des élections qui avaient eu lieu dans l'intervalle de la session : quelques-unes étaient contestées.

M. Dabeaux, ancien préfet de l'Aude, démissionnaire depuis le 18 juin 1860, avait été élu député le 17 décembre dernier par la 2ᵉ circonscription du département qu'il administrait, en violation de l'article 8 du décret organique de 1852, portant que lorsqu'il se fait une vacance dans une circonscription électorale, les électeurs de cette circonscription seront convoqués dans le délai de six mois. Or, la deuxième circonscription de l'Aude ayant été convoquée sept mois et cinq jours après la déclaration de vacance, la commission conclut à l'annulation de l'élection.

M. Billault, ministre sans-portefeuille, soutint qu'avant de casser une élection pour violation de la loi il fallait se rendre compte de l'effet particulier de cette violation et du lieu où elle s'était produite, comme si la loi n'était pas la même partout et comme si sa violation ne produisait pas un scandale aussi grand dans un hameau que dans une grande ville? M. Billault ne craignit pas, en outre, pour défendre l'élection de l'ancien préfet, de mettre en avant cet argument singulier dans la bouche d'un jurisconsulte, que si le texte de la loi avait été violé dans le but de rendre possible une candidature qui, sans cela, ne l'eût pas été, *il n'était résulté de là aucun dommage.*

Une protestation signée d'un nom honorable dénonçait au Corps législatif la violation des urnes électorales par les fonctionnaires chargés de leur dépôt, crime puni de cinq à dix ans de réclusion. M. Billault répondit que « les » faits dénoncés avaient été l'objet d'une enquête confiée » aux juges de paix, et que la plupart des *signataires* de la » protestation avaient renié leurs signatures ». La Chambre seule avait le droit de faire cette enquête, seule elle pouvait neutraliser les effets de la terreur exercés sur les populations rurales par un juge de paix, et un juge de paix procédant à des informations escorté par des gendarmes. Aussi M. Lemercier eut-il raison de s'écrier : « Je tiens pour » des héros les paysans qui ont maintenu leur nom au bas » de la protestation. »

Quelque désir qu'eût la majorité de se rendre aux arguments de M. Billault, la violation flagrante du décret de 1852 fit casser l'élection de l'Aude.

Le 3ᵉ bureau, chargé de vérifier l'élection des Alpes-Maritimes, s'était prononcé pour la validation. M. Brame fit connaître les raisons qui avaient décidé la minorité de ce bureau à voter contre : maires déclarant le vote obligatoire pour le candidat du gouvernement ; personnes étrangères à la circonscription admises à voter ; gendarmes et membres du bureau déchirant les bulletins du candidat non officiel ; abstention de 8229 électeurs sur 10 273 inscrits ; cartes d'électeurs distribuées sous des noms supposés ou retirées aux titulaires ; ces moyens ne paraissant pas suffisants pour assurer le succès du candidat officiel, la dépêche suivante fut lancée, le 9 décembre, à l'heure de l'ouverture du scrutin : « Le préfet est invité à faire connaître » que M. Avigdor n'a pas le droit d'invoquer d'augustes » recommandations, et que M. Lubonis est seul candidat » du gouvernement. Faites-le savoir à l'évêque. » Il y avait là de quoi justifier les scrupules de la minorité du 3ᵉ bureau, mais la Chambre ne les partagea pas et l'élection de M. Lubonis fut validée.

Le projet d'adresse, rédigé par une commission de dix-huit membres, dont M. de Morny faisait partie, fut lu le 27 février en séance publique ; il témoignait de l'enthousiasme du Corps législatif « fier et reconnaissant » de la confiance que venait de lui témoigner l'Empereur et d'une réforme qui « rendait plus efficace le dévouement des députés à la dynastie ». Le projet célébrait ensuite l'excellente situation agricole, commerciale, industrielle et surtout financière du pays : « Sire, nous apprenons » avec satisfaction que le budget nous sera présenté en » équilibre, sans qu'il ait été nécessaire de recourir au crédit

» ou à de nouveaux impôts. Les ressources de la France
» sont inépuisables comme son activité et son énergie... »
Après avoir insinué timidement que la législation douanière
avait besoin de fixité et de stabilité, il applaudissait à la
façon dont les choses avaient été conduites en Syrie comme
en Chine, au Maroc comme en Italie ; il remerciait surtout
l'Empereur « d'avoir, par ses constants efforts, assuré à la
» papauté sa sécurité et son indépendance, et sauvegardé la
» souveraineté temporelle autant que l'avaient permis la force
» des choses et la résistance à de sages conseils » ; il ajoutait
que, du reste, sur cette question, — et il aurait pu dire
sur toutes les autres — le Corps législatif s'en rapportait
entièrement « à la sagesse de l'Empereur ».

La discussion générale de l'adresse se trouva retardée
par un incident : Le lendemain de la séance du Sénat,
dans laquelle le prince Napoléon avait fait une si longue
et si virulente sortie contre le pouvoir temporel du pape,
une dépêche affichée dans toutes les communes de France
et portant la signature de M. de Persigny, ministre de
l'intérieur, recommandait aux populations « le magni-
» fique discours de Son Altesse Impériale le prince Napo-
» léon ». M. de Flavigny demanda des explications au
sujet de cette dépêche, et « d'un discours prononcé dans
» une autre Chambre ». M. Baroche ne manqua pas de
profiter de la faute échappée à l'orateur ; il lui fit remarquer qu'on ne s'occupait jamais dans une chambre
des paroles prononcées dans une autre. C'était la règle, en
effet. L'inexpérience parlementaire de M. de Flavigny tira
le gouvernement d'embarras.

Le paragraphe de l'adresse qui souleva les plus vifs débats fut celui qui avait trait à la politique du gouvernement
impérial en Italie. MM. Kolb-Bernard, Plichon et Keller,

défendirent avec une grande passion le pape et son pouvoir temporel. M. Plichon s'emporta jusqu'à l'invective contre Victor-Emmanuel « en voyant le représentant d'une des plus anciennes maisons de l'Europe compromettre son trône et l'honneur de ses ancêtres par des attentats déloyaux ». M. de Morny, interrompant l'orateur, le menaça de lui retirer la parole sous prétexte « qu'il n'y a pas convenance à attaquer les absents, même quand ils sont sur le trône ». M. Plichon devait-il donc se rendre à Turin pour dire son fait à Victor-Emmanuel, et la discussion parlementaire en matière d'affaires étrangères peut-elle avoir lieu sans que les absents y jouent un rôle ?

L'orateur clérical soutint ensuite qu'abandonner Rome et même maintenir le *statu quo* en Italie, c'était adhérer à la Révolution, attaquer Venise et enfin amener une coalition. M. de Morny eut beau s'écrier : « On ne se croirait pas » dans une Chambre française ! » et M. Kœnigswarter ajouter : « Ce discours serait applaudi dans un parlement » autrichien ! » ces exclamations n'effrayèrent nullement M. Keller, qui succéda à M. Plichon, et ne l'empêchèrent pas de se montrer encore plus violent que lui. Le gouvernement, qui avait fait nommer à tour de bras ce jeune candidat contre M. Migeon, pouvait-il se douter que jusqu'ici docile et muet, approbateur de toutes les lois présentées, y compris les diverses mesures qui avaient précédé et suivi l'expédition d'Italie, M. Keller allait si brusquement se tourner contre lui et se transformer en tribun du pouvoir temporel ?

La majorité du Corps législatif, loin de s'indigner aux traits lancés par l'orateur contre le gouvernement impérial, semblait au contraire y prendre un vif plaisir ; le passage où il plaçait hardiment la crainte d'un nouvel Orsini parmi les causes de le guerre d'Italie fut souligné par une approbation silencieuse sur tous les bancs ; l'alliance entre la majorité et le gouvernement allait-elle se rompre ? on pouvait le craindre en voyant des hommes modérés, de la nuance de MM. Ancel et O'Quin, attaquer dans un amendement l'unité italienne comme contraire aux intérêts religieux et aux intérêts français.

M. de Morny comprit qu'il était temps d'intervenir et de révéler à la Chambre la vraie théorie de l'adresse, qui, en matière de pouvoir temporel, comme en toute autre matière, ne pouvait être, selon lui, qu'une façon de dire à l'Empereur : « Sire, nous nous remettons à vous du soin de » résoudre cette question. » Un député lui répondit au milieu des applaudissements de ses collègues: « A quoi » bon alors nous demander des conseils? » M. de Morny, redoublant de chaleur, d'onction et de pathétique, fit appel au dévouement de la majorité : « Est-ce cette majorité qui est devant moi, cette majorité qui a acclamé l'empire, qui l'a aidé dans toutes ses phases depuis dix ans; est-ce cette majorité qui lui refuserait un vote de confiance? »

— *Plusieurs voix :* Non, non !

— *Un membre :* En ce cas il n'y a plus de liberté !

M. de Morny reprit presque avec des larmes dans la voix : « Et quel moment choisirait-elle pour le lui refuser ? Le moment où l'Empereur vient de son côté de se montrer très-confiant en étendant nos institutions. Messieurs, la confiance ne définit pas, ne limite pas, elle laisse toute latitude... »

MM. Ancel et O'Quin, attendris, retirèrent leur amendement, et la majorité reconquise appuya une fois de plus les variations et les contradictions de la politique impériale en Italie.

Le paragraphe relatif à l'équilibre du budget fournit à M. Gouin l'occasion d'envisager sous son vrai jour la situation des affaires financières. Ce député, loin d'admettre avec les rédacteurs du projet d'adresse que le budget de 1862 ne nécessiterait pas de nouveaux emprunts, prouva que l'équilibre n'était qu'un ballon gonflé de taxes nouvelles et de ressources irrégulières. La surtaxe de 63 millions sur le tabac, le maintien du décime de guerre de 35 millions, les fonds de la caisse d'exonération : « Voilà
» par quels éléments se complète le prétendu équilibre
» du budget. En outre, la dette flottante, qui était en 1870
» de 758 millions, va être augmentée de 40 millions. Ainsi
» notre dette a été presque doublée dans l'espace de six
» ans; nos dépenses ont pris annuellement une extension
» si considérable, que nous ne parvenons à les couvrir que
» par des moyens admissibles seulement par des temps de
» crise. Nous employons la suspension complète de l'amor-
» tissement, la prolongation presque indéfinie du décime de
» guerre, enfin nous recourons au crédit public pas des em-
» prunts dont nous rejetons par là la charge sur l'avenir. »

M. Gouin conclut en demandant que le Corps législatif exerçât désormais plus d'influence sur la fixation des dépenses. M. Darimon ajouta que le droit de discuter le budget était plus important que celui de discuter l'adresse, et que ce droit ne pouvait être utilement exercé par une assemblée obligée de le rejeter ou de l'accepter en bloc.

La discussion générale terminée, après trois séances, la Chambre discuta les amendements aux divers paragraphes de l'adresse. Celui des *Cinq* au premier paragraphe était ainsi conçu : « Pour que le droit de contrôle, restitué aux représentants du pays dans les limites restreintes du dernier décret, puisse porter ses fruits, il est nécessaire d'abroger la loi de sûreté générale et toutes les autres lois d'exception;

» De dégager la presse du régime de l'arbitraire;

» De rendre la vie au pouvoir municipal et au suffrage universel sa force, par la sincérité des opérations et le respect de la loi. »

M. Jules Favre, chargé de défendre l'amendement, soutint que l'asservissement de la presse, l'anéantissement des franchises municipales, les mauvaises pratiques de l'administration dans les luttes électorales, les lois d'exception rendaient impossible la réalisation des principes de 1789 qui formaient cependant la base de la Constitution. L'impossibilité d'obtenir l'autorisation de fonder un journal et de se soustraire à l'arbitraire des avertissements donnait une idée suffisante de la façon dont le gouvernement entendait la liberté de la presse. M. Jules Favre, invoquant ensuite la nécessité de la responsabilité ministérielle dans un gouvernement libre, avait dit : « Les hommes éminents qui sont les représentants du gouvernement devant les Chambres ne sont-ils pas exposés à se trouver appelés à soutenir des pensées contraires à leur sentiment? » M. de Morny l'interrompit presque en fureur: « Discutez la politique du gouvernement, non le passé, ni la personnalité de ses représentants; ce ne serait pas de la discussion loyale et convenable. Je ne vous laisserai pas aller dans cette voie. »

La réponse de M. Baroche au discours de M. Jules Favre peut se résumer ainsi: un gouvernement appuyé sur six millions de suffrages doit bien se garder de livrer ces six millions de suffrages à eux-mêmes, car ils seraient exposés à commettre de grandes erreurs. Le gouvernement ne saurait donc se passer ni de lois sur la presse, ni de candidatures officielles ; les lois sur la presse ont besoin d'être sévèrement exécutées; les candidatures officielles veulent être soutenues par de bons préfets, et les bons préfets ne peuvent marcher sans des maires sur lesquels ils puissent compter ; les critiques de l'opposition tombent donc d'elles-mêmes.

M. Jules Favre avait pu dire sans être démenti : « Nous » sommes ici deux cent cinquante députés; eh bien ! j'ose » affirmer qu'il n'y en a pas dix qui aient été élus sans » l'appui de l'administration. » Comment un corps législatif ainsi formé aurait-il désapprouvé les théories de M. Baroche ?

M. Émile Ollivier prit à son tour la parole sur le régime de la presse. M. Jules Favre avait attribué le décret du 24 novembre à un « murmure respectueux de l'opinion ». M. Ollivier en fit remonter uniquement l'honneur à l'Empereur, auquel il ne se permettait pas de demander la liberté de la presse absolue, « car l'absolu n'est pas de ce monde », mais des améliorations que le retour du gouvernement aux principes de 89 rendait possibles dès à présent, et qui consistaient dans la suppression de l'autorisation préalable pour la publication d'un journal et dans la restitution du jugement des délits de presse au jury. La fin de ce discours produisit une émotion non moins vive au dehors qu'au dedans de la Chambre.

« Sire, quand on est acclamé comme on vous le dit chaque jour par trente-cinq millions d'hommes, quand on dispose du monde en ce sens qu'on entraîne la fortune du côté où l'on va, quand on a épuisé toutes ses faveurs et toutes ses leçons, quand on a eu cette chance unique dans l'histoire de sortir d'une prison pour monter sur le trône, après avoir passé par l'exil, il reste encore une joie ineffable à connaître. Ce serait d'être l'initiateur courageux d'un grand peuple à la liberté : de repousser les conseils pusillanimes, et de se placer en face de la nation elle-même : le jour où cet appel lui serait adressé, il pourrait y avoir en France des hommes fidèles aux souvenirs du passé et aux espérances de l'avenir ; mais

l'immense majorité admirerait et aiderait, et l'appui qu'elle vous prêterait, Sire, serait d'autant plus efficace qu'il serait plus désintéressé. »
(*Très-bien! très-bien! sur plusieurs bancs.*)

Ce passage du compte rendu officiel n'était pas d'une complète exactitude; certaines paroles de l'orateur en avaient été retranchées. Le lendemain, à l'ouverture de la séance, M. Gillibert des Seguins, après la lecture du procès-verbal, demanda pourquoi il n'y voyait pas figurer la profession de foi que M. E. Ollivier avait faite la veille à la tribune. M. de Morny répondit :

« C'est moi qui ai fait supprimer au *Moniteur* les mots prononcés hier par M. E. Ollivier : « Moi, qui suis républicain. » Je n'ai pas voulu rappeler à l'ordre, à propos d'une parole échappée sans doute à l'improvisation, un de nos collègues dont le discours avait présenté un tel caractère de modération et d'honnêteté, et rendait si bien justice au gouvernement dans la mesure de ses opinions, qu'un blâme aurait semblé immérité. Ce n'est pas au moment où M. E. Ollivier disait qu'il se rallierait au gouvernement malgré ses opinions républicaines antérieures, si la politique impériale entrait dans ses vues encore plus largement libérales, que j'aurais cru convenable et nécessaire de lui rappeler son serment.
» Il est libre, s'il le désire aujourd'hui, de reproduire ses expressions. »

M. E. Ollivier ne réclama pas. Son silence, non moins que son discours, attisa les méfiances qui s'étaient fait jour au moment de son élection. Les électeurs de Paris blessés et alarmés s'attendaient à une protestation, soit de l'opposition, soit de la presse; mais les collègues de M. Émile Ollivier et les journaux démocratiques se turent par une commune faiblesse et laissèrent le parti républicain à ses doutes et à ses pressentiments.

Le Corps législatif comptait parmi ses membres M. de Pierre, orateur d'un esprit ingénieux, mordant, habile à cacher d'utiles vérités sous une forme ironique et paradoxale. Les Anglais estiment ce genre d'esprit, parce qu'ils l'ont naturellement; les Français affectent de le trai-

ter avec dédain parce qu'ils y visent. M. de Pierre, à propos du second paragraphe de l'adresse : « Les libertés nouvelles développent le principe de la constitution en appropriant d'une manière sagement progressive son mécanisme et son jeu à l'état présent de la société », mit en lumière la contradiction flagrante existant entre le droit de contrôle rendu au Corps législatif par le décret du 24 novembre et l'impossibilité de l'exercer, faute d'avoir devant soi une autre responsabilité que celle de l'Empereur : « Jamais, dit M. de
» Pierre, je ne contredirai le souverain ; je veux un ministre
» responsable à qui je puisse m'adresser, et en exprimant ce
» désir, je déclare que je n'ai jamais mieux compris et mieux
» apprécié qu'à présent les anciennes fictions constitution-
» nelles. » L'orateur déclara qu'il voterait contre l'adresse, parce qu'il ne peut jouir réellement du droit de critique consacré par ce décret sans s'attaquer au chef de l'État. « Je n'ai pu prendre au sérieux l'invitation qui nous est
» faite de donner notre avis sur toute la politique exté-
» rieure. Notre souverain nous a déjà dit une fois, je ne
» dois des comptes qu'à ma conscience, à la postérité et
» à Dieu. Je m'en tiens là. »

L'orateur, poursuivant sa piquante démonstration de la nécessité de la responsabilité ministérielle, demanda la suppression dans l'adresse de tous les conseils qui pouvaient avoir trait à la politique, puisqu'ils étaient sans utilité et sans but, et que le Corps législatif n'avait devant lui personne qui pût être responsable de la paix et de la guerre ; le Corps législatif n'était pas une assemblée politique. M. Lemercier s'écria : « Nous ne sommes donc qu'un conseil général ! » C'était la vérité.

M. Billault avait dit, en parlant du gouvernement impérial pendant le débat sur les affaires d'Italie : « Jamais gou-

» vernement n'a été attaqué avec cette violence. » M. de Pierre en convint, mais à ses yeux, la situation était beaucoup plus violente que les orateurs.

« Oui, c'est la situation qui est violente ; car lorsque vous n'avez en face de vous que le chef de l'État, la moindre contradiction est séditieuse. ..... Du reste, il m'est impossible de prendre au sérieux les conditions dans lesquelles on nous donne la liberté. Jamais il ne m'arrivera de discuter ici les actes du souverain, parce qu'il me faut des ministres qui soient responsables devant nous. Je n'avais pas compris jusqu'à présent la sagesse de ces fictions constitutionnelles ; ce n'est que d'aujourd'hui que j'apprends à les connaître. »

M. de Pierre finit ainsi :

« Il faut qu'une porte soit ouverte ou fermée ; on ne donne pas des libertés et on ne les retient pas ensuite ; si vous donnez la liberté, donnez-nous en même temps toutes les conditions nécessaires pour que nous puissions nous en servir. »

M. de Morny essaya vainement de détruire l'effet de ce discours en traitant l'orateur avec un dédain affecté, en l'accusant de ne pas parler sérieusement et de ravaler la dignité du Corps législatif ; il aurait fallu pour persuader cela aux autres y croire soi-même, et M. de Morny sentait bien qu'il ne disait pas la vérité.

Les *Cinq* avaient présenté au 12º paragraphe de l'adresse l'amendement suivant :

« Les villes de Paris et de Lyon assistent avec inquiétude aux entreprises immodérées d'administrations municipales dépourvues de frein et de contrôle.

» Jamais elles n'ont plus vivement regretté l'absence de conseils municipaux élus, et l'oubli de ce principe élémentaire de notre droit public, qui assure au contribuable le droit de nommer ceux qui votent l'impôt et qui en disposent. »

M. Ernest Picard engagea le débat sur cet amendement dans la séance du 19 mars. Paris, dit-il, a eu le bonheur, de 1834 à 1847, d'être régi par un Conseil municipal élu.

Le budget de la ville de Paris était en 1837 de 46 millions ; en 1861, il est de 172 millions. Ce n'est pas tout : la ville de Paris a fait appel à l'emprunt : elle a emprunté trois fois et elle a fait entrer dans ses caisses 298 millions. Il lui reste, d'après les chiffres officiels tirés du petit nombre de documents que sa comptabilité laisse voir au public, 139 millions de dépenses extraordinaires à payer. Son actif offre le chiffre plein d'enseignements de 135 millions de terrains à vendre par son entremise. Telle est la situation financière et commerciale de la ville de Paris.

L'expropriation, ajouta M. Ernest Picard, est aujourd'hui en permanence ; un gouvernement révolutionnaire des immeubles siége à l'Hôtel de Ville, mystérieuse dictature qui, depuis 1852, a consacré 321 millions à indemniser les propriétaires expropriés.

La Cité va disparaître, il s'agit d'y abattre 106 maisons, c'est-à-dire d'expulser 6000 personnes. L'habitant du quartier dont la maison est livrée au pic et à la pioche demande en vain à s'inscrire d'avance pour acheter un nouveau terrain, on lui répond que tous les terrains disponibles de la Cité seront occupés par une caserne et par un hôpital. Le dictateur municipal entame dans la plaine Monceaux une entreprise gigantesque. Il a dit : le boulevard Malesherbes ira rejoindre celui de Neuilly, la rue de Rome ne s'arrêtera qu'au chemin de fer ; il s'agit à tout prix de hâter ce déplacement fantaisiste de Paris, qui est non-seulement un déplacement d'immeubles, mais encore un déplacement de capitaux. On agrandit le bois de Vincennes, et l'on rétrécit le boulevard de la Madeleine. La dictature dépèce les quartiers quand elle ne les supprime pas. On lit sur certaines habitations, dans telle ou telle rue : *Cette maison ne sera pas abattue.* Les projets surgissent à chaque instant; heureux les spéculateurs qui les connaissent d'avance, malheureux les gens qui occupent de petits appartements, qui exercent de petites industries et qui n'ont pas songé qu'on détruisait aujourd'hui un quartier plus aisément qu'autrefois une maison.

Le décret du 25 mars 1852 sur la décentralisation administrative donnait aux préfets le droit de régler le budget départemental, le budget des établissements de bienfaisance, et de nommer les membres des conseils de surveillance de ces administrations. Le département de la Seine seul n'y était pas soumis. Réunir, en effet, dans les mêmes mains les pouvoirs de préfet de la Seine et de maire de Paris, donner au préfet l'administration du budget des hospices, c'eût été lui confier des attributions exorbitantes. L'œuvre de la transformation de Paris exigeant cette concentration de pouvoirs aux mains de M. Haussmann, un décret en date du 9 janvier 1861, rendu sans que le Conseil d'État ait été entendu, a déclaré que l'article 7 du décret du 25 mars 1852 sur la décentralisation administrative était rapporté, et que les dispositions s'appliqueraient désormais au département de la Seine en ce qui concerne l'administration départementale, celle de la ville et des établissements de bienfaisance. Ainsi se trouva constitué le « ministère de Paris ».

La séparation salutaire entre la caisse municipale et la caisse qui garde le bien des pauvres a disparu. Le préfet peut vendre les rentes des hospices, les transférer et les appliquer comme bon lui semble. Il ne le fera pas, mais il peut le faire, et cela s'est fait sous le premier empire. M. Picard, après avoir signalé cette accumulation de pouvoirs, rappela les reproches et les soupçons qu'attira sur lui Armand Marrast en ressuscitant, au lendemain de la révolution de Février, le titre de maire de Paris qui mettait dans ses mains l'administration d'une ville immense et un maniement de fonds considérable. Armand Marrast, sous l'empire des circonstances, avait cru devoir prendre cette mesure ; il eut tort. Mais il a répondu aux reproches qui lui ont été adressés à ce sujet, en mourant assez pauvre pour que ses amis aient dû faire les frais de son tombeau.

Le député de Paris, continuant sa revue, fit remarquer qu'il restait encore pour 3 ou 400 millions de travaux à exécuter, et qu'on démolissait toujours, tandis que l'ancienne banlieue manquait de chaussées, et que ses habitants recevaient leurs lettres comme s'ils demeuraient à Marseille, moins régulièrement peut-être. Les travaux se portent sur le centre de la ville ou près du centre ; on vend et l'on revend les terrains de l'Opéra : ce qu'on fait et ce qu'on ne fait pas, d'ailleurs personne ne peut le dire ; M. le préfet prend tout sous sa responsabilité ; mais cela ne suffit pas. Il faut des pièces probantes, et l'on n'en trouve pas. La Cour des comptes n'est-elle pas là ? Elle n'a pas fait entendre la moindre plainte jusqu'ici. Oui, ajoute M. Picard, la Cour des comptes dit que tout est bien, sauf que la comptabilité de la ville n'est pas régulière, que l'état des immeubles et créances n'est pas produit, que les aliénations et que les adjudications se font contrairement à la loi, etc. La Cour des comptes, en posant des questions sur ces différents points, a laissé une page blanche pour les réponses. Elle les attend encore.

Jamais critique plus forte, plus mordante, plus spirituelle n'avait été faite de l'administration de M. Haussmann. M. Ernest Picard avait produit une très-vive impression sur la majorité. Il fallait lui répondre : ce n'était pas facile. M. Billault se chargea de cette tâche, quoique, dit-il, « au lieu de ces questions municipales », il eût mieux aimé traiter « les grandes questions politiques du moment qui grandissent les débats du Corps législatif », comme si les questions qui se rattachent à l'avenir de Paris pouvaient les rapetisser. Réfuter en détail le discours de M. Picard était chose impossible. M. Billault avait trop d'habileté pour ne pas comprendre que la seule manière de se tirer du débat était de le dénaturer en le faisant tourner brusquement à la politique, et en excitant les passions de la majorité ; « c'est de la politique que fait l'amendement, j'en vais faire aussi. L'honorable préopinant a traduit la pensée de l'amendement sous une forme pittoresque. Il a dit que Paris était aux Parisiens, comme la France était aux Français. Il a dit : Quand nous rendrez-vous Paris ? — Eh bien ! voici ma réponse : Nous ne vous le rendrons pas. (*Rires d'adhésion.*)

» *Plusieurs voix :* Très-bien ! bravo !

» *M. Picard :* Nous le reprendrons. (*Rumeurs.*)

» *Plusieurs voix :* A l'ordre ! à l'ordre ! »

M. Billault fit valoir ensuite les raisons de stratégie, de salubrité, de morale, de politique, si souvent invoquées en faveur de la transformation dictatoriale de Paris. M. Picard lui répliqua qu'il ne s'agissait que de comptabilité. « L'admi-
» nistration municipale de Paris, continua-t-il, a toujours
» trompé la Chambre. Elle lui disait, il y a deux ans, qu'elle
» ne ferait pas de nouvel Opéra ; elle le fait. M. le ministre
» m'engage à me rendre dans les bureaux de la Ville où il
» me sera facile de pénétrer tous les mystères ; il m'invite,
» si je connais des faits précis, des faits graves, à les dé-
» noncer, afin que les tribunaux en fassent justice. M. le mi-
» nistre croit-il que j'ignore la loi qu'il a faite en 1852 et qui
» ne permet pas de fournir la preuve par témoins en matière

» de diffamation? Accuser, ce serait donc aller au-devant
» d'une condamnation. Est-il possible d'apporter devant la
» Chambre des dossiers, des dénonciations et des preuves? »
(*Rires*.)

Le Corps législatif ne pouvait se flatter de discuter le
budget tant que chaque article de la loi des finances ne serait pas l'objet d'une décision particulière. La Chambre se
serait contentée du vote par chapitre. Les *Cinq*, qui avaient
proposé un amendement dans ce sens, se rallièrent à celui
de MM. Gouin, Devinck et Ancel. « L'attribution la plus
» essentielle du Corps législatif est celle du vote de l'impôt;
» l'impôt est la conséquence de la fixation de la dépense.
» Vous nous avez demandé la vérité, Sire. Nous ne répon-
» drions pas à votre confiance si nous ne vous faisions pas
» connaître que le vote du budget par ministère est une en-
» trave à notre liberté d'action pour le vote de l'impôt. Votre
» Majesté nous donnerait cette liberté et compléterait l'œuvre
» libérale de son décret du 24 novembre en rendant au
» Corps législatif le droit de voter le budget par chapitres,
» ainsi qu'il l'exerçait antérieurement au sénatus-consulte
» du 25 décembre 1852. »

M. Devinck, en développant cet amendement, démontra
que le caractère essentiel du budget était d'être limitatif
des dépenses et qu'il avait perdu ce caractère depuis 1852.
Il prouva de plus que les ressources de la France, loin
d'être inépuisables, se trouvaient épuisées. M. de Morny
protesta du haut de son fauteuil, et M. Magne s'écria qu'il
ne pouvait abandonner le sénatus-consulte de 1852 « qui,
» en laissant aux Chambres le vote des impôts et des dé-
» penses et au chef de l'État le gouvernement et l'admi-
» nistration, a non-seulement résolu le grave problème
» de la séparation des pouvoirs, mais encore en n'admet-

» tant que le vote du budget par masses, est parvenu à
» empêcher les empiétements possibles du pouvoir légis-
» latif sur le pouvoir exécutif ». M. Magne, voyant pourtant la Chambre peu convaincue de l'inutilité des observations de M. Devinck, voulut bien reconnaître que la proposition de remplacer les chapitres du budget par de grandes divisions concilierait peut-être l'indépendance, la responsabilité, la liberté des mouvements du souverain avec le droit de la Chambre, et il promit de s'en occuper. M. Devinck et ses amis renoncèrent à leur amendement.

Le projet d'adresse proposé par la commission fut adopté, sans aucun changement, par 245 voix contre 13.

La Chambre, avant de passer à la discussion du budget, adopta la loi consacrant l'achat par la France des territoires de Menton et de Roquebrune au prix de 4 millions de francs payés à « Monseigneur le prince de Monaco ». M. Kœnigswarter trouva que nous payions Menton et Roquebrune « un peu cher...... Je voudrais, dit-il, autant que
» possible, ne pas assister trop souvent au beau spectacle
» dont nous parle le rapport : celui d'une grande nation
» traitant avec un très-petit souverain et lui payant ce
» qu'elle achète beaucoup plus cher que cela ne vaut. »
Une mesure plus importante fut la suppression des droits de douane sur les grains, les farines et autres substances alimentaires.

L'entrée des céréales en France était presque libre et leur sortie à peu près prohibée avant 1814. Le système de l'échelle mobile, souvent modifié mais gardant toujours ses caractères principaux, fut substitué à cet état de choses. Les droits variaient, sous ce régime qui se prêtait aux mesures de circonstance, et qui servait, croyait-on, à modérer les mouvements de baisse et de hausse sur les grains. Le moment était venu de supprimer ce vieux mécanisme. Le gouvernement décida que désormais les droits variables n'existeraient plus, que les grains seraient importés et exportés librement.

Les prétendus défenseurs de l'agriculture nationale accompagnèrent de leurs doléances et de leurs prédictions sinistres cette loi, résultat de longues discussions d'une enquête patiente et minutieuse, qui établit définitivement la liberté des céréales, et qui permit d'atténuer l'année suivante les effets de la mauvaise récolte.

Le traité de commerce conclu l'année précédente avec l'Angleterre et les tarifs qui en avaient été la suite étaient, de la part d'un certain nombre d'industriels, l'objet de plaintes exprimées dans la précédente session, et renouvelées dans celle-ci. Le gouvernement négociait avec la Belgique une convention commerciale, et les partisans de la protection craignaient qu'elle ne fût la source de nouvelles concessions dont profiteraient les produits britanniques. Le traité fixait au 1ᵉʳ octobre 1861 l'époque à laquelle les droits seraient substitués aux prohibitions pour les fils et tissus, et malgré les déclarations de M. Magne au Sénat on craignait que cette date ne fût rapprochée par un simple décret. MM. Pouyer-Quertier et Brame s'élevèrent avec leur violence habituelle contre le traité. M. Schneider critiqua d'un ton plus calme l'abus des droits en matière de douanes, mais ni lui ni les deux précédents orateurs ne purent amener M. Baroche à s'expliquer sur la date du 1ᵉʳ octobre, autrement que par des phrases vagues sur la nécessité de laisser au gouvernement sa liberté d'action pour fixer l'époque de l'application du nouveau tarif. La menace d'un amendement hostile dont l'adoption paraissait probable put seule l'amener à déclarer que l'époque fixée ne serait pas changée sans que la mesure fût préalablement soumise au Corps législatif.

La discussion s'engagea ensuite sur la situation financière. Le projet d'adresse, tout en exprimant la satisfaction du Corps législatif en apprenant « que le budget de 1862 serait présenté en équilibre, sans qu'il fût nécessaire de recourir au crédit ni à de nouveaux impôts », formait le vœu « qu'il ne se présenterait plus de circonstances assez impérieuses pour que des crédits extraordinaires et complémentaires vinssent modifier sensiblement les prévisions du budget ». La rédaction des paragraphes relatifs aux finances donna lieu à de vives critiques et à des amendements importants.

M. Busson était rapporteur du budget; la situation financière ne pouvait donc pas se présenter sous un jour bien noir à la Chambre et au pays; les observations et les critiques, qui s'étaient fait jour lors de la discussion générale de l'adresse, semblaient peu importantes au rapporteur, comparées aux ressources non pas *inépuisables*, mais *immenses* de la France. M. Busson convenait cependant que la surtaxe des alcools, le décime de guerre, l'augmentation du prix des tabacs, la dotation entière de l'amortissement, maintenus au budget pour faire face aux dépenses permanentes, ne permettaient pas de parler d'équilibre; sans vouloir faire des critiques rétrospectives il remarquait aussi qu'aux dépenses portées au budget venaient plus tard s'ajouter, par voie de crédits extraordinaires et supplémentaires chaque année plus nombreux, ouverts presque toujours dans l'intervalle des sessions et troublant l'équilibre budgétaire, d'autres dépenses qui créaient des découverts, lesquels, après avoir grossi la dette flottante, prenaient place dans les dépenses permanentes du pays, par la consolidation forcée de cette dette. Le budget, si les crédits extraordinaires ne sont pas rigoureusement écartés, ajoutait le rapporteur, cesse d'être limitatif de la dépense ; il demandait, en conséquence, un retour vers la spécialisation pour le vote de la loi des finances ; mais craignant d'avoir poussé trop loin la hardiesse en rappelant l'engagement pris par M. Magne, il se hâtait de s'en remettre entièrement à la sagesse de l'Empereur : « Qu'il sache bien que le Corps » législatif ne cède pas au désir de voir augmenter ses attri- » butions ; il remplit seulement un devoir en signalant ce » qui est un inconvénient dans la législation actuelle. »

Le total des dépenses proposées pour 1861 était de *dix-huit cent quarante millions cent vingt et un mille huit cent cinquante-huit francs*. Il s'élevait, pour l'année 1862, à *dix-neuf cent vingt-neuf millions quatre cent quarante-huit mille sept cent vingt-cinq francs*, soit environ *quatre-vingt-neuf millions* d'augmentation sur 1861. La commission, par ses amendements, demandait une réduction d'un peu plus de *huit millions*. Le Conseil d'État en accorda une de *sept cent soixante et onze mille trois cent quarante et un francs*.

La discussion du budget fournit aux orateurs l'occasion d'exprimer leurs vues, non-seulement sur les finances, mais encore sur la politique du gouvernement. M. Kœnigswarter proposa la création d'un impôt sur le revenu, vivement combattu par M. Magne ; M. E. Ollivier s'éleva contre le penchant du gouvernement pour les expéditions lointaines et pour les coûteuses constructions ; M. Plichon, en traitant la question de Syrie, réclama pour les chrétiens de ce pays l'appui énergique du gouvernement.

M. Keller, en se plaignant des encouragements donnés par le pouvoir à la presse irréligieuse, cita l'exemple du procès intenté à M. About et à l'*Opinion nationale* par le maire de Saverne. M. Ed. About écrivait dans l'*Opinion nationale* des feuilletons intitulés : *Lettres d'un bon jeune homme à sa cousine Madeleine.* Le maire de Saverne, se croyant diffamé par un de ces feuilletons, déposa une plainte au parquet contre l'auteur, qui fut renvoyé devant le Tribunal correctionel. L'affaire était inscrite au rôle pour le 31 mai 1861; le maire, cédant à l'influence de la préfecture, retire tout à coup sa plainte. Ce désistement, adressé le 21 mai au ministre de l'intérieur, transmis par celui-ci au garde des sceaux, parvint au parquet de Colmar. Le ministère public se trouvait donc dessaisi, mais non le tribunal devant lequel les prévenus avaient été régulièrement cités. Comment faire ? Le procureur général de Colmar, en vertu d'instructions supérieures, se rendit à Saverne et demanda tout simplement que la cause fût rayée du rôle.

Le substitut, à la grande surprise de son chef, résiste si bien, que le procureur général est obligé d'exiger la remise du dossier qu'il emporte à Colmar. Le procureur impérial, ne voulant pas encourir la responsabilité d'un pareil acte, donne sa démission.

La Cour de Colmar, tout de suite convoquée par son président, déclare que le procureur général « a mis par » un acte de violence la justice dans l'impossibilité de rem- » plir ses fonctions, et qu'il est devenu nécessaire de réta- » blir le cours de la justice violemment interrompu ».

La Cour de Colmar, en même temps qu'elle dénonçait ces faits au garde des sceaux, lui donnait un mois « pour satisfaire à ses justes susceptibilités. » Il fallut recourir à la Cour de cassation, qui annula cet arrêt d'injonction. Les poursuites commencées contre M. About et contre l'*Opinion nationale* demeurèrent donc comme non avenues.

Le récit de M. Keller produisit une certaine émotion; M. Baroche la calma sans trop de peine en affirmant que le député alsacien se trompait, ou du moins qu'il ne présentait pas les faits avec une exactitude rigoureuse.

Le budget enfin voté par 242 voix contre 5, le Corps législatif n'en avait pas encore fini avec les questions financières. Il adopta sans discussion quatre projets de loi qui engageaient les ressources de l'État dans des proportions assez sérieuses. Le premier de ces projets, conséquence du système inauguré en 1860 sous prétexte d'employer les 30 ou 35 millions disponibles sur l'emprunt de la guerre d'Italie, ouvrait sur l'exercice de 1861 un crédit de 45 millions pour de grands travaux d'utilité générale; le second créait, sous le nom d'*obligations trentenaires*, un nouveau papier orné de tous les priviléges des valeurs publiques, véritable emprunt sous forme détournée dont nous empruntions le titre à l'Angleterre, à qui, selon M. Magne, nous ne pouvions que l'envier, car il manquait à notre système financier. Lorsque par suite de cette lacune « nous avions
» recours au crédit, nous nous trouvions renfermés dans
» l'alternative de la dette flottante ou de l'emprunt.
» N'avons-nous pas bien fait dès lors de créer les obliga-
» tions trentenaires, qui n'ont ni l'inconvénient des rentes
» consolidées, ni l'inconvénient des bons du Trésor ? »

L'émission des obligations trentenaires, destinées à faire face aux dépenses de l'État pour la construction des chemins de fer, n'était, quoi qu'en pût dire M. Magne, qu'un expédient malheureux.

Les compagnies se procurent l'argent dont elles ont besoin en émettant des obligations que l'État garantit, et qui sont recherchées avec un empressement qui s'était manifesté lors de la dernière émission de ces titres par l'intermédiaire de la Banque de France. Le public avait offert six fois plus d'argent qu'on n'en demandait.

L'État, qui, lui aussi, avait besoin d'argent, pour payer sa part contributive dans l'achèvement des chemins de fer, au lieu de recourir à la voie de l'emprunt en rentes, émettait des obligations remboursables en vingt-huit annuités : il faisait non-seulement concurrence aux compagnies de chemins de fer, mais encore à lui-même en mettant obstacle à l'élévation de la rente française qui, comparativement à la rente anglaise, était dans un état d'infériorité regrettable. Les obligations trentenaires équivalaient à du 5 pour 100 à 60 fr. 5 c., c'est-à-dire à du 5 pour 100 au pair. Comment la rente aurait-elle pu s'élever? L'émission des obligations trentenaires constituait un emprunt de la pire espèce, puisque les fonds nécessaires à son remboursement devaient être pris sur les ressources budgétaires. L'État, lorsqu'il fait une émission de rentes pour subvenir à des besoins extraordinaires, comme ceux de la guerre de Crimée ou de la guerre d'Italie, demande de l'argent à des prêteurs qui savent qu'il ne leur remboursera jamais les sommes prêtées, mais qu'il leur en payera perpétuellement l'intérêt. Il n'en était plus de même ici ; l'État demandait de l'argent en échange de ses obligations; mais au jour de l'échéance, c'est tout le monde qui devait faire les fonds du remboursement.

La France désormais compterait donc trois dettes : la dette consolidée, la dette flottante et la dette des obligations.

Le troisième projet de loi autorisait le gouvernement à consacrer le prix de la vente de certains terrains domaniaux aux frais de construction d'une salle d'Opéra. M. Gouin attaqua cette dépense engagée avant le consentement du Corps législatif. M. Devinck, sans nier l'irrégularité de la forme, plaida la nécessité et l'urgence; le quatrième projet ouvrait un crédit de *quatre millions huit cent mille francs* pour l'acquisition du musée Campana. Il fut voté et sans discussion.

Le Corps législatif, avant d'entamer les débats de l'adresse, avait adopté une loi ayant pour objet, à ce que prétendait le gouvernement, de faciliter aux journaux la reproduction des débats législatifs; il abrogea ensuite le paragraphe du décret de 1852 qui déclarait supprimé de plein droit un journal condamné pour contravention ou pour délit. Plusieurs feuilles avaient succombé de 1852 à 1861 sous cette prescription d'une rigueur aveugle. La *Gironde* allait périr pour un oubli de signature et pour une condamnation à 50 francs, lorsqu'un décret d'amnistie la sauva. Les *Cinq* ne pouvaient pas attaquer un projet qui abolissait partiellement l'article 33 du décret de 1852, mais ils en profitèrent pour appeler l'attention sur la situation de la presse. M. Jules Favre prouva dans un discours très-étendu que la censure vaut mieux que le régime des avertissements sous lequel « il n'existe en France qu'un seul journaliste, le gouvernement ».

Le rapporteur de la commission chargée d'examiner le projet d'abrogation s'étant permis d'avancer que le décret du 24 novembre n'était qu'un premier pas fait dans la voie du libéralisme, s'attira cette verte réplique de M. Billault :
« Le décret de novembre a dit son dernier mot; il ne pro-
» duira aucune conséquence ultérieure, il a fait à la France
» toutes les concessions dont elle est digne : elle ne doit
» plus rien réclamer. »

Quelques députés élevèrent des plaintes contre une modification opérée par ordre du président du Corps législatif dans le compte rendu analytique et sténographique de ses séances. Aucune distinction n'avait existé jusqu'alors entre les orateurs qui lisent leurs discours et les autres. La parole est à M. X... qui *lit* le discours suivant. — Cette formule désormais officielle blessa d'innocents amours-propres, sans rendre plus rapides les débats du Corps législatif. M. de Morny, qui pourtant n'improvisait jamais, était un grand ennemi de l'éloquence écrite, quoiqu'elle ait de tout temps joué un fort grand rôle dans l'histoire parlementaire.

Le Corps législatif termina ses séances le 27 juin après avoir été, comme l'année précédente, prorogé par trois décrets successifs, grâce à son règlement qui imposait aux députés des loisirs infinis, et les obligeait ensuite à voter au pas de course les lois les plus importantes. La discussion de l'adresse avait excité dans le public la curiosité plutôt qu'un véritable intérêt politique, car le décret du 24 novembre en appelant les assemblées à discuter les affaires publiques, à condition que la discussion n'aurait aucune sanction, enlevait toute importance réelle aux débats du Corps législatif.

CHAPITRE V

1861

L'EMPIRE ET LES AFFAIRES ÉTRANGÈRES.

Sommaire. — Maladie du roi de Prusse. — Son frère, héritier présomptif de la couronne, prend la régence. — Entrevue de Napoléon III et du régent de Prusse à Baden. — M. de Bismarck est nommé ambassadeur de Prusse à Saint-Pétersbourg. — Avénement de Guillaume Ier au trône de Prusse. — La réforme de l'armée. — Réveil de l'esprit unitaire. — La politique du nouveau règne. — Attentat de Bœcker. — Influence de cet attentat sur le roi. — Guillaume Ier à Compiègne. — Couronnement du roi de Prusse. — État de l'opinion publique en Allemagne. — Le principe des nationalités. — La question des duchés. — Effet de la révolution de Février sur l'Allemagne. — La campagne des corps-francs. — Conférence de Londres. — La question des duchés s'assoupit. — Le prince-régent de Prusse la réveille en 1859. — Menace d'exécution fédérale. — Le Danemark compte sur la France et sur l'Angleterre. — La Russie et Napoléon III. — La Pologne et les puissances. — Le *Poëte anonyme*. — Premières émeutes à Varsovie. — Dissolution de la Société agricole. — Mort du prince Adam Czartoriski. — Italie. — Mort de Cavour. — L'Italie reconnue par Napoléon III. — M. Ricasoli succède à M. de Cavour. — États-Unis. — La question de l'esclavage aux États-Unis. — Élection d'Abraham Lincoln. — La guerre de sécession. — Fin de l'expédition de Syrie. — Ses résultats.

Les symptômes de la maladie mentale qui s'étaient manifestés chez le roi de Prusse Frédéric-Guillaume IV, dans le courant du mois d'octobre 1857, avaient obligé son frère Frédéric-Guillaume-Louis, héritier présomptif de la couronne, à prendre la direction des affaires, et, un an plus tard, le titre de régent du royaume. Son premier acte fut le remplacement du ministère Manteuffel, qui pesait depuis dix ans sur la Prusse, par un ministère plus libéral présidé par le prince Charles-Antoine de Hohenzollern. La politique prussienne à l'extérieur loin de subir aucun changement tendit au contraire à rapprocher de plus en plus la Prusse de l'Autriche. L'attitude menaçante que le prince-régent fit prendre à l'Allemagne au moment de la guerre d'Italie contribua puissamment à décider Napoléon III à signer les préliminaires de Villafranca ; le régent de Prusse avait même essayé, dans l'entrevue qu'il eut à Varsovie avec l'empereur d'Autriche et l'empereur de Russie, d'établir entre les trois puissances une entente contre le nouvel ordre de choses qui se fondait en Italie, mais la Russie était entrée dans la phase du recueillement ; l'Autriche se voyait obligée d'en faire autant, et la triple alliance ne put se former. La froideur, pour ne pas dire l'hostilité de la Prusse, préoccupait Napoléon III. La Prusse était la puissance avec laquelle il lui semblait qu'il pouvait le mieux s'entendre pour opérer sur la carte de l'Europe les changements dont le rêve ne cessait de hanter son cerveau nuageux. Il songeait donc aux moyens de la rattacher étroitement à ses vues. Le régent de Prusse se trouvait justement à Baden dans l'été de 1860, en compagnie de la plupart des petits princes allemands, au moment où Napoléon III assistait aux manœuvres du camp de Châlons. L'Empereur, prétextant que le séjour du futur roi de Prusse, si près de la frontière de France, lui imposait l'obligation de lui offrir ses félicitations, se rendit à Baden où M. de Bismarck, ambassadeur à Saint Pétersbourg, soit hasard, soit préméditation, était venu passer son temps de congé. Le prince de Hohenzollern en prenant la direction des affaires avait cru devoir se priver des services de quelques fonctionnaires dont les opinions trop absolutistes pouvaient nuire au vernis de libéralisme qu'il voulait se donner. M. de Bismarck, représentant de la Prusse près de la Diète germanique, se trouvait au nombre de ces fonctionnaires sacrifiés, mais sa disgrâce n'avait pas été de longue durée. Il apprit en mars 1859 sa nomination au poste d'ambassadeur à Saint-

Pétersbourg de la bouche même du prince-régent, qui eut la gracieuseté d'ajouter que ce poste était le premier de tous dans la diplomatie prussienne. Un grand changement s'était opéré dans les sentiments de l'ancien membre du Parlement de Francfort relativement à l'Autriche ; il en a lui-même quelques années plus tard fait la confidence :
« Il y a seize ans, je vivais en gentilhomme campagnard,
» lorsque la volonté souveraine me désigna comme envoyé à
» la Diète de Francfort. J'avais été élevé dans le culte de la
» politique autrichienne. Il ne me fallut pas beaucoup de
» temps pour perdre mes illusions de jeunesse à l'endroit de
» l'Autriche et pour devenir son adversaire déclaré. L'abais-
» sement de mon pays, l'Allemagne sacrifiée à des intérêts
» étrangers, une politique cauteleuse et perfide, tout cela
» n'était pas fait pour me plaire. J'ignorais que l'avenir dût
» m'appeler à jouer un rôle, mais je conçus, dès cette époque,
» l'idée dont je poursuis la réalisation aujourd'hui, celle de
» soustraire l'Allemagne à la pression autrichienne, du
» moins cette partie de l'Allemagne unie par son esprit, sa
» religion, ses mœurs et ses intérêts, aux destinées de la
» Prusse, l'Allemagne du Nord (1). »

La présence de M. de Bismarck à Baden au moment de la visite de Napoléon III au régent de Prusse donnait fort à penser aux princes allemands qui n'ignoraient ni le langage tenu par lui contre la Diète, alors qu'il représentait la Prusse à Francfort, ni le conseil donné à son maître d'en finir avec cette vieille institution, ni le mirage de la couronne d'Allemagne qu'il faisait luire à ses yeux en échange d'une Savoie quelconque à trouver sur le Rhin ou ailleurs. Mais le régent de Prusse était loin encore d'avoir

---

(1) *L'œuvre de M. de Bismarck*, par Vilbort.

subi la même transformation que M. de Bismarck; conservateur respectueux des institutions existantes, il s'indignait à l'idée seule qu'on pût le croire capable de vouloir les modifier, et, pour couper court aux soupçons que des entretiens particuliers avec Napoléon III auraient pu faire naître dans l'esprit des souverains allemands, il affecta de ne jamais le voir seul.

Frédéric-Guillaume IV mourut à Sans-Souci le 27 janvier 1861. La Prusse, qui sous son règne n'avait joué qu'un rôle effacé, quelquefois humiliant pour l'amour-propre national, espéra que de l'avénement de Guillaume Ier daterait pour elle une ère nouvelle, qu'enfin elle ne graviterait plus comme un humble satellite dans l'orbite de l'Autriche, et qu'elle marcherait d'un pas ferme dans la voie du progrès libéral.

Le passé du nouveau souverain ne justifiait pas trop cependant de semblables espérances. Le prince de Prusse Frédéric-Guillaume-Louis, frère du roi, obligé, à cause de l'impopularité que lui avaient value ses opinions rétrogrades ouvertement affichées, de se retirer en Angleterre à la suite du triomphe passager de la révolution de 1848, en était revenu sans que le spectacle de la vie d'un peuple libre eût exercé sur lui la moindre influence. La réaction en 1849 n'eut rien de plus pressé que de lui confier la tâche d'en finir avec les révolutionnaires. Les insurgés des Provinces rhénanes et du pays de Baden trouvèrent en lui un ennemi cruel pendant la lutte, et impitoyable après la victoire. Défenseur ardent et convaincu des idées absolutistes, recherchant les occasions de les avouer franchement alors qu'il était éloigné du pouvoir, c'est à peine si depuis que la maladie de son frère l'avait mis à la tête des affaires il consentait parfois à les atténuer vaguement par les formules de ce libéralisme de convention dont les pouvoirs nouveaux affectent volontiers de se parer.

La proclamation adressée par Guillaume Ier au peuple prussien le lendemain de son avénement, ne sortait pas du cadre ordinaire des documents de ce genre. L'augmentation toujours croissante du budget de l'armée était l'objet de vives critiques de la part d'un grand nombre de députés. Guillaume Ier, comme s'il eût tenu à prouver sans retard que ces critiques le trouveraient toujours insensible, s'empressa, dans son discours d'ouverture des Chambres, de déclarer que le principal devoir de la Prusse consistant à sauvegarder l'intégrité du territoire allemand, ce devoir exigeait une armée fortement organisée. L'armée prussienne se divise en trois catégories : Troupes de ligne ou armée permanente, landwehr et landsturm. Le service est obligatoire, le remplacement interdit. L'effectif de l'armée permanente était encore fixé de 120 à 130 000 hommes, chiffre qui, en 1815, où il fut établi, correspondait au total de la population qui ne dépassait pas dix millions d'habitants. La Prusse, au bout de cinquante ans, ayant atteint le chiffre de dix-sept millions, et comptant plus de conscrits que n'en comportaient les cadres, se trouvait dans la nécessité d'augmenter l'effectif de l'armée régulière ou de diminuer le temps de service. La routine protégeait le *statu quo*, la faveur le transformait en abus contre lesquels les palliatifs restaient impuissants. Une réforme était devenue nécessaire dans la constitution même de l'armée. Elle consistait à prolonger le service dans la ligne, à l'abréger dans la landwehr, à fournir à celle-ci des cadres permanents et à élever la levée annuelle jusqu'à 60 ou 80 000 hommes, ce qui nécessitait une augmentation de subsides à demander aux Chambres.

La réforme de l'armée, pensée dominante du roi, semblait s'imposer à lui par des nécessités politiques qu'il n'avouait pas ouvertement, mais qui se faisaient jour dans tous ses discours, surtout dans ceux où il s'adressait à des militaires : « J'ai été appelé au trône, dit-il dans sa harangue aux généraux présents à Berlin le lendemain de l'ouverture des Chambres, à une époque pleine de dangers et avec la perspective de combats dans lesquels j'aurai besoin de tout votre dévouement. » Le langage mystérieux et belliqueux du roi, ses allusions fréquentes à l'intégrité du territoire germanique, exaltaient les imaginations de tous les Allemands, et réveillaient les espérances du parti unitaire dont les regards, par une sorte d'attrait magnétique, se portèrent de nouveau sur ces rives de l'Eyder que l'Allemagne n'avait pas pu franchir en 1848, et qu'elle n'avait pas cessé de convoiter depuis cette époque. L'asssemblée du *Nationalverein*, tenue le 25 janvier à Berlin, vota par acclamation l'unité de l'armée allemande sous le commandement de la Prusse et l'occupation du Sleswig par les troupes fédérales.

La discussion de l'adresse de la Chambre des députés donna lieu également à des manifestations unitaires qui n'avaient pas l'air de déplaire au gouvernement, ardent lui-même à saisir toutes les occasions de témoigner de son patriotisme allemand. Le parti libéral présentait un amendement dans lequel, après avoir félicité le roi de sa résolution de maintenir l'intégrité du territoire allemand, il l'engageait à ne point considérer la consolidation du royaume d'Italie comme opposée à l'intérêt de la Prusse ni l'Allemagne. M. de Schleinitz, ministre des affaires étrangères, répondit vertement à M. de Wincke chargé de soutenir cet amendement, que la possession de la Vénétie par l'Autriche était indispensable au point de vue stratégique, non-seulement à la sûreté de cette puissance, mais encore à celle de l'Allemagne.

L'opinion publique, sensible aux efforts du roi pour relever le sentiment national, s'alarmait de son penchant à maintenir et à ressusciter les traditions féodales. Guillaume Ier, non content de rétablir la vieille cérémonie du couronnement, étala dans le manifeste qui annonçait sa célébration, un absolutisme dogmatique et un mysticisme légitimiste vraiment singuliers dans la bouche du petit neveu de Frédéric II et du représentant d'une des plus jeunes monarchies de l'Europe. Ces tendances rétrogrades, les lenteurs et les incertitudes de la politique royale sur le point qui touchait le plus la nation, c'est-à-dire sur la fondation de l'unité allemande, avaient fait naître dans les esprits un malaise, un trouble, une irritation, qui n'étaient point sans danger, comme on ne tarda pas à s'en apercevoir. Le roi de Prusse, suivi à quelque distance par son aide de camp, faisait le 14 juillet, entre huit et neuf heures du matin sa promenade habituelle dans l'allée de Lichtenthal à Baden, quand un jeune homme passa près de lui en le saluant respectueusement. Un coup de feu retentit presque en même temps. L'aide de camp accourt et saisit le jeune homme qui, après avoir tiré, restait immobile à une distance de quatre ou cinq pas. Le collet de la redingote du roi était traversé par une balle qui, après avoir frôlé la cravate, avait occasionné une légère contusion au cou de Sa Majesté. L'auteur de l'attentat se fit aussitôt connaître pour un étudiant de Leipzig nommé Oscar Bœcker.

Bœcker avait remis à l'aide de camp un portefeuille en ajoutant qu'il y trouverait une déclaration expliquant les motifs de son crime. Elle était ainsi conçue : « J'ai résolu » l'action que je vais commettre, parce que je suis d'avis que

» Sa Majesté le roi de Prusse, malgré de nombreux et louables
» efforts, n'est pas capable de vaincre les obstacles qui s'op-
» posent à l'accomplissement de la mission qu'en sa qualité
» de roi de Prusse il doit remplir pour l'unification de l'Al-
» lemagne. Je le sais, beaucoup méconnaîtront mon action,
» d'autres la réprouveront et même la trouveront ridicule ;
» je connais les suites qu'elle aura pour ma personne, mais
» je reste dans l'espoir qu'elle aura une heureuse influence
» pour l'avenir de l'Allemagne. Puissent enfin les Allemands
» sortir de leurs inutiles discussions et passer à l'action. »

Cette tentative d'assassinat produisit sur le roi de Prusse, une impression aussi forte que celle que la tentative d'Orsini avait produite sur l'empereur des Français. La reine Augusta exerçait sur l'esprit de son mari une influence qui en augmentait encore l'incertitude naturelle. Depuis cet événement, elle cessa d'être consultée par lui sur les affaires, et M. de Bismarck put s'apercevoir que le germe des résolutions qu'il avait déposé dans la tête de son maître commençait à fermenter.

Napoléon III, à la première nouvelle de l'attentat de Bœcker, s'empressa d'envoyer à Berlin son aide de camp, le prince de la Moskowa, pour féliciter le roi de Prusse d'avoir échappé au danger. Guillaume Ier se trouva d'autant plus engagé à rendre à Napoléon III la visite qu'il en avait reçue l'année précédente à Baden. L'entrevue des deux souverains, fixée d'abord dans les premiers jours de septembre au camp de Châlons, n'eut lieu que le 6 octobre à Compiègne.

Le récit des fêtes et des chasses dont la résidence impériale devint le théâtre amusa le public, sans tromper les hommes politiques. La conversation entre deux souverains, l'un à peine monté sur un trône où tant de raisons le sollicitaient de prendre une attitude nouvelle, l'autre toujours en quête de combinaisons pour se maintenir sur le sien, ne pouvait se passer en lieux communs de vénerie. Ne suffisait-il pas d'ailleurs de se rappeler avec quel sans-gêne M. de Bismarck parlait à Francfort de réorganiser l'Allemagne aux dépens de la maison de Habsbourg, pour être autorisé à supposer que le roi de Prusse venait chercher un allié en France contre l'Autriche. Les journaux anglais s'alarmaient déjà pour la vieille alliée de leur pays. Le *Times* en vint jusqu'à comparer les avantages que la Prusse avait tirés de son alliance avec l'Angleterre à ceux qu'elle pouvait attendre de son alliance avec la France. Aucune rivalité n'existait entre la Prusse et l'Angleterre; en était-il de même entre la Prusse et la France? Si la Prusse, craignant d'être attaquée, continuait le *Times*, a besoin d'un appui, Napoléon III lui fera payer le sien de l'abandon des Provinces rhénanes, comme il a déjà fait payer son concours à son allié sarde de l'abandon du versant occidental des Alpes. Si la Prusse s'alliait avec la France, il ne resterait plus aux petits princes allemands qu'à se jeter dans les bras de l'Autriche. Le *Daily News* insistant sur cette éventualité faisait en outre remarquer qu'en gardant ses anciennes alliances, la Prusse était sûre de se trouver bientôt à la tête de l'Allemagne du Nord, tandis que l'Autriche serait obligée de descendre vers le Danube.

Le langage de la presse allemande aurait dû rassurer les journaux anglais. Les feuilles absolutistes de l'autre côté du Rhin repoussaient toute alliance avec un gouvernement comme celui de Napoléon III, issu du suffrage universel; les journaux démocratiques, toujours un peu gallophobes, regardaient presque comme une humiliation la visite de

Guillaume Ier à Napoléon III. Le roi de Prusse seul au milieu de cette cour impériale jouait, à leurs yeux, le rôle d'un marchand venu là pour trafiquer des destinées de l'Allemagne. Guillaume Ier, désireux de ne pas compromettre sa popularité et pressé par l'approche de son couronnement, hâta son retour dans ses États.

La cérémonie du couronnement, instituée par l'électeur de Brandebourg Frédéric III monté le premier sur le trône de Prusse, n'avait plus été célébrée depuis 1701. Guillaume Ier, non content de la renouveler comme un jubilé centenaire, voulait qu'elle fût précédée de la prestation de foi et hommage à sa personne. Les représentations des ministres l'amenèrent, non sans peine, à renoncer à cette réminiscence trop féodale, mais on ne put pas l'empêcher, deux jours avant le couronnement qui devait avoir lieu le 18 octobre à Kœnigsberg, de réunir les généraux et les colonels de son armée pour leur rappeler qu'il tenait la couronne des mains de Dieu et qu'il comptait sur la fidélité de son armée pour la défendre contre ses ennemis, « de quelque côté qu'ils puissent venir. » Le lendemain, du haut du grand escalier de l'hôtel de ville de Kœnigsberg, il répondit aux discours des présidents des deux Chambres et des représentants des états provinciaux : « Par la grâce de » Dieu, les rois de Prusse portent depuis cent soixante- » dix ans la couronne. Je suis le premier qui soit monté » sur le trône depuis qu'il a été entouré d'institutions con- » formes à l'esprit du temps, mais la couronne vient de » Dieu. L'union doit subsister entre le roi et le peuple. Pla- » cés sur la voie du droit juré, nous pouvons résister aux » dangers d'un temps agité. »

L'affirmation affectée du droit divin, la préoccupation visible chez le roi de se réserver, en ce qui concerne les affaires publiques, un pouvoir distinct du pouvoir des Chambres, menaçaient de porter le trouble dans les relations entre le gouvernement et la représentation nationale ; mais le dissentiment, on le sentait bien, ne pouvait prendre un caractère alarmant que dans le cas où la politique extérieure du roi froisserait le sentiment de la nation possédée par une idée fixe, l'unité de l'Allemagne, et prête à tout pardonner à celui qui la réaliserait. Le gouvernement prussien comprenant cette disposition des esprits, et voulant profiter de ses avantages, fournit à l'opinion publique une nouvelle cause d'excitation et d'espérance par l'importance qu'il fit prendre à la question des duchés danois.

L'histoire en constatant la tendance de certaines nations à se constituer par agglomération d'individus de même langage et de même origine, démontre aussi qu'une tendance contraire a souvent présidé à la formation des peuples, et que le principe des nationalités est une affaire de sentiment pour le moins autant qu'une question de sang et de race, Napoléon III manifestait pourtant la prétention de fonder un droit européen nouveau, sur ce principe obscur, compliqué, fertile en conséquences dangereuses et contradictoires, pouvant être invoqué au nom de la liberté et du despotisme. La conduite de l'Allemagne à l'égard du Danemark depuis quarante ans ne prouvait-elle pas en effet quel parti un gouvernement puissant peut tirer du principe des nationalités contre un gouvernement plus faible que lui ?

Le prétexte employé par la Prusse pour s'immiscer dans les affaires du Danemarck, c'était la conformité d'origine avec les Allemands de quelques milliers d'individus soumis à la domination du roi de Danemark et habitant le Sleswig ; ce duché, objet des convoitises de la Prusse, se compose du duché qui ne fit jamais partie de l'empire d'Allemagne et du margraviat qui en fut séparé dès l'année 1026. Le Sleswig isolé des États formant la monarchie danoise proprement dite, n'ayant d'autres rapports avec elle que ceux d'un fief héréditaire de la maison royale, servit d'apanage à ses cadets.

Les comtes de Holstein reçurent en 1375 l'investiture du duché, des mains de la reine Marguerite de Danemark, par suite du manque d'héritiers mâles dans la lignée de Sleswig. Le Holstein et le Sleswig vécurent ainsi sous le sceptre des mêmes princes jusqu'au jour où le duc de Sleswig-Holstein Adolphe VIII étant mort sans postérité en 1454, les États de Sleswig-Holstein se placèrent sous la suzeraineté de Christian Ier, roi de Danemark, qui reconnut par lettre patente l'autonomie du Sleswig-Holstein, et qui confirma l'union des deux pays fondée sur une constitution et sur une diète communes. Le Sleswig cependant restait un duché souverain, tandis que le Holstein faisait partie de l'empire germanique.

Le duché de Lauenbourg, autre possession du Danemark, moitié autonome, moitié dépendant du Holstein par le contingent militaire, se rattachait par ce lien à la Confédération germanique. La monarchie danoise était donc formée du royaume de Danemark proprement dit, du duché de Sleswig indépendant en droit et uni en fait au Holstein, du duché de Holstein rattaché par des liens de suzeraineté au Danemark et par des liens politiques à la Confédération germanique, et enfin du Lauenbourg dont les rapports avec le royaume de Danemark, le Holstein et la Confédération germanique, viennent d'être expliqués. Le roi de Danemark était membre de cette assemblée comme suzerain des duchés de Holstein et de Lauenbourg.

Les enchevêtrements politiques et administratifs de cette organisation offraient de trop grands inconvénients pour que le Danemark n'essayât pas de s'y soustraire; ses efforts constants tendirent à séparer le Sleswig du Holstein afin de pouvoir se l'incorporer plus tard. L'Allemagne sentit le danger. Avant de lancer ses soldats, elle mit en avant ses savants. Ils n'eurent pas de peine à extraire des vieux parchemins une théorie historique démontrant l'existence d'une solidarité (*nexus socialis*) entre les institutions du Holstein et du Sleswig qui ne pouvait être rompue sans briser la constitution du pays. C'était la pierre d'attente sur laquelle l'Allemagne devait élever plus tard ses prétentions.

Les guerres de l'Empire ajournèrent la lutte entre l'élément allemand et l'élément danois; elle devint très-vive à dater de 1816, et quatre ans après la révolution de juillet, elle présageait un prochain conflit. Frédéric VI crut le prévenir par la constitution de 1834, mais la théorie du *nexus socialis* entre les deux duchés, très-répandue dans le Holstein, avait fait de grands progrès dans le Sleswig. Un parti du Sleswig-Holsteinisme se forma et trouva des appuis secrets jusque sur les marches du trône dans le duc Christian Auguste d'Augustenbourg, beau-frère du roi régnant Frédéric VI et dans le prince de Roër, frère du duc Christian. Ces deux princes, comblés de marques de faveur et de confiance de leur souverain, se firent les agents de la propagande germanique sous son règne et sous celui de son successeur Christian VIII qui monta sur le trône en 1839.

L'année 1840 est la première étape de l'Allemagne vers l'unité. C'est alors que, se croyant à la veille d'être attaquée par la France, elle entonna la chanson de Becker, *le Rhin allemand*. L'orage de 1840 s'apaisa; l'Allemagne cessa ses chants belliqueux, mais les rêves de conquêtes qui se mêlent souvent aux pensées de défense ne s'effacèrent pas de son esprit; sentant sa faiblesse du côté de la mer, elle ne perdit plus des yeux les ports du Holstein et du Sleswig qui l'attiraient comme un lointain mirage.

Christian VIII avait adopté, à l'égard du Sleswig-Holsteinisme, la politique de ménagement de son prédécesseur. Ce parti, enhardi par cette modération, poussait à une révolution. Le danger réveilla le roi de Danemark qui, par sa lettre patente du 8 juillet 1846, maintint ses droits incontestables sur le Sleswig, et tenta d'unir toutes les parties de la monarchie danoise par une constitution unique. L'Allemagne tout entière, Chambres, universités, réunions publiques, retentit de protestations violentes. La diète, dans une résolution du 17 septembre 1846, prise avec éclat, réserva « les droits de tous et de chacun, spécialement de la Confédération germanique et des agnats ». Lorsque la révolution de février éclata deux ans après, un changement de règne vint encore compliquer les difficultés de la situation : le Holstein s'insurgea, sous prétexte de tirer le nouveau roi Frédéric VII des mains des Danois qui, disaient les révoltés, le tenaient prisonnier. Les princes d'Augustenbourg levèrent le masque ; un gouvernement provisoire s'installa sous leur direction à Rendsbourg, et les volontaires allemands, formés en corps-francs, pénétrèrent dans le Sleswig pour délivrer leurs compatriotes, victimes, assuraient-ils, de l'oppression danoise. Ils ne tinrent pas devant l'armée de Frédéric VII. La Prusse se hâta de venir à leur secours et, sans même attendre l'appel de la Diète, elle s'empressa de donner au feld-maréchal Wrangel l'ordre d'occuper les duchés.

Le parlement de Francfort siégeait à cette époque, mais si les unitaires favorisaient le mouvement révolutionnaire qui poussait les volontaires sur le Danemark, les représentants de l'ancien ordre de choses en Allemagne étaient loin de s'y associer. Un député de la Marche de Brandebourg, M. de Bismarck, allait jusqu'à qualifier la guerre, dans les duchés, d'expédition inique, entreprise au profit de la révolution contre un souverain légitime auquel on cherchait querelle sans motif. La guerre, malgré ces plaintes, n'en aurait pas moins continué contre le Danemark si les puissances ne s'étaient empressées d'arrêter la Prusse. La Russie, peu disposée alors à seconder l'Allemagne dans ses tentatives unitaires, provoqua une entente entre elle et les cabinets de Paris et de Londres. Les trois puissances se réunirent à Londres, signèrent dans cette ville, le 4 juillet 1850, un protocole qui établissait en principe pour l'avenir, « l'intégrité de la monarchie danoise », et qui réglait l'ordre éventuel de succession. Le prince Christian de Glucksbourg fut reconnu comme héritier légitime de tous les États du Danemark. Le czar renonça en sa faveur à tous ses droits comme représentant la branche aînée des Holstein-Gottorp ; les autres branches agnatiques ou cognatiques (le landgrave de Hesse, le prince Frédéric de Hesse, la princesse Marie d'Anhalt) suivirent son exemple. Le duc Christian-Auguste d'Augustenbourg, qui avait également des titres à faire valoir, vivait retiré et besoigneux à Francfort. M. de Bismarck, alors représentant de la Prusse à la Diète, se chargea d'obtenir sa renonciation en échange d'une somme convenable.

Le traité de 1850 ne mettait pas un terme aux difficultés de la situation. La position du roi de Danemark, en face de la Diète germanique comme suzerain du Holstein, et en face du Sleswig à la fois autonome et partie intégrante de la monarchie danoise, était la source d'embarras incessants. Le traité de 1850 aurait dû séparer le Holstein du Danemark sous un prince allemand et rendre au Danemark la liberté de ses mouvements en lui permettant de rompre ses liens avec la Confédération germanique. Il eût été sage, du moins, à défaut de cette mesure radicale, de définir le *satu quo* de façon à constater que le roi de Danemark était souverain du duché allemand de Holstein, comme le roi de Hollande l'était également du duché de Luxembourg, et que les provinces extra-fédérales du Danemark restaient aussi étrangères à la Confédération germanique que les provinces extra-fédérales de la Néerlande.

Les Prussiens, entrés dans les duchés en 1848, les occupaient encore pendant que la diplomatie négociait cet insuffisant traité. La Prusse consentait cependant à retirer ses troupes, mais elle tenait auparavant à connaître l'organisation nouvelle que le roi de Danemark donnerait à la monarchie. Les explications entre les cabinets de Copenhague et de Berlin amenèrent des négociations qui se prolongèrent jusqu'à l'époque de la guerre d'Italie. La régence du prince de Prusse fournit bientôt aux esprits qui devenaient de jour en jour plus susceptibles sur la question des nationalités, de nouveaux éléments d'excitation. Le prince de Prusse, dans son discours d'ouverture des Chambres, le 17 janvier 1859, fit entendre quelques paroles qui réveillèrent les échos au delà de l'Eyder. Le 3 mai suivant, un membre de la chambre des députés exhortait le gouvernement prussien à prendre en mains la cause du Sleswig « indignement opprimé par le Danemark ». Le ministre des affaires étrangères répondit qu'il avait cette affaire fort à cœur, et qu'il ne laisserait échapper aucune occasion de le prouver. Les relations s'aigrirent entre les cabinets de Berlin et de Copenhague; la Diète soutint que le duché de Holstein ne devait avoir d'autres lois que celles consenties par ses États, quoiqu'il eût avec le Danemark des institutions communes, telles que l'armée et la marine. La Confédération germanique dont le Holstein faisait partie aurait donc pu, en vertu de ce principe, se mêler indirectement du règlement des questions relatives à l'organisation des forces danoises. La Diète ne reculait pas devant cette conséquence. Les associations nationales soutenaient ses prétentions. L'Autriche, poussée par le désir de ne pas paraître, aux yeux des populations, moins ardente pour une cause si chaleureusement embrassée par la puissance qui lui disputait la suprématie en Allemagne, parla très-haut au Danemark. Ce dernier comptant sur son droit, sur l'opinion publique en Europe, sur la France qui, croyait-il, ne pouvait l'abandonner, sur l'Angleterre qui ne consentirait sans doute jamais à voir les ports du Sleswig-Holstein aux mains d'une autre puissance que le Danemark, et enfin sur la rivalité de la Prusse et de l'Autriche, attendait sans trop y croire l'exécution fédérale dont la Diète le menaçait.

Napoléon III était à la veille de se jeter dans l'aventure du Mexique; préoccupé d'assurer la prépondérance de la race latine dans le nouveau monde, il ne la croyait nullement menacée dans l'ancien par la question des duchés. L'appui de l'Angleterre et de la Russie, si elle devenait plus grave, ne lui permettait-il pas de la résoudre? Ces deux puissances n'avaient en effet aucun intérêt à s'associer aux prétentions de l'Allemagne, bien au contraire. Une alliance intime unissait d'ailleurs les deux empereurs de Paris et de Saint-Pétersbourg. Napoléon III croyait donc pouvoir librement porter ses vues du côté de l'Amérique, lorsque l'insurrection polonaise changea brusquement la situation.

La prise de Sébastopol n'avait pas semblé d'abord devoir mettre fin à la guerre. La Pologne pouvait donc fournir un second champ de bataille aux alliés. Le gouvernement impérial, bien loin de professer en 1855, pour les traités de 1815, l'hostilité qu'il témoigna plus tard contre eux, sonda l'Angleterre sur la possibilité de rappeler au souverain de la Russie les stipulations de 1815 relatives au royaume de Pologne. L'Angleterre montra une très-grande froideur pour l'idée de rendre à la Pologne une partie de son indépendance. Napoléon III se ressouvint alors de ses projets sur l'Italie. Sentant le besoin d'un appui pour les exécuter, il hâta la paix et montra les dispositions les plus bienveillantes pour la Russie au sein du congrès. L'Angleterre voulut alors remettre la Pologne sur le tapis, mais le gouvernement impérial, soit qu'il ne vît dans la conduite de son ancienne alliée qu'une tactique, soit qu'il se considérât comme engagé avec la Russie, ferma l'oreille à son tour à ces ouvertures. Le consentement donné à l'union des principautés fut la première marque de reconnaissance d'Alexandre II à Napoléon III. L'entente entre les deux gouvernements de Paris et de Saint-Pétersbourg parut encore plus étroite au moment de l'annexion de Nice et de la Savoie au territoire français; la Russie, se séparant des autres puissances, affecta de considérer cette annexion comme « une transaction très-régulière ».

L'année 1860 fut une époque de transes et d'appréhensions pour les puissances grandes et petites. On ne parlait que de prochains remaniements de la carte de l'Europe. Ces bruits accueillis partout avec la plus grande facilité portèrent à Madrid la nouvelle que Napoléon III allait annexer à son empire les provinces du nord de l'Espagne, jusqu'à l'Èbre. Ces bruits avaient fait naître dans l'esprit de l'empereur d'Autriche et du régent de Prusse des craintes qui leur inspirèrent le désir d'avoir à Varsovie une entrevue avec l'empereur de Russie. Napoléon III, craignant de voir se nouer une nouvelle coalition, demanda des explications à son ami le czar qui protesta contre une pareille pensée. Alexandre II ne s'était rendu, s'il fallait l'en croire, à Varsovie qu'avec la ferme intention de faire de la conciliation ; il priait seulement Napoléon III de vouloir bien, pour faciliter sa mission, lui faire connaître dans quelle mesure il croirait pouvoir seconder les efforts qu'allait tenter la Russie « pour conjurer la crise dont l'Europe était menacée ». Les puissances ne demandaient à Napoléon III qu'un seul engagement, celui de ne point secourir le Piémont s'il attaquait l'Autriche dans la Vénétie. L'Autriche et la Prusse, en échange de cet engagement, accepteraient l'annexion de la Savoie et de Nice. Napoléon III s'empressa de prendre cet engagement ; Alexandre II, de son côté, reconnut le royaume d'Italie et décida la Prusse à suivre son exemple. L'empereur de Russie et l'empereur des Français étroitement unis semblaient devoir désormais marcher à la tête de l'Europe, lorsque le grand obstacle qui s'était toujours opposé à la formation d'une alliance véritable entre la France et la Russie, la Pologne, surgit de nouveau.

La Pologne, depuis 1831, travaillait à se reconstituer par l'effort incessant d'un travail intérieur. L'émancipation des paysans et leur avénement à la propriété étaient nécessaires pour intéresser la masse de la nation à l'œuvre de la résurrection nationale. Le parti aristocratique et le parti démocratique dirigeaient de ce côté les ressorts d'une propagande, différente dans les moyens, semblable dans les résultats. L'Autriche, comprenant le danger, suscita la guerre sociale et les massacres de Galicie. Le travail de vingt années fut perdu. La révolution de Février qui semblait devoir être si favorable à la Pologne lui enleva la sympathie d'une grande partie de la bourgeoisie française, indignée de voir le drapeau polonais flotter à côté de celui des agitateurs du 15 mai 1848.

La nationalité polonaise, abandonnée par l'opinion au moment même du réveil de toutes les nationalités, trouva cependant en elle-même assez de force pour survivre à l'indifférence et à l'oubli et pour chercher les éléments d'une reconstitution. Manin à Venise en quittant le terrain politique pour transporter la lutte sur le terrain des affaires et de l'administration avait donné un exemple suivi à Varsovie par le comte André Zamoyski, ministre de l'intérieur pendant la révolution de 1831. Le comte Zamoyski, resté en Pologne après la défaite de l'insurrection, s'était adonné à l'industrie et à l'agriculture; créateur de la compagnie de navigation de la Vistule, du Crédit foncier, des haras, du journal *les Annales d'agriculture*, fondateur de la Société agricole, qui joua un rôle si important au début de l'insurrection de 1861, il se servit de ces entreprises en guise d'armes de guerre contre la Russie; mais le patriotisme a besoin d'être excité par une force autre que celle des intérêts matériels, il la trouva dans un recueil de poésie. Le fils d'un général polonais qui s'était séparé de la cause nationale en 1831, Sigismond Krasinski, le *poëte anonyme*, promenait son désespoir dans un exil volontaire, cachant son nom à ceux dont ses vers consolaient l'infortune et ranimaient l'espoir. Les intérêts matériels et la poésie s'unissaient donc pour rendre ses forces à la Pologne, lorsque Alexandre II signala son avénement au trône par une amnistie qui rouvrit les portes de la patrie à un grand nombre d'exilés qui revenaient de France, d'Allemagne, d'Angleterre, de Sibérie et du Caucase, les uns enflammés des passions et des idées de l'Europe, les autres calmés par la solitude et par la souffrance. La Pologne, sous l'empire de ces diverses influences, vivait ainsi dans l'attente d'une explosion dont l'heure seule était inconnue. La froide réception faite aux souverains réunis à Varsovie, le service commémoratif pour les morts de la bataille de Grochow, où l'armée polonaise lutta pendant trois jours contre les Russes en 1831, furent le prélude d'une suite de manifestations qui devaient se terminer par une explosion plus ou moins éloignée, mais certaine.

Le service pour les morts de Grochow eut lieu le 25 février. Le peuple, réuni dans les églises et sur la place de la Vieille-Ville à Varsovie, entonna des cantiques en l'honneur des héros tombés dans cette journée. La police essaya de faire évacuer la place; les chanteurs repoussèrent les soldats. Des blessés nombreux et quelques morts restèrent sur le carreau. L'enterrement des victimes du 25 devint l'occasion d'un nouveau conflit. La Société agricole s'était entremise pour rétablir l'ordre; elle délibérait sur les moyens d'y parvenir au moment où le convoi passa devant le lieu de ses réunions. Les membres de la Société interrompent leur séance et sortent pour le saluer. Une décharge de mousqueterie les accueille; six d'entre eux tombent mortellement frappés. Le peuple enlève les cadavres et les présente à la porte du consulat de France en criant : Justice !

Les principaux citoyens de Varsovie, en tête desquels figuraient l'archevêque et presque tous les fonctionnaires, se rendirent le lendemain chez le prince Gortschakoff et

lui remirent une adresse à l'empereur, dans laquelle, après avoir exposé les douloureux événements des jours précédents, ils ajoutaient : « Notre nation, qui pendant des
» siècles a été régie par des institutions libérales, endure
» depuis plus de soixante ans les plus cruelles souffrances ;
» privée de tout organe légal pour faire parvenir au trône
» les doléances et l'expression de ses besoins, elle est forcé-
» ment réduite à ne faire entendre sa voix que par le cri des
» martyrs que chaque jour elle offre en holocauste. Au fond
» de l'âme de chaque Polonais brûle un sentiment indestruc-
» tible de nationalité ; ce sentiment résiste au temps et à
» toutes les épreuves ; le malheur, loin de l'affaiblir, ne fait
» que le fortifier ; tout ce qui le blesse ou le menace bou-
» leverse et inquiète les esprits. »

La réponse de l'empereur ne se fit pas attendre. Il chargea le prince Gortschakoff de préparer une nouvelle organisation du royaume sur les dispositions suivantes : Conseil d'État, mi-parti de fonctionnaires et de membres libres ; conseils municipaux électifs dans toutes les villes du royaume ; conseil d'éducation chargé de la réorganisation complète de l'instruction publique. Le prince Gortschakoff devait en outre s'entourer de personnes recommandables par leur caractère et par leurs lumières, afin de se concerter avec elles sur les autres réformes nécessaires dans l'administration du pays.

La Société agricole qui possédait la confiance du peuple n'en fut pas moins dissoute, malgré ces belles promesses. Cette nouvelle à peine connue, de nombreux rassemblements se forment devant le palais du prince Gortschakoff. La foule, sommée de se disperser, refuse d'obéir ; la cavalerie charge, l'infanterie tire, des centaines de victimes tombent, et la ville est occupée militairement. Tout signe de deuil est interdit par un arrêté du prince Gortschakoff, qui remercie, au nom de l'empereur, le général Chrulew et ses troupes d'avoir rétabli l'ordre à Varsovie.

L'opinion publique s'émut tout de suite en France de ces rigueurs, mais le gouvernement impérial se hâta de publier dans le *Moniteur* une note peu encourageante pour la Pologne et pour ses amis. Les Polonais se réunirent cependant le 3 à Paris pour célébrer l'anniversaire de la proclamation de la constitution de 1791. Le prince Czartoriski prononça un discours sur les derniers événements de Varsovie et sur l'avenir de la Pologne. Ce fut son dernier acte politique ; il mourut dix jours après.

Le prince Adam Czartoriski était né deux ans avant le partage de la Pologne. Amené dès l'enfance à Saint-Pétersbourg pour servir d'otage à l'impératrice Catherine II, il fut élevé avec le grand-duc Alexandre. La faveur du prince fit naître en lui le rêve qu'il devait poursuivre toute sa vie, la reconstitution de la nationalité polonaise par les mains de ceux-là mêmes qui l'avaient détruite.

Le prince Adam Czartoriski appelé aux affaires par l'insurrection de Varsovie en 1830, investi même un moment de l'autorité suprême, se berçait encore de l'espoir d'une transaction et d'un retour aux stipulations des traités de 1815. Un mouvement populaire l'avait porté au pouvoir, un mouvement populaire l'en fit descendre. L'ancien ministre d'Alexandre, l'ancien sénateur voïvode du royaume de Pologne, âgé de soixante et un ans, prit le fusil et combattit comme simple soldat sous les ordres du général Ramorino ; obligé de s'enfuir après la chute de Varsovie il devint dans l'exil le représentant naturel de la Pologne dans les hautes régions de la diplomatie européenne, et le doyen de l'émigration ; ce fut une perte pour elle.

Le prince Gortschakoff ne tarda pas à suivre le prince Czartoriski dans la tombe. Le gouverneur général Suchozanet, son successeur, crut donner satisfaction aux plaintes de la Pologne en installant le nouveau Conseil d'État, mais l'agitation ne fit que s'accroître, et le 4 octobre le royaume fut mis en état de siége. Le lendemain même, un service funèbre pour l'anniversaire de la mort de Kosciusko devait avoir lieu dans toutes les églises de Varsovie. Les patriotes s'y étaient donné rendez-vous. Les troupes russes après avoir envahi la cathédrale les arrêtèrent jusqu'au pied des autels. L'archevêque Bialobrzeski ordonna la fermeture des églises profanées. Le général Luders le fit arrêter à son tour et conduire, quoique malade, à la citadelle.

Les sentiments que les événements de Varsovie éveillaient chez les puissances, étaient de nature diverse : L'Angleterre, mécontente de l'intimité qui régnait entre le cabinet de Paris et celui de Saint-Pétersbourg, n'était pas avare de témoignages de sympathie à la Pologne; lord Russel, au mois de mai 1861, ne craignait pas de présager dans la Chambre des lords « un avenir glorieux et libre à une nation qui malgré tant de vicissitudes, tant de calamités, tant de persécutions, a su conserver intact le sentiment de la patrie ». L'Autriche ne pouvait voir avec déplaisir les faits justifier, aux dépens de la Russie, les alarmes que le principe des nationalités lui inspirait. Les premières agitations du mois de mars à Varsovie furent signalées par le premier ministre autrichien, M. de Rechberg, comme de nature à exercer une immense influence sur la politique générale de l'Europe, en ébranlant tous les pays compris entre la Baltique et la mer Noire. Cet ébranlement, en donnant de l'occupation à la Russie, aurait fait le compte

de l'Autriche. La Prusse, identifiée pour ainsi dire avec la Russie, s'apprêtait à seconder aveuglément sa politique; quant à Napoléon III, lié par les souvenirs de l'empire, par le principe des nationalités dont il se posait comme le représentant, il maudissait intérieurement une insurrection qui pouvait l'obliger à rompre son alliance avec la Russie dont il promettait de merveilleux effets. La note publiée le 23 avril 1861, dans le *Moniteur*, pour mettre la presse et l'opinion publique « en garde contre la supposition que le gouvernement de l'Empereur encourageait des espérances qu'il ne pouvait satisfaire » et pour déclarer que « les idées généreuses du czar étant un gage certain
» de son désir de réaliser les améliorations que comporte
» l'état de la Pologne, il fallait faire des vœux pour qu'il n'en
» fût pas empêché par des manifestations irritantes » fut bientôt suivie par l'envoi au consul de France à Varsovie d'instructions pour amener les Polonais à des idées de conciliation. L'opinion publique semblait convaincue néanmoins que le gouvernement impérial ne persévérerait pas dans ce système favorable à la Russie. Le prince Napoléon avait dit au Sénat le 19 mars : « Soyez sûrs que l'Empereur fera quel-
» que chose pour la Pologne..... Comment? Par quels
» moyens? je ne saurais vous le dire, je n'ai pas devant moi
» le portefeuille du prince de Metternich; mais l'Empereur
» fera quelque chose pour la Pologne. »

Les difficultés qui venaient de surgir au Nord de l'Europe n'étaient pas les seules que Napoléon III eût à résoudre. L'Italie sollicitait également son attention. L'ouverture du premier parlement italien eut lieu le 18 février 1861. L'Angleterre reconnut deux mois après le royaume d'Italie. Les États-Unis, la Belgique, la Hollande, suivirent cet exemple. La situation intérieure de l'Italie s'améliorait, quoique le parti d'action ne cessât pas de parler de marcher sur Rome et sur Venise. M. de Cavour n'ignorait point l'engagement formel pris par Napoléon III d'abandonner le Piémont s'il attaquait l'Autriche en Vénétie, mais il savait aussi que les manifestations morales ne lui seraient pas interdites. Le Parlement déclara donc solennellement Rome capitale de l'Italie. Le nouveau royaume avait plus que jamais besoin d'un guide habile et ferme pour surmonter les obstacles de la route périlleuse où il était engagé; malheureusement M. de Cavour, trois mois après ce vote important, avait cessé d'exister.

Le premier ministre de Victor-Emmanuel rentrant chez lui, le 29 mai, préoccupé et fatigué après un long et orageux débat à la Chambre des députés, répondit à son domestique qui l'engageait à prendre quelques jours de repos : « Je n'en peux plus, mais il faut travailler quand même, peut-être cet été pourrai-je aller me reposer en Suisse. » Il dîna, selon son habitude, avec son frère et son neveu, s'entretint d'affaires de famille avec eux et engagea vivement son frère à restaurer le château de Santena. « C'est là, ajouta-t-il, que j'entends reposer un jour auprès des miens. » Le dîner fini, il alla fumer son cigare sur le balcon, mais de légers frissons l'obligèrent à rentrer dans son appartement pour s'y livrer à sa sieste accoutumée; son réveil fut pénible et suivi de violents vomissements; l'état de malaise indéfinissable dans lequel il se trouvait l'engagea à se mettre au lit. La nuit fut assez bonne, la fièvre disparut au bout de deux jours.

M. de Cavour, le vendredi 31 mai, malgré les recommandations de son médecin, tint un conseil des ministres qui dura près de deux heures et travailla pendant le reste de la matinée avec ses secrétaires. Il se sentait parfaitement guéri; « si l'on ne m'avait pas saigné trois fois, disait-il, j'aurais fait une maladie de quinze jours, et je n'ai pas le temps d'être malade ». Ceci se passait le samedi 1er juin. Le lendemain matin dimanche, le docteur trouvant le malade sans fièvre lui permit de lire; M. de Cavour demanda le dernier volume de l'*Histoire du Consulat et de l'Empire*, mais bientôt il le rendit à son domestique en disant : « C'est extraordinaire, je ne sais plus lire. »

La nuit fut si mauvaise que le lundi matin le docteur Rossi demanda une consultation. L'état du malade s'aggravait, l'agitation augmentait, la respiration devenait de plus en plus courte et plus intense : « Ma tête, dit-il à son » médecin ordinaire, s'embrouille, et j'ai besoin de toutes » mes facultés pour traiter de graves affaires : faites-moi » saigner encore, une saignée peut seule me sauver. » La saignée fut pratiquée, mais le sang ne jaillit pas.

Le prince de Carignan se rendit à neuf heures du soir chez M. de Cavour. La visite du prince dura un quart d'heure environ. Le malade, pendant le reste de la soirée, fut assez calme; il parlait en termes très-nets de la reconnaissance de l'Italie par la France, de la nécessité de créer une flotte et d'unir la marine napolitaine à la marine piémontaise; mais, à une heure, il tomba dans le délire. Le matin le calme étant revenu, il dit à son valet de chambre : « Il faut nous quitter ; quand il sera temps tu » enverras appeler le père Jacques, curé de la Madone » des Anges, qui m'a promis de m'assister à mes derniers » moments. »

M. de Cavour, témoin de l'esclandre religieux qui attrista les derniers moments de Santa-Rosa, et craignant que le clergé n'en fît naître un semblable à son occasion, avait depuis longtemps pris les précautions nécessaires pour l'éviter. Santa-Rosa faisait partie du cabinet présidé par M. Siccardi auteur de la loi soumettant les ecclésiastiques à la juridiction commune pour les délits communs. Santa-Rosa, sur le point de mourir au moment où la promulgation de cette loi excitait le plus vivement la colère du clergé, réclama les secours de l'Église. L'archevêque de Turin les lui refusa à moins qu'il ne désavouât la part prise par lui à la loi Siccardi. Cette nouvelle répandue aussitôt dans Turin y excita la plus vive émotion. La foule accourut devant la maison de Santa-Rosa auquel ses parents s'efforçaient en vain d'arracher un consentement aux conditions de l'archevêque. Le peuple suivait avec anxiété les péripéties de ce drame. Le moribond tient ferme, disait-on, mais affaibli de minute en minute par la maladie, résistera-t-il jusqu'au bout aux larmes et aux prières de sa famille ? Les uns disaient oui, les autres disaient non, des paris étaient sur le point de s'ouvrir, lorsqu'on apprit que Santa-Rosa était mort sans se rétracter. M. de Cavour, présent à ces scènes, se promit de ne pas leur fournir une occasion de se renouveler ; recevant le même jour un prêtre, intermédiaire habituel de ses aumônes, il lui dit : « Ce n'est pas vous, père Giacomo, qui refuseriez de m'assister à mes derniers moments. » La réponse de ce prêtre permettait à M. de Cavour de s'adresser à lui en toute sûreté. Le père Giacomo accourut à son appel ; quand il se présenta, la nièce de M. de Cavour désolée, tremblante, eut à peine la force de dire à son oncle : « Le père Jacques est venu prendre de vos nouvelles, voulez-vous le recevoir un instant ? » Il répondit : « Qu'il entre. » — Le père Jacques entra et se retira au bout d'une demi-heure. M. de Cavour fit alors venir M. Farini et lui dit : « Je viens de me confesser et de recevoir l'absolution, plus » tard il me donnera la communion. Que le peuple de Turin

» sache bien que je meurs en bon chrétien. Je suis tranquille,
» n'ayant jamais fait de mal à personne. »

Victor-Emmanuel avait voulu voir une dernière fois son ministre. Le roi, vers neuf heures, entra chez M. de Cavour par un escalier dérobé pour éviter la foule qui encombrait la maison. Le moribond le reconnut. « Sire », lui dit-il, « j'aurais bien des choses à vous communiquer, » mais je suis trop malade, je vous enverrai Farini demain, » il vous parlera de tout en détail. Votre Majesté n'a-t-elle » pas reçu de Paris la lettre qu'il attendait ? L'Empereur est » mieux pour nous maintenant, bien mieux. Et nos pauvres » napolitains si intelligents ? Il y en a qui ont beaucoup de » talent, il y en a aussi qui sont corrompus. Ceux-ci, il faut » les laver, Sire, oui, *si lavi, si lavi*. » Le roi pressa la main de son ministre mourant et partit; M. de Cavour continua comme s'il se parlait à lui-même : « L'Italie du Nord » est faite, il n'y a plus ni Lombards ni Piémontais, ni Tos- » cans, ni Romagnols; nous sommes tous Italiens; mais il y » a encore les Napolitains. Oh! il y a beaucoup de corruption » dans leur pays. Pauvres gens ! ils ont été si mal gouvernés. » Non, non, un pareil gouvernement ne peut être restauré, la » Providence ne le permettra pas. Pas d'état de siége, pas de » ces moyens des gouvernements absolus. Tout le monde sait » gouverner avec l'état de siége. Je les gouvernerai avec la » liberté et je montrerai ce que peuvent faire de ces belles » contrées dix années de liberté.

» Garibaldi, poursuivit-il, est un galant homme. Il veut » aller à Rome et à Venise, et moi aussi, personne n'est plus » pressé que moi, quant à l'Istrie et au Tyrol ce sera pour » une autre génération. Nous avons bien assez fait, nous » autres, nous avons fait l'Italie. Puis cette Confédération » germanique est une anomalie, elle se dissoudra et l'unité

» allemande sera fondée; mais la maison de Habsbourg ne
» saurait se modifier. Que feront les Prussiens? Ils mettront
» cinquante ans à faire ce que nous avons fait en trois ans.
» Tandis que la fièvre d'unité s'empare de l'Europe, ne
» voilà-t-il pas que l'Amérique s'avise de se diviser! Y
» comprenez-vous quelque chose, vous autres, à ces que-
» relles intestines des États-Unis? »

Le malade, oubliant la politique, dit tendrement adieu aux siens et sembla prendre un moment de repos, mais le pouls baissait. Le frère Giacomo était debout près du moribond, qui après un moment de silence murmura en lui serrant la main : *Frère! frère! l'Église libre dans l'État libre!* (1). Ce furent ses dernières paroles.

La mort de M. de Cavour jeta la consternation dans Turin, où tout le monde le connaissait et l'aimait, où chacun saluait ce petit homme rond, vêtu d'une redingote étroite, d'un gilet et d'un pantalon toujours un peu courts, et qui, le cou emprisonné dans un de ces cols de satin noir depuis longtemps répudiés par la mode, les yeux pétillant derrière le verre de ses lunettes, riant d'un rire franc qui faisait tressaillir ses joues rubicondes et animait son front intelligent, surmonté de cheveux courts, réunissait dans sa personne les caractères principaux de la physionomie du militaire et du paysan.

Son père, homme d'administration plutôt que de politique, joignait à une instruction solide un jugement très-sûr ; sa mère, Genevoise et protestante convertie, femme d'un naturel excellent, eut deux sœurs qui partagèrent la tendresse et les soins dont elle entoura son fils. L'une

---

(1) « *Frate! Frate! libera chiesa, in libero stato.* » (*Récit des derniers moments du comte de Cavour*, par la comtesse Alfieri, sa nièce ; publié à la suite du *Comte de Cavour*, par de la Rive.)

TAXILE DELORD.

était mariée à un gentilhomme d'Auvergne, directeur de la police dans les départements au delà des Alpes, sous l'Empire, et fixé après la Restauration à Turin, où il joua un rôle important dans le parti absolutiste. C'est lui, dit-on, qui parvint à décider le prince de Carignan à rompre avec la révolution. Cet oncle, très-instruit, grand causeur, ayant l'art et le goût de la discussion, contribua beaucoup à façonner, à aiguiser l'intelligence du jeune Camille de Cavour. Mis à l'âge de dix ans à l'École militaire, et inscrit en 1820 sur la liste des pages du prince de Carignan, titre fort peu en harmonie avec sa personne et avec son caractère, il saisit avec empressement la première occasion de renvoyer ses aiguillettes. « Enfin, s'écria-t-il, en déposant l'habit brodé, je quitte le bât. » Camille de Cavour, nommé lieutenant du génie, était en garnison à Gênes lorsque la révolution de Juillet éclata. Sans s'associer directement aux efforts du parti libéral en train de se réorganiser, il allait partout disant son avis sur le gouvernement despotique et sur la nécessité d'affranchir l'Italie ; si bien qu'il reçut l'ordre d'aller voir, au milieu des neiges et des glaces des Alpes, si les réparations de la citadelle de Bard étaient en bon train d'exécution. Le poste n'avait rien d'agréable, aussi le jeune lieutenant donna-t-il sa démission en 1831. Ses relations étroites avec la société genevoise, où il se trouvait naturellement introduit par ses alliances maternelles, datent de cette époque ; admis malgré sa jeunesse à l'intimité des Sismondi, des Rossi, des Candolle, il quitta Genève pour Londres ; il rapporta de son séjour de cette capitale une très-vive admiration pour les institutions anglaises et pour l'aristocratie anglaise, si empressée à seconder le mouvement des esprits et des intérêts, et si jalouse de marcher à la tête du pays. M. de Cavour désireux de suivre l'exemple des membres de cette aristocratie, ne cessa dès lors de s'occuper de la prospérité matérielle de son pays; fondateur de la Société d'agriculture de Turin, introducteur du drainage, dont il fit dans ses propriétés les premiers essais, créateur d'une compagnie des bateaux à vapeur sur le lac Majeur, d'une banque, et de la Société pour construire le chemin de fer d'Alexandrie, il profita de quelques concessions accordées à la presse par le gouvernement pour publier le journal *Il Resorgimento*.

M. de Cavour, comme un grand nombre d'hommes marquants de son temps, entra donc dans la carrière politique par le journalisme, mais plus fidèle que beaucoup d'entre eux à son origine, il a toujours respecté la liberté d'écrire : *Non si tocchi alla stampa !* ne touchez pas à la presse ! s'écria-t-il en 1851, au moment où l'on pouvait craindre en Piémont le contre-coup de la réaction qui se produisait en France ; et depuis lors il est toujours resté fidèle à ce sentiment.

Les hommes illustres ont parfois un pressentiment de leur destinée. Cavour, dans ses rêves de jeunesse, se voyait déjà ministre du roi d'Italie. De là le peu d'influence qu'ont exercée sur lui les opinions politiques de ses parents. Du jour où il quitte sa livrée de page, il devient un homme tout à fait moderne; rédigeant le *Resorgimento* ou surveillant ses plantations, ou cherchant à maintenir ses asperges de Santena en possession de la renommée dont elles jouissent auprès des gastronomes piémontais, ce grand seigneur bat en brèche les traditions : « La noblesse s'écroule de toutes parts, écrit-il, les princes comme les peuples tendent également à la détruire; le patriciat, pouvoir municipal et restreint, n'a plus de place dans l'organisation sociale actuelle. Est-ce un bien, est-ce un mal ?

je n'en sais rien, mais c'est à mon avis l'inévitable avenir de l'humanité. Préparons-nous-y, ou du moins préparons-y nos descendants. »

M. de Cavour fut proposé au roi par M. d'Azeglio pour occuper le ministère de l'instruction publique, devenu vacant par la mort de M. Santa-Rosa; Victor-Emmanuel répondit assez brusquement : « Quant à moi, je le veux bien, mais rappelez-vous qu'il prendra non-seulement votre portefeuille, mais encore celui de tous vos collègues. » Cette prédiction devait en effet se réaliser en 1859, époque où l'on vit Cavour, tout à la fois président du conseil, ministre de la marine, des affaires étrangères, de l'intérieur et de la guerre ; il avait transporté son lit dans un des bureaux de ce dernier ministère, où il passait le jour et se promenait la nuit à donner tour à tour des ordres relatifs à l'artillerie, à la police ou aux affaires diplomatiques. Au milieu d'une de ces veilles fiévreuses, au moment où il allait prendre un peu de repos, son valet de chambre vint lui dire : « Il y a un homme qui demande à voir M. le comte. Il n'a pas voulu donner son nom ; il s'appuie sur un gros bâton et ses traits sont cachés sous un grand chapeau ; il prétend que M. le comte l'attend. » — « Ah! reprit Cavour en se levant, faites entrer. » Cet homme au gros bâton et au grand chapeau, c'était Garibaldi.

Cavour et Garibaldi ne devaient plus se trouver en face l'un de l'autre qu'au parlement italien, dans la mémorable séance du 20 avril 1860, où une lutte terrible s'engagea entre un homme d'État façonné à toutes les exigences de la politique et un soldat qui n'écoute que sa passion. M. de Cavour, dans sa réponse à Garibaldi, s'éleva jusqu'à ces hautes régions de l'émotion qui semblaient lui être interdites. M. de Cavour avait une grande qualité : il savait rendre justice à ses adversaires. Il répondait toujours à ceux de ses amis qui lui reprochaient d'avoir associé Garibaldi à son action politique, qu'il ne s'en repentait pas. Un jour, dans son salon de la *Casa Cavour*, causant au sortir de table, debout contre la cheminée, les mains dans les poches, une cigarette à la bouche, il disait à des Français venus à Turin pour assister à l'inauguration de la statue de Manin : « Il ne faut comparer Garibaldi à » personne ; Garibaldi est lui, ses moyens sont à lui ; » les autres ne feraient pas ce qu'il fait, et il ne pourrait » pas faire ce que font les autres. Garibaldi est plus qu'un » général, c'est un drapeau ! Nous nous sommes compris » un moment, et je suis sûr que si personne n'était entre » nous deux, nous nous comprendrions encore. »

M. de Cavour à la tribune ne visait pas aux grands effets de l'éloquence ; il cherchait à réunir les qualités nécessaires à ce que les Anglais appellent un bon *debatter*. Heureusement il était plus que cela, car un simple *debatter* n'aurait pas suffi à porter le poids de la discussion dans un parlement comme celui de Piémont, qui représentait toutes les passions d'un pays en révolution, et auquel il s'agissait non-seulement de faire accepter les mesures les plus opposées à ses sentiments et à ses instincts, la cession de Nice et de la Savoie, par exemple, ou le projet de loi relatif aux conspirations contre les souverains étrangers, mais encore les résolutions les plus audacieuses, comme l'envoi d'une armée en Crimée. M. de Cavour alla même jusqu'à lui demander sa propre abdication, le jour où il lui proposa de conférer au roi les pleins pouvoirs. Si l'éloquence de M. de Cavour se montrait à la hauteur du sujet dans ces graves circonstances, il savait, dans les occasions ordinaires, aborder la discussion sans prétention, sans emphase, y mêler hardiment certains traits d'imprévu et de gaieté, interpréter les faits avec un tact merveilleux et tirer un excellent parti de l'histoire.

Mme de Cavour, parlant dans une lettre de son fils encore enfant, le représente comme un « bon luron, fort tapageur, toujours en train de s'amuser, et ayant peu de goût pour l'étude ». Il était resté quelque chose à M. de Cavour du bon luron en politique ; quant à son éloignement pour l'étude, il disparut de bonne heure, car jamais homme ne fit preuve d'une ardeur aussi vive à s'instruire en toute matière ; il étudiait sans cesse et lisait tous les livres, même les romans. Il fallait un aliment perpétuel à son activité. Après les émotions de la politique celles du whist à 500 francs la fiche (1). Cavour, au milieu de ce débordement de vie, avait des accès de mélancolie et songeait souvent à la mort. Un jour, se trouvant avec M. de Rothschild au moment où les intérêts alarmés voyaient en lui la cause principale des prochains bouleversements de l'Europe, il lui demanda si sa mort ferait baisser la rente d'un franc : « Vous valez mieux que cela, lui répondit le financier ; elle baisserait de 3 francs au moins. » Il revenait une autre fois de l'une de ces courses rapides qui interrompaient à de rares intervalles ses travaux. A quelques milles de Turin il regarda à travers la vitre de la portière et dit à son secrétaire : « Voyez-vous là-bas cette flèche à demi cachée dans les arbres ? c'est le clocher de l'église de Santana ; là est le château héréditaire de ma famille ; c'est là que je veux reposer. » Il y repose en effet ; l'Italie, pour laquelle il est mort épuisé de travail et de fatigue, lui doit en grande partie son indé-

---

(1) *Le comte de Cavour*, par W. de la Rive.

pendance, et le monde l'exemple d'une grande révolution accomplie sans avoir rien coûté à la liberté.

Napoléon III, dans l'entrevue de Plombières, avait dit à Cavour : « Il n'y a en Europe que trois hommes : moi, vous et un troisième que je ne nommerai pas. » Il se trompait sur lui-même, mais il rendait justice à Cavour; il le regretta beaucoup, car il le savait assez rompu aux allures de sa politique ambiguë pour ne point s'en trop alarmer, assez souple pour s'accommoder aux nécessités du présent en vue de l'avenir, assez habile pour ne pas lui créer des périls et encore moins des embarras. Le choix de son remplaçant était pour lui un grave sujet de préoccupation. Cavour n'avait que deux successeurs possibles : M. Ratazzi, homme fin, orateur distingué, investi de la confiance et de l'amitié particulière du roi, et le baron Ricasoli, grand propriétaire, ex-dictateur de la Toscane, annexée par ses soins, et passant pour avoir des vues encore plus nettes que M. de Cavour sur la question romaine. Sa fermeté en Toscane avait fait échouer les restaurations décidées en principe à Villafranca. Si le parti d'action lui savait gré de sa conduite, il n'en pouvait être de même de l'empereur des Français. Ce dernier, comme Victor-Emmanuel, préférait Ratazzi au baron Ricasoli. Mais la majorité de la nation appelait au pouvoir le gentilhomme toscan, et le baron Ricasoli fut nommé le 11 juin président du conseil des ministres. Cependant Napoléon III, pour compenser la perte que venait de faire son allié Victor-Emmanuel dans la personne de M. de Cavour, reconnut le royaume d'Italie, d'assez mauvaise grâce, il est vrai, et en protestant d'avance contre « toute solidarité avec des entreprises de nature à troubler la paix de l'Europe ». Le Saint-Siége, loin de lui savoir le moindre gré de ces réserves, remit aux ministres de Belgique, de Bavière et d'Autriche une protestation dans laquelle il accusait formellement Napoléon III d'être venu à Rome, non pour protéger le trône de saint Pierre, mais pour le livrer à ses ennemis. Napoléon III aurait bien voulu rappeler de Rome les troupes qui l'occupaient, malgré le principe de non-intervention et le principe des nationalités dont il se disait le représentant, mais la crainte de se brouiller en France avec le parti catholique le retenait. Il voyait le danger de sa politique en Italie sans oser en changer ; il laissait aller les choses, comptant sur le temps et sur le hasard pour le tirer d'une situation difficile. Si l'ancien monde n'ouvrait que des perspectives peu rassurantes à la politique de Napoléon III, il crut apercevoir dans le nouveau monde des horizons plus brillants et plus favorables à certains projets qu'il caressait. Pendant que le gouvernement de Victor-Emmanuel avait raison dans l'Italie méridionale de bandits comme Chiavone, et d'aventuriers politiques comme Borgès; pendant que le brigandage essayait vainement de prolonger sa résistance dans les montagnes, et que les derniers soldats bourboniens occupant les citadelles de Messine et de Civitella-del-Tronto, les remettaient aux chefs de l'armée nationale, et que l'œuvre de M. de Cavour se consolidait, celle de Washington semblait près de périr sous les coups de la guerre civile.

La conquête a formé presque entièrement les États de l'Europe ; les États-Unis d'Amérique, au contraire, se sont créés par le consentement mutuel des parties. Le lien qui les unissait, quoique très-mince, avait été respecté jusqu'ici malgré les divergences d'intérêts entre le nord, pays de manufactures, et le sud pays agricole. Cette rivalité, qui remonte presque à l'origine de la république, avait abouti peu à peu à une véritable prépondérance du Sud sur la direction des affaires de l'Union ; on était si bien habitué depuis longues années à voir les présidents élus représenter les idées et les intérêts du Sud, que quand le Nord se fut décidé, en 1861, à soutenir un candidat à la présidence, personne ne voulut d'abord croire à la réalité de ce bruit; on douta d'autant moins de l'abandon de cette résolution par les hommes du Nord, que les hommes du Sud, effrayés du progrès des idées abolitionnistes, répétaient hautement que la nomination d'un candidat contraire à leurs idées serait le signal de leur sortie de l'Union.

Les représentants des diverses colonies anglaises, devenues des États en signant la constitution des États-Unis, avaient cependant bien la conscience qu'ils formaient une nation, si l'on en juge par la déclaration des membres de la convention réunie pour préparer la Constitution ; ces membres déclarent : « Dans toutes nos délibérations, nous » avons eu constamment en vue la consolidation de notre » union, gage de notre prospérité, de notre sécurité, de » notre existence nationale. » La Constitution elle-même dit : « Nous, le peuple des États-Unis, pour assurer une » union plus parfaite et pour assurer les bienfaits de la » liberté à nous-mêmes et à notre postérité, nous ordon- » nons et établissons cette Constitution. »

Elle fut donc adoptée, non par des citoyens de tel ou tel État, mais par un peuple qui commit la faute d'y insérer un article consacrant l'esclavage. Le Congrès, investi du droit de refuser ou d'admettre les territoires au rang des États, pouvait, à la vérité, lui imposer des limites, mais les efforts du Sud tendirent perpétuellement à les supprimer. Le compromis du Missouri permit que toute la portion des territoires cédés par la France au sud du 36° degré de latitude, fût ouverte au travail servile. Le bill de Nebraska amena bientôt après la suppression de toute barrière géographique entre le domaine du travail libre et celui du travail servile.

Les adversaires de l'esclavage, renonçant à le supprimer, bornèrent leur ambition à rétablir dans toute sa force l'autorité du Congrès sur les territoires. Le colonel Frémont, qui le premier au nom du parti républicain sollicita la présidence, inscrivit sur son programme la prohibition de l'esclavage dans les territoires.

Le candidat du parti républicain, en 1860, Lincoln, alla plus loin : il manifesta l'intention de limiter le domaine de l'esclavage dans les États. Le Sud se prépara dès lors à la révolte. La conscience publique ne s'émut pas de ce qu'elle considérait comme une vaine menace, et Abraham Lincoln fut élu. Son grand-père, l'un de ces hardis pionniers qui payèrent de leur vie la conquête du Kentucky, avait été tué par les Indiens. Son père était mort prématurément en 1815, laissant une veuve sans fortune et plusieurs enfants dont l'aîné, qui devait devenir président de la république, reçut la simple éducation des pionniers : la lecture, l'écriture, un peu d'arithmétique et le maniement du mousquet, de la hache et de la charrue. Lincoln, tour à tour pâtre, apprenti scieur, conducteur de trains, et batelier sur le Wabash et le Mississipi, poseur de rails, était à l'âge de vingt et un ans garçon de ferme à Springfield ; l'année suivante commis marchand, puis capitaine d'une compagnie de volontaires enrégimentés contre les Indiens de la tribu des Faucons-Noirs ; mais garçon de ferme, commis, chef de partisans, pâtre, scieur de planches ou batelier, Lincoln avait toujours su trouver, au milieu de ces occupations diverses, du temps pour s'instruire, même dans la science du droit, si bien qu'il put débuter avec succès au barreau.

Élu représentant de l'Illinois en 1846, il se refusa en 1849 à une réélection, pour se livrer à l'exercice de sa profession d'avocat et à l'éducation de ses enfants. Les républicains l'opposèrent comme gouverneur de l'Illinois à M. Douglas, l'un des grands orateurs de l'Amérique. Les deux rivaux parcoururent cet État pendant deux mois, prononçant chaque jour un discours nouveau, et se prenant quelquefois corps à corps. Lincoln eut plus de voix que son rival, mais l'inégale répartition des districts électoraux donna l'avantage à Douglas ; cette brillante campagne attira sur lui l'attention. La Convention de Chicago le choisit en 1860 comme candidat à la présidence. Il fut élu, et son élection considérée par les États du Sud comme une menace, donna le signal de la guerre civile.

Le président Buchanan ne devait quitter la Maison-Blanche que le 4 mars. Complice du Sud, il profita de ce délai pour dégarnir les arsenaux dans tous les États libres et pour disséminer les navires de la marine fédérale dans toutes les mers. Il ordonnait pendant ce temps-là des prières et des jeûnes pour apaiser la colère céleste appesantie sur la République. Le président Lincoln fut installé le 4 mars 1861. Jefferson Davis avait déjà pris le 18 février les rênes de la Confédération du Sud à Richmond.

Les partisans de Napoléon III et du principe d'autorité, ravis de voir la grande République en proie à la guerre civile, en saluaient d'avance le dénoûment. Ils voyaient déjà la Maison-Blanche transformée en palais et une députation du Congrès traversant l'Atlantique pour offrir la couronne d'Amérique à quelque prince en disponibilité. L'État, en Amérique, remplacerait désormais les États ; la bureaucratie s'emparerait du plus vaste théâtre ouvert au monde pour l'activité humaine ; la tutelle du gouvernement remplacerait l'essor de l'énergie individuelle, et l'Amérique échapperait à l'anarchie par une centralisation copiée sur la centralisation impériale. Les journaux officieux, enflammés par ce beau rêve, se firent tout de suite les défenseurs ardents de la cause du Sud. Que voulait-il ? Porter à son gré l'esclavage dans les vastes territoires destinés à augmenter le nombre des États ; forcer le Nord à exécuter la loi qui prescrit la restitution des esclaves fugitifs et mettre un terme aux prédications contre l'esclavage. Le Nord ne demandait pas la suppression de l'esclavage, mais sa limitation. M. Lincoln, dans le discours d'inauguration qu'il prononça sur les marches du Capitole, fit appel à la Constitution et déclara qu'il n'avait nulle intention de détruire l'esclavage là où il existait, qu'il considérait l'Union comme durant toujours en droit, qu'il ferait exécuter les lois fédérales, et qu'il se bornerait pour le moment à reprendre les forts et les propriétés fédérales dont le Sud s'était emparé. Il était résolu d'ailleurs à attendre le premier acte d'agression. Il n'attendit pas longtemps.

Le fort Sumter, attaqué le 12 avril 1861 par le général séparatiste Beauregard, fut rendu le même jour par le major Anderson privé de secours et de munitions. Les forts et arsenaux de l'Union situés dans les États rebelles avaient été livrés presque tous à la nouvelle confédération par les officiers appartenant généralement au Sud. Du haut des terrasses des maisons de Washington on ne tarda pas à voir les tentes du camp des rebelles.

Le gouvernement fédéral n'avait, lorsqu'il connut la prise du fort Sumter, que 15 000 hommes de troupes régulières éparpillées sur tous les points de l'immense territoire de la République. Lincoln appela 75 000 miliciens. Le vieux général Scott, quoique Virginien de naissance, avait refusé le commandement de l'armée sécessionniste dont le colonel Lee, son chef d'état-major, s'était chargé à sa place. Le général Scott déploya l'activité d'un jeune homme, quoiqu'il eût soixante-quinze ans, et malgré l'absence d'administration militaire, malgré le dénûment des arsenaux et des magasins, malgré le manque d'états-majors par suite de la désertion des officiers du Sud, il parvint à organiser les forces nationales et à fortifier Washington.

La première bataille entre les deux armées du Nord et du Sud fut livrée sur les bords d'un torrent nommé *Bull's run*, le 21 juillet 1861. Le général sudiste Beauregard remporta la victoire. Lincoln, un peu irrésolu jusqu'alors, comprit que tout arrangement était devenu impossible et prit toutes les mesures nécessaires afin de poursuivre la guerre à outrance.

La marine militaire et la marine marchande des États-Unis se recrutaient presque entièrement dans le Nord. Les États du Sud, plus particulièrement agricoles, étaient loin d'avoir une force maritime suffisante à opposer à leurs adversaires. Les côtes du Sud se trouvèrent bientôt bloquées depuis le Chesapeake jusqu'à la frontière du Mexique ; le gouvernement fédéral chercha ensuite à occuper les points importants près des rades et des mouillages.

La première expédition fédérale fut dirigée contre la Caroline du Nord, dont les côtes sont longées par un étroit banc de sable séparé de la terre ferme par deux détroits formant des espèces de baies intérieures et communiquant à la mer par des passes dont la plus importante, celle du Nord, est défendue par deux forts. Une division de frégates et de canonnières débarqua des troupes sur le grand banc, le 31 août 1861, enveloppa les confédérés, qui durent se rendre, et s'établit solidement à Hatteras, d'où elle menaçait les ports de la Caroline du Nord et les villes situées sur les cours d'eau aboutissant dans la baie.

Une autre expédition s'empara de Port-Royal, sur les côtes de la Caroline du Sud, qui défend l'entrée de la baie au fond de laquelle se trouve Beaufort, point central du chemin de fer de Charleston à Savanah. Cette expédition occupa l'île située à l'entrée de la baie de Savanah et mit le siége devant le fort Pulasky. Ces succès maritimes, qui compensaient en partie les revers de l'armée de terre, ranimèrent l'ardeur du Nord. Les chantiers se couvrirent de navires de guerre en construction ; des vapeurs de commerce furent armés. Il fallait à tout prix intercepter les communications du Sud avec le reste du monde et l'empêcher d'exporter son coton et d'importer des munitions de guerre.

La guerre ainsi faite soulevait de grandes questions relatives à l'application du droit maritime, si compliqué et si mal défini. Le blocus, d'après l'ancienne doctrine anglaise, pouvait être fictif, c'est-à-dire exister par suite d'un simple décret ; la déclaration du Congrès de Paris exigeait la présence de forces suffisantes pour en garantir l'efficacité. Les États-Unis avaient toujours professé cette dernière opinion contre l'Angleterre, dans les guerres de la fin du xviiie siècle et sous l'Empire ; celle-ci vint tout à coup leur en disputer le bénéfice en prétendant que les flottes du Nord ne fermaient pas réellement les ports du Sud. La preuve cependant que le blocus était effectif, c'est qu'aucune balle de coton, aucune lettre n'arrivait des États du Sud en Europe.

Au moment où la question du blocus des ports du Sud préoccupait le plus vivement les puissances maritimes, le paquebot anglais *Trent*, parti de la Havane pour l'Europe, fut arrêté le 8 novembre 1861 en pleine mer par la corvette fédérale *San-Jacinto*, commandée par le capitaine Wilkes. M. Slidell, ancien sénateur pour la Louisiane, et M. Masson, ancien ministre plénipotentiaire des États-Unis en France, se rendant le premier à Paris et le second à Londres en qualité de chargés d'affaires de la Confédération du Sud, étaient à bord. Le commandant Wilkes les arrêta comme « contrebande de guerre. » Le gouvernement approuva la conduite du commandant Wilkes; il fut élevé au grade de commodore à la grande satisfaction des journaux et des meetings.

Les annales maritimes de l'Angleterre comptaient plus d'un acte analogue à celui du *San-Jacinto*. La Grande-Bretagne, en vertu de ce principe abusif, que l'intérêt des belligérants devait être la mesure du droit des neutres, avait exercé un véritable despotisme sur toutes les nations maritimes. C'est elle pourtant qui éleva les plus vives plaintes contre la conduite du commandant du *San-Jacinto*; le gouvernement les appuya par des préparatifs de guerre dont on peut mesurer l'étendue en songeant qu'ils lui coûtèrent 300 millions en deux mois. Le Sud, plein d'espérance, s'attendait à une rupture immédiate entre l'Angleterre et les États-Unis, et à une guerre terrible à laquelle le gouvernement impérial de France ne pouvait manquer de prendre part à côté de son ancienne alliée de Crimée.

L'opinion, en France, n'était pas sans s'alarmer à la perspective d'une lutte dont les conséquences pouvaient être si fatales à la fortune publique, aussi le message du président Lincoln, qui devait contenir la réponse du gouvernement fédéral aux réclamations des puissances, était-il attendu avec une vive impatience. Ce document trompa l'attente générale. Le président Lincoln, muet sur l'affaire

du *Trent*, ne s'occupait que des affaires intérieures de la République ; il reprochait aux confédérés de rompre violemment l'admirable faisceau de l'Union américaine, de nier le suffrage universel, les droits du peuple, les principes sur lesquels l'Amérique avait si rapidement élevé l'édifice de sa prospérité. « Dévorés par une plaie intérieure,
» par un fléau social qui est une offense à votre foi, une
» offense à votre Dieu, vous n'osez pas, ajoutait-il, pro-
» noncer ce mot d'esclavage, qui est pourtant la seule cause
» du dissentiment qui vous sépare de vos frères et afflige
» toutes les démocraties de l'Europe. »

Le président, envisageant ensuite avec fermeté la tâche immense qu'il avait à remplir, se montrait prêt à tous les sacrifices pour maintenir les institutions qui avaient fait la grandeur de l'Amérique. « Nous voyons d'un coup d'œil,
» disait-il, ce qu'a produit dans un temps donné le prin-
» cipe populaire appliqué au gouvernement par le méca-
» nisme des États et de l'Union ; nous voyons aussi ce que
» ce principe, s'il est fermement maintenu, promet pour
» l'avenir. Il y a déjà parmi nous des hommes qui, si l'Union
» est conservée, vivront assez pour y compter 250 millions
» d'âmes. La lutte que nous soutenons n'est donc pas pour
» aujourd'hui seulement, elle est pour un vaste avenir. Con-
» fiants dans la Providence, et d'autant plus fermes et déter-
» minés, travaillons à la grande tâche que les événements
» nous ont dévolue. » Le président demandait en finissant 400 000 soldats et 400 millions de dollars. Ce n'était que le dixième du nombre d'hommes en état de porter les armes dans les États fidèles, et à peine la vingt-troisième partie des valeurs possédées par les citoyens décidés à les sacrifier pour sauver l'Union. Le Congrès lui donna 100 000 hommes et 400 millions de dollars de plus.

Le gouvernement impérial, assez fortement engagé déjà dans l'expédition du Mexique, ne pouvait voir sans un certain plaisir les États-Unis occupés d'une guerre qui laissait toute liberté à l'action qu'il rêvait d'exercer sur le nouveau monde. Les journaux officieux s'efforçaient de prouver qu'il fallait admettre les sudistes comme belligérants, en attendant qu'on reconnût la République du Sud elle-même. Le gouvernement impérial, quelque envie qu'il eût de suivre ces conseils, comprit qu'il fallait attendre, et que le rôle de conciliateur était celui qui lui convenait le mieux en ce moment. Il s'entremit donc entre l'Angleterre et les États-Unis pour amener ces deux puissances à s'entendre sur l'affaire du *Trent*. Une dépêche de M. Thouvenel, ministre des affaires étrangères de l'Empire à Washington, corroborée de l'adhésion de l'Autriche et de la Prusse, ne fut pas étrangère à la décision que prit le gouvernement américain de faire des concessions approuvées par tous ses amis en Europe.

Une question moins importante que celles dont on vient de parler, mais qui pouvait cependant amener de sérieuses complications, occupa la diplomatie dans le courant de l'année 1861.

L'Angleterre, qui supportait avec impatience la présence des Français en Orient, demanda dans les derniers jours de l'année précédente à Napoléon III de concentrer ses troupes sur le littoral de la Syrie. M. Thouvenel lui répondit par un refus, motivé sur cette raison que le séjour des forces françaises dans la montagne était indispensable à la sécurité des chrétiens, et que d'ailleurs le général en chef devait seul fixer la position de ses détachements.

Le gouvernement impérial, voyant cependant la méfiance croissante et le mauvais vouloir de plus en plus marqué de l'Angleterre contre l'expédition de Syrie, adressa le 18 janvier 1861 une circulaire aux puissances dans laquelle M. Thouvenel leur demandait si, conformément au traité de l'année dernière, les troupes françaises devaient quitter ce pays le 5 mars 1861, ou bien si l'humanité et la prudence ne conseillaient pas d'attendre pour l'évacuation, non pas le terme du traité, mais le moment où la répression des troubles serait complète et où des garanties d'ordre et de pacification auraient été données par la Porte. Le ministre des affaires étrangères ne faisait point d'ailleurs une question de la prolongation du séjour des soldats français en Syrie, et il se déclarait prêt à exécuter le traité si toutes les puissances ne se mettaient pas d'accord sur la nécessité de prolonger l'occupation ; dans le cas contraire, il se montrait tout disposé à faire participer leurs troupes à la protection des chrétiens.

Ni l'Autriche, ni la Russie, ni la Prusse n'étaient en disposition de prêter l'oreille à ces ouvertures. Ces deux puissances dissimulaient sous un vernis d'impartialité leur peu d'empressement à soutenir les demandes du gouvernement impérial ; la Prusse marchait à la suite de la Russie. La Porte, convaincue, comme de raison, de l'inutilité de l'occupation, consentait néanmoins, pour prouver ses bonnes intentions, à la prolonger pendant le temps à peu près nécessaire pour préparer l'évacuation, c'est-à-dire jusqu'au 5 mai.

La conférence décida pourtant, le 15 février 1861, que l'occupation serait prolongée dans les mêmes conditions jusqu'au 5 juin suivant. La concession était mince, et le gouvernement impérial avait d'autant moins à s'en glorifier, que la Porte, secondée par l'Angleterre, quelquefois par la Russie et par l'Autriche, ne perdait aucune occasion de faire échec à sa politique et mettait son habileté la plus persévérante à éluder les arrêts de ses propres tribunaux contre les auteurs des massacres du Liban et pour le payement des indemnités. Le féroce Saïd-Bey Djemblalt aurait probablement échappé au châtiment, si la maladie ne l'avait frappé dans la prison de Beyrouth. La peine de mort prononcée contre les Druses à Beyrouth et à Moktara fut commuée en déportation. Quant aux indemnités et aux amendes dues par eux, la Porte mit tant de lenteur et souleva tant d'obstacles pour en fixer le chiffre que la commission internationale souscrivit, de guerre lasse, à un arrangement en vertu duquel la Porte payerait une somme totale de 75 millions de piastres turques aux victimes des troubles du Liban; une commission mixte en cas de désaccord réglerait le différend. C'était mettre les réclamants à la merci des fonctionnaires turcs.

Plusieurs plans furent proposés pour la réorganisation du Liban : Division de la montagne en plusieurs caïmacanies, administration du Liban par un fonctionnaire turc, maintien des immunités des chrétiens de la montagne. Le premier de ces plans était présenté par la Turquie, le second par l'Angleterre, le troisième par la France. La discussion entre les représentants de ces puissances était vive et menaçait de s'éterniser. Le ministre de Prusse, en se prononçant pour un gouvernement unique, proposa de ne pas spécifier si le gouverneur serait indigène ou non. Cette transaction fut acceptée. L'Autriche s'était dès le commencement de la discussion ralliée au plan de Napoléon III. La Russie se contenta de demander avec l'appui de l'Angleterre l'établissement dans la ville de Zahlé d'un régime spécial en faveur des Grecs non unis. Le règlement accordait simplement aux Maronites chrétiens sept fois plus nombreux que les Druses, huit fois plus que les Grecs schismatiques, douze fois plus que les Grecs catholiques, vingt fois plus que les Métualis, et trente fois plus que les Musulmans, le sixième des voix dans les assemblées du Liban, c'est-à-dire l'égalité (1). Les soldats turcs restaient chargés de la police du Liban en attendant la formation d'une force indigène.

L'Europe, qui s'était associée à l'expédition française pour amener son avortement, pouvait s'applaudir du succès de son plan : il fallait l'impudence habituelle des journaux officieux du gouvernement impérial pour donner comme un triomphe de sa politique les minces résultats de cette expédition, entreprise avec tant de fracas « pour une grande idée au nom d'un grand peuple ».

(1) *La Syrie en* 1861, par M. Saint-Marc Girardin.

CHAPITRE VI

L'ANNÉE 1862

SOMMAIRE. — Réception du jour de l'an aux Tuileries. — Programme financier de M. Fould. — Procès et arrestations. — Société du Prince impérial. — Lettre de l'Empereur sur la question romaine. — Voyage de l'Empereur et de l'Impératrice dans le centre de la France. — M. de Morny est nommé duc. — Revirement de la politique impériale dans la question romaine. — M. Thouvenel donne sa démission. — M. Drouyn de Lhuys le remplace. — Napoléon III et la médiation aux États-Unis. — Interdiction des conférences de la rue de la Paix. — Polémique au sujet du *Fils de Giboyer*. — Inauguration du boulevard du Prince-Eugène. — M. Budberg, ambassadeur de Russie, remet à l'Empereur ses lettres de créance. — Discours de l'Empereur. — Souscription en faveur des ouvriers cotonniers. — Résurrection du titre de chevalier. — L'administration et la presse. — Coup d'œil rétrospectif sur la presse depuis 1860 jusqu'en 1862. — Expulsion de M. Ganesco, rédacteur-propriétaire du *Courrier du dimanche*. — M. d'Haussonville et M. Billault. — Destitution de M. Victor de Laprade. — Vente de la *Presse*. — Démission des rédacteurs.

Les réceptions du 1ᵉʳ janvier 1862 eurent lieu, aux Tuileries, avec le cérémonial accoutumé. L'Empereur répondit au doyen du corps diplomatique : « Je remercie le corps diplomatique des vœux qu'il veut bien m'exprimer. L'année qui vient de s'écouler a été tristement marquée par de nombreuses agitations sur divers points du monde et par des pertes cruelles dans les familles royales.

» J'espère que l'année qui commence sera plus heureuse pour les rois comme pour les peuples. »

Ces paroles parurent de favorable augure pour le maintien de la paix. La fin de la réponse de l'Empereur au président du Sénat : « Je compte sur vous pour m'aider à perfectionner la constitution tout en maintenant intactes les bases fondamentales sur lesquelles elle repose, » fut également acceptée comme un heureux présage pour le développement de la liberté.

M. Fould publia, le 22 janvier, son programme financier sous la forme d'un rapport adressé à l'Empereur. Distinguer les dépenses ordinaires et les dépenses extraordinaires, comprendre ces dernières dans une loi spéciale ouvrant en même temps les ressources destinées à y faire face, puiser dans une augmentation d'impôts les moyens de combler le déficit de 75 millions du budget de 1863 ; tel était le plan du ministre des finances. M. Fould demandait en outre la création d'un impôt sur les voitures de luxe, l'augmentation de certaines taxes d'enregistrement et de timbre ; quant au budget extraordinaire dont la dotation intéressait à un si haut degré les grands travaux publics, il proposait d'y affecter la somme de 130 à 150 millions, produite jusqu'à concurrence de 67 millions par l'émission du solde des obligations trentenaires créées en 1854, et par une annuité de l'indemnité chinoise ; l'établissement d'une surtaxe temporaire sur le sel et sur le sucre fournirait le reste de la somme.

Le chiffre des découverts atteignait un milliard. Il était possible, selon M. Fould, de les ramener à des proportions moins considérables sans recourir à un emprunt, en procédant à la conversion facultative de la rente 4 1/2 en 3 pour 100, au moyen d'une combinaison qui laisserait aux mains du Trésor le produit de la soulte formant la différence de valeur entre le capital des deux fonds.

Le succès de cette conversion tenait fort à cœur au gouvernement. Le ministre de l'intérieur adressa donc le 17 février 1862 aux préfets, une circulaire pour les engager à expliquer à leurs administrés les avantages de cette mesure, et à « les faire pénétrer dans l'esprit des masses » trop souvent victimes dans des circonstances analogues de » l'esprit de parti ou de conseils intéressés ».

Cette opération à peine commencée, le Conseil d'État fut

saisi d'un projet de loi, aux termes duquel une rente serait inscrite au grand livre de la dette publique et affectée à récompenser par des pensions ou dotations les actions d'éclat des généraux, officiers et soldats des armées de terre et de mer et les services exceptionnels qu'ils auraient rendus en temps de guerre. Des décrets impériaux constitueraient ces pensions et dotations, en détermineraient les conditions de jouissance et, s'il y avait lieu, de reversibilité.

La France aime, sans doute, la gloire militaire, mais elle ne pouvait admettre que dans un ensemble de mesures destinées à récompenser les services éclatants rendus à l'État, les services rendus par les lettres, les sciences et les arts ne prissent point place à côté des services de guerre. Elle accueillit donc avec méfiance un projet de loi qui mettait à la disposition de l'État une sorte de budget supplémentaire dans lequel il pourrait puiser au profit de ses favoris. On ne s'expliquait guère d'ailleurs la nécessité d'une telle mesure, au moment où un guerrier plus ou moins illustre pouvait toucher en même temps les traitements de maréchal, de ministre, de sénateur, de dignitaire de la couronne, s'élevant au chiffre de plus de 150 000 francs.

Les partis n'avaient pas cessé, depuis la fondation de l'Empire, d'être, de la part de la police impériale l'objet d'une surveillance incessante, minutieuse, et par cela même touchant au ridicule. M. Ferdinand Taule, étudiant en médecine et rédacteur d'un journal intitulé *le Travail*, désireux d'en envoyer un exemplaire à M. Ledru-Rollin, à Londres, avait demandé son adresse à M. Martin-Bernard, ancien représentant du peuple, qui la lui avait donnée. Ils furent traduits tous les deux pour ce fait, le 4 avril, devant le Tribunal correctionnel, sous la prévention de manœuvres pratiquées à l'étranger dans le but de troubler la paix publique en France et d'exciter à la haine et au mépris du gouvernement de l'Empereur. M. Taule fut condamné à six mois de prison et 200 francs d'amende. Le Tribunal acquitta M. Martin-Bernard. Deux anciens représentants du peuple, MM. Greppo et Miot, également arrêtés un mois après et mis au secret, sortirent de prison sans avoir pu deviner quel motif les y avait fait mettre.

Le procès des ouvriers typographes, prévenus du délit de coalition, se termina par la condamnation de quatre d'entre eux à dix jours de prison et 16 francs d'amende. L'Empereur, sur leur demande, leur fit grâce de la prison.

Le gouvernement avait à cette époque déclaré aux sociétés religieuses de bienfaisance une guerre dont on trouvera le récit dans un des chapitres suivants, et qui avait pour but d'user de leur influence à son profit ou de les remplacer par des institutions créées par lui. Le refus formel opposé par les conférences de la *Société de Saint-Vincent de Paul* à la proposition d'accepter un directeur suprême de la main du gouvernement, lui fournit l'occasion qu'il cherchait d'opposer à la Société récalcitrante la *Société du Prince impérial* ou *des prêts de l'enfance au travail*, créée sous le patronage de l'impératrice sur le modèle exact de la Société de Saint-Vincent de Paul, dont il demandait lui-même à modifier l'organisation comme contraire à la loi. Les journaux prirent une part très-vive à la lutte engagée entre le gouvernement et la *Société de Saint-Vincent de Paul;* la curiosité publique, aussi prompte à s'éveiller qu'à se lasser, finit par trouver qu'elle se prolongeait trop. La publication d'une de ces lettres que l'Empereur lançait de temps en temps comme des coups de foudre la détourna d'ailleurs sur un autre sujet. Cette lettre, adressée à M. Thouvenel, ministre des affaires étrangères, parut dans le *Moniteur* du 20 mai. L'Empereur déclarait qu'il y avait urgence à résoudre la question romaine et conviait Pie IX et Victor-Emmanuel à s'entendre sur les conditions d'une transaction « qui, en maintenant le pape libre chez lui, » abaisserait les barrières qui séparent aujourd'hui ses » États du reste de l'Italie ». M. Thouvenel précisa les choses dans une lettre du 30 mai à M. de Lavalette, ambassadeur du gouvernement impérial à Rome : *statu quo* territorial, renonciation de l'Italie à Rome, engagement de l'Italie de respecter le territoire pontifical et de se charger de la dette romaine; telles étaient les bases de l'entente proposée par le ministre des affaires étrangères. L'Empereur proposait en outre aux États catholiques d'offrir au souverain pontife une sorte de liste civile. Il offrait, pour la part de la France, 3 000 000 de francs, dont les titres inscrits sur le grand livre de la dette publique seraient remis entre les mains du pape. Pie IX répondit qu'il ne savait pas ce que c'était que le grand livre, et qu'il n'accepterait, en cas de transaction, que la restitution du revenu des *Annates*, mais que d'ailleurs il n'était nullement disposé à transiger.

L'échec des propositions faites au pape, en amenant un nouveau revirement de la politique impériale dans la question romaine, rendit le remplacement de M. Thouvenel nécessaire : M. Drouyn de Lhuys, qui avait occupé le ministère des affaires étrangères une première fois après l'élection présidentielle de Louis Bonaparte, et une seconde fois à la fin de 1851, mais, pendant quelques jours seulement, fut appelé à le remplacer. M. Drouyn de Lhuys, rallié au coup d'État, membre de la commission consultative, vice-président du Sénat, rentra de nouveau comme remplaçant de M. de Turgot au ministère des affaires étrangères le 28 juillet 1852 ; il l'occupait encore au moment où l'expédition de Crimée fut résolue. Croyant encore à la paix et convaincu que sa présence à la conférence de Vienne empêcherait la guerre d'éclater entre les puissances occidentales et la Russie, il se rendit dans cette ville au mois d'avril 1855 ; l'inutilité de cette démarche le mit dans l'obligation de donner sa démission. L'année suivante, il quitta sans motif apparent le Sénat, à la suite du message de l'Empereur destiné à réveiller l'esprit d'initiative de ce corps. M. Drouyn de Lhuys présidait le comité agricole de Melun, la Société d'acclimatation, le conseil d'administration du chemin de fer de l'Est, lorsque Napoléon III vint l'arracher à ces nombreuses fonctions pour lui confier une troisième fois le portefeuille des affaires étrangères. M. Thouvenel apprit son remplacement par cette lettre assez énigmatique :

« Saint-Cloud, 15 octobre 1862.

» Mon cher monsieur Thouvenel,

» Dans l'intérêt même de la politique de conciliation que vous avez loyalement servie, j'ai dû vous remplacer au ministère des affaires étrangères ; mais, en me décidant à me séparer d'un homme qui m'a donné tant de preuves de son dévouement, je tiens à lui dire que mon estime et ma confiance en lui ne sont nullement altérées.
» Je suis persuadé que dans toutes les positions que vous occuperez, je pourrai compter sur vos lumières comme sur votre attachement, et je vous prie, de votre côté, de croire toujours à ma sincère amitié.

» NAPOLÉON. »

La circulaire de M. Drouyn de Lhuys aux agents diplomatiques de l'Empire ne suppléait guère à l'obscurité de cette lettre. Le nouveau ministre disait tout simplement : « Le gouvernement, invariablement fidèle aux principes qui » l'ont guidé jusqu'ici, continuera de consacrer tous ses ef- » forts à l'œuvre de conciliation qu'il a entreprise en Italie. »

La circulaire du ministre de l'intérieur aux préfets résumait ainsi l'état des choses : « La politique de l'Empereur reste la même, mais elle subit un temps d'arrêt. » Un journal récemment fondé par des sénateurs et qui passait pour avoir des rapports très-intimes avec plusieurs membres du gouvernement, *la France*, crut devoir à son tour éclaircir la situation par cette déclaration : « La politique » de l'Empereur n'a pas changé, mais la direction de cette » politique s'est profondément modifiée. »

Le premier acte diplomatique de M. Drouyn de Lhuys après sa circulaire, fut une note adressée le 30 octobre 1862 aux cours d'Angleterre et de Russie, pour leur proposer d'offrir en commun leurs bons offices aux belligérants des États-Unis, afin d'amener une suspension d'armes de six mois. C'était l'intervention et la médiation déguisées. L'Angleterre et la Russie refusèrent d'accéder à cette proposition. Presque au même moment, M. de Bismarck, ambassadeur de Prusse auprès de Napoléon III, nommé récemment président provisoire du conseil des ministres, vint à Paris pour remettre ses lettres de rappel. Sa présence n'y passa point inaperçue. Un article du *Journal des Débats* apprit au public « que le ministre prussien s'était rendu » à Paris non-seulement pour y remplir une formalité » diplomatique, mais encore pour compléter sur place » l'étude de nos institutions politiques, de notre administration civile, de notre organisation militaire, et de notre » situation financière ». Le journal ajoutait : « M. de Bis— » marck a beaucoup appris pendant le peu de jours qu'il a » passés parmi nous, et il est reparti de Paris très-satisfait » de ce qu'il y a vu et entendu. »

L'Empereur et l'Impératrice quittèrent le 5 juillet Fontainebleau pour visiter l'Auvergne. Le prince Louis-Napo-

léon, qui trouvait « aussi illogique de créer des ducs sans
» duchés que de nommer des colonels sans régiments, car si
» la noblesse avec privilége est opposée à nos idées, sans
» privilége elle devient un ridicule » (1), conféra cependant
en passant à Clermont le titre de duc à M. de Morny.
L'Empereur et l'Impératrice firent ensuite une visite à
M. de Persigny dans son château de Chamarande. L'Empereur, qui avait beaucoup voyagé cette année, allant de l'Auvergne à Vichy, de Vichy à Biarritz, de Biarritz aux haras
du Pin, termina ses pérégrinations par un court séjour au
château de Ferrières, chez M. de Rothschild, où eurent lieu
de grandes chasses en son honneur.

La réforme financière, à travers laquelle semblait apparaître la perspective d'une réforme politique, avait fait espérer que le gouvernement ne tarderait pas à entrer dans
une voie plus libérale. On s'aperçut bientôt, au contraire,
qu'il n'entendait se relâcher en rien de la surveillance
jalouse qu'il exerçait sur les esprits. Cent cinquante ou deux
cents personnes des deux sexes se réunissaient trois fois par
semaine dans un rez-de-chaussée de la rue de la Paix pour
entendre des discours et des lectures sur divers sujets d'histoire, de littérature, de poésie, de géographie. Le gouvernement, après avoir consulté le conseil supérieur de l'instruction publique, décida qu'il était temps de soustraire le
public à l'influence funeste que pouvaient avoir sur lui les
doctrines subversives de M. Deschanel sur Corneille et
sur Molière, et de fermer le salon de la rue de la Paix. Il
défendit également la représentation d'un drame tiré du
roman de Victor Hugo, *les Misérables*.

M. Émile Augier fut plus heureux. La représentation sur la

(1) *Progrès du Pas-de-Calais*, 1844.

scène du Théâtre-Français de sa comédie, *le Fils de Giboyer*, avait excité les plaintes de la presse religieuse, indignée que l'auteur eût « osé faire comparaître sur les planches » les hommes mêmes contre lesquels on voudrait ameuter » l'opinion ». Le public avait en effet reconnu le plus célèbre des écrivains cléricaux sous les traits d'un des personnages de la comédie de M. Émile Augier ; mais les feuilles religieuses avant de se plaindre auraient dû se rappeler les applaudissements qu'elles prodiguaient aux Aristophanes de 1848. Un acteur n'emprunta-t-il pas à cette époque la figure, les vêtements, les lunettes d'un socialiste fameux ? Une actrice, copiant les traits d'une femme à qui la France doit peut-être ses plus vives émotions littéraires, n'essaya-t-elle pas de la livrer à la risée publique sous le nom de l'héroïne d'un de ses romans ? Mais si les feuilles cléricales, qui tressaient des couronnes aux auteurs de ces charges ignobles, n'étaient pas en droit de se plaindre du portrait tracé par l'auteur du *Fils de Giboyer*, elles pouvaient du moins constater que la scène n'étant pas libre, M. Émile Augier jouissait d'immunités particulières, et qu'il frappait ses adversaires avec des armes dont il ne leur serait certainement pas permis de se servir contre lui. Les amis de l'auteur du *Fils de Giboyer* répondirent en rappelant aux journaux religieux leurs fières déclarations à l'époque de la dissolution du conseil général de la Société de Saint-Vincent de Paul. Ne disaient-ils pas alors, en effet, que c'est ne rien entendre à la liberté que de ne pas respecter dans autrui les droits dont on est privé soi-même, et que la liberté pour n'être que le privilége de quelques-uns n'en est pas moins la liberté ?

Le journalisme religieux fit remonter ses plaintes jusqu'à l'Empereur, auquel il reprocha d'avoir autorisé la représentation du *Fils de Giboyer* malgré la censure. Le *Moniteur* du 8 décembre 1862 se crut obligé de démentir cette assertion :

« Un journal du soir prétend que la pièce de M. E. Augier aurait été défendue par la commission d'examen, et que l'Empereur serait intervenu personnellement pour faire lever l'interdit.

» Cette double assertion est dénuée de fondement. La pièce de M. E. Augier n'a jamais été défendue et la haute intervention de Sa Majesté ne s'est exercée en aucune façon au sujet de cet ouvrage. »

M. Émile Augier ne craignit pas de discuter cette note dans une lettre adressée au rédacteur en chef de l'*Opinion nationale* :

« Mon cher monsieur Guéroult,

» Au fond, la rectification du *Moniteur* est une question de mots : elle est juste en ce sens que ma pièce n'a pas été *défendue* ; mais seulement *retenue* par la commission de censure, pour des modifications qu'elle voulait m'imposer et que je ne voulais pas faire.

» Après vingt et un jours d'attente et, de guerre lasse, j'ai retiré la pièce du théâtre ; le lendemain, elle a été autorisée sans conditions et *sans examen* par une libéralité qui a bien voulu me juger capable de porter la responsabilité de mes actes.

» Agréez, etc.

» ÉMILE AUGIER. »

Une de ces cérémonies théâtrales dont le retour fréquent émoussait l'attrait, l'inauguration du boulevard du Prince-Eugène, fournit à l'Empereur entouré de ses maréchaux, ayant à ses côtés le prince Napoléon et le prince Murat et en face de lui l'Impératrice assise sur une estrade, l'occasion de prononcer un de ces discours vides et pompeux dont il était si prodigue, et dans lequel se trouvaient mêlées, à l'éloge fort exagéré du prince Eugène, des digressions sur la boulangerie, l'assistance publique et le prêt d'honneur, « l'œuvre de l'Impératrice qui, mettant des capitaux à la
» portée des artisans honnêtes et laborieux, fera mentir le
» vieux proverbe *qu'on ne prête qu'au riche* ».

M. Haussmann, préfet de la Seine, partagea les honneurs de la fête avec le prince Eugène. L'Empereur le félicita surtout d'ouvrir des rues spacieuses, des jardins, des monuments, en développant l'assistance publique, en multipliant les édifices religieux et les bâtiments scolaires, « sans compromettre en rien l'état prospère des finances de la Ville ».

Le conseil municipal avait donné le nom de la reine Hortense à l'un des boulevards voisins de celui que l'Empereur inaugurait. Napoléon III, après avoir exprimé combien il était touché de « ce mouvement spontané de la population », ajouta : « Les noms à inscrire sur le marbre ne doivent pas être le privilége de ma famille. » La nouvelle voie de communication destinée à remplacer le canal Saint-Martin, au lieu de porter le nom de la reine Hortense, devait donc prendre celui de Richard Lenoir, « qui de
» simple ouvrier devint l'un des premiers manufacturiers
» de France, que l'Empereur décora de sa main, et qui
» employa une fortune noblement acquise à soutenir ses
» ouvriers pendant les mauvais jours et à les armer lors-
» qu'il fallut repousser l'invasion étrangère ».

Le soir, une brillante illumination appela la foule sur le parcours de ce nouveau boulevard, dont les maisons n'attendaient plus que des locataires.

La réception de M. de Budberg pour remettre à l'Empereur les lettres qui l'accréditaient en qualité d'ambassadeur extraordinaire et plénipotentiaire de l'empereur de Russie, eut lieu aux Tuileries quelques jours après l'inauguration du boulevard du prince Eugène. Les discours prononcés à cette occasion tranquillisèrent un peu les esprits alarmés par les événements de Pologne. L'Empereur affecta, dans sa réponse à M. de Budberg, une très-grande cordialité. Après s'être félicité des rapports qui existaient depuis six ans

entre l'empereur de Russie et lui, il ajouta : « Ils ont d'au-
» tant plus de chance de durée qu'ils sont nés d'une sympa-
» thie mutuelle et des intérêts véritables des deux empires. »

Le coton américain n'arrivait plus en Europe, par suite de la guerre entre les États du Nord et ceux du Sud ; les souffrances des ouvriers cotonniers devenaient chaque jour plus poignantes. Le *Siècle* ouvrit en leur faveur une souscription dont le produit dépassa 100 000 francs. Un comité se forma d'un autre côté pour recueillir les dons. Le pape et le comte de Chambord lui envoyèrent chacun la somme de 10 000 francs. Le chef de la branche aînée de la maison de Bourbon semblait chercher depuis quelque temps à attirer sur lui l'attention publique. Il figura parmi les nombreux curieux que l'exposition de l'industrie attirait à Londres, et les journaux annoncèrent que pendant son séjour dans cette ville, il avait fait une visite à la reine Marie-Amélie. On crut cette fois que la fusion allait enfin réussir, mais on sut bientôt que tout s'était borné entre la tante et le neveu à une entrevue personnelle à laquelle les fils de Louis-Philippe n'assistaient pas. Le duc de Montpensier et le comte de Chambord se rencontrèrent à l'exposition sans se reconnaître. Les journaux légitimistes affectèrent d'attacher une grande importance au voyage du chef des Bourbons de la branche aînée à Londres. L'un d'eux s'applaudissait de ce que le comte de Chambord s'était « mis en
» communication intime avec l'esprit commercial, industriel
» et artistique de la France » ; un autre s'écriait, en parlant de la présence du royal voyageur en Angleterre : « Son
» séjour à Londres est un fait mémorable dans la vie de
» l'auguste prince ; il y puisera de nouvelles espérances et
» de nouvelles forces pour accomplir ses destinées. »

L'année 1862 vit la résurrection officielle du titre de

duc décerné à M. de Morny et fut également témoin de la résurrection du titre de chevalier. Napoléon I*er*, qui n'osa pas faire des marquis, créa des chevaliers. Napoléon III paraissait vouloir se borner à faire des ducs, tout au plus des comtes, mais le nombre des demandes relatives au titre de chevalier héréditaire de l'Empire adressées au conseil des sceaux était si considérable, que cédant à l'empressement des solliciteurs il donna l'ordre de faire droit à celles qui se trouvaient dans les conditions voulues. Les mesures de ce genre, qu'un ridicule mérité aurait dû atteindre, n'arrivaient même pas à la connaissance du public. Les journaux les passaient sous silence, ne pouvant les critiquer par crainte des avertissements ; car le gouvernement profitait de toutes les occasions et de tous les prétextes pour appesantir son bras sur eux avec une rigueur qui, loin de fléchir, redoublait avec le temps. L'histoire de la presse, depuis le coup d'État jusqu'à la fin de 1860, n'est en effet qu'un long martyrologe. La persécution recommence le 29 janvier 1861, par un avertissement donné au *Courrier du dimanche* et par l'expulsion hors du territoire français de M. Ganesco, auteur de l'article qui a motivé la mesure de rigueur prise contre le journal.

M. de Persigny, pour justifier cette brutale expulsion d'un homme investi du titre de rédacteur en chef, malgré son origine étrangère bien connue, eut recours à l'artifice d'une lettre adressée à un de ses amis d'Angleterre dans laquelle, en protestant de son penchant pour la libre discussion des actes du gouvernement, il déclara que sa tolérance n'irait jamais jusqu'à permettre des attaques contre le principe des institutions impériales et la dynastie.

Le sénatus-consulte autorisant la publicité des séances du Sénat et du Corps législatif au moyen de la reproduction du compte rendu sténographique officiel, avait créé une nouvelle cause de conflits entre le gouvernement et la presse, et par conséquent une nouvelle cause d'alarmes pour elle. Tout était ténèbres dans l'interprétation de ce sénatus-consulte. Une circulaire de M. de Persigny permettait bien toute discussion, à l'exception de celles qui touchent au principe du gouvernement, mais le décret du 17 février 1852 n'interdisait pas non plus formellement l'appréciation, le jugement des débats du Corps législatif, et cependant peu de temps après la promulgation de ce décret, un journal, qui s'était cru le droit de discuter une séance, reçut un avertissement; les autres se le tinrent pour dit, et depuis, aucune feuille n'avait osé se risquer sur ce terrain. Les journaux étaient-ils privés du droit dont ils jouissaient sous les régimes antérieurs, de recueillir par un sténographe attaché à leur rédaction les débats législatifs, de restreindre telle portion de ces débats et de développer telle autre, selon qu'elle leur paraîtrait plus ou moins intéressante, ou en empruntant la sténographie du *Moniteur*, seraient-ils obligés de l'emprunter en totalité? Le sénatus-consulte relatif aux modifications à introduire dans le régime du Corps législatif et par conséquent dans celui de la presse ne contenait aucune disposition formelle à ce sujet; M. Troplong se contentait de dire dans son rapport que les journaux conservaient la faculté de reproduire, d'après le compte rendu officiel exclusivement, la partie des débats qui leur semblerait la plus utile à communiquer à leurs lecteurs, avec l'obligation de la publier textuellement, ainsi que les parties du compte rendu des séances ultérieures qui s'y rattachaient. L'appréciation des débats était libre, selon le président du Sénat, à la condition de ne pas tomber dans le compte rendu. Mais comment établir la distinction entre l'appréciation et le compte rendu? Le gouvernement refusait de s'expliquer, et ce refus cachait évidemment l'intention de créer une équivoque qui lui permît de tenir la menace d'un avertissement ou d'un procès, suspendue sur la plume du journaliste, et de l'empêcher ainsi de donner aux séances de la Chambre cette forme saisissante et dramatique qui en redoublait l'importance sous les précédents régimes parlementaires. Le gouvernement comptait bien d'ailleurs que le public, fort affairé de nos jours, ne lirait pas des comptes rendus d'une longueur considérable comme ceux que ses sténographes allaient rédiger à l'usage des journaux. Il espérait aussi que les journaux, réduits pendant six mois de l'année à remplir leurs colonnes avec ces interminables débats, perdraient une partie de leur attrait et par conséquent de leurs abonnés. Le gouvernement n'avait qu'une politique à l'égard de la presse : la déconsidérer, l'intimider et la transformer de plus en plus en simple rouage de la machine administrative, au moyen de l'autorisation, de l'avertissement officiel ou officieux et de la suppression. Aussi suivait-il d'un œil vigilant tous les détails de l'existence des journaux ; le moindre changement dans la propriété ou dans la rédaction ne pouvait s'effectuer sans qu'il intervînt pour le sanctionner ou pour y mettre obstacle. Un certain Prost, bien et dûment autorisé par le ministère, avait acheté en 1860 de l'abbé Migne le journal *la Vérité*, dont il changea le titre en celui de *Courrier de Paris*. Ce journal, bientôt réduit aux expédients pour vivre, voulut s'associer au *Messager*, appartenant à M. Achille Jubinal, député au Corps législatif, bien connu par son dévouement à l'Empereur; les frais des deux journaux, n'ayant qu'une composition et une rédaction, auraient diminué de moitié.

Cette combinaison ayant été repoussée par le bureau de la presse, le propriétaire du *Courrier de Paris* fut obligé de le mettre en vente.

M. Leymarie, déjà rédacteur en chef du *Courrier du dimanche*, croyant acheter non pas un journal sans abonnés, mais l'autorisation en vertu de laquelle ce journal existait et dont il espérait se servir pour fonder une nouvelle entreprise, se rendit acquéreur du *Courrier de Paris* au prix de 100 000 francs. M. Arthur de la Guéronnière, chef de la division de la presse au ministère de l'intérieur, après avoir promis cette autorisation, montrait de jour en jour plus d'hésitation à tenir sa promesse, et répondait aux instances de M. Leymarie par des demandes réitérées de renseignements : d'où venait le capital du journal? était-il de 500 000 francs ou de 1 000 000, comme le bruit en courait? de quels écrivains la rédaction devait-elle se composer? et bien d'autres questions qui trahissaient l'inquiétude et les soupçons du gouvernement.

Un homme que l'Empire avait, dès son origine, trouvé au nombre de ses adversaires les plus résolus, M. d'Haussonville, se proposait, d'après la rumeur publique, de prendre une part active à la rédaction du journal de M. Leymarie, et de là venaient les lenteurs et les hésitations du chef de la division de la presse au ministère de l'intérieur. M. de la Guéronnière finit par déclarer que, dans une aussi grave affaire, il ne pouvait rien prendre sur lui, et qu'il en remettait la décision au ministre de l'intérieur, M. Billault. Ce dernier, dans une audience accordée à M. d'Haussonville, convint que sa prétention d'user du droit d'exprimer sa pensée sur les affaires publiques par la voie des journaux, était fort légitime sans doute, mais que le ministre, chargé par la confiance du chef de l'État de veiller à ce que l'administration ne fût pas inquiétée dans ses allures, avait le droit de se tenir sur la défensive contre une opposition qui pourrait lui créer des embarras (1). M. d'Haussonville ayant tout de suite donné à son interlocuteur l'assurance que le *Courrier de Paris* ne sortirait jamais du terrain constitutionnel, M. Billault lui répondit en lui rappelant l'exemple de l'opposition constitutionnelle mais fort vive du *Courrier du dimanche*. Il ajouta que la loyauté de M. d'Haussonville était au-dessus du soupçon, et qu'il était armé d'ailleurs d'un pouvoir discrétionnaire suffisant pour réprimer les écarts de la polémique, mais qu'il était toujours désagréable pour un gouvernement d'être obligé de recourir à ce pouvoir. La conclusion de M. Billault fut que la question devait être soumise aux ministres en conseil. M. Leymarie n'obtint pas son autorisation. Il crut pouvoir alors rétrocéder le *Courrier de Paris* à un acheteur qui offrait de prendre l'engagement de ne donner aucune part dans la propriété ni dans la rédaction à M. d'Haussonville. Nouveau refus de M. Billault. La propriété d'un journal cessait ainsi d'être une propriété, puisque le propriétaire n'était pas libre d'en disposer à son gré. Le *Courrier de Paris* resta donc par force dans les mains de ses premiers propriétaires, et M. Hippolyte Castille, ancien rédacteur de la *Révolution démocratique et sociale*, reçut du ministre l'investiture de sa rédaction en chef. Il ne resta pas longtemps dans ce poste; les principaux articles du *Courrier de Paris* portèrent bientôt la signature de M. Clément Duvernois, ancien gérant de l'*Algérie nouvelle*, journal qui s'était récemment attiré du ministre de l'Algérie les terribles reproches formulés dans

---

(1) *Histoire d'une demande en autorisation de journal.* Paris, 1860.

ce rapport spécial adressé à l'Empereur par le ministre de l'Algérie :

« Sire,

» Je viens demander à Votre Majesté de vouloir bien, par application de l'article 32 du décret organique du 17 février 1852, ordonner la suppression du journal publié à Alger sous le titre de *l'Algérie nouvelle*.

» Méconnaître tous les services rendus ; répandre contre l'armée des attaques aussi injustes que violentes ; chercher à jeter entre elle et les fonctionnaires de l'ordre civil les excitations d'une rivalité qu'heureusement le bon sens et le dévouement surent toujours repousser ; faire naître dans l'esprit des colons la méfiance qui produit le découragement ; représenter l'état de la colonie sous un aspect qui devait en éloigner ceux qui pourraient y porter leur industrie, leurs capitaux ; exposer le pays à d'incessantes agitations par une polémique menaçante pour bien des intérêts, et peut-être paralyser ainsi les efforts du gouvernement ; telle semble être la tâche que *l'Algérie nouvelle* s'est imposée. Et je pourrais pourtant ajouter encore que ce journal ne suffisait pas aux passions des hommes qui le dirigeaient, car ils voulurent recourir à d'autres modes de publicité pour outrager, sans exception, tous les fonctionnaires les plus élevés, et descendre dans une autre publication aux plus grossières et aux plus mensongères allusions contre les dépositaires du pouvoir dans la colonie.

» Ni la longanimité de l'administration, qui entendait laisser à la discussion de ses actes la plus entière liberté, ni ses avis officieux n'avaient pu prémunir ces excès ; ses avertissements, ainsi que ceux de la justice, n'ont pu les faire cesser.

» Ces excès, Sire, qui déjà avaient amené de déplorables scènes dans la ville d'Alger, ont de nouveau menacé d'avoir des conséquences qu'il a fallu toute la fermeté de l'autorité pour empêcher de dégénérer en véritable trouble apporté à l'ordre public.

» En France, de semblables écarts ne sauraient être tolérés ; encore moins le peuvent-ils être dans cette colonie nouvelle qui, pour grandir et profiter des bienfaits que votre sollicitude ne cesse de répandre sur elle, a besoin de travail, qui ne peut exister sans la confiance et le calme.

» J'ai donc la conviction, Sire, de donner satisfaction à tous les hommes sincèrement attachés à la prospérité de l'Algérie, à tous ceux qui veulent réellement le progrès de ses institutions civiles, et qui ont accueilli avec tant de gratitude tout ce que l'Empereur a fait dans cet intérêt, lorsque je viens demander à Votre Majesté d'approuver le décret qui prononce la suppression du journal *l'Algérie nouvelle*.

» Je suis, etc.

» *Le ministre de l'Algérie et des colonies,*
» Comte DE CHASSELOUP-LAUBAT. »

M. de Persigny, qui avait succédé à M. Delangle au ministère de l'intérieur, vécut en paix avec les journaux jusqu'au 11 juillet 1861. Un article intitulé : *Le budget et le Corps législatif* valut ce jour-là un avertissement à la *Gironde*. Cet article, qui contenait une appréciation de notre situation financière moins alarmante que le mémoire de M. Fould, fut néanmoins considéré par M. de Persigny non-seulement comme « une attaque », mais encore comme « un outrage aux institutions que la France s'est données ».

Le préfet de Maine-et-Loire donne le 22 juillet un avertissement à l'*Ami du peuple* d'Angers, pour un article concernant Oscar Bœker et sa tentative d'assassinat sur le roi de Prusse. Le 16 août, l'*Écho d'Oran* est averti, pour s'être permis des attaques contre le gouvernement espagnol. Le journal de Bône, *la Seybouse*, est frappé le 26; l'*Écho de l'Aveyron*, le 19 septembre; la *France centrale* de Blois, le 14 octobre; la *Revue des deux mondes*, le 16, pour un article sur les finances. Un résumé de la quinzaine attire le 30 novembre un avertissement au *Propagateur* de la Martinique; l'*Ami de la religion* est averti le 10 décembre pour un article portant ce titre : *Premier pas en Russie vers la responsabilité ministérielle.*

M. le duc d'Aumale, nommé président de la Société des antiquaires à Londres, avait porté deux toasts au banquet annuel de cette Société. M. Léon Masson eut l'idée de publier les deux discours qui suivaient les toasts. M. Duminéray, libraire, se chargea d'éditer la brochure et M. Wittersheim de l'imprimer. Elle allait paraître lorsque la circulaire de M. de Persigny du 13 mai 1861 ordonna la saisie de toutes les publications faites au nom des personnes bannies ou exilées du territoire, « de quelque nature que puissent être ces publications, sous quelque forme qu'elles se produisent, livres, journaux, brochures ». M. Wittersheim refusa immédiatement d'exécuter ses conventions verbales avec M. Dumineray, et il lui fit part de son refus dans une lettre qui peut donner une idée des périls journaliers que créait aux imprimeurs la loi sur l'imprimerie et la librairie :

« Une seule fois j'ai été, par suite d'un brusque événement, dans une fausse position ; mais, grâce à un haut et puissant personnage, je m'en suis heureusement tiré. Je redouble de surveillance depuis, car c'est jouer trop gros jeu, et le bénéfice n'est rien en comparaison des risques que l'on court. Je préfère ne pas gagner que de gagner avec de telles chances qui vous font toujours mal noter. La circulaire du 13 mai est à mes yeux la plus formelle défense d'imprimer qui puisse être formulée ; ne s'agirait-il que d'un simple calendrier, dès qu'il serait signé de personnes bannies et exilées, je refuse et refuserai toujours mon concours. Je ne veux pas tomber sous le coup d'une saisie administrative. Ma fortune et mon avenir dépendent de l'administration, elle tient entre ses mains mon brevet ; or, il se commet tous les jours des infractions dans les maisons les mieux tenues auxquelles je ne saurais échapper, alors elle a le droit de nous saisir légalement. Si elle ne procède pas rigoureusement, c'est qu'elle est bienveillante ; mais, pour ne pas craindre ses rigueurs et mériter sa bienveillance dont j'ai toujours besoin, le simple bon sens me conseille de ne pas la braver.... »

Le titre d'organe officieux du gouvernement ne portait pas bonheur aux journaux qui en étaient décorés. Le *Constitutionnel* notamment voyait chaque jour diminuer le nombre de ses abonnés. Le conseil de surveillance de ce journal pensa que la meilleure manière de le relever était d'en confier de nouveau la direction au docteur Véron. Deux lettres placées en tête du *Constitutionnel* du 22 octobre 1861 annoncèrent solennellement cette nouvelle au public. Le docteur Véron déclarait que le *Constitutionnel* saurait allier désormais l'indépendance la plus complète au plus sincère dévouement.

La *Patrie*, craignant la concurrence, se hâta d'annoncer elle aussi qu'elle entrait dans la voie de l'indépendance et du dévouement, en s'autorisant de l'exemple de Chateaubriand, que sa fidélité à la Restauration n'avait pas empêché, dans certaines circonstances, de se séparer de ce gouvernement. Le *Constitutionnel* aussitôt d'avertir la *Patrie* avec terreur de bien se garder de confondre l'indépendance avec l'opposition « terrible, effrénée, impitoyable » de l'adversaire de M. de Villèle. Querelles de boutique et luttes d'influence ! Chaque journal officieux avait alors son « inspirateur », ministre, candidat ministre ou sénateur ; et ces hommes d'État, cachés derrière les journaux, se battaient comme les dieux d'Homère, cachés derrière les nuages.

L'année 1861 touchait à sa fin, lorsque M. Victor de Laprade, membre de l'Académie française, professeur de littérature française à la Faculté des lettres de Lyon, poëte d'un grand talent et homme de cœur, voyant l'empressement avec lequel des écrivains comme M. Sainte-Beuve, par exemple, venaient en aide à l'Empire dans son œuvre de démoralisation des esprits et des caractères, exprima son indignation dans une éloquente pièce de vers intitulée : *Les Muses d'État*. M. Rouland, ministre de l'instruction publique, se hâta, dans un rapport adressé à l'Empereur, de proposer la destitution de l'auteur de ces vers, remplis « d'allusions injurieuses envers le souverain issu du suffrage universel et envers la nation qu'il gouverne glorieusement ». Le *Correspondant*, qui avait publié la satire, en fut quitte pour un avertissement.

Le rapport de M. Rouland articulait contre M. de Laprade le délit d'excitation à la haine et au mépris du gouvernement. Simple citoyen, il eût été traduit devant les tribunaux, et par conséquent il eût couru les chances d'un acquittement ; journaliste, on se serait contenté de l'avertir ; professeur, on le frappait sans débat contradictoire de la peine la plus rigoureuse. Cette disproportion dans la pénalité montra combien il était nécessaire de rétablir la justice spéciale devant le conseil de l'instruction publique, qui existait sous la Restauration, à l'usage des membres de l'Université. Les évêques n'avaient-ils pas gardé le privilége d'être soumis à la juridiction spéciale du Conseil d'État?

M. Saint-Marc Girardin clôt la liste des journalistes avertis en 1861. Il est piquant de voir cet écrivain, d'une expérience si consommée et d'une si parfaite modération, accusé par M. de Persigny d'avoir, dans un article du *Journal des Débats*, « porté atteinte à la foi dans la force et dans la durée de nos institutions ».

L'*Orléanais* ouvre la marche funèbre des victimes de l'administration pendant l'année 1862. Il est frappé le 10 janvier d'un premier avertissement pour avoir commenté un décret de l'Empereur en termes injurieux; il s'attire un second avertissement le 13 juillet, parce que sa revue politique « contient un article relatif à la reconnaissance du royaume d'Italie par la Russie, qui, en outrageant un souverain ami de la France, attaque indirectement le gouvernement de l'Empereur ». M. Rouland, chargé de l'intérim du ministère de l'intérieur, signale en même temps à l'Empereur ce journal qui, averti deux fois pour excitation à la haine et au mépris du gouvernement, « continue un système d'attaques violentes et d'opposition déloyale ». L'*Orléanais*, en effet, ne s'est-il pas permis de soutenir que « l'état de l'industrie des couvertures est déplorable dans le département du Loiret ». Un décret impérial daté de Vichy ne tarda pas à punir par la suppression la dangereuse assertion de l'*Orléanais*.

L'*Opinion nationale*, qui « se livre à des appréciations injurieuses et déverse l'outrage sur un des grands corps de l'État », est avertie le 27 février. Un second avertissement ne tarde pas à punir sa persistance « à dénaturer les inten- » tions libérales de l'Empereur, en les attribuant à des in- » fluences que ce journal appelle cléricales ».

Les correspondances adressées de Paris aux journaux des départements étaient devenues l'objet de la surveillance la plus active de la part du bureau de la presse. La correspondance parisienne de la *France centrale* de Blois attire le 27 février à ce journal un deuxième avertissement, pour excitation à la haine et au mépris du gouvernement. La correspondance de l'*Espérance du peuple*, « conçue dans une pensée factieuse », vaut à ce journal deux avertissements consécutifs du 1er au 4 mars. Les articles sur la Chambre ne cessent pas d'être un grave sujet de préoccupation et d'inquiétude pour les journaux. Le compte rendu officiel des séances des Chambres donnait lieu à de graves reproches d'inexactitude. M. Ernest Picard avait signalé le 19 mars à la tribune du Corps législatif une différence notable entre le texte des débats du Sénat inséré au *Moniteur* et celui que le président de cette assemblée faisait rédiger pour les journaux. Il s'agissait d'une phrase retirée du discours prononcé par le sénateur Siméon dans une discussion sur les affaires du banquier Mirès auxquelles il était mêlé. Les journaux pouvaient-ils se permettre des réflexions sur ce changement, sans s'exposer à les voir transformées en appréciation de la séance dans un moment où la moindre réflexion passait pour compte rendu « injurieux et infidèle » aux yeux de M. de Persigny? L'avertissement donné à la *Presse* le 22 février prouva qu'elle avait eu tort de le croire.

Un avertissement au sujet de quelques lignes vives et spirituelles sur le général de Goyon, commandant en chef de l'armée d'occupation à Rome, prévint le *Charivari* que l'Empire ne permettait pas aux petits journaux la piquante et inoffensive raillerie, tolérée par tous les gouvernements : le *Progrès de Lyon*, le *Mémorial des Deux-Sèvres*, la *Guienne*, la *Gironde* sont, après le *Charivari*, les seuls journaux avertis, du mois de juin au mois de septembre ; le *Progrès de Lyon* et la *Gironde* reçoivent deux avertissements dans cet espace de temps. La *Chronique de l'Ouest*, l'*Opinion du Midi*, coupables de prétendre que les catholiques « ont besoin de se coaliser pour se procurer une protection qu'ils ne trouvent pas auprès du gouvernement », sont frappés dans le courant de septembre.

Le *Siècle* est également atteint, le 14 novembre, des foudres ministérielles dans la personne de son directeur politique, M. Havin, signataire d'un article sur la fixation du nombre des députés, considéré par l'administration comme « une atteinte au respect dû à la Constitution et aux lois ». L'auteur de la correspondance parisienne du *Phare de la Loire* excite à « la haine et au mépris du gouvernement en excitant une catégorie de citoyens à prendre contre lui la défense des libertés publiques ». Dans un article sur les élections, le gouvernement le rappelle au sentiment de ses devoirs, et termine l'année par la suppression du *Propagateur de la Martinique*, coupable de la publication de mauvaises nouvelles du Mexique.

La presse avait à se défendre non-seulement contre les rigueurs du gouvernement, mais encore contre les tentatives des hommes d'affaires, toujours désireux d'avoir un journal pour soutenir leurs entreprises financières, et ne reculant devant aucun sacrifice d'argent pour se procurer cet auxiliaire ; c'est ainsi qu'on vit à la fin de cette année M. Millaud, banquier, ancien associé de Mirès, devenir propriétaire de la *Presse*. Les rédacteurs de ce journal adressèrent tout de suite la lettre suivante au gérant :

« Monsieur,

» Nous vous prions de bien vouloir annoncer que nous sommes à dater d'aujourd'hui étrangers à la rédaction de la *Presse*.
» Agréez, etc.
» A. Peyrat, Elias Regnault, E. D. Forgues, Jules Juif, Gustave Héquet, Ad. Gaiffe. »

CHAPITRE VII

1860-1862

LE CLERGÉ

Sommaire. — Le clergé et le roi Jérôme. — Mandements et cérémonies funèbres. Oraison funèbre du zouave Gicquel. — *La France, Rome et l'Italie*, par M. de la Guéronnière. — L'évêque de Poitiers déféré comme d'abus au Conseil d'État. — Le prosélytisme religieux. — Procès devant la Cour de Lille. — Le clergé soumis à la juridiction administrative. — Circulaire de M. Delangle. — La Société de Saint-Vincent de Paul. — Conférence de Lusignan. — Le gouvernement et la Société de Saint-Vincent de Paul. — Circulaire de M. de Persigny. — Le gouvernement veut accaparer la direction de la Société. — Le *Siècle* et la Société de Saint-Vincent de Paul. — Procès de Riom. — Encore le prosélytisme religieux. — Circulaire de M. Rouland. — Suppression de quelques maisons religieuses. — Les évêques et la canonisation des martyrs du Japon. — M. Renan nommé à la chaire d'hébreu du Collége de France. — Sa destitution. — Le jubilé de Toulouse.

Le gouvernement et le clergé continuaient à offrir le spectacle de deux puissances qui, en restant d'accord sur l'ensemble et sur le fond des choses, se disputent sur certains détails. La vivacité de la lutte n'empêchait pas le clergé de prêter son appui au gouvernement dans les occasions importantes et de déployer dans les autres un très-grand zèle courtisanesque auprès de l'Empereur et des membres de la famille impériale, si l'on en juge par ce passage d'une lettre de condoléance écrite à Napoléon III par le cardinal Donnet, archevêque de Bordeaux, à l'occasion de la mort du prince Jérôme, son oncle : « La » mort de S. A. I. le prince Jérôme, en affligeant le cœur » de Votre Majesté, a excité de douloureuses sympathies » dans la France entière. Vos sujets, qui ont toujours été si » heureux de vos prospérités, ont été atteints dans le plus » intime de leur âme par ce cruel événement. » Le prélat

terminait sa lettre en joignant ses regrets « à ceux de l'Em-
» pereur et de l'Impératrice, dont l'âme si sensible a dû
» particulièrement souffrir de la perte d'un oncle qu'elle a
» toujours entouré de son pieux respect et de sa filiale
» affection ».

Quelques évêques cherchaient, il est vrai, à faire acte d'opposition au gouvernement en célébrant en grande pompe des services funèbres pour le repos de l'âme des défenseurs du pape, morts à Castelfidardo, qu'ils fussent obscurs ou illustres, roturiers ou nobles. Mgr Pie, évêque de Poitiers, ajoutait aux prières de l'Église des morceaux oratoires dont les lecteurs des journaux religieux faisaient leurs délices. Mgr Pie, quelques jours après avoir prononcé l'oraison funèbre du général de Pimodan, rendit le même honneur à un simple zouave nommé Jean Gicquel, qui « avant de voler au secours du Saint-Siége » était venu lui demander sa bénédiction. « Je n'oublierai jamais, » dit l'orateur sacré, « l'impression de bonheur qui brillait sur son visage quand il se releva. » Cette oraison funèbre émut profondément l'auditoire ; elle se terminait ainsi :

« Notre héroïne vendéenne n'a-t-elle pas raconté dans des pages immortelles la courageuse hospitalité que les soldats de nos armées catholiques du Poitou recevaient des soldats bretons ? Hélas ! tu ne rencontrerais plus au pays natal ni père, ni mère, ni sœur pour pleurer ta mort, mais Poitiers, ta ville adoptive, te donne en ce moment des larmes ; ma parole en fait couler dans bien des yeux, mais ce n'est pas assez ; nous voulons qu'aux flancs de cette colline de Tibur où tu es couché, non pas sur le frais gazon et dans la molle attitude du poëte : *udum Tibur, supinum Tibur*, mais dans ton linceul de sang, dans ton suaire de martyr, nous voulons qu'un modeste monument recouvre ta tombe. On y lira ces mots : « A Louis Gicquel, mort pour la défense des États de l'Église, » ses frères d'armes partis comme lui de Poitiers. » Et sur ce marbre, les noms les plus nobles de notre province mêlés à ceux de plusieurs enfants du peuple viendront faire cortége au tien. »

Ces cérémonies, où les légitimistes se rendaient en foule, n'étaient pas sans porter ombrage au gouvernement, dont le mécontentement se trahit bientôt par le langage de ses journaux. Le *Journal d'Arras* établit un rapprochement entre la pompe bruyante des funérailles des victimes de Castelfidardo et l'oubli dans lequel le clergé laissait les soldats morts dans la récente expédition de Chine et de Cochinchine ; il rappela que les feuilles cléricales avaient pourtant salué de leurs acclamations le départ des troupes pour l'extrême Orient. « La France reprend, disaient-elles, ses glorieuses traditions, son épée sort du fourreau pour protéger le catholicisme. » Et maintenant l'Église n'avait pas de prières pour ceux qui étaient morts pour défendre ces traditions.

Mgr Parisis répondit au journal officieux de sa métropole par d'amères récriminations contre des guerres qui n'avaient servi, selon lui, qu'à fournir aux persécuteurs des prétextes spécieux qu'ils n'avaient pas jusque-là : les chrétiens pourchassés, non-seulement comme chrétiens, mais comme Français ou comme alliés de la France, les chrétientés autrefois florissantes, errant maintenant comme des troupeaux sans pasteur à la merci des loups, les rebelles détruisant les églises ; tels étaient les résultats de ces « lamentables expéditions ». Le prélat ajoutait : « Et c'est dans
» ces circonstances que l'on vient nous inviter, presque
» officiellement, à célébrer le triomphe de la vraie foi en
» Chine ! »

L'allocution du pape du 17 décembre 1860 arriva en France dans ce moment : « La perfidie, la trahison règnent
» maintenant partout, et notre âme est fortement attristée
» de voir que l'Église est persécutée, même en France, où le
» chef du gouvernement s'était montré si bienveillant pour
» nous et avait feint d'être notre protecteur (*si era finto*
» *nostro protettore*). Maintenant il nous est difficile de savoir

» si nous sommes protégés par des amis, ou si nous sommes
» mis en prison par des ennemis : *Petrus est in vinculis.* »
Les évêques français ne pouvaient manquer de répondre à
ce cri de douleur du Saint-Père. Les mandements et les lettres pastorales devenant chaque jour plus nombreux et plus
violents, le gouvernement crut devoir leur imposer les formalités du dépôt et du timbre. M. de la Guéronnière, conseiller d'État, directeur de l'imprimerie et de la librairie,
venait de publier sa brochure : *la France, Rome et l'Italie*,
inspirée par l'Empereur et reproduite *in extenso* dans le
Siècle. M. de la Guéronnière attaquait sans ménagement le
parti catholique, « ce parti qui a exploité la charité elle-
» même, qui s'est servi de vastes associations, qui a trans-
» formé de sublimes textes de l'Évangile en sophismes de
» son ambition, et qui a fait de la charité un piége tendu
» aux âmes généreuses », et dirigeait contre MM. de Falloux
et de Montalembert les insinuations les plus perfides.
Mgr Dupanloup lui répondit, dans une brochure, que
ces deux hommes étaient précisément ceux qui depuis dix
ans avaient eu le moins d'influence sur le Saint-Siége, auquel
ils ne cessaient de conseiller des réformes, tandis « qu'une
» autre école s'était formée parmi les catholiques pour
» les humilier, eux, et qui fut à l'Empire, tout à l'Empire ».

L'évêque de Poitiers, Mgr Pie, suivit son collègue d'Orléans dans l'arène ; il salua l'avénement de la brochure
dans un mandement qui n'était lui-même qu'une brochure :
« S'agit-il de populariser une idée quelconque, une entre-
» prise quelconque, les tuteurs d'office et les conseillers
» établis de la multitude s'avancent sur la scène... La bro-
» chure est annoncée plusieurs jours à l'avance, les mieux
» instruits ont chuchoté à demi-voix des confidences mysté-

TAXILE DELORD.

» rieuses ; au signal donné, toutes les trompettes de la re-
» nommée sonnent à la fois, l'orchestre est au grand com-
» plet, l'écrit fait fureur : il circule en France, à l'étranger,
» non sans quelques priviléges ; une entente habile s'est
» établie entre la presse dite conservatrice et la presse dite
» de l'opposition, entre la presse de la capitale et des pro-
» vinces et la presse étrangère ; quelques critiques timides,
» quelques réserves calculées se mêlent à l'éloge, le concert
» n'a qu'à gagner à cette variété de tons et de modulations.
» En définitive le tour est fait. »

Ces derniers mots, d'un style un peu familier, étaient suivis d'une comparaison assez juste entre ces brochures et le chloroforme : « C'est à l'aide du vaste appareil de la
» presse périodique, moyennant l'inhalation artistement
» pratiquée de certaines vapeurs éthérées et stupéfiantes,
» qu'on parvient à se rendre maître du cerveau d'une
» nation entière et qu'on parvient à l'endormissement si
» complet de ses facultés, qu'elle ne verra qu'images heu-
» reuses, que rêves dorés, tandis qu'on lui amputera sa
» religion, sa foi, son honneur. » Si le prélat eût ajouté le mot de liberté, sa comparaison eût été plus vraie.

Mgr Pie, après avoir refait dans son mandement l'histoire de Pilate, « qui pouvait tout empêcher et qui laissa tout faire », s'écriait : « Lave tes mains, ô Pilate ! la postérité
» repousse ta justification, un homme figure cloué au pilori
» du symbole catholique, marqué du stygmate déicide ; ce
» n'est ni Hérode, ni Caïphe, ni Judas : c'est Ponce-Pilate,
» et cela est justice ; Hérode, Caïphe, Judas ont eu leur part
» dans le crime, mais enfin rien n'eût abouti sans Pilate ;
» Pilate pouvait sauver le Christ, et sans Pilate on ne pou-
» vait pas mettre le Christ à mort. Le signal ne pouvait venir
» que de lui : *Nobis non licet interficere*, disaient les Juifs. »

Mgr Pie n'avait pas besoin d'apprendre à ses lecteurs à qui faisait allusion cette réminiscence de Pilate.

La publicité de ce mandement sous forme de brochure et sa reproduction dans les journaux auraient pu, selon l'opinion exprimée par M. de Persigny dans une lettre adressée aux préfets, donner lieu à une répression judiciaire, mais il avait pensé « qu'il serait contraire aux intérêts du » gouvernement de dérober de pareils excès au jugement » de l'opinion publique ». La lettre du ministre de l'intérieur se terminait ainsi : « Je n'ai donc voulu prendre aucune » mesure pour empêcher la publication d'un document » où se révèle avec tant d'audace la pensée d'un parti » qui, sous le voile de la religion, n'a d'autre but que de » s'attaquer à l'élu du peuple français. » M. de Persigny, pour rester conséquent avec lui-même, aurait dû se dispenser de déférer l'évêque de Poitiers comme d'abus au conseil d'État, juridiction impuissante d'ailleurs et ridicule contre l'auteur d'un mandement dans lequel il signalait les délits suivants : « Ingérence dans la critique des actes » du gouvernement, offenses à la personne de l'Empereur, » contravention aux lois de l'empire, procédés pouvant » alarmer la conscience des citoyens. »

Un procès destiné à jeter une lueur alarmante sur les procédés du prosélytisme religieux détourna un moment l'attention publique de ces petites querelles entre l'épiscopat et le gouvernement.

Un instituteur israélite et sa femme avaient huit enfants, dont cinq filles; l'aînée, née en 1825, vint à Paris pour se placer comme institutrice. Un de ses compatriotes à qui elle était recommandée la mit en communication avec l'abbé Ratisbonne, israélite converti, directeur de la maison de Sion, destinée à recevoir les néophytes juifs. La jeune israélite y reçut le baptême sous le nom de Marie Sionna. Elle y attira successivement une de ses sœurs et son père, et plus tard trois autres de ses sœurs ; tous reçurent le baptême des mains de l'abbé Ratisbonne.

Sionna, placée comme institutrice dans une maison de Cambrai, y fit la connaissance d'un chanoine de l'église métropolitaine nommé Mallet. Leurs efforts réunis amenèrent la conversion d'un frère de Sionna. Sa mère, fidèle au judaïsme, partit pour Londres avec ses autres filles, mais bientôt lasse de sa solitude elle revint à Cambrai où elle trouva Sionna installée chez le chanoine avec une de ses sœurs, et ses autres filles placées dans divers couvents. L'une d'elles, cachée successivement dans diverses maisons religieuses de Douai et d'Ams en Belgique, sous un faux nom, y recevait les visites fréquentes du chanoine Mallet qui, non content de lui inculquer la haine et le mépris pour sa mère, lui dictait des lettres destinées à lui faire croire qu'elle était à Jérusalem. L'abbé Ratisbonne reçut une de ces lettres et la fit mettre à la poste à Alexandrie. La justice, sur la plainte des parents, ne put se refuser, dans l'intérêt des familles et de la morale publique, à des investigations dont le résultat fut la comparution de Mallet devant la cour d'assises du Nord, sous l'accusation de détournement de mineures.

Les débats du procès contiennent des détails qui ne seraient point à leur place ici, mais qui, répandus par les journaux, produisirent une très-vive impression sur l'opinion publique, en lui révélant les tristes pratiques du prosélytisme religieux tel que le clergé semblait le comprendre et le pratiquer. Si l'homme qui croit avoir la vérité a le droit et le devoir de l'exposer publiquement, le prosélytisme au delà de cette limite devient un attentat à la liberté de conscience et une excitation à l'oubli de toute morale. Le prosélytisme le plus exalté s'excuse quand il est ennobli par le danger, mais ce cauteleux prosélytisme qui s'insinue dans les familles, qui s'adresse surtout aux femmes, qui ne craint pas d'exciter les instincts de cupidité, et qui, en un mot, achète des âmes, mérite le mépris des honnêtes gens. L'abbé Ratisbonne qui avait joué un rôle important dans cette triste affaire, parut devant la Cour en témoin, mais en témoin moralement incriminé. Il ne sembla nullement embarrassé de sa situation, et il soutint que le prosélytisme est un droit supérieur à la justice et que la loi humaine doit céder à la loi religieuse. Cette doctrine, en vertu de laquelle le pape avait baptisé le jeune Mortara, parut d'autant plus menaçante que, de l'aveu d'un témoin, il existait en France une association de conversion possédant 130 maisons et comptant 30 000 mères de familles parmi ses affiliées. Le prosélytisme s'opérait donc sur la plus vaste échelle et se dérobait à toute surveillance en faisant passer les enfants convertis de l'une à l'autre de ces mystérieuses maisons. Mallet fut condamné le 3 mars à six années de réclusion, maximum de la peine portée par la loi (1). La foule indignée le poursuivit de ses huées quand il passa devant elle pour retourner en prison.

Le nombre de plus en plus grand des mandements dans lesquels la politique avait la première place obligea le garde des sceaux, M. Delangle, à lancer le 10 avril 1861 une circulaire pour rappeler aux membres du clergé catholique, qui verbalement ou par écrit traitent publiquement et dans l'exercice de leurs fonctions de matières que la loi leur interdit de discuter, que ces abus sont prévus

---

(1) La Cour de cassation ayant admis le pourvoi de l'abbé Mallet, la Cour d'assises de la Somme réduisit sa peine à cinq années d'emprisonnement.

par les lois et qu'il les réprimera. « S'il ne l'a pas fait
» jusqu'ici, c'est que l'attitude du clergé a été jusqu'à pré-
» sent respectueuse et réservée, et que le gouvernement
» dans son indulgence a mieux aimé tolérer des écarts isolés
» que de poursuivre devant les tribunaux, au détriment
» peut-être de la religion elle-même, des prêtres impru-
» dents. »

Le cardinal Mathieu protesta dans la séance du Sénat du 31 mai 1861 contre cette circulaire; mais ce qui toucha l'épiscopat bien plus que les menaces de M. Delangle, ce fut de voir des ecclésiastiques cités directement à la barre de l'administration, sans informations préalables auprès de leurs supérieurs, en vertu de ce qu'on appelle en langage canonique un *veniat ad audiendum verbum*, et soumis comme de simples journalistes à la discipline secrète des préfets. Le pire, c'est que l'administration se permettait d'infliger des peines et de suspendre les traitements. L'épiscopat fit entendre à ce sujet des plaintes fort vives, que les cardinaux portèrent au Sénat. L'orateur du gouvernement leur répondit que du mois de janvier au mois de mai 1861 les procureurs généraux avaient pu constater plus de cent faits pouvant donner lieu à des poursuites contre des prêtres, et que par conséquent il ne se croyait pas tenu à de plus grands ménagements à l'égard de gens qui comparaient le souverain qui a le plus comblé l'Église de bienfaits à Pilate et à Judas. De quel droit le clergé opposant se plaindrait-il de ce que le gouvernement aime mieux agir sur lui « par la voie des conversations amicales que par la voie judiciaire (1) » ?

L'hostilité d'une partie de l'épiscopat était si vive que le

---

(1) Billault, séance du Sénat du 13 juin 1861.

gouvernement éleva des doutes sur le dévouement des fonctionnaires qui entretenaient des rapports étroits avec certains évêques. Les préfets furent chargés de les mettre en demeure d'opter entre ces relations et leurs places. Voici la lettre curieuse que le préfet du Loiret écrivit à ce sujet aux fonctionnaires de son département :

« Monsieur X...,

» J'ai l'honneur d'appeler confidentiellement votre attention sur la nature des relations des fonctionnaires publics avec le chef du diocèse de ce département.
» Pour quiconque s'inspire, dans l'observation des faits, d'un réel dévouement à l'Empereur, l'attitude de l'évêque d'Orléans apparaît avec les caractères de la plus claire évidence comme empreinte d'une hostilité politique qui ne laisse plus aucune trace aux illusions pouvant naître de la complexité des questions où ce prélat a cru devoir intervenir.
» S'il s'agissait simplement de discussions religieuses, tout le monde sait de quelle entière liberté de publicité elles sont entourées et de quelle indépendance d'appréciation chacun jouit à leur égard.
» Mais lorsque, se plaçant sur le terrain des questions politiques, un évêque offre un drapeau aux ennemis du gouvernement auquel il doit son siége et toutes les prérogatives qui s'y rattachent, le sentiment du devoir l'emporte pour nous sur toute autre considération et nous dicte une attitude nouvelle.
» Je sais, monsieur X..., que la plupart des fonctionnaires ont déjà compris ainsi leur ligne de conduite en présence des démarches et des invitations dont ils ont été l'objet de la part de l'évêché. Mais je crois savoir aussi que quelques-uns ayant d'anciens rapports avec le prélat hésitent à se séparer de lui.
» S'il en est ainsi, il nous appartient de leur rappeler que le gouvernement de l'Empereur compte sur leur dévouement exclusif et ne saurait dans le cas actuel admettre de semblables hésitations, jusqu'au jour où l'évêque d'Orléans, en cessant ses hostilités, nous aura permis de reprendre des rapports dont ses actes seuls ont amené la rupture.
» Je vous prie, monsieur X..., d'assurer, en ce qui vous concerne, l'exécution de la présente dépêche et de m'en accuser réception.
» Agréez, etc.

» *Le préfet du Loiret,*
» LE PROVOST DE LAUNAY. »

Le gouvernement, malgré son apparente sévérité, n'en cherchait pas moins à adoucir le clergé par des concessions secrètes. Une actrice du Théâtre-Français, de passage à

Lyon, crut qu'il lui serait permis de se faire applaudir du public de cette ville dans le rôle d'Elmire de *Tartufe*. La représentation, plusieurs fois annoncée et sans cesse remise, n'aura pas lieu par suite, assuraient plusieurs personnes, des sollicitations du cardinal-archevêque de Lyon auprès du ministre d'État. Les journaux demandèrent une explication. Le *Moniteur* leur répondit par cette note ambiguë :

« Un journal de Lyon a prétendu, et plusieurs journaux » de Paris l'ont répété, que la représentation de *Tartufe* » avait été interdite à Lyon par le ministre d'État. Cette » nouvelle est dénuée de fondement. Le ministre d'État » n'a pris à cet égard aucune disposition. »

La brochure *la France, Rome et l'Italie* contenait contre les associations religieuses de bienfaisance des insinuations que les journaux anti-cléricaux ne tardèrent pas à étendre et à préciser. Les ennemis de la révolution avaient, disaient-ils, longtemps cherché quelle forme ils donneraient à la réaction contre elle. Prendrait-elle son point d'appui dans la noblesse? Elle n'existe que de nom. Dans la bourgeoisie? Elle est encore trop voltairienne. Dans le peuple? Il redoute trop l'ancien régime. Il ne leur restait donc plus que cette force qui s'exerce sur toutes les classes de la société sans les dominer exclusivement, qui agit sur celui-ci par le sentiment, sur celui-là par l'intérêt, sur un autre par le préjugé, un peu sur tout le monde par l'habitude, la force religieuse en un mot. Rome fait donc mouvoir les ressorts de ces innombrables associations religieuses qui, sous prétexte de charité, forment la milice de la contre-révolution. En vertu de quel droit ces diverses Sociétés existent-elles? surtout une Société comme celle de Saint-Vincent de Paul, héritière de la fameuse *congrégation*, et couvrant la France du réseau le plus puissant qu'on ait vu depuis la Ligue et depuis la Société des jacobins?

Les cléricaux répondaient que lorsque Ozanam fonda, en 1833, la Société de Saint-Vincent de Paul, en compagnie de quelques jeunes gens, sa pensée consistait non pas seulement à soulager les pauvres par des aumônes, mais encore à créer entre les personnes charitables et les malheureux ces rapports qui doublent l'efficacité de l'aumône en soignant l'âme avec le corps. Empêcher la Société de Saint-Vincent de Paul de remplir cette mission, n'est-ce point méconnaître le plus sacré des devoirs, celui de secourir ses semblables?

Les journaux libres penseurs étaient loin de contester aux catholiques le droit de s'associer pour remplir ce devoir; ils demandaient seulement à le partager avec eux. S'il existait, disaient-ils, en France une société de bienfaisance placée sous l'invocation de Voltaire, ayant partout un comité, se réunissant à la mairie, présidée par le maire, investie du droit de faire des quêtes, d'avoir des caisses particulières et une caisse centrale, de tenir des conférences, les catholiques ne s'empresseraient-ils pas de solliciter l'autorisation de fonder une société pareille? Les libres penseurs ne demandaient pas autre chose que le droit commun. Qu'il nous soit permis, ajoutaient-ils, de nous associer, ou qu'on le défende à tout le monde. Leurs adversaires se hâtaient de répliquer: Les loges maçonniques, les journaux existent, comme les sociétés religieuses, en vertu d'un privilége; trouveriez-vous bon qu'on exigeât leur suppression? Les libres penseurs répliquaient à leur tour que l'action de chaque loge et de chaque journal restait isolée et que le gouvernement ne tolérerait pas qu'une vingtaine de loges maçonniques et les représentants d'une vingtaine de journaux se réunissent pour s'occuper de matières relatives à la franc-maçonnerie, ou pour faire entendre de menaçantes plaintes sur l'esclavage de la presse. Les journaux, cela est triste, existent en vertu d'un privilége dont il faut demander la suppression, mais le gouvernement en attendant n'accorde pas à tel journal, au *Siècle* par exemple, la liberté de ne pas payer l'impôt du timbre acquitté par les autres journaux. Quand la liberté pour tous n'existe pas, la liberté de quelques-uns est la pire des tyrannies.

Le gouvernement ne pouvait que se féliciter de cette polémique. En lutte ouverte avec une partie du clergé, il s'alarmait, surtout en prévision du renouvellement prochain du Corps législatif, du succès des associations religieuses de bienfaisance, de l'organisation habile de ces sociétés, du nombre de jour en jour plus considérable de leurs adhérents : il y avait là une force qu'il fallait non-seulement empêcher de tourner contre soi, mais encore s'approprier, si c'était possible. Le gouvernement cherchait donc depuis longtemps un prétexte pour intervenir dans l'administration des sociétés de bienfaisance ; il le trouva dans la réunion générale des conférences de la Société de Saint-Vincent de Paul de l'Ouest, qui eut lieu, le 22 septembre 1861, à Lusignan.

Les discours prononcés dans cette réunion témoignent d'une grande exaltation des esprits. « Ne craignez pas » d'avouer que vous êtes enfants de Dieu, s'écriait l'évêque » d'Angoulême ; nous ne devons pas craindre Judas, mais » nous devons craindre Jésus-Christ. Et vous, vaillants sol- » dats de Saint-Vincent de Paul, serrez vos bataillons... » Le curé de Coulommiers terminait ainsi son discours : « On » nous dit : Mais la religion n'est point menacée. Et moi, je

» soutiens que la religion est menacée, elle est en danger
» de périr, et c'est vous, vaillants soldats de Saint-Vincent
» de Paul, qui avez reçu mission de la secourir et de l'em-
» pêcher de crouler, noble et sainte mission remplie de
» dangers dans ce temps de persécution. »

Les journaux anti-cléricaux relevèrent avec vivacité ces paroles imprudentes, et M. de Persigny, se sentant soutenu, jugea le moment favorable pour adresser, le 16 octobre, aux préfets, une circulaire sur la « nécessité de faire rentrer
» dans les conditions de la loi les associations de bienfai-
» sance dont l'existence et l'action n'ont point été réguliè-
» rement autorisées, et de mettre un terme à une situation
» dont le temps n'a fait qu'aggraver les inconvénients ».
M. de Persigny voulait bien cependant reconnaître que ces sociétés de bienfaisance, autorisées ou non, méritaient l'intérêt du gouvernement par les bienfaits qu'elles répandent sur le pays, « soit qu'elles revêtent un caractère religieux,
» comme les sociétés de Saint-Vincent de Paul, de Saint-
» François Régis, de Saint-François de Salles, soit qu'elles
» aient une organisation purement philanthropique, comme
» la franc-maçonnerie ». La circulaire, non contente d'assimiler, au grand scandale des catholiques, Saint-Vincent de Paul au Grand-Orient, faisait un grand éloge de la charité et du patriotisme des quatre cent soixante-dix groupes ou ateliers de la franc-maçonnerie, et déclarait qu'il ne « pouvait être qu'avantageux d'autoriser et de
» reconnaître son existence ».

Le ministre ne s'attaquait pas directement à la Société de Saint-Vincent de Paul et aux autres sociétés du même genre, dont « l'esprit paraît en lui-même étranger aux
» préoccupations politiques, — car, formées d'hommes reli-
» gieux appartenant indistinctement à toutes les opinions,

» elles comptent dans leur sein un grand nombre de fonc-
» tionnaires et d'amis du gouvernement », mais il s'élevait
contre « ces conseils ou comités provinciaux qui, sous l'ap-
» parence d'encourager les efforts particuliers des diverses
» conférences, s'emparent chaque jour davantage de leur
» direction, les dépouillent du droit de choisir elles-mêmes
» leurs présidents et leurs dignitaires, et s'imposent ainsi
» à toutes les sociétés d'une province comme pour les faire
» servir d'instrument à une pensée étrangère à la bien-
» faisance ». Le ministre terminait sa circulaire en déclarant
que le gouvernement ne pouvait plus longtemps tolérer
l'existence, à Paris, d'un conseil supérieur « qui, sans être
» nommé par les sociétés locales, se recrutant de lui-même,
» s'arroge le droit de les gouverner pour en faire une sorte
» d'association occulte dont il étend les ramifications au
» delà des frontières de la France, et qui prélève sur les
» conférences un budget dont l'emploi reste inconnu ».

La circulaire, ne pouvant expliquer une telle organisation par l'intérêt seul de la charité, se demandait quel
besoin les personnes charitables de Lyon, de Marseille, de
Bordeaux, avaient d'être dirigées par un comité de Paris,
et s'il était nécessaire que la charité chrétienne, pour
s'exercer, prît la forme d'une société secrète. La loi interdit ces associations. Les préfets n'autoriseront en conséquence que les sociétés religieuses de bienfaisance et de
maçonnerie en général qui auront rempli les formalités
légales. Quant à la Société de Saint-Vincent de Paul en
particulier, si les délégués des conférences d'une seule ville
veulent se réunir, le préfet leur en donnera la permission,
et, si ces conférences expriment le désir d'avoir à Paris
une représentation centrale, le préfet transmettra l'expression de leurs vœux au ministre, qui, après avoir pris les

ordres de l'Empereur, décidera d'après quels principes et sur quelles bases aura lieu l'organisation de cette représentation centrale. Les réunions de tout conseil supérieur central ou provincial étaient interdites jusque-là.

Organiser la représentation centrale de la Société de Saint-Vincent de Paul, c'était s'emparer de la direction de la société elle-même. Les membres du comité supérieur et les journaux religieux ne s'y trompèrent pas et firent entendre les protestations les plus vives.

M. de la Rochejacquelein voulut s'interposer entre les deux partis, mais sous le voile de la conciliation il cachait une proposition dont l'adoption eût été la consécration des projets d'envahissement du gouvernement : il aurait voulu que l'Empereur se déclarât « protecteur » de toutes les sociétés de bienfaisance. Le projet du gouvernement, beaucoup plus simple, consistait à s'attribuer le droit de désigner le président de la Société de Saint-Vincent de Paul.

Deux procès où l'intérêt religieux était en jeu éclatèrent au moment le plus vif de cette discussion, dont on lira bientôt le dénoûment. Le Tribunal correctionnel de Laval condamna Louis Gicquel, le prétendu mort de Castelfidardo dont l'évêque de Poitiers avait si éloquemment célébré le dévouement et la fin héroïque, à quinze mois de prison pour diverses escroqueries. Le ministère public opposa sa biographie véritable à son oraison funèbre avec une malice préméditée qui ne dut point échapper à Mgr Pie. L'autre procès, d'une nature plus grave, fut jugé devant les assises de la Cour de Riom, et ranima les alarmes sur les dangers du prosélytisme religieux.

Il s'agissait encore d'une jeune juive orpheline qui refusait de se rendre auprès de ses parents, encouragée dans sa résistance par des amis à qui ils l'avaient confiée, et qui, enflammés du désir de la convertir au catholicisme, lui procurèrent un lieu de refuge au couvent des carmélites de Riom. Le dépôt était dangereux à garder. La sous-prieure des carmélites avait sa mère à Tours (Puy-de-Dôme) ; elle lui adressa l'orpheline vêtue en veuve, la chargeant de la garder chez elle jusqu'à ce qu'on lui eût trouvé un autre asile chez les dames de Bon-Secours à Riom, où on lui accorda l'hospitalité comme à une jeune fille malade et abandonnée par ses parents. Elle était déguisée cette fois en bergère.

Les parents de la juive se livraient cependant à d'actives recherches, et pour les déjouer, les convertisseurs avaient recours à des manœuvres auxquelles se trouvaient encore mêlés plusieurs ecclésiastiques. Des lettres mises à la poste par des complices dans des localités diverses, pendant que la néophyte était à Riom, servaient à dépister les parents. La justice, saisie de leurs plaintes, fit enfin commencer les perquisitions : le couvent de Bon-Secours fut fouillé, mais inutilement, la juive était cachée dans un placard. Les recherches pouvaient se renouveler, la supérieure ne voulant pas garder plus longtemps une hôtesse dangereuse ; celle-ci court de cachette en cachette, déguisée tantôt en vieille, tantôt en homme un cigare à la bouche, jusqu'à ce qu'elle trouve un refuge chez une carmélite du tiers-ordre. Là elle écrit sous sa dictée une lettre au procureur impérial, pour lui déclarer sa résolution irrévocable de se faire chrétienne et de ne plus revoir des parents qui, « après l'avoir abandonnée, la réservaient à la prostitution ».

Une dame d'origine anglaise, connue par sa piété et par sa fortune considérable, consentit à se charger de l'orpheline ; elle la mit au couvent de Combronde sous un faux nom, puis à Paris, au couvent de Sainte-Marie de Sion, dirigé, comme on l'a vu, par l'abbé Ratisbonne ; elle y prit le nom de Marie-de-la-Croix. Son séjour n'y fut pas cependant de longue durée ; l'abbé Ratisbonne, averti par l'affaire du chanoine Mallet, fit mander à la dame anglaise d'avoir à retirer la juive compromettante ; le garde des sceaux, saisi de l'affaire, ayant manifesté l'intention de la poursuivre vigoureusement, elle fut remise à ses parents à Auxerre. Les convertisseurs n'en furent pas moins traduits devant la Cour d'assises de Riom. Les parents de la convertie se portèrent partie civile.

L'abbé Ratisbonne comparut de nouveau comme témoin à Riom, et développa avec la même assurance les arguments exposés par lui à Cambrai pour justifier sa conduite. Le président de la Cour ayant manifesté son étonnement de l'ignorance dans laquelle il prétendait avoir toujours été relativement aux recherches de la justice, attendu qu'un abbé, son secrétaire, lui avait fait remarquer que l'admission de la néophyte était contraire à la loi, l'abbé Ratisbonne répondit fièrement que ce prêtre étant son inférieur ne se serait pas permis de lui faire la moindre observation. S'il avait gardé l'orpheline pendant cinq mois, quoiqu'il n'eût, dit-il, aucune confiance dans son caractère, c'était par pure charité ; le président lui ayant fait remarquer que ses appréciations sur la jeune fille étaient en contradiction avec celles d'autres témoins, l'abbé Ratisbonne répliqua d'un ton dégagé qu'elles étaient superficielles en effet et qu'il n'y tenait pas autrement. Ainsi un prêtre admettait à la conversion une jeune fille dont le caractère ne lui inspirait aucune confiance ou dont il n'avait même pas étudié le caractère. Une triste dispute s'éleva entre l'abbé Ratisbonne et le frère de la juive, qu'il accusa d'avoir voulu spéculer sur le scandale en venant lui demander sa sœur. Les accusés ne craignirent pas de recourir à ce moyen de défense, et d'ajouter que la sœur était la complice du frère. Telle est, en effet, la tactique ordinaire de ces convertisseurs : après avoir cherché à excuser l'ardeur de leur prosélytisme par la ferveur et la bonne foi du prosélyte lui-même, ils n'hésitent pas, si leur intérêt l'exige, à l'accuser de mensonge et de duplicité. Ce système, qui blesse profondément la raison et la justice, n'empêcha pas les accusés d'être acquittés. La partie civile obtint 3000 francs de dommages-intérêts.

Les craintes des amis de la liberté de conscience, déjà fort excitées par le procès du chanoine Mallet, s'accrurent encore par les débats de cette nouvelle affaire. La persistance mise à soustraire une mineure aux recherches de sa famille, et la facilité à la cacher, grâce à la complicité des prêtres et des supérieures de couvent, n'avaient rien en effet de rassurant. Le ministre des cultes, pour calmer l'opinion publique, adressa une circulaire aux préfets pour les engager à surveiller rigoureusement le prosélytisme religieux à l'égard des enfants mineurs, et il fit fermer quelques maisons religieuses, malgré les protestations des évêques diocésains.

L'agitation religieuse du xvi² siècle agrandit les esprits, régénéra les cœurs, et prépara les fortes croyances du siècle suivant; les querelles incessantes entre le clergé et le gouvernement, tantôt sur la question de savoir si les filles du Saint-Esprit ou de tout autre ordre du même genre avaient le droit de distribuer des préparations pharmaceutiques aux malades pauvres et d'en vendre aux autres, tantôt sur l'oubli dans lequel tombaient fréquemment certains prêtres au sujet du *Domine salvum fac Imperatorem*,

abaissaient les questions religieuses au niveau de vulgaires taquineries. Mgr Dupanloup, évêque d'Orléans, avait beau s'écrier, dans sa réponse à la brochure de M. de la Guéronnière : « Cinq cents évêques qui dans le monde entier
» hier ont fait entendre leur voix pour le pape recueille-
» raient encore au besoin l'antique denier de saint Pierre,
» et le monde catholique lui donnerait même des soldats
» s'il le fallait. » Ou bien : « Croyez-vous donc que le sang
» chrétien ait oublié de couler dans nos veines, et que nos
» cœurs ne battent plus dans nos poitrines? Prenez-y garde,
» vous finiriez par nous blesser », on sentait qu'en s'efforçant de paraître menaçant, il n'était que fanfaron. Le temps des grandes luttes religieuses était passé. Des querelles administratives comme celle que vint raviver une lettre de M. Baudon, président général de la Société de Saint-Vincent de Paul, les remplaçaient depuis longtemps. M. Baudon avait adressé, dans les premiers jours de l'année 1862, aux présidents des conférences, une lettre pour leur annoncer que le conseil se trouvant empêché, et l'unité de la Société ne reposant plus que sur sa tête, il se voyait obligé de prendre des précautions pour le cas où, soit par force majeure, soit par maladie ou mort, cette unité n'existerait plus, et de déléguer ses pouvoirs aux trois présidents de Bruxelles, de La Haye et de Cologne qui, s'il venait à mourir, feraient élire un président général. « Une telle mesure aura pour effet, j'espère, de sau-
» vegarder l'unité de la Société. S'il plaît à Dieu de lui
» faire subir une crise nouvelle, elle doit rassurer les
» conférences hors de France, puisqu'elle leur prouve que,
» si je meurs, l'unité et la direction de la Société ne doi-
» vent pas souffrir. »

Les conférences consultées, suivant les prescriptions de la

circulaire de M. de Persigny, pour savoir si elles voulaient être reliées entre elles par un conseil central ayant pour président un haut dignitaire de l'Église nommé par l'Empereur (1), ou si elles aimaient mieux fonctionner isolément, repoussèrent, à la majorité de 766 contre 88, l'existence d'un conseil central présidé par un prélat qui ne serait en réalité qu'un fonctionnaire de l'Empire. Restait la triple présidence organisée par M. Baudon. M. de Persigny s'était empressé de mander aux préfets que les conférences, en se soumettant au comité de trois membres étrangers institué par M. Baudon, commettaient une infraction aux lois du pays que le gouvernement ne saurait tolérer. M. Baudon fut obligé de déclarer que sa lettre concernait uniquement les conférences étrangères, et que les conférences françaises étaient résignées à remplir isolément leur mission de charité. Ainsi se termina cette lutte, dans laquelle la Société de Saint-Vincent de Paul expia le tort d'avoir à sa tête les notabilités du parti légitimiste et clérical, dont le gouvernement se méfiait et dont il redoutait l'action sur les populations.

Le gouvernement ne tarda pas à être en proie à d'autres alarmes. Le cardinal Caterini, préfet de la congrégation du concile, avait adressé au nom du Saint-Père une lettre aux évêques de la catholicité, pour les engager à se rendre à Rome le jour de la Pentecôte pour assister à la canonisation des martyrs du Japon. Cette lettre, publiée en France sans avoir été communiquée au ministre des cultes, devint le sujet d'une demande d'explication à laquelle le secrétaire d'État du Saint-Siége répondit qu'il ne s'agissait que d'une simple invitation sans caractère obligatoire, n'entraînant

---

(1) Le cardinal Donnet, archevêque de Bordeaux.

pas l'observation des formalités ordinaires. Le gouvernement n'en témoigna pas moins son mécontentement public aux évêques, qui ne devraient, dit le ministre des cultes, quitter leur diocèse et s'éloigner du territoire que dans le cas où de graves intérêts les appelleraient à Rome. Ces intérêts existaient aux yeux d'un grand nombre de catholiques, qui se flattaient de l'espoir que la convocation des évêques n'était que le prélude de la formation d'un concile œcuménique pour régler les affaires de l'Église, satisfaire à des besoins nouveaux, modifier la discipline dans ce qui peut être modifié, et promulger des règlements en harmonie avec les nécessités présentes. La papauté, disaient ces catholiques, a un caractère trop italien et pas assez universel; ses conseillers sont tous ou presque tous Italiens; le moment ne serait-il pas venu de faire dans le sacré collège et dans les congrégations chargées de régler les affaires ecclésiastiques, une plus large part aux autres pays? Un gouvernement trop personnel est aussi nuisible aux intérêts religieux qu'aux intérêts politiques.

La convocation d'un concile œcuménique était en effet dans la volonté du pape; il l'annonça officiellement aux évêques réunis à Rome. Mais la pensée qui devait y présider s'éloignait singulièrement des espérances dont se berçaient certains catholiques de France.

L'État doit-il, comme le veulent les ultramontains, renoncer à tout enseignement et se borner à garantir la liberté des citoyens qui n'ont rien à lui demander de plus que le plein et libre exercice de leurs forces et de leurs facultés; ou bien usera-t-il de la faculté que les gallicans lui laissent d'enseigner, à la condition que son enseignement soit rigoureusement orthodoxe? L'Église, dans ses rapports avec l'État, a toujours flotté jusqu'ici entre ces deux systèmes, et l'État, en n'osant ni affirmer son indépendance ni se résigner au joug, penche tantôt d'un côté, tantôt de l'autre, au gré de ses intérêts; les deux puissances s'observent donc sans cesse sur ce terrain et l'enseignement est l'objet de la surveillance incessante des journaux religieux, quelle que soit leur nuance. L'*Ami de la religion*, ayant lu dans une feuille de Bruxelles que « l'antique chaire d'hébreu du Collége de France » allait être transformée en une chaire de linguistique comparée, jeta le cri d'alarme. « L'État, » qui doit professer le respect de la religion, peut-il accré- » diter, par la mesure projetée, des théories subversives de » toutes les religions? » La linguistique comparée effrayait moins l'*Ami de la religion* que le nom du savant chargé de la professer. M. Renan en effet ne se recommandait guère par ses antécédents à la confiance des catholiques, et comme il avait suffi plus d'une fois de quelques mots de blâme d'un journal religieux pour faire annuler une mesure du gouvernement, le public se demandait si la presse cléricale serait assez forte cette fois pour empêcher la nomination du professeur de linguistique comparée. Un décret du 11 janvier, précédé d'un rapport de M. Rouland, prouva le contraire. Les catholiques furieux se rendirent à l'ouverture du cours de M. Renan, dans l'espoir de trouver dans son discours quelque phrase qui leur permettrait de crier au scandale; leur espoir ne fut pas tout à fait trompé. L'orateur semblait trahir une espèce d'arianisme dans un passage où il désignait Jésus-Christ par ces mots : — « Un » homme incomparable — si grand, que bien qu'ici tout » doive être jugé au point de vue de la science positive, » je ne voudrais pas contredire ceux qui frappés du carac- » tère exceptionnel de son œuvre l'appellent *Dieu*. » Les catholiques protestèrent aussitôt contre l'expression un *homme incomparable,* dont pourtant les apôtres se servent eux-mêmes pour désigner Jésus-Christ. M. Rouland, cédant à leurs clameurs appuyées par l'Impératrice, suspendit, le 18 janvier, le cours de M. Renan, par un arrêt motivé sur le discours d'ouverture dans lequel « le professeur a exposé » des doctrines qui blessent les croyances chrétiennes, et » qui peuvent entraîner des agitations regrettables ».

Les journaux libéraux s'élevèrent à leur tour avec beaucoup de force contre cette suspension. Le *Constitutionnel,* pour la justifier, publia un article dans lequel il laissait entrevoir que le gouvernement n'avait consenti à la nomination du professeur suspendu qu'en échange de certains engagements pris par lui. M. Renan répondit nettement à ces insinuations : « M. le ministre de l'instruction publique » connaissait trop bien mon caractère, pour croire que je » pusse accepter aucune condition. »

Le gouvernement au fond n'était pas fâché de ces petites agitations, qui détournaient les esprits de préoccupations plus graves, et malheureusement le clergé semblait rechercher avec avidité toutes les occasions de les renouveler.

Le parlement et les capitouls de Toulouse, désirant perpétuer la mémoire de la lutte sanglante engagée entre les catholiques et les protestants, le 17 mai 1562, et terminée par le massacre de ces derniers, avaient institué une procession annuelle, connue sous le nom de *délivrance de la ville ;* un jubilé fondé par le pape venait à chaque anniversaire séculaire augmenter l'importance de cette commémoration. L'archevêque de Toulouse annonça l'intention de célébrer avec éclat l'anniversaire séculaire d'un jour « qui rappelle en même temps la bonté de Dieu et l'inter- » cession de ces saints. Toulouse ne saurait manquer au » devoir que lui impose son histoire. »

Les catholiques modérés ne voyaient pas sans tristesse et sans inquiétude le clergé faire appel à ces vieux témoignages des guerres religieuses, dont les ultramontains semblaient parfois appeler le retour. Le mandement de l'archevêque de Toulouse sur le jubilé de 1562 fut considéré par les feuilles anti-cléricales comme un défi. L'autorité civile n'a point, disaient-elles avec raison, à intervenir dans l'établissement de nouvelles fêtes religieuses, mais l'autorité ecclésiastique doit se concerter avec elle toutes les fois qu'il s'agit d'organiser une cérémonie publique. Si l'archevêque de Toulouse avait proposé au préfet de la Haute-Garonne et au maire de Toulouse de s'entendre avec lui au sujet de la procession, ces fonctionnaires n'auraient pas manqué de lui rappeler l'article 45 de la loi du 18 germinal an X, portant qu'aucune cérémonie religieuse n'aura lieu hors des édifices du culte catholique dans les villes où il y a des temples destinés aux différents cultes. Est-il bon d'ailleurs de perpétuer le souvenir des guerres religieuses qui ont ensanglanté notre pays, et le véritable sentiment chrétien ne les condamne-t-il pas à l'oubli? Le gouvernement se prononça en faveur de cette opinion en interdisant toutes les processions ou cérémonies extérieures relatives à la célébration du jubilé toulousain.

Le cardinal Morlot, archevêque de Paris, sénateur, membre du conseil privé, grand-aumônier de l'Empereur, primicier au chapitre impérial de Saint-Denis, était mort le 29 décembre 1862. Il laissait une succession difficile à remplir, car il fallait un prêtre dévoué et exempt des passions ultramontaines, un prêtre « sachant », selon l'expression de M. Rouland, « être fidèle à Dieu, au Saint-Père et à l'Empereur ». Le pape ne montrait pas une bien grande

tendresse à cette sorte de prêtres; l'abbé Maret, doyen de la Faculté de théologie et gallican, avait été nommé évêque de Vannes; Rome éleva tant de difficultés pour confirmer cette nomination, à cause des opinions de M. Maret sur le pouvoir temporel, et surtout parce qu'il passait pour un conseiller de la politique religieuse du gouvernement, qu'il dut se contenter d'un évêché *in partibus;* c'est tout ce que le gouvernement put obtenir pour lui. Rome cependant se montrait quelquefois moins sévère ou plus facile à tromper, si l'on en juge par ce passage d'une lettre de l'évêque de Saint-Brieuc à l'Empereur, pour le remercier de sa nomination : « Les exagérations d'un
» parti extrême, qui n'a jamais compris ni la France ni la
» religion, ont fait un mal profond en divisant les esprits
» et en pervertissant la notion des rapports de l'Église et
» de l'État, tels que nos grands évêques les ont toujours
» compris. » Le prélat heureusement « avait foi depuis
» longtemps en la mission providentielle de l'Empereur,
» qui a produit de si grandes choses et qui en prépare
» de non moins grandes pour l'avenir ».

L'Empire et l'Église malgré tout vivaient extérieurement en bonne intelligence. C'est à peine si les rapports de la gendarmerie signalaient quelques propos hostiles et malsonnants tenus par des prêtres en chaire, quelques *Domine salvum fac imperatorem* oubliés, quelques lis en papier blanc glissés parmi les fleurs ornant les reposoirs des processions ou les autels des chapelles de séminaire. Les petits désagréments que cet état de choses pouvait causer au gouvernement étaient bien compensés par l'avantage qu'il retirait de la division entretenue parmi les amis de la liberté en France par la question romaine. Le gouvernement, trop maître du clergé pour en craindre quelque chose de sérieux, profitait d'une situation qui rendait impossible l'alliance entre les partis libéraux dans le présent et difficile dans l'avenir. La question du pouvoir temporel, visiblement insoluble dans les circonstances présentes, prolongeait l'existence de l'empire en détournant de la revendication de la liberté les esprits passionnés pour ou contre le maintien d'un pouvoir contraire aux principes de 89, et par cela même condamné à périr dans un avenir plus ou moins prochain.

CHAPITRE VIII

1862

SESSIONS DU CORPS LÉGISLATIF ET DU SÉNAT

SOMMAIRE. — Session législative de 1862. — Sénat. — Discussion de l'adresse. — La question religieuse. — M. de Persigny traité de Polignac. — Discussion sur les affaires de Rome. — Discours de M. Piétri. — Fin de la discussion générale. — Discussion des articles. — Discours de M. de la Rochejacquelein et du prince Napoléon. — Les sociétés religieuses et les congrégations. — M. de la Guéronnière et le prince Napoléon. — Le Mexique. — Vote de l'adresse. — Corps législatif. — Les obligations trentenaires. — La dotation Pa-li-kao. — Discussion de l'adresse. — Les amendements des *Cinq*. — Discours de M. Picard. — L'appel de M. Roques-Salvaza. — L'enquête sur le libre-échange. — Présentation d'un income-tax par MM. Granier de Cassagnac et Roques-Salvaza. — Discussion du budget. — Fin de la session.

L'ouverture des Chambres eut lieu le 27 janvier 1862. L'Empereur, dans son discours, se déclarait très-satisfait de ses relations avec les puissances étrangères. La visite de plusieurs souverains avait contribué à rassurer ses liens d'amitié avec elles. « Le roi de Prusse a pu s'assurer par » lui-même de notre désir de nous unir davantage à un » gouvernement et à un peuple qui marchent d'un pas » calme et fier vers le progrès. » L'Empereur avait reconnu le royaume d'Italie « avec la ferme intention de » contribuer par des conseils sympathiques et désintéressés » à concilier deux causes dont l'antagonisme trouble partout les esprits et les consciences ». La guerre civile en Amérique compromettait nos intérêts; l'Empereur déclarait cependant que tant que l'intérêt des neutres serait respecté, il se contenterait de faire des vœux pour que ces dissensions aient leur terme. Le discours mentionnait pour la première fois l'expédition du Mexique, « entreprise

» de concert avec l'Espagne et l'Angleterre pour protéger
» nos nationaux et réprimer des attentats contre l'huma-
» nité et le droit des gens. »

Le discours de l'Empereur contenait un passage sur la question financière, dont la conclusion était que la situation n'avait plus rien d'inquiétant, grâce à l'abandon des crédits extra-budgétaires et à la mise en pratique du plan de M. Fould : « L'application sévère de ce nouveau système » nous aidera à asseoir notre régime financier sur des » bases inébranlables. » Une esquisse du budget de 1863, suivie du projet de la conversion des rentes et de l'indication de nouveaux impôts, « qui ne devaient être que temporaires », complétait ce discours.

Le Sénat et le Corps législatif reçurent le 28 janvier communication de l'exposé de la situation de l'Empire et du recueil de documents diplomatiques se rattachant aux négociations engagées en 1861. Le même jour ils commencèrent leurs délibérations.

La discussion générale de l'adresse au Sénat s'ouvrit le 20 février 1862, par un discours de M. Larabit sur la Pologne, en faveur de laquelle il fit appel aux sentiments généreux du czar Alexandre II. M. Ségur d'Aguesseau passa en revue toutes les questions religieuses du moment, depuis le maintien du pouvoir temporel jusqu'à la dissolution de la Société de Saint-Vincent de Paul ; après avoir déploré la nouvelle politique qui semblait, selon lui, porter le gouvernement à sacrifier Rome au Piémont, il s'éleva contre la protection accordée à une presse dont la licence dépassait toute mesure. Le *Siècle* et l'*Opinion nationale* attaquent, dit-il, avec l'appui de l'administration les associations religieuses, la religion, le souverain pontife, et une circulaire signée par le ministre de l'intérieur désigne comme candidat du gouvernement au conseil général de la Manche le directeur d'un de ces journaux. La gravité de la situation ne peut échapper à personne, il est temps de la signaler à l'Empereur, « afin qu'il puisse pendant qu'il en est temps encore empêcher M. de Persigny de devenir le Polignac de l'Empire ». M. de Persigny, présent à la séance, garda le silence, mais M. Walewski demanda le rappel à l'ordre de l'orateur, qui après s'être expliqué tant bien que mal, s'en prit à M. de la Guéronnière dont il traita les brochures de pamphlets. Le projet d'adresse se bornait à qualifier « d'immodérées » les prétentions du Piémont. Le fougueux sénateur demanda le renvoi du projet à la commission, afin qu'elle y introduisît un passage « plus digne d'elle et du Sénat ».

M. de Persigny lui répondit le lendemain, non pas comme ministre, la Constitution le lui défendait, mais comme sénateur. La réponse fut très-insignifiante.

M. Piétri souleva de nombreuses protestations en soutenant au nom de la Constitution « perfectible de sa nature, et susceptible de se prêter à de nouvelles améliorations de notre organisation politique », que le gouvernement devait « briser sans retard les entraves mises à la liberté indivi-
» duelle et à la liberté de la presse, sans négliger d'assurer
» la sincérité de la liberté des élections ». Ces déclarations dans une telle bouche cachaient une arrière-pensée, et reposaient d'ailleurs sur une équivoque; elles ne pouvaient être prises au sérieux par les vrais libéraux. L'orateur, passant ensuite à la question romaine, demanda que le gouvernement impérial, après avoir insisté de nouveau auprès du pape pour lui faire accepter un arrangement de nature à garantir son pouvoir spirituel, retirât son armée de Rome en cas d'un refus. « Il est temps de conjurer les

» tempêtes semées par la politique de temporisation et
» d'immobilité; Rome, où tous les évêques sont convoqués
» sous prétexte de canoniser les martyrs du Japon, va deve-
» nir plus que jamais le foyer des intrigues bourbonniennes;
» il faut craindre de jeter l'Italie dans la révolution et
» dans le schisme, et se hâter de résoudre la question ro-
» maine pour réduire l'armée de 100 000 hommes et le
» budget de 100 millions. »

M. Piétri avait parlé de certains catholiques qui font une spéculation de la religion. M. de Grossolles-Flamarens s'écria qu'une telle accusation demandait à être expliquée. M. Piétri lui répondit : « Si je fais la biographie de ces
» hommes, vous pourrez la lire, mais je n'ai pas dit qu'ils
» fussent dans cette enceinte. » M. de Heeckeren prit la parole à son tour : « Je ne sais à qui s'adresse M. Piétri. Je
» sais seulement qu'il a été préfet de police, et je ne com-
» prends pas qu'il menace une assemblée comme celle-ci
» de ses biographies. »

« *M. Piétri :* Je n'ai nullement entendu faire ici des per-
» sonnalités. Lorsque je reproche à certains hommes de
» n'avoir pas dans le cœur les sentiments qui sont sur leurs
» lèvres, je ne fais allusion à aucune personne siégeant dans
» cette enceinte. Je ne comprends pas la susceptibilité de
» M. Heeckeren. Il sait lui-même son histoire beaucoup
» mieux que moi. Je n'ai ni à le condamner ni à le juger. »

La discussion générale fut close après onze jours de débats très-ardents. La discussion des articles donna lieu à des séances non moins animées.

M. de la Rochejacquelein attendait avec impatience le moment de prendre la parole; dans une sorte de discours-revue où il était question de Garibaldi, de M. de Lavalette, ambassadeur à Rome, du *Siècle* et de plusieurs autres journaux, il développa un programme bien différent de celui de M. Piétri. La presse fut surtout l'objet de ses attaques. Il essaya de démontrer par des citations empruntées à divers journaux que le décret de 1852 sur la presse était une arme impuissante entre les mains de l'administration, qu'il était temps de la lui enlever et de confier à la magistrature seule la surveillance de la presse. M. de la Rochejacquelein s'étendit longuement sur un banquet donné par les journalistes à M. Ratazzi, en s'indignant qu'on y eût bu à Garibaldi et non à l'Empereur dont le buste n'était pas même dans la salle. « A Rome, sous les Césars, » c'eût été un crime de lèse-majesté. On a entendu dans ce » banquet un toast à la prompte solution de la question » romaine, et celui qui l'a porté adressait naguère aux élec- » teurs de Torigny-sur-Vire une circulaire dans laquelle » on lit : M. le ministre de l'intérieur m'a offert spontané- » ment de me faire recommander, et j'ai refusé. » M. de la Rochejacquelein fit remarquer en outre que dans cette circulaire il était question d'une lettre de M. Mocquart offrant l'appui du cabinet de l'Empereur au candidat de Torigny-sur-Vire, et le remerciant comme directeur du *Siècle* de son patriotique concours pendant la guerre d'Italie.

L'orateur accusa ensuite l'école démocratique de prendre un masque de religiosité pour mieux tromper le peuple et corrompre les âmes. Elle nie, s'écria-t-il, au fond tous les principes du droit et de la justice. Elle nie que tout pouvoir humain vienne de Dieu, et elle n'admet pas, par conséquent, que l'Empereur se dise souverain par la grâce de Dieu. Le droit de notre époque, selon la démocratie, est un droit nouveau, l'hérédité monarchique a fait son temps. Erreur, répliquait l'orateur, l'élection de l'Empereur a été

la consécration du principe d'autorité. « On nous appelle
» les hommes des vieux partis parce que nous défendons
» ce principe. La France et l'Empereur s'y rallient. »

M. de la Rochejacquelein n'épargna pas dans son discours la presse du gouvernement : « Cette presse dont on
» croit qu'il dispose, elle ne lui appartient pas. Si on révé-
» lait les noms de ceux à qui elle appartient réellement, le
» Sénat verrait bien des promiscuités compromettantes (1).
» Il est des journaux qui pour la politique appartiennent au
» gouvernement et pour le reste à des gens qui ont été
» condamnés (2). » La presse avait au Sénat, dans la personne de M. Leverrier, un adversaire plus impitoyable
encore que M. de la Rochejacquelein. Les journaux les
plus dévoués à l'Empire ne trouvaient pas grâce devant lui.
M. de la Rochejacquelein ayant prononcé le nom du *Constitutionnel*, M. Leverrier cria de sa place : C'est le plus
mauvais de tous !

M. Baroche répondit à M. de la Rochejacquelein que le
régime qu'il demandait pour la presse existait dans toute
sa plénitude, que les avertissements reçus par le *Courrier
du dimanche*, le *Temps*, l'*Opinion nationale*, le *Monde*,
l'*Union*, n'avaient pas empêché de les poursuivre pour divers
délits. Les tribunaux ont du bon, mais les avertissements
aussi, ajouta M. Baroche, et ce n'est pas parce qu'on reproche au gouvernement de n'en avoir pas assez usé qu'il
faut lui ôter le droit d'en user à l'avenir. M. de la Rochejacquelein avait cité des fragments injurieux des journaux
non cléricaux ; M. Baroche en fit connaître du même genre
empruntés aux feuilles cléricales. M. de la Rochejacquelein avait signalé un passage d'un discours prononcé par

---

(1) Allusion à quelques actions du *Siècle* ayant appartenu à M. Billault.
(2) Le *Constitutionnel* et le *Pays* appartenaient à M. Mirès.

M. Maret, évêque de Sura *in partibus*, doyen de la Sorbonne, comme suspect d'hérésie révolutionnaire. M. Baroche, après avoir lu et commenté ce passage fort inoffensif, ajouta : « C'est une chose profondément regrettable » que ce prélat soit le seul des évêques nommés par » l'Empereur qui n'ait pas reçu l'investiture pontificale. »

Le prince Napoléon crut devoir intervenir dans le débat. Il opposa lui aussi aux citations empruntées par M. de la Rochejacquelein aux journaux libéraux pour faire ressortir l'impunité de leurs excès, des citations tirées des journaux cléricaux. Il expliqua la différence qui existe entre l'hérédité fondée sur le droit divin et l'hérédité fondée sur le droit populaire, et rappela cette thèse vieillie, que Napoléon Ier n'était monté sur le trône que pour couronner avec lui les grands principes de la Révolution. « Savez-vous, ajouta-t-il, à quels cris l'Empereur a été ramené du golfe Jouan aux Tuileries? C'est aux cris de : « à bas les nobles! à bas les émigrés! à bas les traîtres! » Ces mots sont à peine prononcés que les sénateurs, en proie à la plus violente émotion, se lèvent en gesticulant et en criant : « A l'ordre! à l'ordre! » Ils avaient cru entendre : « A bas les *prêtres!* » De là leur émotion, peu justifiée d'ailleurs, car ce cri, s'il eût été prononcé en 1815, aurait tout simplement voulu dire : plus de dîme, plus de mainmorte, plus de religion d'État, en un mot, plus de ces anciens priviléges que le clergé semblait réclamer depuis la Restauration ou que ses amis réclamaient pour lui.

Le prince Napoléon revint sur la question du banquet offert par la presse à M. Ratazzi : « Le buste de l'Empereur » était dans la salle du banquet démocratique; mais savez- » vous, s'écria-t-il, où il est insulté, brisé, c'est dans l'armée » du pape. » Le prince ajouta que la politique de MM. Sé-

gur d'Aguesseau et de la Rochejacquelein conduisait directement au rétablissement de l'ancien régime : « Si l'on ré-
» tablit le pouvoir temporel, si l'on replace les princes
» légitimes sur leur trône de l'autre côté des Alpes, il faut
» de ce côté-ci rappeler Henri V, et M. de la Rochejacque-
» lein, pour être logique, aurait dû proposer un amendement
» à l'adresse dans le but de provoquer un retour à la poli-
» tique de 1823 : intervention de la France partout où le
» droit divin est menacé. » Le gouvernement ne pouvait se dispenser d'intervenir. M. Billault, ministre sans portefeuille, déclina toute solidarité au nom du gouvernement avec « les théories aventureuses et périlleuses » qui, dans la bouche d'un prince, avaient inquiété le Sénat, et demanda qu'on oubliât cet incident pour se livrer aux discussions sérieuses.

Les séances du Sénat n'étaient pas publiques, mais les indiscrétions des sénateurs et le compte rendu sténographique, bien que rédigé sous les yeux du président, qui atténuait autant que possible la vivacité des paroles échangées, révélaient suffisamment les ardeurs d'une séance que la prudence du président avait cru devoir clore brusquement.

M. de Boissy le lendemain demanda la publicité des séances du Sénat, se plaignit de la longueur des paragraphes de l'adresse, parla de la Chine, de l'Amérique, du discours du prince Napoléon et de la nécessité d'empêcher l'Angleterre de former une nouvelle coalition contre l'Empire. Ces divagations, parfois spirituelles, remplirent toute la séance, et fournirent à l'orateur l'occasion de reprendre la parole le lendemain pour se plaindre (M. de la Rochejacquelein en avait déjà fait autant) du manque de sincérité du compte rendu officiel des séances. Le *Moni-*

teur lui avait fait dire : « Quand il (le Sénat) a pu croire qu'on venait lever le drapeau de la branche cadette en face de la branche aînée », au lieu de : « Quand il a vu arborer le drapeau de la branche cadette contre le drapeau de la branche aînée. » M. de Boissy exprima ensuite le regret de trouver dans la sténographie même la trace des ciseaux de la censure. Pourquoi le rapport officiel cité par lui sur les traitements infligés par les Anglais aux femmes dans l'Inde avait-il été retranché du *Moniteur?* M. Troplong répondit qu'il contenait des paroles cyniques qui seraient une souillure pour les procès-verbaux du Sénat.

La séance du mercredi 26 février 1862 s'ouvrit encore par une réclamation du procureur général Dupin contre l'exactitude du compte rendu. « Je trouve, dit-il, dans le
» discours de M. Billault cette phrase, qui est comme la sen-
» tence et la moralité du discours lui-même : « Le gouverne-
» ment fera tout pour satisfaire les désirs, les tendances des
» esprits religieux, mais si l'on touche à la plus petite partie
» de la couronne qui représente le pouvoir temporel, il la
» défendra énergiquement. » (*Mouvement.*) Cette indication est conforme à la vérité, le Sénat a applaudi à l'exposé de principes que venait de faire M. le ministre. Or, je trouve dans le *Moniteur* des termes qui ne sont pas identiques avec ceux du compte rendu. Voici ce que dit le *Moniteur* : « Cette nécessité de maintenir les bons rapports
» entre l'Église et l'État importe trop à la liberté de cons-
» cience pour que le gouvernement n'en tienne pas grand
» compte ; il fera tout ce qu'il pourra légitimement faire
» pour que les tendances de l'esprit religieux soient satis-
» faites ; mais quant à laisser toucher à la plus petite partie
» de cette couronne, symbole du pouvoir temporel, non
» certes, il ne le souffrira pas. » Combien cette phrase dé-

» cousue et flasque, dit M. Dupin, ressemble peu à la pre-
» mière. J'en demande le rétablissement. »

La Société de Saint-Vincent de Paul eut la parole le lendemain. MM. Amédée Thayer et le baron Dupin prirent les premiers sa défense, dans la séance du 27. Les cardinaux Morlot et Mathieu repoussèrent le reproche que lui adressaient certains journaux de vouloir traiter d'égal à égal avec l'État et de se refuser à toute concession. Pourquoi, demanda le cardinal Mathieu, ne remettrait-on pas la question à l'étude? Le gouvernement s'apercevrait sûrement qu'il s'est trompé. M. Billault répondit, en résumé : La question est suffisamment connue; la Société de Saint-Vincent de Paul, qui a pour protecteur un cardinal romain, refuse de prendre pour président un cardinal français : société laïque, elle ne veut pas se soumettre aux formalités civiles que le concordat impose même aux sociétés religieuses; elle cumule les avantages d'une société reconnue avec les moyens d'action d'une société secrète; en se vantant de son origine française, elle s'enorgueillissait d'être cosmopolite. Qu'elle renonce à ses prétentions et qu'elle rentre dans le droit commun.

Les défenseurs de la Société répliquèrent que si l'on avait tenu toujours le même langage qu'aujourd'hui à la Société, si on lui avait dit qu'elle était une cause d'inquiétude, « elle
» se serait immédiatement dissoute et confondue dans la
» poussière de l'humilité »; c'était la circulaire de M. de Persigny du 16 octobre 1861 qui avait fait tout le mal, à en croire le cardinal Mathieu et M. Ségur d'Aguesseau. Ce dernier allait jusqu'à laisser entrevoir que l'auteur de cette circulaire pourrait bien être traduit devant la haute cour.

La commission de l'adresse, en demandant une augmentation de traitement pour le clergé, avait signalé par un contraste ressemblant assez à une critique, l'abondance des libéralités prodiguées aux congrégations. Le cardinal Donnet protesta contre les appréciations erronées du public sur leur fortune qui, sauf deux ou trois, étaient dans la pauvreté et dans la gêne, après avoir conservé au monde le trésor des gloires de l'art et de la littérature; ces congrégations, dans un temps où l'amour des plaisirs joue un si grand rôle, donnent l'exemple de l'abnégation et de toutes les vertus; surveillées par les évêques, elles défiaient, au dire de l'orateur, les accusations de captation, de détournement de mineurs, dont on était si prodigue à leur égard. Et quel temps choisit-on, continua le prélat, pour répandre ces affreuses calomnies? Celui où l'assaut est livré à la famille, à la propriété, à la religion; où l'on entend dans les chaires publiques s'élever des voix pour nier la divinité de Jésus-Christ.

Le *Moniteur* annonçait le matin même la suspension du cours de M. Renan. Le cardinal Donnet, à qui le fait fut signalé, en rendit de publiques actions de grâce au gouvernement.

Une circulaire de M. Rouland, relative à la nécessité de poser les limites dans lesquelles le prosélytisme religieux doit se renfermer, excita les critiques des cardinaux. M. Rouland, parlant comme sénateur et non comme ministre puisque la Constitution le lui interdisait, défendit ses actes, et M. Billault maintint pour le gouvernement le droit de surveillance sur les congrégations. Cette surveillance, à laquelle il ne pouvait renoncer sans de graves inconvénients pour la paix publique, entravait-elle le développement des congrégations? Non : il y a en France aujourd'hui vingt-trois communautés d'hommes autorisées et quarante-neuf non autorisées. Les communautés de femmes autorisées sont au nombre de trois mille soixante-quinze, et il s'en établit de quatre-vingts à cent nouvelles chaque année.

Le cardinal Mathieu avait exprimé le désir de savoir comment les dons et les legs se répartissaient entre le clergé séculier et le clergé régulier. M. Billault répondit que de 1856 à 1860 les legs et dons aux diocèses, évêchés, séminaires, fabriques, paroisses et cures, s'élevaient à 13 375 951 francs; les dons et legs aux congrégations religieuses, dans la même période, à 6 519 000 francs; mais tandis que pour les premières sommes tout se passait au grand jour, sous le contrôle de l'autorité, il n'en était pas de même pour les secondes. Le gouvernement connaissait les dons pour lesquels l'autorisation lui était demandée, mais il ne savait rien des autres.

Les frères des écoles chrétiennes, qui sont autorisés, ont fourni le détail des dons reçus par eux. Ils s'élèvent à 800 000 francs pour une période de cinq années. C'est là le chiffre officiel, mais les frères de ces écoles ont acquis dans une seule ville un immeuble de 700 000 francs.

Il y a donc à côté du bilan officiel un actif inconnu, que le gouvernement, avec une appréciation très-modérée, ne peut pas porter à moins de 100 millions.

Cette statistique produisit une impression assez vive sur le Sénat; mais la discussion sur les congrégations n'avait été qu'une sorte d'escarmouche. Le débat sérieux entre le gouvernement et le parti catholique s'ouvrit sur le paragraphe relatif à la question romaine.

Le projet d'adresse, cherchant à rallier toutes les opinions, constatait d'un côté la *résistance* et *l'immobilité de la papauté*, et de l'autre les *prétentions immodérées de l'Italie :* ce contraste traditionnel ne pouvait satisfaire personne, ni les partisans de l'Italie ni les amis du pouvoir temporel; ces derniers demandèrent que l'adresse fût

amendée dans un sens nettement favorable au pouvoir pontifical. M. Bonjean prononça un savant discours historique et théologique sur l'origine du pouvoir temporel, qui n'avait jamais été, selon lui, pour la papauté qu'une entrave, dont elle devrait se délivrer dans l'intérêt de son indépendance spirituelle. M. de la Guéronnière prit la parole après M. Bonjean et témoigna une amère tristesse de voir qu'aux partisans du pouvoir temporel on dit toujours : « Vous êtes des réactionnaires », et qu'on répète sans cesse à ceux qui croient que l'autorité politique du Saint-Siége doit accepter les transformations imposées par les circonstances et le progrès des idées : « Vous êtes des révolutionnaires. » Il venait donc s'interposer « entre ces deux intolérances,
» entre ces passions extrêmes au sein desquelles s'agite ce
» grand intérêt contenu seulement dans sa vérité, dans sa
» mesure exacte, par la politique si sage, si modérée de
» l'Empereur. »

Ce discours se terminait par une espèce de dithyrambe en l'honneur de l'Empire, de l'Empereur, et même du prince Napoléon qui, « par sa parole entraînante, persua-
» sive, détermina l'empereur François-Joseph à accepter les
» conditions de paix qui étaient le triomphe de notre modé-
» ration ». Le prince se plaignit que l'orateur le plaçât dans une position difficile et déclara qu'il n'avait fait qu'exécuter les ordres de l'Empereur. — « Non, Monseigneur, lui ré-
» pondit courageusement M. de la Guéronnière, je ne crois
» pas avoir placé Votre Altesse dans une situation difficile,
» mais dans la meilleure des situations, en rappelant un
» fait historique auquel son nom est si noblement associé. »

Le prince Napoléon prit la parole dans la séance du 1ᵉʳ mars, où il fit un long exposé des abus de la cour et de la politique romaines à l'aide des dépêches des ambassateurs de l'ancien régime, de l'Empire, de la Restauration et de la monarchie de Juillet. Il conclut en demandant le départ des troupes françaises et la fin d'un *statu quo* intolérable pour l'Italie, pour la France et pour l'Europe.

M. Billault donna une nouvelle édition de son discours de l'année précédente : « L'Empereur ne veut pas livrer les » provinces pontificales à la réaction, ni le pape à la révo- » lution ; il veut une transaction, il veut que les faits agis- » sent sur la raison de tous, de façon à amener l'Italie, la » France et l'Europe à comprendre toutes les nécessités. »

La question mexicaine se posa pour la première fois devant le Sénat dans la séance du 27 février, à l'occasion du neuvième paragraphe, et elle ne donna lieu d'ailleurs qu'à cette simple question de M. de Boissy : La commission dit : « Puisse l'expédition concertée avec l'Espagne et l'Angle- » terre être poursuivie énergiquement..... » A-t-elle voulu exprimer un vœu qui laisse une place au doute, ou entend-elle l'énoncer dans le sens d'une affirmation ? La demande de M. de Boissy était justifiée par la contradiction existant entre les dépêches officielles et les débats du parlement britannique. Les dépêches déclaraient que les trois puissances devront s'entendre sur la conduite de l'expédition, sur ce qui se fera dans le présent et dans l'avenir, tandis que le ministère anglais avait répondu aux interpellations d'un membre de la Chambre des communes, que les troupes britanniques n'avaient pris ni tentes ni bagages, parce qu'elles ne devaient pas s'enfoncer dans les terres et que leur départ était fixé avant la mauvaise saison. S'il en était ainsi, que devenait la convention du 31 octobre 1861 ? M. Billault refusa de répondre, quoiqu'il sût bien que la convention n'existait déjà plus.

L'adresse fut votée le 3 mars, à la majorité de cent

vingt-quatre voix contre six. Les quatre cardinaux présents faisaient partie de la minorité.

Le Corps législatif avait, comme le Sénat, commencé ses délibérations le 28 janvier.

M. de Morny ouvrit la séance par une allocution aux députés : « En théorie comme en fait », leur dit-il, « nous » possédons le gouvernement qui convient le mieux au ca- » ractère de la nation. » Il fit ressortir l'étendue des concessions faites au Corps législatif : « Vous avez obtenu toutes » les réformes que vous avez seulement indiquées », et il s'étendit principalement sur celle du 14 novembre qui, selon lui, mettait le Corps législatif en possession d'un contrôle efficace sur les finances de l'État. M. le président du Corps législatif consacra un paragraphe tout entier de son discours à la critique de l'éloquence écrite ; il proposa presque qu'il fût interdit à l'avenir de prononcer des discours écrits à la Chambre. Il y avait là une question de liberté et d'art. Les électeurs, avant de savoir si un candidat est honnête homme et connaît leurs besoins, seraient-ils forcés désormais de s'informer s'il était improvisateur ? Improviser est sans doute un don précieux quand on y joint les autres qualités de l'orateur ; c'est par l'improvisation qu'on s'élève au plus haut degré de l'éloquence, mais elle n'est pas pourtant l'éloquence tout entière, les plus beaux discours peut-être prononcés à la tribune française sont des discours écrits ; la clarté, la concision, ne sont pas plus inhérentes à l'éloquence parlée qu'à l'éloquence écrite ; il y a des improvisations aussi lourdes et aussi prolixes que le plus lourd et le plus prolixe des discours écrits. M. de Morny, en manifestant l'intention formelle d'épargner le temps de la Chambre en coupant court aux discours lus au milieu de l'inattention et de l'indifférence générales, s'engageait par cela même à mettre fin également aux discours que l'improvisation ne suffirait pas à protéger, et, dans les deux cas, il portait une sensible atteinte à la liberté de la tribune.

La Chambre inaugura ses travaux en vérifiant quelques élections contestées, entre autres celle de M. Pamard, maire d'Avignon, présenté aux électeurs comme « candidat impérial ». Cette qualification avait soulevé quelques protestations que le rapporteur de la commission se hâta de repousser : Loin de blâmer l'intervention du gouvernement, il trouvait « qu'elle moralise l'élection ». M. Lemercier, en combattant cette théorie, convint néanmoins « que le » suffrage universel avait encore besoin d'être dirigé par » l'administration ».

M. de Morny avait insisté dans son allocution sur l'urgence du projet de conversion de la rente et des obligations trentenaires. La commission fut nommée le 31 janvier, et le renvoi immédiat aux bureaux ordonné. M. Gouin était président et rapporteur, et M. Léopold Lehon secrétaire. La discussion ne s'ouvrit cependant que le 7 février. M. Darimon, quoique partisan de l'unification de la dette, attaqua le projet, qui poussait les porteurs de rentes à spéculer sous le coup d'une mesure d'ailleurs irréalisable autrement que par des manœuvres tentées à la bourse pour opérer une hausse factice et pour faciliter une opération qui consistait tout simplement à procurer au Trésor, par un emprunt déguisé, 200 à 250 millions qu'il n'osait pas demander à l'emprunt direct. M. Kœnigswarter reprocha au projet de jeter la perturbation parmi les petits rentiers; MM. Picard et Ollivier se mêlèrent à la discussion sans parvenir à empêcher la Chambre d'adopter la conversion, vivement défendue par M. Gouin, rapporteur, et par

MM. Vuitry et Baroche, commissaires du gouvernement.

La discussion de cette loi avait démontré que les établissements publics, les hospices et les communautés religieuses se trouveraient dans l'impossibilité de prendre part à la conversion, faute de ressources suffisantes pour payer la soulte. Le gouvernement présenta d'urgence un projet de loi autorisant ces établissements à se faire avancer les sommes nécessaires par le Crédit foncier. Les adversaires de la conversion s'empressèrent, à l'occasion de la discussion de ce projet, de signaler le préjudice causé au budget de la charité par l'emprunt auquel il était condamné; mais leurs efforts restèrent encore une fois inutiles.

Le gouvernement avait présenté le 19 février un projet de loi tendant à accorder au général Cousin-Montauban, récemment nommé sénateur et comte de Pa-li-kao, une pension de 50 000 francs à perpétuité et reversible de mâle en mâle. La Chambre à la lecture de ce projet fit entendre des murmures, qui se traduisirent dans les bureaux par le choix de commissaires pris parmi les députés qui lui étaient les plus notoirement hostiles. Le général de Montauban écrivit à l'Empereur pour le prier de retirer le projet. L'Empereur lui répondit le 22 qu'il n'en ferait rien. La lettre impériale se terminait par ces paroles hautaines et blessantes : « Les nations dégénérées marchandent seules la reconnaissance publique. » C'était un défi. La commission le releva par l'organe de M. de Jouvenel, son rapporteur, qui conclut au rejet de la dotation!

Ce refus était motivé par le droit public, qui s'oppose formellement à l'institution des majorats, et par la possibilité où se trouvait l'Empereur de disposer de nouvelles ressources pour récompenser un général, même après l'avoir nommé sénateur et comte, enfin par le danger de remplacer dans les âmes le sentiment de l'honneur par l'appât de l'argent. La commission repoussait du reste tout amendement. C'était une crise. La première entre l'Empereur et le Corps législatif. Qui céderait? ce fut l'Empereur. On lui fit comprendre qu'il était inutile de convoquer les députés, s'il ne leur était pas permis d'avoir une opinion. Il écrivit donc le 4 mars à M. de Morny une lettre dans laquelle, en déplorant ce qu'il appelait un malentendu, il annonçait l'intention de remplacer le projet de loi par une autre proposition plus conforme aux vœux d'un grand nombre de députés. La Chambre, convoquée extraordinairement le 5 mars pour recevoir communication de cette lettre, entama le lendemain la discussion de l'adresse.

Le projet d'adresse rédigé par la commission, sous la présidence de M. de Morny, n'était, comme l'adresse du Sénat, qu'une paraphrase du discours de l'Empereur un peu plus accentuée sur la politique extérieure et sur les finances. Elle se prononçait nettement en faveur de la paix. « Nous
» savons que l'Empereur ne se laissera entraîner à la guerre,
» ni par des prétentions ambitieuses, ni par des préjugés qui
» seraient également contraires à nos intérêts et aux idées
» de notre époque. » L'Italie, cette grande cause de perturbations possibles, avait été reconnue par l'Empereur; l'adresse contenait un paragraphe favorable à cette reconnaissance. « La France est catholique et libérale, elle veut
» que le chef de la religion soit respecté, mais elle favorise
» toujours la vraie liberté ainsi que le progrès moral et ma-
» tériel des populations. » Le Corps législatif, par la plume des rédacteurs de l'adresse, s'associait au système financier de M. Fould, en recommandant de supprimer les dépenses improductives, d'équilibrer les budgets, d'établir la stabilité dans les droits de douanes et d'impôts, et de supprimer

les entraves que l'excès de réglementation impose aux forces productives du pays.

MM. Plichon, Kœnigswarter, Kolb-Bernard, Guyard-Delalain, le marquis de Pierre, prirent part à la discussion générale. M. Plichon, dans un tableau très-sombre de la situation intérieure, signala le réveil des passions qui avaient alarmé la société en 1848. « Le mal déjà fait est grand, il » ne tardera pas à devenir immense et le gouvernement en » sera la première victime. » La responsabilité de ce mal, selon M. Plichon, revenait à « une certaine presse » à laquelle on laissait toute liberté, tandis que la presse conservatrice et religieuse ne pouvait vivre qu'à la condition de tout approuver et de se taire. M. Plichon, il faut lui rendre cette justice, ne demandait pas un simple changement de bascule, mais la liberté.

M. de Pierre, qui ferma la discussion générale, jeta sur la situation les vives lueurs de son ironie. « M. Magne nous » a dit l'année dernière : l'Empereur veut régner, gouver-» ner et administrer. Mon Dieu ! Messieurs, je voudrais » même qu'il pût rendre la justice : à coup sûr elle serait » rendue de haut (*bruit*) ; mais avez-vous compris le danger » de prendre à la lettre cette fiction ? L'Empereur admi-» nistre, et vous, messieurs les ministres, n'administrez-» vous pas quelque peu ? Faut-il donc toujours faire re-» monter l'appréciation de vos actes à l'Empereur ? Si la » Cour des comptes blâme quelque part le détournement » des fonds des enfants trouvés au profit des embellisse-» ments d'un mobilier de préfecture, ce blâme doit-il » remonter à l'Empereur, et sommes-nous obligés de croire » que c'est là un auguste virement ? (*Hilarité générale.*) » Quand le souverain désavoue officiellement une poli-» tique compromettante, est-ce le même souverain qui

» la propage par le télégraphe? L'administrateur qui a en-
» voyé au *Moniteur* ce cri d'alarme de M. Fould sur l'état
» de nos finances, est-ce le même qui a envoyé à la *Revue*
» *des deux mondes* un avertissement parce qu'elle avait élevé
» quelques doutes sur la bonne conduite de nos finances
» avec cent fois plus de respect et de timidité que le *Mo-*
» *niteur?* » (*Plusieurs voix : très-bien! très-bien!*)

L'orateur, après avoir décrit la puissance du ministre de l'intérieur, maître d'imposer silence à la France en général et à chaque Français en particulier, et de disposer de la fortune d'une classe de citoyens par la suppression d'un journal, ajouta : « Je ne sais si une pareille dictature peut
» être confiée à quelqu'un qui n'en soit pas responsable,
» mais quand personne, excepté nous, n'a le droit de faire
» entendre la moindre plainte, je me considérerais comme
» un bien grand coupable si je laissais expirer mon mandat
» sans dire que la France de 89 est humiliée de ce régime.
» Vous me demanderez alors si je veux la liberté de la
» presse. Hélas! oui, je la voudrais, car ces dix ans de vie
» politique ont achevé mon éducation. Mais je vous de-
» manderai à mon tour, pouvez-vous la supporter? Si
» vous ne pouvez pas la supporter, n'en parlons plus ; mais
» soyons modestes et ne nous parlez ni de votre force, ni
» de 89. Quelqu'un qui n'est pas pressé a dit ailleurs que
» ce gouvernement nous avait donné l'ordre, que la liberté
» viendrait plus tard, et que tout vient à point à qui sait at-
» tendre ; mais à coup sûr un peu de liberté arriverait fort
» à propos en ce moment. »

Ce piquant résumé de la situation mit fin à la discussion générale et le Corps législatif passa le lendemain à la discussion des articles.

Les cinq membres de l'opposition avaient déposé l'amendement suivant, qui est presque un programme, au premier paragraphe de l'adresse : « La confiance publique ne » peut renaître que par un retour sincère au régime » de la liberté. La presse doit cesser d'être un monopole » soumis à une censure occulte qui altère les manifes- » tations de l'opinion publique. Le jury, seule juridic- » tion compétente en matière politique, doit connaître » des délits de presse et les juger publiquement. Des » élections faites par les électeurs et non par des préfets, » avec le droit de réunion et avec des chances égales » de publicité et de protection pour la liberté de tous ; le » pouvoir municipal émanant de la commune et non du » gouvernement, de telle sorte que l'intérêt public ne soit » plus subordonné aux exigences de la politique ; la liberté » individuelle garantie par un ensemble de mesures dont » la première doit être l'abrogation de la loi de sûreté géné- » rale ; telles sont les principales conditions d'un système » politique qui s'autorise des principes de 1789 ; telle est » la réforme qu'exigent impérieusement l'intérêt moral du » pays, sa dignité, le développement de son activité et de » sa richesse, et qui ne peut être ajournée sans que la » France soit placée dans un état d'infériorité vis-à-vis des » autres nations. »

M. Ernest Picard et M. Jules Favre soutinrent l'amendement avec une énergie qui provoqua de la part de M. Baroche, président du Conseil d'État, des répliques non moins vives. La lutte s'était engagée sur le même terrain que les années précédentes ; il s'agissait toujours, d'un côté, d'attaquer le caractère anormal des lois nées du coup d'État du 2 décembre, et de l'autre, de les justifier et de les défendre. Les orateurs de l'opposition ne pouvaient se flatter de l'espoir d'agir sur les députés de la majorité, mais le silence dans lequel ces derniers se renfermaient n'avait rien de bien honorable. Le nombre des partisans du gouvernement était bien plus considérable au Corps législatif qu'en aucun temps et en aucune assemblée, et pourtant des rangs si serrés de la majorité, pas une voix ne s'élevait pour défendre la politique du gouvernement et pour venir en aide aux orateurs officiels. M. Roques-Salvaza adjura ses collègues de défendre l'adresse, qui était l'œuvre de la commission et par conséquent de la majorité elle-même. Cet appel généreux resta vain. Le poids de la discussion continua comme par le passé à retomber tout entier sur les orateurs du gouvernement.

L'opposition avait déposé un amendement relatif à la politique étrangère dont la question italienne fit presque tous les frais. M. Jules Favre démontra que la politique de conciliation annoncée par l'Empereur et approuvée par l'adresse, n'était qu'une chimère. M. Jérôme David répondit que c'était en revenant aux stipulations de Villafranca que l'Italie permettrait au pape d'opérer dans ses États les réformes qui rendaient possible le départ des troupes françaises de Rome. M. Keller accusa l'amendement de l'opposition de n'être qu'un produit de l'esprit révolutionnaire ; le gouvernement et le Corps législatif ne voulant pas que l'armée quitte Rome, pourquoi, demanda-t-il au gouvernement, attaquez-vous sans cesse par une contradiction flagrante la politique du Saint-Siége? S'agit-il d'appuyer un nouveau projet de transaction dont le rejet aurait pour effet l'évacuation ; ou bien, quoi qu'il arrrive, maintiendrez-vous toujours au pape Rome et le patrimoine de saint Pierre? La réponse de M. Billault était prévue : « Il s'agit
» d'opérer sur l'échiquier des intérêts humains, il ne s'agit
» pas d'une question de foi et de dogme, mais d'une ques-

» tion purement politique et du domaine temporel. Eh
» bien! sur cet échiquier où l'on s'engage, il faut savoir
» garder sa situation. Le gouvernement ne livre pas la
» sienne, il la garde. »

Le gouvernement n'avait jamais marqué aussi nettement la séparation entre l'intérêt religieux et l'intérêt politique, ni avoué aussi franchement la violation du principe de non-intervention. « Le seul droit qui envers nous pourrait » être invoqué, » dit M. Billault, « ce serait le droit des » populations romaines. Nous admettons en effet que les » populations sont maîtresses d'elles-mêmes. Le principe de » la souveraineté du peuple est la base de notre droit pu- » blic.... Je reconnais que chez les Romains, ce droit est » suspendu ; que nous méconnaissons chez eux le principe » qui nous régit en France ; mais il est malheureusement » parfois des circonstances exceptionnelles où des intérêts » d'un ordre supérieur commandent ces sacrifices momen- » tanés de la liberté populaire ». M. Jules Favre s'empressa de constater que M. le ministre était contraint de déclarer que la France ne restait à Rome qu'en vertu de la suppression momentanée d'un des plus grands principes du droit public ; M. Billault en faisait l'aveu, mais il s'excusait en ajoutant que l'armée française ne pouvait quitter Rome sans la livrer à la révolution ou à une autre puissance protectrice, et que le gouvernement n'y consentirait jamais. A ces mots la majorité couvrit de ses applaudissements l'orateur officiel, qui se retournant vers M. Keller, reprocha vertement aux catholiques de pousser le pape à résister aux conseils d'un gouvernement qui le soutenait depuis quinze ans, et de rendre toute conciliation impossible. Il comptait à l'avenir sur une meilleure conduite des catholiques et sur la Providence « pour placer sur une base désormais inébranlable la liberté du Saint-Père et l'indépendance de l'Italie ». C'était encore le *statu quo*.

La séance du 13 fut consacrée à la discussion du paragraphe sur la guerre d'Amérique et sur les affaires du Mexique. L'opposition proposa d'ajouter à ce paragraphe l'article additionnel suivant : « Nous faisons des vœux pour
» que le grand principe de l'abolition de l'esclavage sorte
» victorieux de la lutte dont il est la cause. » M. Billault repoussa cet article, sous prétexte qu'il engageait le gouvernement dans la voie de l'intervention dans les affaires intérieures d'un gouvernement étranger.

M. Jules Favre mit à nu les inconvénients, les dangers et même les impossibilités du plan d'invasion et de réorganisation du Mexique, prêté au gouvernement et faiblement répudié par M. Billault. L'orateur officiel, après avoir demandé si une discussion sur une expédition déjà commencée était bien opportune et bien patriotique, parla de la convention conclue entre les trois puissances et de leur accord parfait, juste au moment où un membre de la Chambre des communes, demandant au gouvernement si l'Angleterre était en guerre ou en paix avec le Mexique, venait de recevoir de M. Layard, sous-secrétaire d'État des affaires étrangères, cette réponse : « La guerre n'est ni
» déclarée ni commencée, et il est extrêmement probable
» qu'un arrangement à l'amiable va se conclure. »

M. Favre avait parlé de la candidature de l'archiduc Maximilien au trône. M. Billault prétendit que c'était là un simple propos d'officier, et la preuve c'est que l'ambassadeur d'Angleterre s'en étant ému, « il est allé chez notre
» ministre des affaires étrangères, qui lui a répondu : *Cela
» n'est pas*. Voilà les faits. » Cette déclaration catégorique fit un sensible plaisir à la Chambre, peu enthousiaste

d'une nouvelle guerre lointaine entreprise sans son concours.

Le Corps législatif, après cette excursion à l'étranger, fut ramené aux affaires intérieures, soit par les amendements des *Cinq*, soit par les observations de divers membres de la majorité. M. Devinck opposa quelques teintes sombres au riant tableau de la situation financière présenté par M. Magne, ministre sans portefeuille, et finit en émettant timidement de légers doutes sur l'efficacité du sénatus-consulte modifiant les conditions de la présentation du budget; M. Picard réclama pour Paris et Lyon le droit d'élire leurs conseils municipaux. La Société de Saint-Vincent de Paul trouva dans M. A. Lemercier un défenseur intrépide, et le libre-échange d'ardents adversaires dans MM. Brame et Pouyer-Quertier.

M. Pouyer-Quertier, député de la Seine-Inférieure, orateur chez qui la prolixité et l'incorrection du langage n'excluaient pas une certaine vigueur d'argumentation que semblaient encore tripler sa haute taille, son torse robuste et son infatigable larynx, remplit presque toute la séance du 19, par un discours dans lequel il signalait, avec une complaisance passionnée, les résultats désastreux que les traités de commerce conclus avec l'Angleterre avaient eus, selon lui, pour l'industrie française. M. Granier de Cassagnac se déclara profondément offensé dans son patriotisme par une discussion qui ne pouvait plaire qu'à ceux que la grandeur du pays offusque. « Il est temps, s'écriat-il, que cette campagne finisse! » M. Brame, ne tenant nul compte de ce vœu, vint appuyer les accusations de M. Pouyer-Quertier et se joindre à lui pour demander une enquête sur les résultats du libre-échange. M. Baroche, dans sa longue réponse aux deux députés protectionnistes, leur reprocha de se conduire en mauvais citoyens en révélant les souffrances du pays. M. Brame répliqua qu'il remplissait, au contraire, le plus sacré des devoirs, et qu'il aurait été coupable de garder le silence en « député obéissant ».

M. de Morny : Que voulez-vous dire par là?

Une voix : Il n'y a pas ici de député obéissant.

La discussion arrivait à son terme.

M. de Pierre, dont l'ironie fine et mordante se faisait jour dans des discours écrits qui n'étaient probablement pas étrangers à l'ostracisme parlementaire que M. de Morny voulait infliger à ce mode d'éloquence, clôtura les débats en remerciant l'Empereur de la restitution du droit d'adresse ; il fit pourtant remarquer que cette liberté qui consistait à remplacer brusquement six mois d'admiration par vingt jours de critique ne valait pas une liberté continue ; les vérités qui s'échappent une à une en temps opportun ne sont-elles pas préférables à une masse de vérités venant trop tôt ou trop tard?

M. de Morny, avant de procéder au scrutin sur l'ensemble de l'adresse, remercia les députés « du concours et de l'appui qu'ils lui avaient prêté pendant cette longue et laborieuse discussion » ; il crut devoir, en même temps, rendre compte « d'une manière toute spontanée, des impressions que cette discussion lui avait laissées ». M. de Morny établit d'abord que le décret du 24 novembre, en « accordant le droit d'adresse », — « en le restituant, » interrompit M. Picard ; — en l'accordant, insista M. de Morny, je maintiens mon mot, — n'avait pas voulu donner aux députés une liberté plus grande de discussion. Cette liberté existait déjà. Mais l'adresse était devenue l'occasion de récriminations, d'accusations, d'attaques directes et personnelles, d'énonciations de petits faits..... (*Voix nombreuses : Très-bien! très-bien!*)

M. Jules Favre : Nous protestons!

M. Picard : Vous n'avez pas le droit de tenir ce langage, monsieur le président !

M. le Président : Vous m'écouterez jusqu'au bout.....

M. de Morny continua en effet sa petite allocution sans qu'on en pût conclure cependant que la nouvelle prérogative de la Chambre courût un danger immédiat, et l'adresse fut votée le 20 mars par 244 voix contre 9.

Le règlement de la Chambre, en mettant aux prises une commission de dix-huit membres avec le Conseil d'État libre de repousser les amendements, réduisait souvent les représentants du pays à l'oisiveté et rendait impossible une bonne organisation des travaux parlementaires. Le Corps législatif serait resté pendant un mois dans une inaction complète, s'il n'eût voté la loi de révision des délais de procédure en matière civile et commerciale, la prorogation pour dix ans du monopole des tabacs, et la liberté de mettre en société les charges d'agent de change.

La discussion générale du budget de 1863 s'ouvrit le 16 juin.

M. Alfred Leroux, l'un des rapporteurs du budget, s'attacha dans la première partie de son travail à dégager le Corps législatif de toute responsabilité dans la situation financière. « Le Corps législatif n'a été ni aveugle » ni imprévoyant, et ce n'est pas faute d'avertissements » que s'est développée la situation à laquelle il faut » aujourd'hui porter remède. » Le rapporteur ajoutait : « Les pouvoirs qui nous sont rendus par le sénatus-consulte du 31 décembre 1861, nous donnent une force » et nous imposent une responsabilité; nous acceptons

» l'une et l'autre, décidés à nous servir du droit et à rem-
» plir le devoir. »

Le rapporteur, après cette fière déclaration, fit remarquer « combien le besoin de la paix, qui tient une place
» considérable dans les conseils comme dans les déclarations
» de tous les États, est en contradiction avec la désastreuse
» émulation des gouvernements en ce qui regarde les pré-
» paratifs militaires ». Il multiplia les assurances capables de calmer l'inquiétude générale causée par ce contraste, et il conclut ainsi : « L'économie partout, l'économie tou-
» jours, telle est désormais la règle proclamée ; et ce
» qu'elle peut causer de bien est aussi incalculable que la
» somme de maux que cause son oubli. »

M. Leroux, dans la seconde partie de son rapport, en suivant, chapitre par chapitre, toute la loi de finances, fit l'exposé sommaire des discussions de la commission avec le Conseil d'État. Le budget ordinaire des dépenses de 1863, présenté avec une augmentation de 71 461 105 francs sur celui de 1862, avait pu être, grâce aux efforts des commissaires, réduit du chiffre de 62 millions. Le budget extraordinaire avait subi, de son côté, une réduction de même importance. La commission, pour faire face à l'accroissement des dépenses, admettait le rétablissement de la taxe du sucre, l'augmentation du papier timbré, le double décime sur l'enregistrement, un droit sur les bordereaux d'agent de change, enfin un impôt sur les chevaux et les voitures.

La discussion générale du budget fournit à deux membres de la majorité, MM. Granier de Cassagnac et Roques-Salvaza, l'occasion de proposer, par un amendement, la création d'un impôt sur les revenus mobiliers qui s'affichent et se publient, tels que rentes sur l'État et actions

dans les compagnies industrielles, soit anonymes, soit en commandite. C'était introduire partiellement l'*income-tax* dans le système financier de la France. La fortune mobilière n'existait pas, disaient les auteurs de l'amendement, lorsque l'impôt a été établi; on avait été forcé de frapper la propriété foncière et les objets de consommation. Les choses sont bien changées aujourd'hui : le développement de la fortune mobilière rend équitable et nécessaire sa soumission à un impôt dont l'application partielle supprime les mesures inquisitoriales auxquelles on redoute qu'il donne lieu. M. Granier de Cassagnac ajouta que parler de réduction d'impôt quand la situation de la France était si extraordinairement prospère, quand les dépenses accrues depuis dix ans fournissaient une preuve si convaincante de l'accroissement des ressources, était une anomalie. Le seul reproche qu'on pût adresser aux propositions de M. Fould était celui « de ne pas répondre à cette
» situation de la France, de présenter un budget pauvre
» au nom d'un pays riche, de laisser croire au dehors que
» nous n'avons pas les ressources de nos prétentions, de
» notre influence, de nos droits et presque de notre dignité ».

Ce reproche d'insuffisance et de mesquinerie, adressé à un budget de 2 milliards 116 millions, sembla surprendre un peu la Chambre. Une voix pourtant cria : « C'est vrai ! »

Le projet fut combattu par M. Segris, par M. Magne et par M. Émile Ollivier. Ces orateurs n'acceptaient l'impôt sur le revenu que comme impôt unique, condition sans laquelle il n'était qu'une iniquité, car les auteurs du projet reconnaissaient eux-mêmes qu'une partie importante du revenu mobilier échapperait à la taxe. Les rentiers avaient le droit de le considérer comme une sorte de confiscation, puisque l'État leur reprenait sous forme d'impôt une partie de la dette contractée envers eux. Quant au crédit public, il ne pouvait en recevoir qu'une fâcheuse atteinte. L'amendement fut repoussé.

L'adresse avait dit : « Le Corps législatif ne peut avoir » qu'une opinion favorable sur l'état de nos finances, car » il en a toujours minutieusement surveillé l'emploi. » Or, le Corps législatif, par l'organe de la commission, caractérisait la situation financière en ces termes : « La proportion » entre la dépense et la recette était rompue, et un pareil » état de choses ne pouvait durer; il aurait justement alarmé » tous les intérêts et réagi sur notre situation, à l'intérieur » comme à l'extérieur; il aurait rapidement réalisé les » sinistres pronostics de ceux qui déclarent que les finances » nous mèneraient à notre perte. »

M. Picard, après avoir demandé que le Corps législatif se mît d'accord avec lui-même, passa en revue les dispositions du décret de novembre, et déclara qu'il échangerait volontiers la suppression du droit de crédits extra-budgétaires contre le retour pur et simple à la spécialité des anciens gouvernements, à ce système dont M. Royer-Collard disait : « Ce n'est pas une question de principe, c'est une question de probité. » Exprimant ensuite un des sentiments les plus vifs du pays, il demanda qu'on mît un terme au scandaleux cumul des traitements autorisé depuis 1852. L'orateur de l'opposition montra certains personnages touchant, grâce au cumul, les uns 250, les autres 230, les autres 200 000 francs de traitement, et un groupe de soixante et quelques fonctionnaires absorbant à lui seul 5 à 6 millions par an. Il établit que la dépense des grands corps de l'État l'emportait de 20 millions sur celle de ces mêmes corps sous le règne de Louis-Philippe. La liste civile était de 12 millions, elle est de 25; la dotation

des princes et des princesses est de 1 500 000 francs au lieu de 1 300 000 ; le Conseil d'État coûte 2 277 000 francs au lieu de 816 000 francs ; la dépense des ministres sans portefeuille est de 310 000 francs, etc. « Nous ne sommes gou-
» vernés à un si haut prix que parce que nous sommes trop
» gouvernés ; les pouvoirs de l'État ont trop à faire, je le re-
» connais ; ils ne sont pas payés à raison de tout ce qu'ils ont
» à accomplir. Ils se sont chargés de notre bonheur qu'ils ne
» nous donnent pas, mais enfin ils en ont pris la charge. »
Ici l'orateur fut arrêté par une interruption qu'il ne put saisir, et que M. le président s'empressa de traduire en ces termes : « On vous dit que c'est du vaudeville ; parlez
» sérieusement. »

M. Picard, d'après le procès-verbal sténographié du *Moniteur*, se serait jeté d'un autre côté de la question sans répliquer à M. de Morny ; de telle sorte qu'il aurait eu l'air de reconnaître, avec le président du Corps législatif, que parler sur l'abus des traitements cumulés, ce n'était pas parler sérieusement. M. Picard demanda le lendemain une rectification au compte rendu de la séance de la veille :
« M. le président m'aurait dit : *Parlez plus sérieusement;* si
» j'avais entendu cette observation, je ne l'aurais pas accep-
» tée ; je ne l'accepte pas davantage aujourd'hui. »

Le chapitre du budget relatif à l'administration départementale appela M. Plichon à la tribune. L'orateur, après avoir démontré que l'administration est partout toute-puissante, et qu'il n'y a pas de recours pour ceux qui ont à lutter contre elle, traça le tableau des luttes électorales telles qu'elles se passent sous ce régime de compression et de silence. Le préfet du Nord, qui s'était signalé par l'énergie peu scrupuleuse de son intervention dans les luttes électorales, fut vivement pris à partie par M. Pli-

chon qui finit ainsi : « Je sais que le gouvernement re-
» pousse d'ordinaire par une simple dénégation les accusa-
» tions de ce genre. Eh bien, Messieurs, si une semblable
» dénégation se produit aujourd'hui, je lui opposerai l'affir-
» mation la plus absolue, l'affirmation d'un homme d'honneur
» qui a été témoin de tous ces faits, et ce témoin, c'est moi. »

M. Baroche s'efforça d'atténuer l'effet de ces paroles en insinuant que M. Plichon déposait comme témoin dans sa propre cause. Le préfet du Nord dont M. Plichon venait de signaler les méfaits était un des plus éminents et des plus anciens préfets de France, « et je le dis bien haut, ajouta
» le président du Conseil d'État, c'est l'un des fonctionnaires
» que moi personnellement j'honore le plus ». La question dès lors fut jugée. Le ministre honorait le préfet du Nord, la Chambre n'avait pas besoin d'autre certificat.

Les listes électorales du département de la Seine présentaient ce phénomène singulier, qu'à mesure que la population augmentait, le nombre des électeurs inscrits diminuait. Paris, avec un accroissement de 532 000 habitants, aurait-il cinq députés de moins à élire? Un débat très-vif s'engagea à ce sujet entre MM. Ollivier, Picard et Baroche, dans la séance du 18. Le président du Conseil d'État soutint que dans une ville comme Paris, dans laquelle se succèdent si rapidement de nouvelles couches de population, l'inscription électorale devait être soumise à des conditions différentes que dans les autres villes. Une phrase échappée à M. Baroche semblait présager au Corps législatif qu'il n'irait pas jusqu'au bout de son mandat ; le président du Conseil d'État s'empressa d'en atténuer la portée, sans parvenir cependant à rassurer tout à fait une Chambre toujours prête à dresser l'oreille au moindre mot d'élection. Les *Cinq* avaient soumis à la commission un amendement tendant à réduire à 600 000 francs le crédit de 2 millions inscrit au budget pour les dépenses de la sûreté publique. M. Hénon, en soutenant cet amendement, fit entendre de fortes paroles contre cette fameuse loi de sûreté générale qu'on avait présentée comme transitoire, et qui menaçait de s'éterniser, quoiqu'elle fût si peu en rapport avec l'état des mœurs et des esprits.

La situation financière était réglée jusqu'alors par deux projets de loi. Le premier portait fixation du budget *ordinaire* des recettes et des dépenses. Le second fixait le budget *extraordinaire*. M. Fould, dans son rapport à l'Empereur, avait divisé les dépenses en trois classes : les dépenses *ordinaires*, qui ont pour objet de pourvoir aux services obligatoires et permanents (dette, justice, perception, armée, etc.); les dépenses *pour ordre*, c'est-à-dire celles qui, soldées au moyen des impositions que votent les conseils locaux, ne sont inscrites au budget général que pour satisfaire aux règles de la comptabilité publique. « Portées en recettes et en dépenses, » disait le ministre, elles ne peuvent en réalité être considé- » rées comme des charges de l'État. » Comme si les dépenses de cette catégorie n'imposaient pas aux contribuables des charges tout aussi réelles que les dépenses qui passent par les mains de l'administration centrale ; — enfin les dépenses *extraordinaires*, qui, tout en étant utiles, ne sont pas rigoureusement obligatoires (grands travaux, constructions nouvelles, excédants temporaires de l'effectif de l'armée, etc.).

M. Fould, en vertu de cette classification, proposait de ne placer dans le budget proprement dit que les dépenses normales et obligatoires des services publics, en inscrivant à côté les ressources permanentes destinées à les couvrir ; de consacrer un titre à part aux services rattachés *pour ordre* à la loi de finances; enfin de renfermer dans une loi distincte toutes les dépenses extraordinaires, en leur affectant des ressources spéciales et définies qui auraient, comme les charges auxquelles elles devraient faire face, un caractère temporaire. Cet ordre avait été suivi dans le budget actuel.

La Chambre, avant la réforme financière, aurait été dans la nécessité de voter les crédits de chacune de ces sections en bloc. Le gouvernement lui aurait dit : « Voici le chiffre que je demande pour le ministère de la guerre : 366 millions ; les accordez-vous ou les refusez-vous ? » La Chambre aurait en vain essayé de répondre : « Je voudrais bien ne donner que 360 millions. » — Accordez ou refusez, pas d'explication. — Si le vote par ministère ne plaçait plus le député, selon l'expression de M. de Morny, « entre un refus insensé et une soumission regrettable », le vote par section était loin de lui rendre son indépendance. Le gouvernement disait : « J'ai besoin de 366 millions pour les services du ministère de la guerre ; je partage cette somme en cinq sections, dont l'une (solde et entretien des troupes) s'élève au chiffre minime de 282 millions. Accordez-vous ou refusez-vous de voter cette somme ? » Le député se trouvait toujours dans l'alternative de repousser brutalement par une simple boule noire un total de 282 millions, ou de l'accepter aveuglément.

Le Corps législatif, après avoir examiné et discuté les crédits des neuf ministères, section par section, avait donc voté le paragraphe 1er du titre Ier du budget ordinaire. La discussion s'ouvrit sur le paragraphe 2 contenant 38 articles, tous relatifs aux nouvelles impositions. M. E. Ollivier prit le premier la parole. Il condamna le double décime comme pesant sur la propriété foncière, déjà surchargée, et comme rendant la justice plus coûteuse. Quant à la taxe du sucre, elle était une preuve nouvelle de la déplorable mobilité du gouvernement en matière commerciale et financière. « Chaque année, dit l'orateur aux ministres, » vous changez de langage et de projets ; vous préconisez » les virements, puis vous les abandonnez, puis vous les ré- » tablissez. Vous rétablissez l'amortissement en 1858, » l'année suivante vous le supprimez ; vous nous présentez » les obligations trentenaires comme une merveille finan- » cière, l'année suivante vous les biffez. Vous dégrevez » l'impôt sur le sucre en 1860, vous relevez les droits en » 1862. Et, pour que ces contradictions soient permanentes, » nous avons toujours en présence deux ministres des fi- » nances : le ministre *tant mieux* et le ministre *tant pis* ; » l'honorable M. Magne, avec un talent qui me convainc » toujours, me prouve que les finances sont dans le meilleur » état, et l'honorable M. Fould, avec une conviction qui » m'émeut, établit qu'elles sont dans un état pitoyable. »

M. Ollivier raconta comment les négociants et les armateurs, plus effrayés encore de l'inconstance financière de l'administration que de ses exigences, avaient demandé en grâce à la commission de placer la taxe sur les sucres non au budget *extraordinaire*, c'est-à-dire parmi les ressources momentanées, mais au budget *ordinaire*, c'est-à-dire parmi les ressources permanentes. « Frappez-nous, pourvu que nous soyons sûrs que vous nous frapperez toujours de même. » M. Magne répondit à l'orateur en lui reprochant de prendre le rôle très-aisé de critiquer les impôts nouveaux, sans en proposer d'autres. Quels moyens avez-vous de les remplacer ? « Les économies », répondit M. Picard.
— M. Javal ajouta : « La réduction de l'armée, et un meilleur emploi des ressources. »

La discussion sur la taxe sur les chevaux et les voitures de luxe donna le spectacle inattendu d'un assaut livré par la majorité à un projet de loi présenté par le gouvernement. Le rejet de l'article 4, renfermant toute l'économie de la loi, rendait impossible la discussion sur les neuf articles suivants. La réglementation à laquelle la Chambre était soumise empêchait non-seulement le débat sur l'impôt des voitures, mais encore enlevait au rapporteur tout moyen de connaitre dans quel sens il devait interpréter le vote du Corps législatif. Comment sortir d'embarras? La Chambre finit par renvoyer à l'examen de la commission tous les articles du projet, depuis l'article 4 jusqu'à l'article 13 inclusivement.

La dernière grande question abordée par le Corps législatif fut la question mexicaine. Le gouvernement, après avoir d'abord présenté l'expédition comme une démonstration comminatoire plutôt que comme une guerre, et affiché ensuite la plus entière confiance dans le peu de durée de la campagne, se décida enfin à avouer la gravité des embarras dans lesquels il s'était engagé. Cette gradation peut être établie par des textes. Le rapport de M. Leroux disait : « Nos espérances et celles du gouvernement sont que l'année 1862 verra finir l'expédition du Mexique. » Le rapport de M. O'Quin déclarait un peu plus tard que 48 millions seraient affectés à l'expédition du Mexique et aux stations de l'Indo-Chine dans le service de la marine, et 11 millions pour le Mexique seul dans le service de la guerre. Le même rapporteur venait quelques jours après réclamer un supplément de 15 millions. Le gouvernement confessait en même temps que l'effectif de l'expédition qui, au début, était de 2000 soldats, venait d'atteindre le chiffre de 33 000 hommes. La guerre avec le

Mexique dévorait déjà 83 millions en 1862, c'est-à-dire 20 millions de plus que le produit des impôts nouveaux et des taxes nouvelles.

M. Jules Favre, dans l'avant-dernière séance de la session, prononça un magnifique discours sur cette expédition. L'orateur avait avec lui, cela peut se prouver par des extraits empruntés à divers documents, discours ou rapports, le sentiment intime de l'assemblée. Les applaudissements et les adhésions furent pour M. Billault. Le ministre sans portefeuille s'exprima d'une façon si violente au sujet du général Prim, plénipotentiaire espagnol, que le *Moniteur* suspendit pendant un jour l'insertion de cette partie de son discours. Elle parut le lendemain revue, corrigée et diminuée.

Tous les efforts de la commission avaient abouti, en résumé, à rogner 5 millions sur les 397 millions du budget de la guerre. Le chiffre maintenu était donc de 392 millions. La dépense totale approuvée, pour la marine et la guerre réunies, s'élevait à 557 millions. Le budget de 1862 s'élevait à *dix-neuf cent millions* et celui de 1863 à *deux milliards soixante-quatre millions*.

La réforme financière de M. Fould laissait décidément quelque chose à désirer.

CHAPITRE IX

1808-1861

L'EXPÉDITION DU MEXIQUE

SOMMAIRE. — Le Mexique sous la domination espagnole. — Guerre de l'indépendance. — Défaite des Espagnols. — Empire d'Iturbide. — Sa chute. — Effet des *pronunciamientos*. — Formation du parti libéral. — Lutte entre le parti libéral et le parti clérical. — L'emprunt Jœcker. — Le Mexique et Santa-Anna. — Triomphe du parti libéral. — Présidence de Benito Juarez. — La république du Mexique et les puissances. — Le parti monarchique mexicain à l'étranger. — Il entoure l'Empereur et l'Impératrice. — Causes de son succès. Appui que lui donne M. de Morny. — Les bons Jœcker. — M. Dubois de Saligny remplace M. de Gabriac. — Il commence par présenter la réclamation Jœcker. — Juarez est obligé de suspendre le payement des recettes des douanes. — L'Espagne, l'Angleterre, la France. — Les États-Unis. — La guerre se prépare. — Ses prétextes et ses causes. — Négociations diplomatiques pour une entente entre l'Espagne, l'Angleterre et la France. — Les États-Unis se tiennent à l'écart. — La convention de Londres.

Le Mexique se compose de vingt-quatre États, du district fédéral et d'un territoire, la basse Californie, le tout représentant une superficie cinq fois plus grande que celle de la France. Le plateau que forme la majeure partie du pays, s'appuie sur des rochers traversés par de riches filons d'argent, de cuivre, de fer, et n'est exposé qu'à des chaleurs modérées quoique placé sous la zone torride. Les climats les plus divers, la terre chaude, *tierra caliente*, le pays froid, *tierra fria* et la terre tempérée *tierra templada*, se succèdent sur ses pentes. La population du Mexique qui, à la fin du siècle dernier, s'élevait à peine à 5 millions d'habitants, est aujourd'hui de 8 millions, sur lesquels les Indiens comptent 4 millions, les métis 3 millions, et les blancs 1 million.

Le Mexique conquis par Fernand Cortez devint une colonie de l'Espagne, c'est-à-dire selon l'économie politique d'alors, un marché pour les produits de la métropole et un lieu de production réglé sur ses besoins. L'Espagne est de toutes les nations celle qui a usé de l'ancien système colonial avec le plus de rigueur : elle ne voyait dans le Mexique qu'une mine et dans les Mexicains que des mineurs ; elle leur laissait à peine cultiver la terre. L'ordre d'arracher la vigne dont la culture commençait à se répandre, donna le signal de la révolte qui devait rendre le Mexique indépendant.

Les nobles ruinés que l'Espagne envoyait au Mexique pour y refaire leur fortune n'avaient que trois soucis : diriger la production et la consommation dans un sens favorable aux intérêts de la métropole ; inventer de nouveaux impôts ; maintenir la séparation et l'antagonisme des classes sans lesquels leur tyrannie n'eût pas été possible. Les Espagnols étaient investis de tous les emplois, les créoles étaient exclus du gouvernement même alors qu'ils étaient nés de parents espagnols, les métis, les Indiens jaloux les uns des autres, tour à tour protégés ou négligés par l'administration, rendaient sa tâche facile par leurs divisions. Nulle liberté de la presse, nulle liberté individuelle ; interdiction aux villes de plus de 40 000 âmes d'avoir une imprimerie. A quoi d'ailleurs l'imprimerie pouvait-elle servir dans un pays où l'on traitait ceux qui savaient lire comme des ennemis de l'ordre social ?

La domination espagnole a laissé au Mexique des traces qui subsistent encore aujourd'hui ; entre autres l'esclavage, sous le nom de *péonage*. Un homme pauvre (un prolétaire, en Europe) reçoit d'un autre homme une avance de quelques piastres, qu'il s'engage par corps à lui rembourser en travail, à défaut d'argent. Le débiteur, après la déclaration du prêt faite par le créancier devant le juge de l'endroit, passe à l'état de *péon* (1); il appartient à son créancier devenu son maître, jusqu'à ce qu'il se soit acquitté envers lui, ou bien qu'il ait trouvé, pendant les quelques jours de liberté que la loi lui accorde chaque année pour faire cette recherche, un autre maître qui se charge de payer sa dette.

Cette faculté annuelle de changer de maître est d'un usage presque impossible pour les péons relégués dans des fermes éloignées, instruits d'ailleurs par l'expérience que leur sort est le même partout, que l'intérêt des maîtres est de ne point faciliter leur changement, et qu'un traitement plus dur les attend après l'insuccès de leur tentative.

Le Mexicain, imprévoyant par nature, a un penchant à s'endetter; l'institution du péonage se recrute donc facilement par l'effet du caractère national, et elle se fortifie par l'héritage, car la famille du péon qui meurt sans acquitter sa dette reste engagée envers le créancier. Il est rare que le Mexicain né ou devenu péon ne reste pas péon toute sa vie. Les moyens pour le retenir dans les liens du péonage, outre son insouciance naturelle, ne manquent pas à des maîtres peu scrupuleux. Le péon reçoit d'ailleurs un salaire trop minime pour faire la moindre économie, surtout s'il a une femme et des enfants; et ce salaire même est fictif : il est inscrit sur le registre du créancier, le péon n'en touche rien; il reçoit en échange les denrées alimentaires que son maître lui vend au prix fixé par lui-même. Le péon, libre constitutionnellement, n'en est pas moins la propriété du créancier, pour lequel il travaille sans espoir de s'acquitter, aussi méprisé et plus maltraité que l'esclave; il est, comme l'esclave, une cause d'impuissance et de

---

(1) *Peon*, mot espagnol signifiant dans l'origine piéton, homme qui va à pied, et employé depuis dans le sens de manœuvre, journalier.

ruine pour le pays où il existe ; il avilit les maîtres autant que les esclaves, il voue les premiers à la routine, les seconds à la paresse, et la nation tout entière à un état complet d'infériorité morale et matérielle à l'égard des autres nations. L'aristocratie qui naît du péonage s'en sert pour avilir les masses ; le corps judiciaire qui lui donne la sanction légale, le clergé qui le proclame d'institution divine et qui l'exploite avec âpreté, l'armée, composée des malheureux qui le subissent, au lieu de fortifier la société, ne sont pour elle que des causes de dépravation et de faiblesse. L'esclavage n'est pas incompatible avec la grandeur, du moins passagère, d'une société ; le péonage la rend impossible.

Les conquérants du Mexique en partagèrent les terres avec la couronne d'Espagne et avec le clergé. La part faite à ce dernier représentait le cinquième environ de la propriété foncière. Cette part s'accrut de concessions gratuites de terres et de dons considérables en argent, faits par le domaine royal et par les vice-rois, et destinés à favoriser l'établissement des couvents dans un pays qu'on voulait conquérir par la religion et par la force. Les donations entre-vifs et par testament, la dîme prélevée d'abord en nature sur tous les produits agricoles et plus tard convertie en une somme d'argent, les prémices (*premicias*) exigées jusqu'en 1833 sur les bénéfices commerciaux, industriels, gains de toute nature, les droits paroissiaux, le casuel, les droits et frais prélevés par les membres du clergé chargés de l'état civil sur les actes de naissance, mariages et décès, étaient pour lui la source de revenus immenses, qu'il employa en prêts sur hypothèques au taux de 5 et de 6 pour 100, et qui firent de la caisse du clergé à peu près l'unique établissement de crédit au Mexique. Ces sources portèrent pendant trois siècles et demi la fortune du clergé à un chiffre qu'un historien du Mexique (1) évalue au quart et même au tiers de celle du Mexique tout entier. La nécessité de veiller à la conservation de ces biens immenses ne permettait pas au clergé de se désintéresser des affaires temporelles et de se soustraire à l'influence qu'exerce la trop grande richesse sur les corps constitués aussi bien que sur les individus. Le clergé prêtait donc son appui à l'État en façonnant les esprits à l'obéissance passive ; l'État, de son côté, laissait le clergé maître de s'enrichir et d'agrandir son immense domaine.

L'exemple de l'Amérique du Nord secouant le joug de la mère patrie, et de la France accomplissant sa grande révolution, ne passa point cependant inaperçu au Mexique. Le pouvoir de l'inquisition et celui des vice-rois en reçurent un ébranlement dont les effets se manifestèrent au début de la guerre entreprise par Napoléon Ier contre l'Espagne. L'*ayuntamiento* de Mexico, à cette époque, demanda quelques réformes au vice-roi Hurigarray. L'aristocratie espagnole, voyant que celui-ci ne paraissait pas éloigné de les accorder, n'hésita pas à frapper un grand coup. Le vice-roi fut enfermé dans les cachots de l'inquisition ; l'*ayuntamiento* dissous, et les conspirateurs signifièrent aux partisans des réformes que, « tant qu'il y aurait au Mexique » un mulet de Castille, c'est à lui que le pouvoir appar- » tiendrait, et non à un Mexicain. »

La révolution couvait cependant dans les rangs du bas clergé, composé de créoles, de métis et d'Indiens, repoussés de toutes les dignités ecclésiastiques. Le curé Hidalgo, arrivé à l'âge de soixante ans, leva l'étendard de la révolte,

---

(1) Savala.

se battit comme un jeune homme, remporta de nombreux succès et menaça même Mexico ; mais, livré par un de ses officiers aux Espagnols, il fut passé par les armes. Moralès, autre curé, continua la lutte commencée par Hidalgo et tomba comme lui sous les balles espagnoles. Deux choses manquaient à l'insurrection : un chef capable de réunir les guérillas éparses, et l'appui des créoles, encore unis aux Espagnols. Iturbide lui apporta cette double force. Créole lui-même, officier de l'armée espagnole, entièrement dévoué au clergé, il avait fait une guerre impitoyable aux insurgés ; cependant depuis l'acceptation de la constitution par Ferdinand VII, le clergé mexicain, voyant ses biens indirectement menacés par les lois des Cortès pour la sécularisation des biens de l'Église, crut devoir favoriser la cause de l'indépendance avec l'arrière-pensée de faire tourner son triomphe au profit de ses intérêts. Iturbide devint son homme, et, sous la direction de ce chef, le mouvement insurrectionnel, inspiré jusqu'alors par l'exemple des États-Unis et de la France, cessa, par l'accession de l'armée et du clergé, d'être national et républicain pour devenir monarchiste et semi-espagnol ; car le *plan d'Iguala*, dans lequel Iturbide formula les articles de l'organisation future du Mexique, tout en proclamant la séparation entre ce dernier et l'Espagne, offrait la couronne à Ferdinand VII ou à un infant. Iturbide, bientôt victorieux, entra le 24 septembre 1821 à Mexico. Le vice-roi O'Donoju reconnut l'indépendance du Mexique par le traité de Cordova. Le refus des Cortès de ratifier ce traité rompit les derniers liens entre l'Espagne et son ancienne colonie. Les évêques et les généraux mexicains déclarèrent que le salut de la patrie exigeait la création immédiate d'un monarque. Ils improvisèrent Iturbide empereur, et les habitants de Mexico eurent le spectacle d'un sacre imité de celui de Napoléon Ier et, bientôt, d'une cour avec sa hiérarchie et son étiquette.

Les membres du bas clergé, les mineurs, les paysans avaient levé les premiers l'étendard de l'indépendance sous l'inspiration républicaine; le haut clergé et les officiers de l'armée se rallièrent habilement à la cause de l'insurrection, lorsque son triomphe n'était plus qu'une question de temps, et la détournèrent de sa direction première. Ils recueillirent, par la réalisation du *plan d'Iguala*, les fruits d'une révolution qu'ils avaient combattue; l'élément civil ou républicain, l'élément clérical, l'élément militaire, réunis un moment, ne tardèrent pas à se séparer et à entamer sur un terrain nouveau la lutte qui explique seule l'histoire du Mexique depuis la guerre de l'indépendance. Le nouvel empereur s'aperçut promptement qu'en croyant fonder une monarchie il n'avait fait qu'ouvrir l'ère des *pronunciamientos* militaires.

Les frères d'armes d'Iturbide, jaloux de sa fortune, se réunirent pour le renverser. Le général Santa-Anna et Guadalupe Vittoria, l'un des chefs des vieilles guérillas, chassèrent Iturbide, et l'empire fit place à une république dont Guadalupe Vittoria fut élu président. Iturbide, exilé, rentra bientôt au Mexique pour tenter une restauration; il y trouva la mort.

Un *pronunciamiento* avait fondé l'empire, un *pronunciamiento* fonda la république. Le Mexique, devenu dès lors le théâtre permanent de conspirations de caserne, n'eut plus pour tout régime qu'une dictature, tantôt absolutiste, tantôt libérale, selon le caractère ou les intérêts du dictateur. Le clergé et l'armée, quelquefois divisés, jetaient périodiquement le trouble dans la République. Les chefs de bande ne manquaient pas, d'ailleurs, et trouvaient aisément des soldats dans une population ignorante et ruinée. Le clergé leur fournissait au besoin des subsides ; la guerre civile était, grâce à lui, en permanence. Le parti clérical, devenu républicain par nécessité, travaillait à faire prévaloir la forme centraliste ; tandis que le parti libéral, à l'exemple des États-Unis, restait fidèle à la forme fédérative et cherchait à la défendre avec ses faibles ressources contre les attaques d'un clergé appuyé sur l'armée et maître de toutes les richesses du pays.

L'histoire du Mexique, depuis 1824 jusqu'en 1855, n'est en quelque sorte que l'histoire de Santa-Anna. Il commence par s'effacer derrière Guadalupe Vittoria ; mais, à peine Pedraza vient-il de succéder à ce dernier, qu'il se prononce contre lui au cri de : *Dehors les Espagnols!* Pedraza est chassé, Guerrero prend sa place, et Bustamente devient vice-président. Les Espagnols sont expulsés. Le gouvernement de Madrid, à la faveur des dissensions auxquelles le Mexique est en proie, tente vainement d'y rétablir sa prépondérance. Les partis, un instant ralliés contre l'étranger, se séparent ; la guerre civile recommence, Guerrero est obligé d'abandonner Mexico, et Bustamente prend la présidence ; Guerrero tente de nouveau la fortune, il est pris et fusillé. Bustamente ne jouit pas longtemps de sa victoire, Santa-Anna le renverse et rétablit Pedraza, président éphémère auquel les élections de 1833 donnent Santa-Anna lui-même pour successeur.

La constitution fédérative de 1824 gênait Santa-Anna, mais il n'osait la supprimer *proprio motu*. Le général Durosa se met fort à propos à la tête d'une insurrection pour forcer le président à prendre la dictature. Santa-Anna, indigné, marche contre les rebelles aux acclamations du parti libéral, les bat, et exile leurs chefs Durosa et Arista. Les libéraux sont dans l'enchantement, ils ont enfin un homme sur lequel ils peuvent compter. Le Congrès vote une loi pour supprimer les priviléges du clergé et de l'armée. Santa-Anna se retourne aussitôt contre lui, le disperse, rapporte les lois de réforme, et rouvre le Mexique aux Espagnols, qu'il en a lui-même chassés. Le nouveau Congrès, élu sous l'influence du clergé et de l'armée, promulgue la constitution de 1835, qui concentre tous les pouvoirs aux mains de Santa-Anna.

La comédie politique jouée par Santa-Anna avait réussi ; mais la guerre qu'il entreprit contre les Texiens, qui voulaient se séparer du Mexique, ne fut pas aussi heureuse. Le président, battu, et n'osant pas rentrer à Mexico, se réfugie à Vera-Cruz; le Congrès confie la présidence intérimaire à don José Caro. Santa-Anna n'en sollicite pas moins les suffrages des électeurs aux élections suivantes; il obtient à peine quelques voix. C'est Bustamente qui est élu.

Le premier démêlé du Mexique avec la France surgit sous la seconde présidence de Bustamente. L'escadre du contre-amiral Baudin parut devant Vera-Cruz; Santa-Anna, saisissant l'occasion de réparer sa défaite, demande le commandement des troupes; il est battu, et il perd une jambe en voulant s'opposer au débarquement des Français. Le bombardement de Saint-Jean d'Uloa, suivi de l'acceptation de l'ultimatum de la France, mit fin à la guerre, le 19 août 1839.

Ces événements avaient fort affaibli le parti clérical et rendu quelque force au parti libéral, qui prit bientôt les armes. Santa-Anna revient à lui, prend le commandement de ses forces, met en déroute l'armée de Bustamente, remonte au fauteuil présidentiel et rétablit la constitution de 1824 ; mais, pendant qu'il guerroie contre les dissidents, le Congrès le dépose et proclame Herrera président. Santa-Anna revient pour lui disputer le pouvoir ; il est vaincu et exilé à perpétuité en 1845, au moment où le gouvernement américain allait annexer le Texas à la république des États-Unis. Santa-Anna quitte la Havane où il s'était réfugié, débarque à Vera-Cruz, prêche la guerre à outrance et est porté à la présidence par le flot des passions populaires qu'il soulève. Battu sous les murs de Mexico, il est obligé de se démettre de ses fonctions ; son successeur traite avec les États-Unis, et leur cède le Texas et la Californie. La paix ramène Herrera au pouvoir jusqu'aux élections, qui donnent la présidence à Arista, l'un des chefs du parti libéral. Le clergé soudoie des bandes nombreuses ; Arista, découragé, donne sa démission. Don Juan Caballos, nommé président provisoire, est renversé à la suite d'un *pronunciamento* par Lombardini, qui ne tarde pas à céder la place à l'inévitable Santa-Anna ; cette fois il se présente en maître, s'adjuge la dictature à vie et le titre d'Altesse sérénissime ; c'était un pas vers le rétablissement de la monarchie. M. Gutierrez de Estrada, chargé par lui à cette époque, c'est-à-dire en 1853, au moment où l'Empire s'établissait en France, de se rendre en Europe et de colporter le sceptre du Mexique de cour en cour, n'en trouve pour le moment aucune disposée à l'acheter. Son Altesse sérénissime était-elle de bonne foi dans ses propositions, ou Santa-Anna, alléché plutôt qu'effrayé par le sort d'Iturbide, cherchait-il à créer un courant de sentiments monarchiques qui le porterait plus tard lui-même au trône ? C'est un point resté douteux ; ce qui est certain, c'est que, pendant qu'il manigançait en Europe par l'intermédiaire de Gutierrez de Estrada, les libéraux, soulevés contre sa dictature, gagnaient chaque jour du terrain sous le commandement d'Alvarez et de Comonfort, qui l'obligèrent, le 9 août 1855, à s'enfuir de Mexico, où il ne devait plus rentrer.

Le clergé et l'armée jusqu'ici, sauf pendant de courts intervalles, ont gardé le pouvoir. La chute définitive de Santa-Anna est le point de départ d'une situation nouvelle. Le parti républicain fédéraliste entre en scène sérieusement. Alvarez, organisateur du mouvement contre Santa-Anna, cède presque immédiatement la présidence à son collègue Comonfort, après avoir convoqué une Constituante qui rédige la nouvelle constitution sous l'inspiration d'un simple avocat indien, M. Benito Juarez, né en 1809 dans le petit village de San-Pablo Guelatao, près de Oajaca. Son père et sa mère, de pure race indienne, travaillaient aux champs pendant qu'il gardait les troupeaux. Il perdit ses parents fort jeune. L'orphelin, recueilli et maltraité par un oncle, s'enfuit à Oajaca chez sa sœur, qui le plaça dans la maison d'un carme déchaussé. Ce moine le mit au séminaire, après lui avoir appris à lire et à écrire. Il voulait le faire prêtre ; mais l'enfant, préférant le droit à la théologie, quitta le séminaire pour l'école de droit. Benito Juarez était avocat en 1834, député à la législature d'Oajaca en 1836, secrétaire du gouvernement de l'État en 1845, et l'année suivante député au Congrès national. Le président venait de proposer une loi pour autoriser le gouvernement à contracter un emprunt de 14 millions de dollars hypothéqués sur les biens du clergé. Le Congrès, partagé en deux camps, hésitait ; Juarez enleva le vote en faveur de l'impôt. Le parti clérical, battu sur le terrain légal, s'empressa d'en appeler à la force. Un *pronuncia-*

mento rendit le pouvoir à Santa-Anna : le Congrès fut dispersé, et Juarez, rentré dans sa province, fut nommé en 1847, par ses compatriotes, au poste de gouverneur de l'État, qu'il conserva jusqu'en 1852; envoyé en exil à la Havane par Santa-Anna, il quitta cette île pour se rendre à la Nouvelle-Orléans, où il resta jusqu'en 1855. Traversant alors l'isthme de Panama, il se rendit à Acapulco, où Alvarez et Comonfort tenaient la campagne à la tête des forces libérales. Le premier, devenu président, nomma Juarez ministre de la justice. Le nouveau ministre, convaincu de la nécessité de supprimer les priviléges de l'armée, d'établir le suffrage universel et de résoudre la question des biens du clergé, rencontra dans Comonfort un partisan peu résolu, sinon un adversaire de ses idées. Juarez, néanmoins, parvint à faire signer au président une loi de réforme judiciaire qui supprimait les tribunaux exceptionnels, ecclésiastiques et militaires.

Juarez prit une grande part aux débats du Congrès constituant. Les progressistes l'opposèrent à Comonfort, aux élections présidentielles. Celui-ci l'ayant emporté, Juarez fut nommé président de la Cour suprême, titre auquel est attaché, en vertu de la constitution, la fonction de vice-président de la République.

La nouvelle constitution établissait l'égalité des cultes, l'état civil et la suppression des juridictions exceptionnelles. Il n'en fallait pas davantage au clergé pour recommencer la guerre civile. Le général Zuloaga se souleva, le 17 décembre 1857, au cri de : Abrogation de la constitution, dictature de Comonfort! Ce dernier, faible et indécis, se laissa facilement entraîner, sous la double influence de l'armée et du clergé, à renverser, le 17 décembre 1857, la Constitution à laquelle il avait prêté serment seize jours auparavant.

Comprenant bientôt qu'il n'était qu'un instrument aux mains de la réaction, il voulut résister, mais n'ayant pour lui ni le droit qu'il avait violé, ni la légalité représentée par l'assemblée nationale, ni la force, il partit pour l'Europe, et Zuloaga fut proclamé président à Mexico par les cléricaux; mais la possession de la capitale n'est pas tout dans une république fédérative. L'assemblée s'était retirée à Guanajuato; le président de la Cour suprême de justice, Benito Juarez, était devenu président de la République en vertu de l'article 7 de la constitution. Le gouvernement légal n'était donc plus à Mexico, mais là où se trouvait l'assemblée. Zuloaga, installé à Mexico et suivant docilement les ordres de la réaction, se garda bien de réunir un congrès. Une assemblée de trente notables le nomma président, et par un étonnant mépris de tous les principes du droit public et de la logique, les ministres étrangers s'empressèrent de reconnaître un président si singulièrement nommé. L'élu des trente notables s'empressa d'abolir de sa propre autorité la loi de *desamortizacion*, força les acquéreurs des biens du clergé à les restituer, et rétablit les juridictions exceptionnelles; mais ses coffres restaient vides. Zuloaga émit pour plusieurs millions de bons portant la signature du clergé et mit sur le pays une contribution de 1 pour 100 sur tout capital meuble et immeuble, employé ou pouvant être employé dans une industrie quelconque. La guerre civile recommença; les partisans de Zuloaga se divisèrent, et les dissidents firent des ouvertures à Juarez qui les repoussa. Robles, chef des dissidents cléricaux, renversa Zuloaga, réunit une assemblée cette fois de dix-sept notables, qui proclama président un jeune chef de bandes nommé Miramon, lequel de détrousseur de voyageurs et de voleur de diligences, était devenu pillard de fermes; de pillard de fermes chef de guérillas, et qui, une fois chef de guérillas, s'était nommé général.

Miramon fit semblant de refuser la place de son ami Zuloaga, et il se contenta du titre de commandant en chef des armées du Mexique. Zuloaga, rétabli par Miramon et ne voulant pas être en reste de générosité envers lui, lui céda le pouvoir au bout de huit jours, pouvoir nominal s'il en fut jamais, car le pays appartenait aux libéraux. Zuloaga avait triplé le montant des impôts, Miramon les quadrupla et en fit surtout retomber le fardeau sur les étrangers; obligé enfin de prendre la fuite, son départ fut signalé par le pillage de la légation anglaise, exécuté par une bande sous les ordres d'un de ses souteneurs nommé Marquez, célèbre pour avoir fait fusiller sept médecins qui soignaient les blessés libéraux à Tucubaya et qui allait bientôt occuper un poste élevé dans les rangs de l'armée d'invasion.

Les deux actes les plus importants de la présidence cléricale de Miramon, furent deux traités signés l'un avec l'Espagne, l'autre avec la maison de banque Jœcker et compagnie. Ces deux traités méritent qu'on s'y arrête un moment.

Le Mexique a deux sortes de dettes, la dette extérieure et la dette intérieure, représentées par des bons. La dette intérieure, soumise à tous les hasards de la spéculation et des événements, était par conséquent tenue presque toujours dans des cours très-bas. Les bons de cette dette se trouvaient en grand nombre entre les mains des spéculateurs espagnols, qui prétendaient les faire figurer dans le total des dettes reconnues par un projet de convention entre l'Espagne et le président Comonfort. Le gouvernement espagnol, désespérant d'obtenir la signature de Comonfort, toujours promise et jamais donnée, rompit les relations diplomatiques avec le Mexique. La rupture dura jusqu'au renversement de Comonfort. L'Espagne alors s'empressa de reconnaître le gouvernement de Miramon, dans l'espoir qu'il se montrerait plus accommodant que son prédécesseur à l'égard des porteurs de bons espagnols. Le général Almonte, représentant de Miramon à Paris, signa en effet le 28 septembre 1859, avec M. Mon, ambassadeur d'Espagne, un traité en vertu duquel les bons de la dette intérieure étaient compris dans la convention enfin conclue avec le Mexique et qui ne reçut pas d'exécution, Juarez de retour à Mexico, dix-huit mois après, ayant refusé de la reconnaître comme inconstitutionnelle.

Les bons de la dette intérieure formaient deux catégories : l'une portant la signature du gouvernement antérieur au coup d'État de Comonfort, l'autre portant la signature des dictateurs Zuloaga et Miramon. Les premiers circulaient assez facilement ; les seconds étaient tombés de 3 pour 100 au-dessous de leur valeur nominale. Un banquier suisse nommé Jœcker fit à Miramon la proposition de retirer de la circulation tous ces bons, en les remplaçant par d'autres titres s'élevant à la somme de 75 000 000 de francs, dont l'émission lui serait exclusivement confiée. Les détenteurs des anciens bons les échangeraient contre des nouveaux, moyennant une soulte de 25 pour 100, soit 25 piastres pour chaque bon de 100 piastres. Le gouvernement toucherait 10 piastres sur les 25, les 15 autres resteraient dans la caisse du banquier Jœcker, qui garantirait pendant cinq années aux détenteurs des bons nouveaux un intérêt de 3 pour 100 par an. L'opération était plus avantageuse au banquier qu'au public. Le banquier, détenteur de 15 piastres sur chaque bon, en rendait en effet au propriétaire 3 la première année, 3 sur 12 la seconde année, 3 sur 9 la troisième année, 3 sur 6 la quatrième année, et au bout de la cinquième année il restituait les 3 dernières piastres au prêteur, qui touchait seulement 3 pour 100 d'intérêt, dans un pays où l'argent est si cher. Miramon, pressé par d'incessants besoins, conclut avec le banquier Jœcker cet arrangement qui, par l'appât des bénéfices énormes qu'il pouvait procurer, devint une des causes de l'expédition contre le Mexique.

Pendant que Miramon en était réduit au vol et au pillage pour se procurer de l'argent, Juarez établi à Véra-Cruz continuait son œuvre de réforme en réorganisant la justice, en constituant le jury, la liberté de la presse, et en diminuant le nombre des couvents. Le pays ne pouvait hésiter entre un gouvernement régulier comme celui de Juarez et le gouvernement révolutionnaire de Miramon ; aussi en 1860 l'autorité de Juarez était-elle reconnue par 21 États sur 24. Les ministres étrangers, toujours enclins à protéger la faction cléricale, jugèrent à propos de choisir ce moment pour proposer une médiation entre les deux partis. Juarez, qui aurait eu cependant à invoquer de si fortes raisons contre l'intervention de la diplomatie, ne craignit pas de l'accepter dans les conditions suivantes : convocation des électeurs, et nomination d'une assemblée qui déciderait entre lui et Miramon. Le parti clérical prétendait ne recourir qu'à une assemblée de notables, sa ressource ordinaire. Juarez ne pouvait tomber dans le piège. Les choses en restèrent là. Le clergé était décidé pourtant à empêcher le triomphe d'un gouvernement qui avait supprimé la mainmorte, établi le mariage civil et enlevé les registres de l'état civil aux prêtres. L'archevêque de Mexico donna l'ordre de livrer à Miramon l'or, l'argent et les objets précieux qui se trouvaient dans les églises. Il obtint, sur ces gages, l'argent nécessaire pour équiper une dernière armée, à la tête de laquelle il se fit battre par le général Ortega, le 22 décembre 1860, à Calpulalpam. Juarez entra dans Mexico, et quelques jours après son gouvernement était reconnu dans toute l'étendue des États mexicains.

Le parti libéral, enfin vainqueur du cléricalisme et du militarisme, avait besoin d'appui pour consolider sa victoire, mais à qui le demander? L'Espagne, indépendamment de ses griefs actuels, espérait toujours reprendre son empire au Mexique, et elle n'avait aucun intérêt à mettre fin aux troubles qui le désolaient; indulgente aux gouvernements cléricaux de qui elle avait reçu toutes les offenses qui formaient l'objet de ses plaintes, elle s'apprêtait à en demander satisfaction au gouvernement libéral; les États-Unis, où dominait la politique sudiste, ne pouvaient être que satisfaits d'un état de trouble favorable aux annexions; l'Angleterre, uniquement attentive aux intérêts de son commerce, était restée neutre entre les deux partis qui s'étaient jusqu'alors disputé la prédominance au Mexique; mais la nécessité où se trouvait Juarez de chercher une alliance aux États-Unis, la rapprochait elle-même du parti clérical. La France aurait pu exercer une heureuse influence sur l'établissement d'un ordre de choses régulier au Mexique. Les Français établis dans ce pays appartenaient en majorité au parti libéral, son programme était soutenu par la presse française de Mexico, bien rédigée et très-influente; mais les représentants officiels du gouvernement allaient dans le sens opposé, non point à coup sûr par des raisons tirées de l'intérêt de leurs compatriotes, car jamais les Français ne furent plus maltraités que sous les gouvernements cléricaux, mais par le besoin de réunir dans leurs salons les membres de la haute société qui, au Mexique pas plus qu'en France, ne séparait ses intérêts de ceux du parti clérical.

Le parti libéral avait en outre un adversaire, obscur mais redoutable, dans le parti monarchique, qui depuis la chute d'Iturbide n'avait pas renoncé à ses projets de restauration. M. Gutierrez de Estrada, l'ami particulier et le commis voyageur de Santa-Anna, avait même publié en 1840 une brochure sur la nécessité de rétablir la royauté au Mexique. Les protestations s'élevèrent de tous côtés contre cette idée. La plus ferme fut celle du général Almonte, ministre de la guerre.

« Si par impossible nous venions à ressentir les effets d'un projet antinational, tendant à établir dans notre pays une monarchie gouvernée par un prince étranger arrivant appuyé par une armée étrangère, et si nous étions forcés de combattre de nouveau pour l'indépendance nationale, le résultat de la lutte est certain, car si le héros d'*Igualada*, avec tous ses titres à la gratitude nationale, a couru à une catastrophe, quel sort n'est-il pas réservé à tout autre! Jamais le Mexique ne supportera la domination d'un roi et d'un roi étranger, les républicains du Mexique et ceux du continent tout entier se ligueraient contre lui. »

Le républicain Almonte devait plus tard changer d'opinion. M. Gutierrez de Estrada et quelques rares amis parcouraient en attendant les diverses cours de l'Europe pour y prêcher la résurrection de la monarchie au Mexique, et n'obtenaient pas un grand succès, lorsque le prince Louis Bonaparte fut nommé président de la République française.

L'Amérique était un des sujets sur lesquels ce prince aimait le mieux à promener sa pensée nuageuse et ses obscures rêveries. Il occupait ses loisirs dans sa prison de Ham à combiner un plan de percement de l'isthme de Tehuantepec qu'il se proposait de diriger lui-même lorsque la liberté lui aurait été rendue. Les hommes politiques qui l'approchèrent dans les premiers temps de sa puissance, étonnés que les rares paroles échappées à sa taciturnité se rapportassent moins à la France et à l'Europe qu'à l'Amérique, attribuèrent complaisamment ses phrases nuageuses sur l'avenir des races latines dans le nouveau monde, à la profondeur d'un homme d'État qui se perd en conversations vagues et en projets fantastiques pour ne pas livrer ses véritables desseins; ses confidents intimes ne s'abusaient pas cependant sur la réalité de ces tendances, et le plus habile de tous, M. de Morny, s'apprêtait à les exploiter. Il n'était pas seul. Les émissaires royalistes mexicains, obéissant à ce besoin qui pousse les partisans des causes désespérées à se rapprocher des aventuriers heureux, et à ce secret instinct qui leur fait deviner les hommes capables de s'associer à leurs chimères, devinrent les visiteurs les plus assidus de l'Élysée. Gutierrez de Estrada voyait le prince-président presque tous les jours. Quels rêves fit-il naître dans son esprit? l'imagination de chacun peut seule répondre à cette question. Ce qu'il y a de certain, c'est que l'attention publique à cette époque fut vivement excitée par l'entreprise de M. de Raousset-Boulbon, qui annonçait son prochain départ pour le Mexique, où il se rendait en apparence pour organiser l'exploitation d'une mine sous la raison sociale Jœcker, Torre et Cie, mais en réalité pour réaliser certains projets sur lesquels il ne s'expliquait pas clairement, mais qui avaient, disait-il, l'approbation des plus hauts personnages.

Raousset-Boulbon, à peine arrivé au Mexique, fut l'objet des avances du dictateur Santa-Anna, qui lui proposa le grade de général, offre peu séduisante, il est vrai, dans un pays où tout le monde porte ce titre ou celui de colonel; Alvarez, qui commençait sa campagne contre Santa-Anna, lui fit également des propositions brillantes; le chef de flibustiers Walker et une de ces compagnies de capitalistes américains toujours prêtes à commanditer les aventuriers audacieux, tentèrent vainement d'entrer en arrangement avec lui. Raousset-Boulbon voulait rester seul. Avait-il des prétentions personnelles ou agissait-il dans l'intérêt d'un prétendant inconnu? les cinq balles qui lui trouèrent la poitrine, après sa défaite de Goyacos dans la Sonora, le 13 juillet 1854, ont emporté son secret; mais l'appui qu'il trouva tout de suite chez les agents du gouvernement impérial au Mexique et l'indifférence qu'ils lui témoignèrent lorsqu'il fut mis en jugement, semblent le mettre au rang de ces aventuriers qu'on renie ou qu'on récompense selon leur fortune (1).

Le prince Louis-Napoléon, devenu empereur et mari de mademoiselle Eugénie de Montijo, se trouva en relations encore plus étroites avec les monarchistes mexicains. Paris, rendez-vous de tous ceux dont l'unique occupation est de dépenser leur argent dans les amusements d'une ville de plaisir, était le séjour de prédilection d'un grand nombre de familles mexicaines soupirant sans cesse après le rétablissement dans leur patrie d'un ordre de choses où l'ancienne noblesse espagnole dont elles prétendaient descendre retrouverait quelques-uns de ses priviléges. Si cette prétention n'était pas justifiée pour quelques-unes de ces familles par des parchemins, elle s'appuyait pour toutes du moins sur des écus. Les belles Mexicaines, ornements de la nouvelle cour, qu'elles illuminaient de l'éclat de leurs diamants et de leurs yeux, dévotes, passionnées, vaniteuses, agissaient sur l'impératrice Eugénie en invoquant la com-

---

(1) L'auteur a eu sous les yeux un grand nombre de pétitions adressées à Napoléon III, dont les signataires invoquaient, à l'appui de leur demande, des services rendus à Raousset-Boulbon. En marge de presque toutes ces pétitions, on lit : *Accordé.*

TAXILE DELORD.

munauté d'origine et en flattant sa vanité de l'idée de rétablir la religion et la monarchie au Mexique.

L'Impératrice contribuait donc à entretenir son mari dans ses rêveries sur les races latines, mais son influence stimulée par les émigrés n'aurait peut-être pas suffi à décider Napoléon III à se jeter dans l'expédition du Mexique, si M. de Morny, toujours en quête de quelques millions, et voyant dans cette expédition un moyen de se les procurer, n'avait triomphé des incertitudes impériales.

Le banquier Jœcker s'était rendu à Paris après la chute de Miramon pour y chercher des influences puissantes qui l'aideraient à obtenir de Juarez l'exécution du traité des *bons*, conclu par lui avec son prédécesseur. Le nom de M. de Morny se présenta le premier à sa pensée. Il parvint à lui être présenté, et il lui soumit son affaire. Une association fut bientôt conclue entre eux. Le banquier Jœcker y apportait sa créance sur le gouvernement mexicain, et M. de Morny s'engageait à la faire figurer au premier rang des réclamations pécuniaires adressées par le gouvernement impérial au Mexique. Le payement de la créance effectué, le total devait en être partagé entre les deux principaux associés et les autres intéressés, car cette affaire avait besoin d'auxiliaires pour être menée à bonne fin.

L'histoire ne saurait, sans se transformer en chronique scandaleuse, remonter trop haut dans les origines de l'association entre M. de Morny et le banquier Jœcker ; elle doit se borner à en constater l'existence. Les deux lettres suivantes, publiées par ordre du président Juarez dans *el Monitor*, journal officiel de la République, ne laissent rien à désirer à cet égard.

NOUVELLE CORRESPONDANCE INTERCEPTÉE.

Légalement autorisés par le citoyen ministre de l'intérieur et de l'extérieur, nous publions la correspondance suivante, adressée à Jœcker et interceptée par le quartier général de l'armée d'Orient, qui l'a adressée audit citoyen ministre. (Rédaction du *Moniteur*.)

« Paris, 14 septembre.

» Cher oncle,

» L'arrivée du vapeur apportant la malle du Mexique à Saint-Nazaire, n'est pas encore signalée et il sera impossible, pour cette fois, de répondre courrier par courrier. Ma lettre ne sera guère que le complément des nouvelles que je vous mandais par le dernier du 1ᵉʳ septembre. Je n'ai pu avoir, depuis cette époque, de conversation particulière avec M. le receveur, et par conséquent de certitude sur le rôle qu'il destine à M. de Ch..., retenu qu'il est, depuis une vingtaine de jours au Puy, par la réunion des conseils généraux. Néanmoins, il a pu s'y occuper très-utilement de vos affaires, car votre lettre a dû aller l'y trouver au moment même où il recevait sous son toit son ami, qui s'était rendu dans son département à l'occasion de son nouveau titre. M. de Ch... a trouvé celle que vous écriviez à papa et dont je lui ai lu un extrait, il y a quelques jours, assez important par l'opposition que vous y faites de la conduite de Prim à celle de Saligny, pour aller la communiquer à M. le duc, jugeant qu'il pouvait en tirer un parti avantageux pour asseoir davantage le crédit de M. de Saligny, en la faisant voir à Sa Majesté. Je n'ai pas su le résultat de l'audience, car tous ces messieurs étaient sur le point de partir, les uns allant à Biarritz où se rend l'Empereur, les autres allant à la campagne.

» Je crois néanmoins, d'après les conversations que j'ai eues avec M. de Ch..., que l'intention de ces messieurs, comme je vous l'ai déjà dit, est d'attendre les premières dépêches de Forey à Sa Majesté, pour pénétrer la direction qu'il donnera à sa politique, voir ses appréciations sur la conduite de M. de Saligny, sur les affaires qu'il a soutenues et l'impression qu'elles produiront sur l'esprit de Sa Majesté, si elles sont défavorables au ministre. Dans cette hypothèse et si les choses en viennent au point de forcer M. de Saligny à se démettre de ses fonctions, on enverra M. de Ch... qui, libre alors de ses actions et n'étant plus dépendant de personne, comme il l'aurait été de M. de Saligny, à cause des liens d'amitié qui les unissaient, pourra protéger la maison dans ses affaires secondaires, en utilisant la puissante influence qu'il représentera. Quant à l'affaire des bons, on la fera alors de suite passer ici (comme Billault l'a dit aux Chambres) au comité des contentieux, qui rendra alors un jugement sans appel et de suite exécutoire s'il est favorable, comme tout le fait supposer. Il y aurait des lenteurs, de la publicité peut-être, et ces messieurs, je crois, le craindraient, malgré l'éclatant démenti jeté aux calomnies par un jugement favorable des contentieux ; depuis quelque temps, en effet, les mêmes bruits qui s'affichent si ouvertement au Mexique commencent à circuler sourdement à Paris, et ils auraient hâte de voir l'affaire vidée et oubliée, avant que ces rumeurs ne prennent trop de consistance. Mais en admettant que les appréciatirns de Forey soient favorables à M. de Saligny, et que celui-ci sache marcher d'accord avec lui, ils laisseront l'affaire suivre son cours à Mexico, et comme ils connaissent le zèle du ministre ils l'appuieront; et en peu de temps, sans rien laisser paraître, ils lui feront rendre sa liberté d'action et ses pouvoirs, que l'arrivée de Forey suspendra peut-être momentanément; car si ce dernier est chargé de soumettre le pays, sa mission est aussi d'apprécier les choses accomplies dès le début de l'expédition, et Sa Majesté attend son opinion pour élucider la sienne. Mais Forey aspire au maréchalat, et il a les meilleures raisons de se ménager des protections, si tant est qu'il soit quelque chose, car on a longtemps hésité à s'ouvrir même à M. de Ch.... Ce monsieur ne partirait alors pas, car M. le receveur juge que, dans cette éventualité, sa présence ne serait utile que pour presser l'accomplissement de vos engagements, dans le cas (et il ne l'admet pas) où vous ne vous empresseriez pas de le faire vous-même. L'individu dont je vous ai parlé dans ma dernière lettre, l'attaché d'Almonte, leur suffirait probablement, quoiqu'il sache peu de choses et qu'on se soit fort peu avancé avec lui; aussi est-il peu à considérer; c'est un personnage d'intrigue; au commencement de l'expédition, Jurien de la Gravière lui payait déjà mensuellement 500 francs de la part du ministère des affaires étrangères, je ne sais à quel titre.

J'ai bien fait comprendre à M. de Ch..., dans la dernière entrevue que j'ai eue avec lui, qu'il fallait se hâter vers une solution de l'affaire des bons, et lui résumant à peu près l'impression générale qui ressort de toute votre correspondance, je lui ai dit que tous les renseignements donnés sur la maison de divers côtés à ces messieurs étaient réels; qu'il y avait en effet des ressources immenses, mais qu'il fallait d'abord rendre à la maison sa liberté d'action par la reconnaissance des *bons*, qui la dégageait rapidement vis-à-vis de ses créanciers, soit par le crédit qu'elle lui procurerait, et que semblable à un char momentanément embourbé, elle ne tarderait pas à reprendre son cours.

» Il m'a paru convaincu; et comme il se rendait immédiatement chez M. le duc, il m'a bien promis de s'employer de toutes ses forces à lui persuader que le doute et la stagnation indéfiniment continus, seraient la ruine de la maison. Ce monsieur est en rapports presque aussi intimes avec M. le duc que le receveur ou M. de G...; il a été au collége avec lui et a chez lui ses entrées à toute heure. Il a une certaine fortune, est marié et a malheureusement maintenant des affaires particulières qui l'occupent; avant que M. le receveur prît la résolution soudaine de retarder son départ, il n'avait renoué aucune relation, et pour tout le monde il était encore au Mexique; depuis, il a repris ses occupations, et je ne pourrai plus en tirer le même profit qu'auparavant. Il a des appointements fixes et un 2 1/2 pour 100 dans les bénéfices définitifs, à ce qu'il m'a dit. Ces messieurs ont des projets de diverse nature, quelques-uns fort ingénieux; en voici un qu'il m'a communiqué en grand secret et dont vous pourriez peut-être tirer avantage dans la suite.

» Quand l'armée française sera à Mexico, il y aura un grand va-et-vient de convois entre Vera-Cruz et Mexico. Les chariots viendront pleins et s'en retourneront à vide. Des personnes, soutenues par une grande influence et recommandées près des chefs militaires, pourraient, à titre de concession gratuite ou peu onéreuse, obtenir une certaine charge dans les convois de retour, 300 kilogrammes par chariot, par exemple. Vous pénétrez facilement le reste : la charge serait faite en piastres ; on pourrait ainsi, moyennant une faible remise, entreprendre en grand l'expédition en Europe des conduites d'argent, puisque les steamers anglais et de Saint-Nazaire prendraient les conduites à leur arrivée à Vera-Cruz : tout serait gratuit, les mules, les chariots, l'escorte ; et tout serait profit.

» C'est votre lettre du 28 juillet qui, la première, a apporté à Paris la nouvelle de la non-ratification du traité de Prim-Doblado ; j'ai de suite fait un article destiné à mettre en vue l'habile conduite de M. de Saligny opposée à celle de Prim, et à relever autant qu'il était en moi, dans l'opinion publique, ce ministre si utile à la maison. La *Patrie* l'a inséré le soir même ; la nouvelle, en l'absence de toute autre, a fait grand effet : les journaux espagnols ont voulu la démentir, mais peu à peu les renseignements sont arrivés de tous côtés, et il y a eu dans toute la presse, surtout espagnole, un *tolle* général sur l'incapacité de Prim. Le crédit de Saligny en a haussé d'autant ; il est du reste à remarquer que l'opinion publique se modifie beaucoup à son égard, car en voyant la manière dont Juarez a joué ses collègues on rend justice à son habileté.

» Il existe à Londres, d'après ce que m'a dit M. de Ch..., une compagnie qui s'organise pour exécuter le passage à travers les lacs de Nicaragua et de Léon ; vous le savez sans doute. Il n'a pu me donner des renseignements très-étendus ; il le sait seulement parce qu'il y a deux mois on a fait des ouvertures à son ami, le prince Lucien Murat, pour lui en offrir la présidence. Celui-ci consulta l'Empereur et crut devoir refuser. M. le receveur, qui est un peu léger, avait confondu avec Tehuantepec et induit en erreur M. de Ch.... Je lui en parlerai quand je pourrai l'aborder et rassemblerai tous les renseignements qui pourront vous intéresser sur ce sujet.

» Papa combat le projet du Nicaragua dans le mémoire qu'il a remis à M. le duc sur le Tehuantepec, par tous les arguments fournis par vous, par Baiss, Reichtoffen, Humbold, Sassey et par son imagination ; mais je crois que l'Empereur y est attaché ; quand il était au fort de Ham, en 1842, il s'occupa de ce projet par le Nicaragua, et il y a même de lui une étude imprimée qu'on trouve encore. A cette époque aussi M. Castellon, envoyé par les États de Panama et Honduras pour réclamer la protection de Louis-Philippe, s'aboucha avec Louis-Napoléon, et rentré dans son pays plus tard, entretint avec lui une correspondance (également imprimée) où l'on voit que le prince fut sur le point de partir pour mettre ce projet, qui avait l'assentiment des autorités du pays, à exécution.

» Rien n'a paru et rien ne paraîtra, j'en suis sûr, du mémoire Payno. Don Ramon Pacheco est enfin arrivé à Londres, le 12 septembre, après un voyage plein de péripéties ; il s'y repose et s'y reposera, Dieu sait combien de temps, laissant Juarez crouler tout à son aise. M. de G... s'est fait fort de changer ses opinions et de le rendre tout à fait inoffensif, pourvu qu'il ait avec lui une conversation avant qu'il n'ait entrepris ses démarches. J'ai prié M. Maguin, qui sait tout et entend tout comme le solitaire, de surveiller son arrivée ; j'ai ajouté qu'il y allait de son intérêt, de sorte que Don Ramon Pacheco ne sera pas deux heures à Paris avant de recevoir la visite de M. G... ; et s'il apporte le mémoire Payno, on aura soin qu'il le laisse dormir ; du reste, le directeur de la presse ne le laisserait pas paraître. Ces messieurs jugent toujours, comme je vous l'ai dit, qu'il serait imprudent de rien publier sur l'affaire des bons avant qu'elle ne soit reconnue, surtout si personne ne l'attaque, comme maintenant : la presse libérale est trop puissante et trop avide de scandale ; ce serait un débordement de calomnies.

» Votre acte de naturalisation doit être entre les mains de M. de Saligny ; il a été envoyé à M. Delon, son secrétaire, après l'inventaire des papiers de M. de P... à Vera-Cruz et non remporté ici ; en attendant, je vous envoie un nouvel exemplaire du *Bulletin des lois*, pensant qu'il pourra vous être utile.

» Papa ne vous écrit pas par ce courrier, n'ayant aucune nouvelle importante à vous mander ; il me charge de vous assurer de ses sentiments affectueux et de vous prier de lui envoyer le détail de vos réclamations autres que les bons, qu'il vous a déjà demandé une fois.

» Ces messieurs n'ont pas abandonné le projet de faire escompter par la maison les traités sur l'armée, mais ils attendent que la situation se débrouille un peu, que la maison se dégage et soit en mesure d'avoir un certain roulement de fonds.

» Adieu, cher oncle, j'espère que ma lettre suivra et ne précèdera pas les Français à Mexico. Disposez de moi pour tout.

» Votre neveu tout dévoué,

» Louis Elsseser.

» Dont copie conforme.

» Juan de Dios Arias.

» Mexico, le 3 octobre 1862. »

« Porentruy, 3 septembre 1862.

» Mon cher X...,

» Nos amis tiennent à ce que tout ce qu'on envoie à notre maison lui parvienne sous ton couvert ; tu auras donc à renseigner ton oncle oralement, en même temps que tu l'instruiras sur nos affaires et les siennes. Malgré qu'aucune de nos lettres n'ait fait le sujet des publications du XIXe *siècle* à Mexico, on n'est jamais trop prudent. Tes lettres du 28 juillet et celles de ton oncle nous sont parvenues ; c'est Louis, qui seul est à Paris, qui a pu y répondre par le même courrier, et a donné de sérieux renseignements à M. J.... Je crois t'avoir dit que de tous ces projets dont on s'est entretenu, il n'y en aurait pour le moment qu'un seul exécutable, à savoir : de fournir des traites sur Paris pour l'armée, contre les espèces qu'on lui livrerait là-bas ; il y aurait le change à gagner et à partager en deux pour le gain. Je prie Louis d'en parler, et moi-même je m'en occupe, d'autant plus qu'on me dit qu'il ne faut pas grandes sommes pour cela ; je pense que si, à l'entrée des Français, la maison recouvre du crédit, cela pourra se faire. Quant à tous les autres projets dont faute de mieux nous nous sommes entretenus depuis longtemps, je ne trouve pas à propos de m'y arrêter pour le moment, et j'en ai déduit les raisons ; car dans l'état de souffrance où gémissent nos créanciers, on ne doit viser qu'à liquider pour les satisfaire. M. Jœcker me parle de ses mines, de l'avenir réservé à Catorce, Tasco et, je crois, Santa-Anna. Dieu veuille qu'on y rencontre une veine grande!

. . . .

» Je puis te dire que si la maison a acquis pour un demi-million de francs et cinquante mille francs d'épingles, l'immeuble de M. Dar..., sa situation près de Chapultepec, nous permettra de nous en défaire sans grande perte. Louis travaille beaucoup pour la maison et avec succès ; je ne pense pas qu'il y ait eu d'indiscrétion... On a dès l'origine, comme le dit le mémoire d'Ozeguera, dû rechercher les causes d'une si grande protection pour un Suisse, et comme au Mexique tout se fait avec de l'argent, on s'est épuisé en conjectures.... Quand l'armée, à laquelle les gens de Juarez ont persuadé que notre maison était cause de la guerre, verra le drapeau tricolore sur les dômes de Mexico, elle ne nous en voudra plus, car le pays est beau et riche, et elle a dû souffrir en restant confinée à Orizaba.

» Si M. de Saligny sait s'entendre avec Forey, qui est un peu ours, tout ira bien ; mais je crains des froissements, et c'est pourquoi je désire que l'affaire se termine vite, si c'est possible ; quand même « pro forma » on devrait faire quelques concessions.

» C'est l'avis de M. de Ch..., qui n'est pas retourné là-bas, mais qui pourrait bien y retourner le 15 octobre par Saint-Nazaire.

» Louis vous a donné le portrait de Forey, qui sera une sorte de dictateur; si M. Jœcker a de l'empire, il faut qu'il l'engage à être modéré, à tâcher de ramener Forey à son opinion, à lui céder au besoin; car cet homme sera imbu des préjugés qui ont cours contre nous dans l'armée. En effet, Juarez n'est pas si benêt que le croyait notre parent; il a fait usage d'un grand levier, la Presse, et s'est servi de Wyke ; il a entretenu des agents à Paris, dans l'armée, etc., avec le produit de ses exactions, et tout cela pour nous perdre. Son intérêt lui ordonnait de feindre que tout convergeait autour de nous, que sans nous tout s'arrangerait.... et on l'a cru.... Maintenant 45 000 hommes, 30 vaisseaux de guerre doivent faire comprendre que nous ne sommes plus même un prétexte plausible.... On doit penser aux États-Unis, au protectorat du Mexique, à la colonisation.... Vraiment Wyke par ses intrigues a amené un terrible déluge sur ce pays. S'il avait pu le prévoir.... à mon sens il a dépassé le but en congédiant Prim.... C'est un fin diplomate, mais pas si roué que Juarez. Cela fera bien plaisir au Duc. Qu'on ne vous inquiète pas, il m'a toujours paru le craindre pour les intérêts français qui se lient à la maison, à cause de M. J... des amis !.... Mais je pensais à ton oncle et à toi tout simplement.... Remercions la Providence, l'heure de la solution a frappé : bonne ou mauvaise, cela vaut mieux que l'attente; donc encore du courage, donnez-en à Eugène et ne gronde pas trop, sans toutefois partager l'optimisme de ton autre cousin.

» Ces messieurs pensent encore qu'il ne faut faire en ce moment aucune publication !....

» Mille choses affectueuses de toute notre famille et de ton frère.

» Dont copie conforme :

» JUAN DE D. ARIAS.

» Mexico, le 27 octobre 1862. »

Ces lettres devancent de deux années les événements; elles jettent cependant sur le passé une lumière qui en dissipe en partie les obscurités, et qui permet de se rendre compte des influences qui, fortifiées par la dépravation d'une époque entraînée par un penchant secret vers les entreprises véreuses, jetèrent Napoléon III dans l'entreprise du Mexique.

M. Gutierrez de Estrada, en quittant le Mexique pour remplir en Europe la mission dont Santa-Anna l'avait chargé, nourrissait, en bon catholique qu'il était, le désir et l'espoir de s'entendre avec un prince de la maison essentiellement catholique d'Autriche. Il ne pouvait pas cependant se dispenser de sonder les intentions des cours de Paris et de Madrid au sujet du rétablissement de la royauté au Mexique. Sa grande crainte en s'abouchant avec Napoléon III était qu'il ne mît en avant le prince Napoléon, son cousin; mais il fut bientôt rassuré en apprenant de la bouche même de l'Empereur qu'il n'avait pas de candidat. Quant à la reine d'Espagne, elle avait il est vrai son cousin, l'infant don Juan de Bourbon, et son oncle, l'infant don Sébastien à pourvoir; mais l'option entre les deux offrait à Isabelle II des difficultés qui l'engageraient peut-être à y renoncer. Les princes espagnols étaient d'ailleurs fort inconnus, tandis que l'archiduc Maximilien d'Autriche venait de donner des preuves de sa capacité dans l'administration du royaume lombardo-vénitien. L'abandon par le prince de la haute position qu'il occupait à Milan et sa retraite à Miramar dans une espèce de disgrâce, permettaient d'espérer qu'il ne serait pas insensible à l'idée d'exercer son activité sur le vaste théâtre qu'on ouvrait à son intelligence et à son ambition. Des ouvertures dans ce sens lui furent faites. La chute de Santa-Anna les rendit inutiles pour le moment; mais M. Gutierrez de Estrada n'était pas homme à renoncer à son projet. Il entreprit d'y associer Miramon et Zuloaga, les deux auteurs du coup d'État de 1857. La défaite de Miramon et le triomphe de Juarez redoublèrent le zèle des royalistes au lieu de l'abattre. Il fallait empêcher à tout prix la consolidation du gouvernement libéral. Le général Almonte, représentant du gouvernement de Miramon à Paris, s'était converti à la monarchie et aux idées de M. Gutierrez de Estrada; ces deux agents royalistes s'étaient mis en rapport avec l'archiduc Maximilien, et avaient sondé la cour de Vienne, dans le courant de l'automne de l'année 1861, pour savoir si l'on devait s'attendre à un refus dans le cas où, sur l'initiative de Napoléon III et avec le consentement de l'Angleterre, un archiduc de la maison d'Autriche, notamment l'archiduc Ferdinand-Maximilien, serait appelé au trône du Mexique. MM. Almonte et Gutierrez de Estrada insinuèrent en même temps que l'archiduc était disposé à se rendre, avec l'approbation de son frère et souverain, aux vœux de la nation mexicaine, si elle le chargeait de ses destinées. La réponse, sans être négative, faisait comprendre que de pareilles ouvertures ne pouvaient avoir de suite que si elles étaient accompagnées de garanties de nature à sauvegarder la dignité de Son Altesse Impériale et Royale et de son auguste maison. Ces garanties devaient être explicitement formulées au moment où le projet prendrait lui-même une allure plus déterminée. Il était bien convenu d'ailleurs que le gouvernement autrichien garderait une attitude passive dans cette affaire, et qu'il attendrait le jour où une offre formelle, reposant sur l'acceptation des conditions dont il vient d'être question, serait faite, pour s'occuper de l'examen à fond de la proposition et fixer les conditions définitives de l'acceptation (1).

D'obscures négociations ne tardèrent pas, d'un autre côté, à se nouer entre la cour des Tuileries et celle de Schœnbrunn.

François-Joseph et Maximilien vivaient depuis longtemps en assez mauvaise intelligence; le départ de l'archiduc ne devait pas causer une vive peine à l'empereur son frère. Mais lorsque Napoléon III, toujours poursuivi par sa chimère des races latines, et poussé par toutes les influences intérieures et extérieures que l'on connaît, fit les premières propositions, François-Joseph voulut, avant de répondre, envoyer au château de Miramar, près de Trieste, résidence habituelle de l'archiduc Maximilien, le comte de Rechberg, ministre des affaires étrangères, chargé de lui apprendre la haute situation à laquelle la volonté du peuple mexicain et les sympathies personnelles de Napoléon III se réservaient de l'appeler, à l'issue heureuse de l'expédition française, et de lui déclarer que l'empereur François-Joseph, comme chef de la famille impériale, lui laissait liberté pleine et entière de prendre un parti.

Le Mexique, sans se douter des destinées qu'on lui préparait en Europe, continuait pendant ce temps-là à faire ses efforts pour se soustraire à celles que la guerre civile lui imposait depuis si longtemps. Il y serait parvenu avec un peu d'aide, mais il ne trouvait partout que des hostilités. M. Dubois de Saligny, ministre du gouvernement impérial, arrivé le 12 décembre 1860 à Mexico, succédait à M. de Gabriac, que son dévouement absolu au parti clérical avait rendu aussi impopulaire parmi les Mexicains que

---

(1) *Gazette de Vienne*, organe semi-officiel.

parmi les Français. Il se montra tout de suite disposé à suivre les traces de son prédécesseur. Il refusa de reconnaître le gouvernement légal, même après que Juarez eut été installé à Mexico. Il ne s'aperçut de sa présence qu'à l'occasion d'une perquisition faite par ordre du ministre de la justice dans la maison mère des sœurs de charité, où il soupçonnait la supérieure du couvent de la Conception d'avoir caché des valeurs appartenant à son monastère et destinées à fournir des ressources à Miramon et à Zuloaga, unis de nouveau pour continuer la guerre civile.

M. de Saligny s'empressa, le lendemain, d'écrire à M. E. Zarco, ministre des affaires étrangères : « Votre » gouvernement a-t-il donc résolu de me pousser à bout et » de se brouiller avec la France? Je dois le croire en le » voyant persister dans les déplorables outrages dont le cou- » vent de la Charité est le théâtre depuis trente-six heures.... » Je n'assisterai pas plus longtemps à un pareil spectacle, » qui est une offense directe et préméditée envers le gou- » vernement de l'Empereur, sous la protection duquel ces » saintes femmes sont placées dans le monde entier. » Il menaçait en finissant M. Zarco, s'il ne faisait pas cesser immédiatement les perquisitions, de renoncer à nouer toute espèce de relations avec un gouvernement « pour lequel il n'y avait rien de sacré ». M. de Saligny justifiait son intervention dans cette affaire par cette raison singulière, que la communauté mère des sœurs de charité étant établie à Paris, le ministre de l'empereur des Français avait le droit de prendre les succursales sous sa protection ; comme si le fait d'appartenir à une communauté religieuse conférait à ses membres la nationalité du pays où la maison-mère de l'ordre est établie. M. de Saligny ne pouvait prendre son raisonnement au sérieux ; mais une rupture était indispensable à ses vues, et tous les moyens lui paraissaient bons pour arriver à ce but. Le gouvernement mexicain crut devoir céder à ses prétentions, dans l'espoir de l'amener à présenter ses lettres de créance : il se décida enfin à remplir cette formalité.

M. de Saligny ne prenait pas seulement à cœur les intérêts des religieuses ; ceux des porteurs des bons Jœcker étaient de sa part l'objet d'une sollicitude non moins vive, comme le démontre cette lettre adressée au ministre des affaires étrangères, plus de deux mois après l'entrée de Juarez à Mexico :

« Mexico, 2 mai 1862.

» Monsieur le Ministre,

» J'ai eu l'honneur d'entretenir *fréquemment* (1) Votre Éminence, depuis trois mois, d'une question importante, dans laquelle les intérêts et l'honneur de la France se trouvent gravement impliqués : *Je veux parler de la question relative aux bons Jœcker.*

» Après les conversations échangées entre Votre Éminence et moi, je crois pouvoir me dispenser d'entrer, pour le moment, dans les détails de cette affaire. Il me paraît également superflu de discuter ici un principe incontestable, incontesté, qui préside au rapport de toutes les nations civilisées, et que Votre Éminence elle-même n'a pu se refuser à admettre : *le principe de la solidarité, au point de vue des engagements internationaux, des divers gouvernements qui se succèdent dans un pays.* Ce principe, la France, au milieu des différentes phases qu'elle a traversées dans les cinquante dernières années, l'a toujours respecté, quelquefois au prix de douloureux sacrifices présents encore aujourd'hui à la mémoire de tous. Elle a donc le droit et le devoir d'exiger qu'il soit respecté par les autres nations ; et, quelle que soit d'ailleurs la bienveillance très-sincère et très-vive dont le gouvernement de l'Empereur soit animé à l'endroit du gouvernement mexicain, il ne saurait reconnaître à celui-ci la faculté de s'affranchir de ce principe et *de créer, à son profit, un nouveau droit des gens en opposition formelle à celui qui a servi de règle jusqu'ici à toutes les relations internationales.*

» Ainsi que je vous l'ai fait pressentir et que je ne vous l'ai pas laissé ignorer, j'ai reçu, d'abord, il y a douze jours, par le *Tenessee*, puis, par le dernier packet anglais, *des ordres précis et péremptoires de mon gouvernement sur cette question.*

» J'avais espéré qu'éclairé par vous sur les *nécessités* et les *périls* de

(1) M. Rouher a déclaré plus tard au Corps législatif que l'affaire Jœcker n'avait été considérée que comme une affaire française, et que M. de Saligny n'en avait jamais entretenu le ministre Zarco.

la situation, ainsi que sur les incontestables obligations qui lui incombent, le gouvernement de S. Exc. le président se serait hâté de terminer cette affaire, *la seule qui puisse susciter de graves difficultés entre les deux pays et empêcher la France de donner un libre cours à ses intentions amicales envers le Mexique.* Mon espoir a été malheureusement trompé. *Je ne saurais prendre sur moi de différer plus longtemps l'exécution des ordres du gouvernement de l'Empereur.* Toutefois, avant de vous les notifier d'une manière officielle, j'ai tenu à vous donner une nouvelle preuve de l'esprit de conciliation dont je suis personnellement animé, et je viens, guidé par un sentiment que vous voudrez bien apprécier, je l'espère, vous prier de me faire savoir, sans le moindre retard, les intentions définitives de votre gouvernement.....

» Je prie Votre Éminence, etc.....

» *Signé* A. DE SALIGNY. »

Le congrès avait procédé, le 18 juillet, à l'élection du président de la République, et les suffrages de la majorité s'étaient portés sur Juarez, dont la position restait toujours très-difficile. Le parti réactionnaire, vaincu sur le champ de bataille, reprit la lutte sur le terrain législatif et administratif, sans négliger d'entretenir çà et là des petites bandes dans les lieux où il était difficile de les atteindre et où elles se livraient aux plus graves excès contre les personnes et contre les propriétés. Juarez, loin d'être en mesure de payer les dettes contestables du gouvernement révolutionnaire auquel il succédait, n'avait pas même les ressources suffisantes pour faire face aux plus pressants besoins de l'État. Les revenus des douanes, affectés au payement des dettes extérieures du Mexique en vertu des conventions conclues entre les puissances, étaient l'unique ressource du gouvernement. Il en fut réduit à soumettre, le 17 juillet 1861, au congrès une loi qui suspendait pendant deux ans l'exécution des conventions financières.

M. de Saligny répondit à cette suspension par un ultimatum dans lequel il donnait au gouvernement mexicain vingt-quatre heures pour opter entre la reprise des payements et une rupture de relations avec la France. Juarez ne pouvant revenir sur cette mesure, M. Dubois de Saligny réalisa sa menace, mais il resta cependant à Mexico, où il ne cessait d'encourager les ennemis de la République. Son hôtel était même devenu l'asile de plusieurs d'entre eux.

M. Thouvenel, en apprenant la suspension des conventions financières, avait prescrit à M. de Saligny d'exiger le retrait de la loi du 17 juillet, et d'imposer à la République l'installation, dans les ports de Vera-Cruz et de Tampico, de commissaires chargés d'assurer la remise entre les mains des puissances des fonds qui devaient être prélevés à leur profit. M. de Saligny devait quitter Mexico si ces conditions n'étaient pas acceptées. Il n'avait pas attendu ces ordres pour rompre ses relations avec le gouvernement mexicain ; il quitta Mexico le 6 décembre. Sir Charles Wike, représentant de l'Angleterre, semblait devoir montrer plus de patience ; le comte Russell avait fait dernièrement à une députation de négociants anglais chargée de le prier d'intervenir en leur faveur, une réponse qui permettait au Mexique d'espérer qu'il pourrait s'entendre avec l'Angleterre ; mais sir Charles Wike reçut l'ordre de se rendre à la Jamaïque. L'Angleterre se laissait entraîner peu à peu à subir l'influence du gouvernement impérial. Les États-Unis étaient le seul appui qui restât au Mexique ; ils avaient des griefs contre lui, mais M. Seward se rendait parfaitement compte de la situation ; il écrivait, le 6 avril 1861, au ministre américain, M. Corwin : « Malgré les sujets de » plaintes des États-Unis contre le Mexique, le président » attendra, pour les faire valoir, que le gouvernement » actuel ait eu le temps de remonter son autorité. »

Les difficultés pendantes entre l'Espagne et le Mexique, au moment de la promulgation de la loi du 17 juillet, avaient trait à l'expulsion de son ministre M. Pacheco, à la ratification explicite du traité Mon-Almonte par le payement des sommes échues à partir du jour où M. Comonfort en avait suspendu l'exécution, et enfin à l'indemnité pour la capture pendant la guerre civile du bâtiment marchand *la Concepcion*. L'expulsion de M. Pacheco, causée par sa conduite personnelle, n'était qu'un prétexte de rupture avidement saisi par l'Espagne ; le ministre des affaires étrangères du Mexique, se flattant d'arranger directement cette affaire avec M. Pacheco, lui avait demandé une entrevue avant son départ. M. Pacheco répondit : Il est trop tard ! Le gouvernement espagnol lui-même n'avait pas daigné accuser réception d'une note dans laquelle M. Zarco répudiait toute intention d'insulte contre l'Espagne.

M. Antonio de la Fuente, ministre de la république du Mexique à Paris, avait reçu l'ordre de se mettre en rapport avec le cabinet de Madrid pour régler le différend, en le soumettant à l'arbitrage du gouvernement impérial, offre que l'Espagne s'était hâtée de repousser. Elle faisait preuve en même temps de son peu de bonne volonté à rendre une entente possible en exigeant la ratification du traité Mon-Almonte et le payement d'une indemnité aux propriétaires de *la Concepcion*. Le négociateur de ce traité, M. Mon, en avait lui-même condamné les exigences, en stipulant (1) que « cet acte ne pourrait jamais servir de base ni de précédent, dans des cas de même nature, pour obtenir de semblables concessions. » Le gouvernement actuel du Mexique, en reconnaissant à M. Almonte, représentant d'un gouvernement sorti d'un coup d'État, le droit de l'engager par un traité, aurait admis par cela même la légitimité de ce gouvernement. Le payement de l'indemnité

(1) Article 4.

aux propriétaires du navire *la Concepcion*, capturé au moment où il essayait d'introduire dans Vera-Cruz un chargement d'armes et de munitions de guerre pour le compte de l'insurrection, aurait entraîné la même conséquence. Le gouvernement d'Isabelle II se serait-il donc cru obligé de céder aux exigences d'une puissance lui réclamant la reconnaissance d'un traité signé avec don Carlos, et le payement d'armes fournies aux carlistes ?

Le gouvernement impérial profitait, comme le gouvernement espagnol, de la loi du 17 juillet pour résumer ses griefs contre le Mexique. Ils consistaient, à l'en croire, surtout en violences commises contre la personne des résidents français « obligés de chercher leur salut dans la fuite » après le pillage et l'incendie de leurs propriétés (1). » Les violences dont se plaignait le gouvernement impérial avaient eu lieu sous le gouvernement insurrectionnel, qu'il s'était empressé de reconnaître contrairement aux principes du droit international. Par quel singulier mépris de la justice et de l'équité un pouvoir régulier, réduit à lutter pendant trois ans contre un pouvoir insurrectionnel, devenait-il responsable d'excès commis par ce pouvoir ?

(1) Note du *Moniteur*, novembre 1861.

CHAPITRE X

1861-1862

EXPÉDITION DU MEXIQUE

(SUITE)

SOMMAIRE. — Négociations diplomatiques. — La convention de Londres. — Les Espagnols devancent les Anglais et les Français au Mexique. — Ils occupent Vera-Cruz. — Manifeste des commissaires alliés. — Préliminaires de la Soledad. — Leur rupture. — Conférence d'Orizaba. — La conférence se sépare brusquement. — Dénonciation de la rupture des préliminaires. — Attaque d'Orizaba par le général Lorencez. — Pronunciamento de cette ville en faveur d'Almonte. — Marche sur Puebla. — Échec de l'armée française. — Suite des affaires de l'intervention. — Période Lorencez. — Envoi de nouvelles troupes au Mexique. — Le général Forey remplace le général Lorencez. — L'opinion publique et le Mexique à la fin de l'année 1862.

Les motifs invoqués par l'Espagne et par le gouvernement impérial pour porter la guerre au Mexique n'étaient que des prétextes. La vérité est que les royalistes mexicains, soutenus par le clergé espagnol, avaient trouvé auprès de la reine Isabelle II, toujours ardente à soutenir les intérêts de l'Église, le même accueil qu'auprès de l'impératrice Eugénie. D'obscures intrigues relatives à une candidature possible au trône futur du Mexique, s'étaient nouées à Londres dans le courant du mois de juillet. La perspective d'une couronne éblouissait plus d'un personnage, en Espagne, en dehors même de la famille royale. Quant à Napoléon III, outre ses mobiles personnels, haine du césarisme contre la république, amour-propre de distributeur de couronnes, besoin d'occuper les esprits, de satisfaire l'activité et l'ambition de l'armée, mirage de l'or, appât des richesses à extraire du sol le plus riche en métaux précieux et en diamants, il suivait l'impulsion secrète communiquée par M. de Morny à lui et à ceux qui l'approchaient.

La promulgation de la loi du 17 juillet suspendant la remise des recettes des douanes aux puissances, permit à ces causes diverses et puissantes de produire leurs effets, et fournit aux gouvernements de Madrid et de Paris un prétexte pour donner le change à l'opinion. Le parti conservateur en Espagne et une notable fraction du parti libéral demandaient à grands cris que le gouvernement agît contre le Mexique, dût-il agir seul. Le gouvernement ne demandait pas mieux, mais il n'aurait pas été fâché cependant d'échanger quelques idées à ce sujet avec les cabinets de Paris et de Londres. Le ministre d'État espagnol, M. Calderon Collantès, écrivait au ministre de la reine à Londres : « Si l'Angleterre et la France conviennent d'agir » d'acord avec l'Espagne, les forces des trois puissances se » réuniront tant pour obtenir la réparation de leurs injures » que pour *établir un ordre régulier et stable au Mexique.* Si » elles se séparent de l'Espagne, le gouvernement de la reine » obtiendra les satisfactions qu'il est en droit de demander en » employant ses propres forces. » Le ministre d'État, conformément à cette dépêche, donna des ordres au capitaine général de Cuba, le 11 septembre, de faire les préparatifs pour diriger des forces sur le Mexique, et par une autre dépêche du 16, il chargea son représentant à Washington d'informer le secrétaire d'État, M. Seward, de la résolution prise par le gouvernement de la reine.

Le gouvernement anglais, prévoyant les complications de l'avenir, fit demander à Madrid « si le gouvernement de la reine Isabelle voyait un inconvénient à compter avec les États-Unis pour combiner une action collective au Mexique. » Le ministre d'État répondit qu'il n'avait pas d'objection à faire contre cette proposition, en ajoutant cependant, comme si l'on eût été encore au temps de Charles-Quint :

« que l'Espagne ne renoncerait jamais à sa pleine liberté
» d'action, pour traiter en la forme convenable les ques-
» tions avec cette république. »

Le gouvernement espagnol ainsi lancé ne pouvait plus reculer, mais il ne voulait pas non plus renoncer à l'accord avec l'Angleterre et avec Napoléon III ; il cherchait à « couper court à la lutte barbare engagée au Mexique », par la prompte conclusion d'une convention conclue entre les trois puissances qui, après l'avoir signée, dirigeraient leurs forces vers le Mexique sans attendre la décision des États-Unis. Napoléon III ne répugnait nullement à l'idée d'une convention, mais « sans s'obliger d'avance, ignorant l'ave-
» nir » ; les mois de septembre et d'octobre furent remplis par les négociations relatives à cette convention ; négociations d'autant plus délicates et d'autant plus difficiles que l'une des parties contractantes ne voulait pas aller trop loin dans ses engagements, et que les deux autres poursuivant un but semblable au fond, mais fort différent dans la forme, cherchaient à se tromper mutuellement sur leurs intentions, quoiqu'elles les connussent fort bien.

Le gouvernement anglais ne se dissimulait point les difficultés de l'entreprise à laquelle on lui proposait de s'associer. Le comte Russell déclarait encore le 27 septembre 1861, au ministre des États-Unis, à Londres, qu'il « craignait
» autant que lui de voir s'élever sur la base des sommes dues
» et des dommages causés, la prétention d'organiser un nou-
» veau gouvernement au Mexique ; qu'il était convaincu que
» ce dernier était de tous les pays celui où une intervention
» dans les affaires intérieures causerait le désappointement le
» plus vif à ses auteurs. » Le comte Russell, dans d'autres circonstances, avait exprimé la même opinion. Les cours des Tuileries et de Madrid, sentant la nécessité de le rassurer

sur leurs intentions en lui laissant la faculté de poser lui-même la limite de ses engagements, le chargèrent de rédiger le projet de la convention qui devait lier les trois puissances.

L'Espagne n'avait pas obtenu sans peine d'être admise à ces négociations. L'impression défavorable causée par ses prétentions au gouvernement impérial et au gouvernement anglais, est visible dans la réponse adressée par M. Thouvenel à la commission des porteurs de bons mexicains, qui s'était depuis quelque temps mise en campagne et qui poussait vivement à l'intervention. L'Espagne, payant d'audace, parla d'agir seule. Le ministre du Mexique près les cours des Tuileries et de Saint-James et le ministre des États-Unis à Paris n'ignoraient pas, — ce dernier en avait été prévenu par son collègue de Madrid, — que le plan des Espagnols était de se faire demander par leurs amis du Mexique un prince de la famille royale pour roi, et d'envoyer au Mexique un corps de troupes pour soutenir la nouvelle monarchie. Les États-Unis, informés de cette intention et connaissant l'accord existant entre la France et l'Angleterre, offraient aux puissances de garantir pendant cinq ans l'intérêt des dettes contractées par le Mexique à leur égard. Le représentant de ce pays à Londres espérait que lord Russell accepterait cette offre et que l'Angleterre ne refuserait pas au Mexique le temps nécessaire pour se constituer en gouvernement régulier ; mais lord Russell lui répondit, avec une sévérité inattendue, que le Mexique avait manqué à toutes ses obligations, qu'il ne pouvait se contenter de la garantie des États-Unis pour la dette extérieure, attendu qu'il avait d'autres revendications à exercer ; la France, ajouta-t-il, la refuse également, l'Espagne et l'Angleterre vont s'unir pour présenter au Mexique leurs conditions, et il espère que celui-ci les acceptera. Lord

Russell avertit en outre le représentant du Mexique que, chargé de la rédaction de ces conditions, il allait s'en occuper, et, qu'après en avoir arrêté les termes, il examinerait s'il devait s'en entendre avec lui.

Le comte Russell rédigea en effet un projet de convention qu'il est bon de placer en regard de la convention définitive, afin qu'il soit plus facile de se rendre compte du sens et de l'importance des changements qu'on lui fit subir :

PROJET PRIMITIF DE LA CONVENTION.	CONVENTION DU 31 OCTOBRE 1861.
S. M., etc..... .... se considérant obligées par la violation de toutes les lois et l'abominable conduite des autorités de la République mexicaine, d'exiger de celle-ci protection pour les personnes et les propriétés de leurs sujets, ainsi que l'exécution de tous les traités contractés entre LL. MM. et ladite République, ont résolu d'établir entre elles une Convention afin de combiner leurs moyens d'action à l'égard du but précité, et ont nommé à cet effet, en qualité de leurs plénipotentiaires, savoir : S. M. la Reine du Royaume-Uni, etc..... S. M. la Reine d'Espagne, etc.... Et S. M. l'Empereur des Français, etc.... Lesquels, après s'être mutuellement communiqué leurs pleins pouvoirs, ont arrêté en commun les articles suivants : ART. 1ᵉʳ. — S. M. la Reine du Royaume-Uni de la Grande-Bretagne et d'Irlande, S. M. la Reine d'Espagne et S. M. l'Empereur des Français s'engagent à faire, immédiatement après la signature de la présente Convention, les préparatifs nécess-	S. M. la Reine du Royaume-Uni de la Grande-Bretagne et d'Irlande, S. M. la Reine d'Espagne et S. M. l'Empereur des Français, se trouvant placées par la conduite arbitraire et vexatoire de la République du Mexique dans la nécessité d'exiger de ces autorités une protection plus efficace pour les personnes et les propriétés de leurs sujets, ainsi que l'exécution des obligations contractées envers elles par la République du Mexique, se sont entendues pour conclure entre elles une Convention dans le but de combiner leur action commune, et, à cet effet, ont nommé pour leurs plénipotentiaires, savoir : S. M. la Reine du Royaume-Uni de la Grande-Bretagne et d'Irlande, le Très-Honorable Jean, Comte Russell, Vicomte Amberley de Amberley et Ardsalla, Pair du Royaume-Uni, conseiller de S. M. Britannique en son conseil privé, principal secrétaire d'État de S. M. pour les affaires étrangères. S. M. la Reine d'Espagne, Don Xavier de Isturiz y Montero, chevalier de l'Ordre insigne de la Toison d'Or, grand'croix de l'Ordre royal et distingué de Charles III et de l'Ordre impérial de la Légion d'honneur de France, chevalier des Ordres de la

saires pour envoyer sur les côtes du Mexique, dans l'Océan Atlantique, une expédition combinée, militaire et navale, dont la force totale devra cependant être suffisante pour s'emparer des différentes forteresses et points militaires de toute la côte du Mexique; pour les occuper, les conserver et établir un rigoureux blocus des villes, des ports et des baies de cette côte.

La susdite occupation devra se faire au nom et en faveur des hautes puissances contractantes, sans qu'il soit nécessaire de prendre en considération la nationalité des forces qui seront chargées de l'occupation.

ART. 2. — Immédiatement après l'occupation de Vera-Cruz et des forts adjacents, *les chefs des forces alliées adresseront une note collective aux autorités établies dans la République du Mexique*, afin de leur faire connaître les motifs pour lesquels les puissances alliées ont recours aux moyens coercitifs, *et les inviter à entrer immédiatement en négociation*, en donnant des garanties suffisantes pour l'exécution des conventions à intervenir à l'égard des réparations des injures faites et des préjudices causés aux sujets des hautes parties contractantes, et pour l'accomplissement des obligations antérieures contractées par ladite République envers les puissances dont il s'agit.

Les chefs ci-dessus nommés déclareront aux autorités de la République que les mesures de coaction seront maintenues, et même, s'il le faut, augmentées, jusqu'au jour où les arrangements pris avec elles auront été approuvés par les gouvernements des hautes parties contractantes, lesquels se réservent en outre le droit de prendre les mesures qu'ils jugeront convenables pour veiller à l'exécution des nouvelles conventions et les rendre effectives.

ART. 3. — Les hautes parties con-

Concepcion de Villaviciosa et du Christ du Portugal, sénateur du royaume, ancien président du Conseil des ministres, premier secrétaire d'État de S. M. Catholique et son envoyé extraordinaire et ministre plénipotentiaire près S. M. Britannique;

Et S. M. l'empereur des Français, S. E. le comte de Flahault de la Billarderie, sénateur, grand'croix de la Légion d'honneur, ambassadeur extraordinaire de S. M. Impériale près S. M. Britannique.

Lesquels, après s'être mutuellement communiqué leurs pleins pouvoirs respectifs, qui ont été trouvés en bonne et due forme, ont arrêté en commun les articles suivants :

ART. 1er. — S. M. la Reine du Royaume-Uni de la Grande-Bretagne et d'Irlande, S. M. la Reine d'Espagne et S. M. l'Empereur des Français s'engagent à faire, aussitôt après la signature de la présente Convention, les dispositions nécessaires pour envoyer sur les côtes du Mexique des forces de terre et de mer combinées dont l'effectif sera déterminé par un échange ultérieur de communications entre leurs gouvernements, mais dont l'ensemble devra être suffisant pour pouvoir saisir et occuper les différentes forteresses et positions du littoral mexicain.

Les commandants des forces alliées seront, en outre, autorisés à entreprendre et à poursuivre toutes les opérations militaires qu'ils jugeront nécessaires pour assurer la réussite de l'expédition, conformément au but indiqué dans le préambule de la présente Convention, et particulièrement à prendre les mesures nécessaires pour garantir la vie et assurer les propriétés des sujets alliés résidant au Mexique.

Toutes les mesures dont il s'agit dans cet article seront prises au nom et pour le compte des hautes parties

tractantes s'engagent mutuellement à ne pas distraire les forces dont elles vont faire usage en vertu de la présente Convention, pour les employer à un objet, quel qu'il soit, différent de ceux qui sont spécifiés dans son préambule, et s'interdisent *spécialement* d'intervenir dans les affaires intérieures de la République.

Art. 4. — Les hautes parties contractantes s'engagent également, en faisant usage des moyens de coaction prévus dans la présente Convention, à ne chercher pour elles-mêmes aucune acquisition de territoire ni aucun avantage spécial; à n'exercer aucune influence dans les affaires intérieures de la République, et à ne point restreindre le droit qui appartient à la nation mexicaine de choisir la forme de gouvernement qu'elle veut se donner et de la maintenir (1).

Art. 5. — Les hautes parties contractantes désirant, en outre, que les moyens qu'elles veulent adopter n'aient aucun caractère d'exclusion, et sachant que le gouvernement des Etats-Unis a, comme elles-mêmes, des réclamations à exercer contre la République mexicaine, s'engagent, immédiatement après la signature de la présente Convention, à en envoyer une copie au gouvernement des États-Unis en l'invitant à s'unir à elles; et dans le cas où ce gouvernement y consentirait, les hautes parties contractantes autorisent d'avance leurs ministres à Washington à conclure et à signer, séparément ou collectivement, avec le plénipotentiaire que le Président nommera à cet effet, une convention ayant le même but et rédigée dans les mêmes termes (mais en supprimant le présent article), que celle qui se signe en ce moment au nom des susdites hautes contractantes sans acception de la nationalité particulière des forces employées à les exécuter.

Art. 2. — Les hautes parties contractantes s'engagent à ne rechercher pour elles-mêmes, dans l'emploi des mesures coercitives prévues par la présente Convention, aucune acquisition de territoire ni aucun avantage particulier; et à n'exercer dans les affaires du Mexique aucune influence de nature à porter atteinte au droit de la nation mexicaine de choisir et de constituer librement la forme de son gouvernement.

Art. 3. — Une commission composée de trois commissaires, un nommé par chacune des puissances contractantes, sera établie avec plein pouvoir de statuer sur toutes les questions que pourrait soulever l'emploi ou la distribution des sommes d'argent qui seront recouvrées au Mexique, en ayant égard aux droits respectifs des parties contractantes.

Art. 4. — Les hautes parties contractantes désirent, en outre, que les mesures qu'elles ont l'intention d'adopter n'aient pas un caractère exclusif, et sachant que le gouvernement des États-Unis a, de son côté, des réclamations à faire valoir contre la République mexicaine, s'engagent, d'un commun accord, à communiquer une copie de la présente Convention au gouvernement des États-Unis immédiatement après qu'elle aura été signée, en l'invitant à y accéder; et en prévision de cette accession, leurs ministres respectifs à Washington seront investis de pleins pouvoirs à l'effet de conclure et de signer, collectivement ou séparément, avec le plénipotentiaire désigné par le Président des États-Unis, une convention identique, sauf suppression du pré-

---

(1) Cet article a été reproduit presque littéralement dans l'article 2 de la convention définitive.

parties contractantes par leurs plénipotentiaires respectifs.

Toutefois, comme un retard quelconque dans l'accomplissement des stipulations qui font l'objet des articles I, II, III et IV de la présente Convention pourrait compromettre es espérances qui animent les hautes parties contractantes, elles déclarent que le désir d'obtenir la coopération du gouvernement des États-Unis ne retardera pas le commencement des opérations qui font l'objet *de la présente Convention*, au delà du terme nécessaire pour réunir dans les environs de Vera-Cruz les forces des hautes parties contractantes.

Art. 6. — La présente convention, etc.

sent article, à celles qu'elles signent à la date de ce jour.

Mais comme un retard quelconque dans l'accomplissement des stipulations qui font l'objet des articles I et II de la présente Convention pourrait compromettre le succès de l'expédition, les hautes parties contractantes sont tombées d'accord pour ne pas différer, dans le but d'obtenir l'accession du gouvernement des États-Unis, le commencement des opérations ci-dessus mentionnées au delà du moment où leurs forces combinées pourront être réunies dans le voisinage de Vera-Cruz.

Art. 5. — La présente Convention sera ratifiée et les ratifications en seront échangées à Londres, dans les quinze jours qui suivront sa signature.

En foi de quoi les plénipotentiaires susnommés l'ont signée et y ont apposé le sceau de leurs armes.

Fait triple à Londres, le 31 octobre de l'an de grâce 1861.

Signé Russell,
Xavier de Isturitz,
Flahault.

Le projet, rédigé par le comte Russell d'une façon aussi claire et aussi précise que possible, définit de la manière la plus simple le but de l'expédition : « obtenir protection » en faveur des personnes et des propriétés des sujets » étrangers ». Il affirme, ainsi que M. Billault lui-même a reconnu devant le Corps législatif, « que les hautes par» ties contractantes s'engageaient d'avance à ne point faire » usage des forces qu'elles allaient employer en vertu de » cette convention, pour des objets autres que ceux qui » étaient spécifiés dans son préambule, et, *spécialement*, » à ne point s'en servir pour intervenir dans les affaires » intérieures de la République » ; il ajoute : « immé-

» diatement après l'occupation de Vera-Cruz et des ports
» adjacents, les chefs des forces alliées devront adresser
» une note collective *aux autorités établies par la Répu-*
» *blique*, afin de faire connaître les motifs pour lesquels
» les alliés avaient recours aux moyens coercitifs et *les invi-*
» *ter à entrer immédiatement en négociation.* »

Les plénipotentiaires des gouvernements français et espagnol acceptèrent sans observation le projet du comte Russell pour ne pas exciter sa méfiance; mais au moment de le convertir en acte public, M. Calderon Collantès chargea les représentants accrédités d'Isabelle II près les cours de Saint-James et des Tuileries de communiquer aux ministres de ces cours les observations que le projet du comte Russell lui suggérait, et les modifications qu'il jugeait convenable d'y introduire (1).

Le préambule de la convention, disait le ministre d'État, détermine avec clarté le motif de l'action commune des trois puissances, et exprime en termes énergiques les causes qui l'ont rendue nécessaire. Il mérite, ainsi que l'article 2, l'approbation la plus complète du gouvernement de Sa Majesté; « bien que les dispositions contenues dans ce dernier pourraient peut-être se réserver, afin de les consigner dans les instructions qui doivent se remettre au chef des forces unies. » M. Calderon Collantès jugeait néanmoins nécessaire de définir exactement dans la convention quelle devait être la conduite des généraux alliés à partir du moment où ils se présenteraient sur les côtes du Mexique, et bien plus encore après l'occupation de Vera-Cruz et des points importants dont ils devaient s'emparer sur cette côte.

(1) Dépêche du 22 octobre 1861.

L'article 3 du projet était entièrement conforme aux idées constamment manifestées par le gouvernement de la Reine. Ce dernier avait toujours pensé en effet qu'on devait laisser aux Mexicains liberté entière pour constituer leur gouvernement de la manière la plus conforme à leurs intérêts, à leurs coutumes, à leurs croyances. Mais le ministre d'État ajoutait que si le gouvernement de la reine a cru et croit encore que les Mexicains doivent être les arbitres de leurs destinées, il pense également « qu'il est nécessaire de les mettre en état de pouvoir examiner sans passion et sans égarement la situation où les ont conduits leurs erreurs, afin qu'ils puissent adopter les moyens les plus convenables pour l'améliorer. » Un armistice conclu entre le gouvernement mexicain et les chefs des forces belligérantes permettrait, selon M. Calderon Collantès, de discuter et de résoudre pacifiquement les questions intérieures, et la présence des forces alliées suffirait pour mettre fin à la guerre civile, mais dans le cas cependant où « les horreurs dont
» la République a été le théâtre pendant si longtemps pren-
» draient, au contraire, plus d'extension encore, il serait
» imprudent de renoncer d'une manière absolue, et par
» anticipation, à une action qui pourrait être nécessitée
» plus tard par des événements imprévus. »

M. Calderon Collantès se demandait ensuite si l'article 3 ne paraîtrait pas aussi précis et aussi clair si le gouvernement de Sa Majesté Britannique consentait à en supprimer la dernière période et à le terminer au mot *préambule*, de façon à ne point laisser planer d'obscurité sur le but de la convention, et à ne point limiter d'avance l'action des alliés « dans les choses que les circonstances peuvent exiger. » Il proposait donc de rédiger l'article 3 de la manière suivante : « Les hautes parties contractantes s'engagent mutuelle-

» ment à ne pas distraire les forces dont elles vont faire
» usage en vertu de la présente convention, pour les em-
» ployer à un objet, quel qu'il soit, différent de ceux qui
» sont spécifiés dans *son préambule.* »

L'article 4 pouvait sans inconvénient être refondu avec le premier, selon le ministre d'État; mais comme l'Espagne avait constamment protesté de son désintéressement et qu'elle n'aspirait à aucun avantage matériel en dehors de ceux que peuvent obtenir les deux nations amies, M. Calderon Collantès invitait ses représentants à Londres et à Paris à signaler seulement les inconvénients de la répétition d'une même idée qu'on pourrait interpréter comme l'expression d'une méfiance sans motifs, ou comme « la déclaration formelle de la volonté irrévocable de laisser le peuple mexicain abandonné à ses déplorables habitudes, car le découragement que la crainte d'un pareil abandon pourrait produire sur les caractères droits et sur les personnes bien intentionnées, rendrait impossible l'organisation d'un gouvernement raisonnable ». M. Calderon Collantès déclarait du reste que lors même que cet article conserverait la rédaction qu'on lui avait donnée, et ne s'arrêterait pas au mot d'*avantage spécial,* « ce qui, dans l'opinion du gouvernement de la Reine, serait tout ce qu'il devrait contenir », ses intentions et ses désirs n'en seraient encore nullement contrariés.

« Il est inutile de dire, continuait-il, que le gouvernement de la Reine considère la forme monarchique comme préférable à toutes les autres formes de gouvernement; mais il ne mettra pas en avant son opinion sur l'intérêt qu'aurait le peuple mexicain à se constituer définitivement sous cette forme de gouvernement. Si pourtant il se décidait à choisir un souverain, l'Espagne ne pourrait demeurer indifférente dans une question aussi grave, surtout si un candidat quelconque était désigné au choix des Mexicains par l'un ou l'autre des gouvernements amis. Sur ce point, le gouvernement de la Reine croit fermement que si l'on veut faire quelque bien au Mexique, si l'on veut éviter des complications qui pourraient amener, sinon des périls, du moins de grands embarras aux trois gouvernements, ils doivent tous garder la plus grande réserve, et laisser au peuple mexicain la liberté la plus ample, la plus absolue, pour se prononcer à cet égard de la manière qui lui conviendra le mieux. »

M. Calderon Collantès se berçait encore de l'espoir de placer un infant sur le trône du Mexique, et, tout en protestant de son respect pour la souveraineté du peuple mexicain, il visait à l'escamoter sous prétexte qu'il était nécessaire de le mettre en état d'examiner sans passion et sans égarement la situation où l'ont conduit ses erreurs, et d'adopter les moyens les plus convenables pour l'améliorer. La phrase par laquelle il insinue « qu'il serait imprudent de renoncer d'une manière absolue, et par anticipation, à une action qui pourrait être nécessitée plus tard par des événements imprévus », et l'insistance avec laquelle il demande la suppression de la dernière partie de l'article 3, indiquent d'ailleurs très-clairement chez le gouvernement espagnol l'intention préméditée de recourir aux moyens coercitifs pour amener la nation mexicaine à ses vues.

Le gouvernement impérial n'avait aucune objection à faire contre les changements demandés par le gouvernement espagnol; le comte Russell y consentit, soit légèreté, soit qu'il n'attachât pas grande importance aux suites d'une expédition à laquelle l'Angleterre ne devait en tout cas prendre qu'une part restreinte, et le projet que l'on a lu plus haut devint la convention du 31 octobre 1861.

Pendant que les négociateurs des trois puissances cherchaient à Londres à introduire dans la convention les moyens de l'éluder plus tard ou de l'interpréter selon leurs intérêts, M. Thouvenel, fidèle au système d'ambiguïté qui n'avait cessé de régner dans ces négociations, s'efforçait d'établir la ligne de démarcation qui existe entre une intervention par la force et « une incitation indirecte ayant pour but d'engager les Mexicains à profiter de la présence des alliés pour secouer le joug de la tyrannie. » Lord Russell déclarait à ce sujet que, « dans le cas où les Mexicains, comme les grenouilles de la fable, demanderaient un roi, il ne voyait pas de motif de les empêcher de se passer cette fantaisie ». L'Espagne, de son côté, insinuait au ministre d'Angleterre à Madrid une théorie assez semblable à celle de M. Thouvenel. Le gouvernement anglais ne répondait pas assez nettement à ces insinuations au gré de Napoléon III et du cabinet espagnol; ce dernier avait, comme on l'a vu, déjà donné ses ordres au gouverneur de Cuba, où depuis près de deux mois la flotte, ayant à son bord 5600 hommes de troupes de toutes armes, n'attendait que le signal de lever l'ancre et de se diriger vers les parages du Mexique. Elle partit le 29 novembre 1861, et après une heureuse traversée elle arriva dans les eaux de Vera-Cruz le 8 décembre suivant.

Le commandant des forces espagnoles embossé en face de cette ville adressa une sommation au gouverneur contenant une récapitulation insultante des griefs de son gouvernement contre celui du Mexique. Le gouverneur de Vera-Cruz, après avoir dans sa réponse présenté comme preuve de l'exagération de ces griefs la sécurité dans laquelle les Espagnols vivaient même dans ce moment au

Mexique, ajouta que, conformément aux ordres de son gouvernement, il allait abandonner la ville, en y laissant seulement l'ayuntamiento; mais toute la population le suivit, hormis les gens trop pauvres pour quitter leurs foyers. Les anciens conquérants du Mexique débarquèrent donc comme la première fois sur cette terre en violant le droit des gens et avant toute déclaration de guerre.

La nouvelle de ce débarquement parvint dans les premiers jours du mois de janvier en Europe. Lord Russell manifesta en termes énergiques l'étonnement que lui causait cette violation de la convention de Londres; le gouvernement impérial en profita pour déclarer que, la conduite de l'Espagne étant de nature à accroître les difficultés de l'entreprise, il se trouvait dans la nécessité d'augmenter de 3 à 4000 hommes le chiffre de ses troupes déjà envoyées au Mexique. Lord Russell, en « regrettant cette mesure », ne s'y opposait pas. « Il paraissait inévitable *maintenant*, » disait-il, que les troupes alliées s'avançassent dans l'inté- » rieur du Mexique; et non-seulement la force convenue » serait insuffisante, mais l'opération elle-même devait » prendre un caractère tel que l'Empereur ne pourrait pas » permettre que l'armée française se trouvât dans une posi- » tion d'infériorité vis-à-vis de l'armée espagnole, ni que » celle-ci courût le risque d'être compromise (1). »

Lord Russell ne prenait pas la peine de dire pourquoi le caractère de l'intervention était changé et pourquoi une marche à l'*intérieur* était devenue nécessaire. Il se contentait d'exprimer de simples regrets sur des changements qui équivalaient à l'abandon de la convention du 31 octobre.

---

(1) Le comte Russell au comte Cowley, 20 janvier 1862 (livre bleu).

Lord Russell se méfiait surtout de l'ambition du gouvernement espagnol ; il écrivit à son représentant à Madrid pour lui expliquer « le genre d'intervention qu'il appuyait et celui qu'il n'appuyait pas ». Il le chargeait, en outre, de faire remarquer aux ministres d'Isabelle que « les troupes alliées ne doivent pas être employées à priver les Mexicains de leur droit incontestable de choisir la forme de gouvernement qui leur convient ». Le comte Russell ajoutait que, si l'on essayait d'agir dans le sens contraire, « la discorde
» et le désappointement seraient les seuls résultats de cette
» tentative, et que les gouvernements alliés n'auraient qu'à
» choisir entre une retraite honteuse et l'extension de leur
» intervention au delà des limites et de l'objet de la triple
» convention signée à Londres ».

Le bruit se répandit à cette époque dans Paris que le général Lorencez, commandant les renforts envoyés au Mexique, avait reçu l'ordre de ne tenir aucun compte des engagements que les commissaires alliés auraient pu prendre avec le gouvernement mexicain, et de préparer le pays à l'érection d'une monarchie à la tête de laquelle serait placé l'archiduc Maximilien. Lord Cowley fit part de ces bruits au comte Russell, qui les transmit à sir Charles Wike, en l'informant de l'envoi des renforts : « On suppose
» que ces forces marcheront sur Mexico avec les troupes
» françaises et espagnoles déjà réunies au Mexique ; on dit
» même que l'archiduc Maximilien sera invité par un grand
» nombre de Mexicains à monter sur le trône de ce pays,
» et que le peuple acceptera ce changement de gouverne-
» ment avec plaisir. J'ai peu de chose à ajouter à mes
» instructions à ce sujet. Si le peuple mexicain, par un
» mouvement spontané, place l'archiduc sur le trône, nous
» n'avons pas d'intérêt à l'empêcher ; mais nous ne pou-

» vons pas prendre part à une intervention armée dans ce
» but. »

L'une des trois puissances signataires de la convention de Londres en prévoyait déjà les conséquences et se préparait à la rompre; l'Espagne, par des motifs différents, ne devait pas tarder à en faire autant. Le Mexique, en attendant, fort effrayé de la coalition qui le menaçait, montrait un très-grand désir de conciliation, surtout à l'égard du gouvernement impérial et de l'Angleterre; une guerre avec l'Espagne, au contraire, ne lui paraissait pas au-dessus de ses forces. Le ministère venait d'être renversé, et le général Doblado n'avait consenti à se charger de la formation du cabinet et de la direction des affaires étrangères qu'à la condition d'être investi par le Congrès de pleins pouvoirs pour terminer le différend entre le Mexique et les puissances.

M. Dubois de Saligny, arrivé à Vera-Cruz le jour même de la prise de possession des Espagnols, en fut surpris et inquiet. Le général Uraga, commandant des forces mexicaines, et Doblado arrivèrent à la Téjeria, aux environs de Vera-Cruz. Le général Uraga invita les ministres étrangers à se rendre à son quartier général. M. Dubois de Saligny accepta l'invitation, avec l'intention de n'épargner aucune promesses pour engager le général mexicain à s'associer aux projets du gouvernement impérial. Il alla même jusqu'à lui déclarer d'avance qu'on ne traiterait pas avec Juarez, mais tous ses efforts pour entraîner Uraga restèrent impuissants.

Les forces réunies de France et d'Angleterre arrivèrent à Vera-Cruz le 7 janvier 1862. Les trois contingents s'élevaient ensemble à 10 000 hommes, dans lesquels la France avait fourni 3000 hommes, l'Espagne 6000, et l'Angleterre 1000 environ. La direction de l'expédition était confiée au commissaire espagnol, le général Prim.

MM. de Saligny et Jurien de la Gravière, commissaires français ; Dunlop et sir Charles Wike, commissaires anglais ; le général Prim, commissaire espagnol, adressèrent le 10 janvier, à la nation mexicaine, un manifeste dont voici les principaux passages :

« ...Ils vous trompent ceux qui prétendent que, derrière de justes réclamations, les alliés cachent des plans de conquête, de restauration ou d'intervention dans votre administration.

» Trois nations qui acceptent loyalement, et qui reconnaissent votre indépendance, méritent qu'on les croie animées de sentiments nobles et généreux, et non de pensées qui ne sont pas de notre époque. . . . .

» Telle est la vérité... Et nous ne vous la disons pas en
» vous déclarant la guerre. Il vous appartient à vous, uni-
» quement à vous, sans aucune intervention étrangère, de
» vous constituer d'une façon durable et solide... »

Les représentants des puissances alliées se réunirent le lendemain de leur arrivée. Les deux premières conférences se passèrent à merveille. Le général Prim exprima, dans la seconde, l'opinion qu'il serait bon de savoir à quoi chaque commissaire s'engageait en appuyant les réclamations de ses collègues. La conférence du 13 fut tout entière consacrée à la lecture de ces réclamations.

Le gouvernement impérial avait formulé les siennes dans la note suivante, adressée sous forme d'ultimatum au gouvernement mexicain :

« Les soussignés, représentants de la France, ont l'honneur, conformément à ce qui est dit dans la note collective adressée sous cette date au gouvernement mexicain par les plénipotentiaires de France, d'Angleterre et d'Espagne, de formuler ainsi qu'il suit l'*ultimatum* dont ils ont l'ordre, au nom du gouvernement français, d'exiger l'acceptation *simple et complète* de celui du Mexique.

» Art. 1ᵉʳ. — Le Mexique s'obligera à payer à la France la somme de *douze millions de piastres* (60 000 000 de francs) à laquelle est évalué le total des réclamations françaises pour les faits commis jusqu'au 31 juillet dernier, sauf les exceptions comprises dans les articles 2 et 4, et dont il sera parlé ci-après.

» Quant aux faits qui ont eu lieu depuis le 31 juillet dernier, faits pour lesquels ils introduisent une réserve expresse, le montant des réclamations auxquelles ils pourront donner lieu *sera fixé ultérieurement par les plénipotentiaires français.*

» Art. 2. — Le reliquat des sommes dues en vertu de la convention de 1853, reliquat qui n'a point été compris dans l'article 1ᵉʳ ci-dessus, devra être payé aux ayant droit, conformément aux obligations stipulées dans la susdite convention de 1853.

» Art. 3. — *Le Mexique s'obligera à l'exécution* PLEINE, LOYALE ET IMMÉDIATE *du contrat passé au mois de février 1859, entre le gouvernement mexicain et la maison Jœcker.*

» Art. 4. — Le Mexique s'obligera au payement immédiat de 11 000 piastres (55 000 francs) reste de l'indemnité stipulée en faveur de la veuve et des enfants de M. Riche, vice-consul de France à Tepic, assassiné au mois d'octobre 1859.

» Le gouvernement mexicain devra en outre, ainsi qu'il s'y est déjà engagé, destituer de ses grades et emplois et punir d'une manière exemplaire le colonel Rojas, un des assassins de M. Riche, avec la condition expresse que le susdit Rojas ne pourra, dans l'avenir, exercer aucun emploi, aucun commandement, aucune fonction publique.

» Art. 5. — Le gouvernement mexicain s'obligera également à rechercher les nombreux assassinats commis contre les Français, spécialement contre M. Davesne, et à punir les assassins (1).

» Art. 6. — Les auteurs des attentats commis le 14 août dernier contre le ministre de l'Empereur et des insultes adressées au représentant de la France dans les premiers jours du mois de novembre 1861 seront soumis à un châtiment exemplaire, et le gouvernement mexicain devra donner à la France et à son représentant toutes les réparations et satisfactions dues pour de pareils excès (2).

» Art. 7. — Pour assurer l'exécution des articles 5 et 6 relatés ci-dessus et le châtiment de tous les attentats qui ont été commis ou qui pourraient être commis dans la suite contre les Français qui résident dans la République, le ministre de France aura toujours le droit d'assister *personnellement ou par l'intermédiaire d'un délégué qu'il désignera à cet effet*, à toutes les instructions qui seront faites par la justice criminelle du pays.

» *Il sera investi du même droit dans toutes les instructions criminelles intentées contre les nationaux.*

(1) M. de Saligny a tenu depuis sous sa main le chef bien connu d'une de ces bandes, Marquez. Non-seulement ce dernier n'a pas été puni en vertu de cet *ultimatum*, mais encore il a reçu la croix de commandeur de la Légion d'honneur.

(2) Les recherches avaient été faites en présence de M. de Saligny lui-même et avaient abouti à une ordonnance de non-lieu.

» Art. 8. — Les indemnités stipulées dans le présent *ultimatum* bénéficieront, depuis le 17 juillet dernier et jusqu'à leur payement intégral, d'un intérêt annuel de 6 pour 100.

» Art. 9. — Pour garantir l'accomplissement des conditions pécuniaires et autres énoncées dans le présent *ultimatum*, la France aura le droit d'occuper les ports de Vera-Cruz et de Tampico, ainsi que tous ceux qu'elle croira nécessaire et d'y établir des commissaires nommés par le gouvernement impérial. La mission de ces derniers sera *d'assurer aux puissances qui y auront droit la dévolution des fonds qui devront être séparés à leur profit sur tous les revenus des douanes maritimes, conformément aux conventions, et la remise aux agents français des sommes dues à la France.*

» Les commissaires dont il est ici question auront en outre le droit de *réduire de moitié, ou en moindre proportion, selon qu'ils le jugeront convenable, les droits que la loi perçoit actuellement dans les ports de la République.*

» Il sera établi d'une manière expresse que les marchandises qui auront déjà payé les droits d'importation, ne pourront en aucun cas, ni sous aucun prétexte, être soumises par le gouvernement suprême ou par les autorités des États à des charges additionnelles excédant de 15 pour 100 le montant des sommes payées pour droits d'importation.

» Art. 10. — Toutes les mesures qui seront jugées nécessaires pour régler la répartition entre les parties intéressées des sommes prélevées sur le produit des douanes, définir le mode et les termes des payements et garantir l'exécution des clauses contenues dans le présent *ultimatum*, seront arrêtées de concert entre les plénipotentiaires de France, d'Angleterre et d'Espagne.

» *Signé* E. Jurien, A. de Saligny.

« Vera-Cruz, 12 janvier 1862. »

La lecture de cet *ultimatum* excita l'étonnement des plénipotentiaires; sir Charles Wike témoigna très-vivement sa désapprobation de l'article relatif à la créance Jœcker. Il connaissait, en sa qualité de résident à Mexico, tous les détails de cette affaire, dans laquelle 750 000 piastres avaient été échangées contre 14 millions en bons du trésor. M. Dubois de Saligny n'assistait pas à la réunion. L'amiral Jurien de la Gravière, fort embarrassé, demanda l'ajournement de la discussion au lendemain ; M. de Saligny était présent cette fois. Les plénipotentiaires anglais et espagnols, lui ayant demandé communication des titres sur lesquels reposait sa réclamation, il reconnut qu'il n'avait pas de pièces justificatives à produire et qu'il avait fixé à 60 millions de francs le montant des sommes dues aux sujets de l'empire, parce que ce chiffre lui semblait le plus voisin de la vérité ; personne, ajouta-t-il, n'avait d'ailleurs le droit d'examiner le plus ou moins de valeur de sa réclamation. Les plénipotentiaires ne pouvant admettre une si étrange façon d'agir dans une entreprise commune, décidèrent que chaque commissaire ferait valoir isolément les réclamations de son gouvernement, sans engager l'action de ses collègues. C'était ce que voulait M. Dubois de Saligny. Il connaissait trop bien le Mexique pour le croire en état de satisfaire à ses exigences, mais il voulait, en le forçant à les repousser, rendre la guerre inévitable.

Les plénipotentiaires avaient formé une commission chargée de porter à Mexico la note collective contenant les explications demandées par le gouvernement mexicain, et de le prévenir que pendant les négociations les troupes alliées, pour échapper à l'influence meurtrière du climat du littoral s'installeraient à l'intérieur dans des campements sains. La commission partit le 14 avec la note dont voici le résumé :

« Les plénipotentiaires sont chargés d'exiger pleine
» réparation des griefs et préjudices soufferts, mais en dé-
» clarant que la première chose à faire est de procurer à
» la République les moyens de se constituer d'une manière
» stable et qui la mette dans la possibilité de remplir ses
» engagements. »

La cinquième conférence eut lieu le 25. Les représentants de l'Angleterre déclarèrent à leurs collègues, qu'ayant appris l'arrivée prochaine de Miramon à Vera-Cruz, ils étaient décidés à s'opposer au débarquement de celui qui avait pillé la caisse de la légation anglaise. Une discussion très-vive eut lieu entre sir Charles Wike et M. Dubois de Saligny, protecteur de Miramon, qui ne put cependant pas débarquer.

Les membres de la commission revinrent le 28 janvier de Mexico, très-satisfaits de l'accueil qui leur avait été fait partout et des dispositions du gouvernement mexicain, qui paraissait prêt à donner toutes les satisfactions demandées. M. Zacomana, ministre de Juarez, les accompagnait, portant une dépêche du général Doblado, invitant les plénipotentiaires à se rendre avec une garde d'honneur de 2000 hommes à Orizaba, où des commissaires mexicains les attendaient pour entamer des négociations, pendant lesquelles le restant des forces étrangères seraient embarquées pour que rien ne parût gêner la liberté des délibérations. Les alliés répondirent par un refus d'embarquer les troupes et par l'avertissement qu'elles allaient faire un pas en avant vers une zone plus salubre et qu'elles se mettraient en marche, du 18 au 20 février, sur Orizaba, ou Jalapa. Comme il était impossible de faire sortir les troupes de leur campement actuel avant une vingtaine de jours, terme nécessaire pour rassembler les approvisionnements et les moyens de transport, l'annonce anticipée de ce départ inquiétait Juarez, qui chargea le général Doblado de demander aux représentants des puissances de vouloir bien préciser l'objet de leur mission. Le général Doblado adressa donc, le 6 février 1862, aux plénipotentiaires une lettre qui se terminait ainsi :

« ..... Comme le gouvernement de la République ignore quelle peut être la mission qui conduit au Mexique les commissaires des puissances alliées, d'autant plus que, jusqu'à présent, les commissaires n'ont donné que des assurances amicales, mais vagues, dont rien ne fait connaître l'objet réel, il ne peut permettre aux forces envahissantes d'avancer, à moins que l'on ne fixe d'une façon précise les intentions des alliés, par suite desquelles des négociations ultérieures pourront avoir lieu avec la garantie due aux intérêts importants qui doivent être discutés.

» Le citoyen président me donne l'ordre de fournir, de plus, à vos Excellences l'explication que si Vos Excellences envoient promptement un commissaire à Cordova pour discuter avec un autre commissaire du gouvernement mexicain les bases ci-dessus mentionnées, avant le présent mois de février, l'ordre sera donné à ces forces d'avancer vers les points sur lesquels on sera tombé d'accord. »

Cette lettre contenait une véritable injonction aux alliés de ne pas faire un pas en avant. Il fallait s'y soumettre faute de forces suffisantes pour la braver. Les plénipotentiaires réunis à Vera-Cruz décidèrent donc, le 9 février, que des pleins pouvoirs seraient donnés au comte de Reuss pour s'entendre avec le commissaire mexicain. Un incident faillit le lendemain rendre toute négociation inutile. Le général Zaragoza venait de remplacer le général Uraga dans le commandement de l'armée; jeune, ardent, ignorant les négociations engagées entre son gouvernement et les plénipotentiaires, le général Zaragoza entendant parler d'un mouvement en avant des alliés, n'hésita pas à signifier aux plénipotentiaires qu'il considérait ce mouvement comme une déclaration de guerre. Les plénipotentiaires, dans l'impuissance où ils se trouvaient de recourir aux armes, se plaignirent au gouvernement, qui donna des instructions pacifiques au général Zaragoza. Il ne restait plus qu'à fixer le jour et le lieu d'une entrevue. Ce double choix ne souleva point de difficultés, et le 19 février le comte de Reuss et le général Doblado se réunirent dans une maison du village de la Soledad. Le général Prim, mari d'une Mexicaine, était arrivé au Mexique avec les projets que la situation de ce pays pouvait faire naître dans l'âme ardente et inquiète d'un ambitieux comme lui. La volonté secrète de Napoléon III, en s'opposant à la haute fortune qu'il rêvait, le désintéressement forcé auquel il était réduit lui rendirent son impartialité. Il fut frappé de l'unanimité avec laquelle dans chaque État, dans chaque district, dans chaque ville, village, hameau, bourgade, on obéissait aux autorités établies par la constitution ; si quelques bandes de dissidents survivaient à trois ans de guerre civile, elles étaient commandées par des bandits avérés comme Marquez ou par des Espagnols. Le gouvernement espagnol n'avait plus de son côté aucun intérêt à s'associer à une guerre pour installer un archiduc sur le trône d'un pays dont il regrettait la possession. Le général Prim était donc résolu à borner le résultat de l'intervention à la réparation des offenses faites aux puissances et au payement des dommages causés à leurs nationaux. Le gouvernement mexicain se montrait très-disposé à donner toutes les satisfactions désirables pour les outrages, les exactions, les actes arbitraires, dont se plaignaient avec raison les étrangers et dont la fin de la guerre civile et la pacification de la République par la consolidation de l'œuvre constitutionnelle, élevée avec tant de peine sur les débris du passé, pouvaient seules empêcher le retour.

Le général Prim et le général Doblado se réunirent, le 19 février 1862, à la Soledad et signèrent ces préliminaires de paix.

PRÉLIMINAIRES DONT SONT CONVENUS M. LE COMTE DE REUSS ET LE MINISTRE DES RELATIONS EXTÉRIEURES DE LA RÉPUBLIQUE DU MEXIQUE.

« Attendu que le gouvernement constitutionnel qui régit actuellement la République mexicaine a manifesté aux commissaires des puissances alliées qu'il n'a pas besoin des secours qu'ont offerts ces derniers avec tant de bienveillance au peuple mexicain, et *qu'il possède en lui-même les éléments de force et d'opinion nécessaires pour se maintenir contre toute révolte intestine*, les alliés entrent de suite sur le terrain des traités et sont prêts à formuler toutes les réclamations qu'ils ont à faire au nom de leurs nations respectives.

» I. — A cet effet, les représentants des puissances alliées protestant, comme ils protestent, qu'ils n'ont l'intention de rien intenter contre l'indépendance, la souveraineté et l'intégrité du territoire de la République, les négociations s'ouvriront à Orizaba, ville dans laquelle se rendront les commissaires et deux ministres du gouvernement de la République, sauf le cas où, d'un commun accord, on conviendrait de nommer des représentants délégués par les deux parties.

» II. — Pendant les négociations, les forces des puissances alliées occuperont les trois centres de population de Cordova, Orizaba et Tehuacan, avec leurs rayons naturels.

» III. — Pour qu'on ne puisse supposer, même d'une manière éloignée, que les alliés ont signé ces préliminaires pour se procurer le passage des positions fortifiées qu'occupe l'armée mexicaine, il est stipulé qu'au cas malheureux où les négociations viendraient à se rompre, *les forces des alliés abandonneront les centres de population ci-dessus mentionnés*, et retourneront se placer sur la ligne qui est en avant de ces fortifications dans la direction de Vera-Cruz, en désignant comme points extrêmes principaux, celui de Paso Ancho, sur la route de Cordova, et celui de Pasto de Ovejas sur celle de Jalapa.

» IV. — Si le cas malheureux de la rupture des hostilités venait à se présenter, et si les troupes alliées se retiraient sur la ligne indiquée dans l'article qui précède, les hôpitaux alliés dans ces trois villes seraient sous la sauvegarde de la nation mexicaine.

» V. — Le jour où les troupes alliées entreprendront leur marche pour occuper les points désignés dans l'article deuxième, on arborera le drapeau mexicain sur la ville de Vera-Cruz et sur le château de Saint-Jean-d'Ulloza.

» *Signé* Le comte DE REUSS, MANUEL DOBLADO.

» Approuvé :

» *Signé* CH. LENNOX WIKE, HUGH DUNLOP.

» Approuvé les préliminaires ci-dessus :

» *Signé* A. DE SALIGNY, E. JURIEN.

» La Soledad, 19 février 1862.

» J'approuve ces préliminaires en vertu des amples facultés dont je suis investi.

» *Signé* BENITO JUAREZ.

» Mexico, 23 février 1862. »

Les plénipotentiaires avaient informé leurs gouvernements respectifs du désaccord survenu entre eux dans la quatrième conférence et de la décision qui en avait été la suite. M. Thouvenel fit connaître au cabinet de Saint-James la surprise que lui causait la conduite de sir Charles Wike. Il n'admettait pas que chaque plénipotentiaire exerçât un contrôle sur les demandes de ses collègues et qu'on réglât les réclamations en vertu de traités ou de conventions. Lord Russell, quoiqu'il reconnût que son représentant s'était écarté des prescriptions de la convention de Londres, n'en approuva pas moins sa conduite. Il ne crut pas devoir cacher au ministre de Napoléon III qu'il était de l'avis de sir Charles Wike : « Que l'affaire Jœcker ne devait donner lieu à une protection telle qu'on pût en faire l'objet d'un *ultimatum*, et qu'il comprenait que sir Charles Wike eût trouvé cette réclamation extravagante. »

La nouvelle de la signature des préliminaires de la Soledad, arrivée sur ces entrefaites, fit éprouver au gouvernement impérial une irritation qu'il ne put cacher, comme le prouve la note insérée au *Moniteur* du 8 avril :

« Les journaux espagnols prétendent que le gouvernement de l'Empereur a demandé au cabinet de Madrid le rappel du général Prim. Cette demande est entièrement controuvée. Le gouvernement de l'Empereur s'est borné à désapprouver la convention conclue avec le général Doblado par le général Prim et acceptée ensuite par les plénipotentiaires des puissances alliées, parce que cette convention lui a semblé contraire à la dignité de la France.

» En conséquence, M. de Saligny a été seul chargé des pleins pouvoirs politiques dont le vice-amiral Jurien de la Gravière était revêtu, et cet officier général a reçu l'ordre de reprendre simplement le commandement de la division navale. »

M. Billault vint encore aggraver cette note en la commentant devant le Corps législatif : « Il est, messieurs, » dans la vie des nations, comme dans celle des hommes, » des situations impérieuses, où, quoi qu'il arrive, il » ne faut transiger ni avec l'honneur, ni avec le devoir. » M. Jurien de la Gravière avait donc forfait à tous les deux ?

L'Angleterre et l'Espagne, sauf quelques détails de forme, approuvèrent leurs représentants.

Le général Lorencez, accompagné par Almonte, cet ancien républicain devenu l'agent principal des intrigues monarchiques à Paris, à Madrid et à Miramar, débarqua le 3 mars à Vera-Cruz, précédé des articles de la presse officieuse impériale, annonçant ouvertement que le but de l'expédition était le renversement de Juarez et l'élévation de Maximilien au trône du Mexique.

Le gouvernement mexicain s'inquiéta des menées d'Almonte, du Père Miranda et de quelques émigrés qui l'accompagnaient, et M. Doblado adressa, le 3 avril, une note aux plénipotentiaires alliés pour les prier « de donner l'ordre » que ces personnes soient réembarquées et transportées » sans retard hors de la République ».

La mésintelligence entre les commissaires des trois puissances alliées avait commencé dès le lendemain de leur réunion, à la suite du refus de M. de Saligny de communiquer à ses collègues des renseignements précis au sujet de la créance introduite au nom de la France contre le Mexique. Cette mésintelligence parut un instant se calmer, mais l'arrivée du général Almonte, ses prétentions et la protection dont il était l'objet de la part des commissaires impériaux, la ravivèrent au point qu'il devint désormais impossible aux commissaires alliés de poursuivre en commun le but de l'expédition. Chacun d'eux le comprenait, mais personne n'avait encore osé l'avouer franchement. Il fallait pourtant sortir de cette étrange situation avant le 15 avril, jour fixé pour l'ouverture des négociations avec les plénipotentiaires mexicains. Les commissaires se réunirent le 9 du mois susdit, à Orizaba.

La discussion s'engagea entre les commissaires des gouvernements d'Angleterre et d'Espagne, et les commissaires du gouvernement français. Les premiers, le général Prim surtout, s'efforcèrent de démontrer que la convention de Londres n'autorisait pas l'attitude prise, depuis l'arrivée du général Almonte, par les commissaires du gouvernement français ; que les alliés ne pouvaient imposer aux Mexicains une forme de gouvernement sans abandonner la pensée primitive de l'expédition et sans violer les préliminaires conclus avec le gouvernement de la République; pour rester fidèles à ces préliminaires, il ne fallait pas seulement se maintenir dans les termes de la convention, mais s'abstenir rigoureusement de protéger les enfants perdus d'un pays qui venaient conspirer, à l'ombre des drapeaux alliés, contre l'ordre de choses actuellement existant. Le général Prim raconta ensuite comment Almonte, dans une entrevue qu'ils eurent ensemble quelques jours après son arrivée, lui avait dévoilé ses plans.

« Dans une visite que me fit le général Almonte peu de jours après son arrivée, il m'a déclaré franchement *qu'il comptait sur l'appui des trois puissances alliées pour opérer un changement radical dans le gouvernement du Mexique, y remplacer la République par la monarchie et appeler au trône l'archiduc Maximilien d'Autriche.* Puis, il a ajouté qu'il avait des motifs pour croire que son projet serait favorablement accueilli par les Mexicains eux-mêmes, et qu'avant deux mois il serait peut-être réalisé.

» Je lui ai répondu que mon opinion à cet égard était diamétralement opposée à la sienne, et que, pour l'exécution de ce plan, il ne devait pas compter sur l'appui des forces espagnoles, parce que le Mexique, constitué en République depuis quarante ans, repousserait la forme monarchique, et refuserait des institutions si différentes de celles qui l'ont régi jusqu'à notre époque.

» Le général Almonte m'a confessé de plus *qu'il comptait sur l'appui des troupes françaises*, et je ne lui ai pas caché que je regrettais de voir le gouvernement français adopter au Mexique une politique si différente de celle que l'Empereur avait suivie dans plusieurs occasions. Je lui ai même dit que, dans le cas, pour moi peu probable, où les forces de la France se compromettraient dans une pareille entreprise, s'il leur arrivait un échec, je regretterais autant ce malheur que s'il m'était arrivé à moi-même ou à mon pays. J'ai fini par l'engager à ne pas persévérer dans une conduite où, s'il agissait seul, il trouverait infailliblement sa ruine, tandis que, s'il comptait sur l'appui de quelques-unes des forces alliées, il ferait naître dans le pays des susceptibilités qui pourraient compromettre l'avenir des négociations pendantes, dont la politique toute conciliante suivie jusqu'à ce jour par les commissaires alliés espérait, non sans raison, obtenir un bon résultat. »

Les représentants français répondirent en termes clairs et explicites « qu'ils étaient résolus à ne pas traiter avec le gouvernement de la République; que, loin de retirer leur protection aux émigrés mexicains qui l'avaient invoquée, ils continueraient, au contraire, à la leur accorder. « La protection accordée au général Almonte, — dit l'amiral de la Gravière, — ne diffère en rien de celle que la France accorde aux proscrits de tous les pays, elle n'implique par elle-même aucune intervention dans les affaires intérieures de la République, et, une fois concédée, il n'y a pas d'exemple qu'elle ait jamais été retirée. »

Le commissaire espagnol fit observer que cette protection s'accordait ordinairement aux vaincus dont l'existence était en péril, et non aux individus qui venaient tout exprès de l'étranger avec des intentions hostiles contre un gouvernement établi, *surtout contre un gouvernement avec lequel les alliés avaient déjà ouvert des négociations.*

L'amiral Jurien lui répondit :

« Le général Almonte, de même que tout le monde en Europe, *croyait la guerre inévitable,* et, loin d'être animé de sentiments hostiles envers son pays, il arrive au contraire avec une *mission* — on ne disait pas de qui — *pacifique et conciliatrice,* afin de rétablir la concorde entre les différents partis ; — il est digne, par ses antécédents, d'être écouté par ses compatriotes, et c'est à lui, en rectifiant les erreurs répandues à ce sujet, qu'il appartient de leur faire comprendre les intentions bienfaisantes des gouvernements européens à l'égard du Mexique ; — ce général est le plus capable de remplir cette *mission,* tant à cause des emplois honorables qu'il avait si dignement remplis dans son pays, *que par l'estime de l'Empereur pour sa personne et l'influence dont il jouissait auprès de lui;* — les raisons données par le comte de Reuss pour justifier son opinion relativement à l'impossibilité d'établir une monarchie au Mexique ne lui paraissent pas concluantes; et, du moment où il est prouvé que les institutions sous lesquelles le pays a vécu pendant quarante ans n'ont produit que des révolutions et amené la situation déplorable où il est aujourd'hui, il est probable qu'un changement radical dans ses institutions sera reçu favorablement par tous les habitants de la République. »

Sir Charles Wike fit remarquer à ses collègues qu'à son arrivée à Vera-Cruz, Almonte s'était donné publiquement comme le fondé de pouvoirs des trois gouvernements alliés, quand il était évident qu'il n'avait reçu aucune mission, ni de l'Angleterre, ni de l'Espagne, au nom desquelles cependant il prétendait interpréter à sa manière la convention de Londres; l'amiral Jurien se contenta de répondre « qu'il ne croyait pas que le général Almonte eût jamais manifesté de semblables prétentions. » Puis, sur une affirmation nouvelle du général Prim et du commodore Dunlop, M. de Saligny se hâta de couper court à l'incident en passant à une autre question.

« Il dit que le but véritable de l'acte de Londres était d'obtenir satisfaction des outrages commis par le gouvernement mexicain contre les étrangers, et que le système de temporisation et de conciliation suivi jusqu'à ce jour était condamné par l'épreuve qu'on en avait faite, puisqu'il recevait à chaque instant des lettres dans lesquelles les signataires se plaignaient à lui de la lenteur des alliés et lui disaient que cette attitude avait eu pour conséquence naturelle d'augmenter l'audace du gouvernement mexicain; — que, quant à lui, *il déclarait formellement qu'il ne traiterait jamais avec ce gouvernement*, et qu'après avoir mûrement réfléchi sur la détermination qu'il convenait d'adopter, il croyait nécessaire de marcher immédiatement sur la capitale. »

Le commissaire anglais demanda à M. de Saligny s'il était vrai, comme on le répétait de tous côtés, *qu'il n'attachât aucune valeur aux préliminaires de la Soledad?*

M. de Saligny répondit : « Qu'il n'avait jamais eu la moindre confiance dans aucun des actes du gouvernement mexicain, et que cette opinion s'appliquait non-seulement aux préliminaires dont on parlait, mais à toutes les conventions qu'on pourrait dans la suite conclure avec lui... »

A cette interpellation du commodore Dunlop : Pourquoi, s'il n'avait aucune confiance dans la parole du gouvernement mexicain, il avait signé les préliminaires en question? — et pourquoi, après les avoir volontairement signés, il ne se croyait pas lié par sa signature ? M. de Saligny répondit encore : « Qu'il ne devait compte à personne des motifs qui l'avaient engagé à signer ces préliminaires. » Mais s'apercevant aussitôt de l'effet produit par ces paroles brutales, il ajouta d'un ton un peu radouci : « Que néanmoins, si le gouvernement mexicain ne les avait pas lui-même enfreints de mille manières, il se serait cru compromis par sa signature. »

Les représentants anglais allaient sommer M. de Saligny de fournir les preuves de ce qu'il avançait, quand le général Prim fit lire par son secrétaire une note dans laquelle le ministre des affaires étrangères de la République réclamait au nom de son gouvernement l'expulsion du général Almonte et de ses compagnons. Les commissaires français se refusèrent l'un et l'autre, de la manière la plus positive, à cette demande. L'amiral Jurien, pour donner un semblant de justice à ses raisons, déclara que dans aucun pays il n'avait vu inaugurer un système de terreur pareil à celui qui pesait en ce moment sur les populations du Mexique.

M. de Saligny appuya fortement l'opinion de son collègue, et sir Charles Wike la combattit en déclarant que, selon lui, la grande majorité du peuple mexicain soutiendrait le gouvernement actuel, tandis qu'au contraire la monarchie rencontrerait peu de partisans.

M. Jurien répliqua « que la partie intelligente et modérée de la nation était aussi la seule qui méritât les sympathies des puissances alliées ; que cette fraction du tout mexicain désirait sincèrement le retour à l'ordre et à la tranquillité ; qu'elle souhaitait surtout l'appui des alliés, et qu'elle prouverait elle-même ses sentiments le jour où, libre enfin de toute oppression, elle pourrait formuler son opinion. » Il termina en disant « qu'il fallait marcher immédiatement sur Mexico. »

M. de Saligny ajouta : « que ses compatriotes gémissaient sous la plus atroce tyrannie ; qu'il avait reçu un grand nombre de pétitions dans lesquelles on lui demandait que les troupes françaises marchassent sur la capitale, seul moyen de les préserver d'une ruine complète. »

Ces pétitions étaient vraies. Mais ce que M. de Saligny ne disait pas, c'est la manière dont s'y était prise la légation de France pour les obtenir.

La population française de Mexico s'était trouvée compromise, pour une somme assez ronde, dans le passif du bilan que le banquier Jœcker avait été obligé de déposer huit mois avant la rentrée du gouvernement constitutionnel dans la capitale de la République, et M. de Saligny avait profité de cette circonstance pour poser cette alternative aux intéressés : « Si l'intervention a lieu, M. Jœcker sera payé, et » vous le serez également ; dans le cas contraire, il est » probable que vous perdrez tout. Choisissez maintenant. » Les négociants, placés ainsi entre les nécessités de leur situation et leur conscience qui leur disait que l'intervention serait une faute irréparable, signèrent les pétitions dictées par M. de Saligny.

Le commodore Dunlop se contenta de lui répondre que les Français résidant à Mexico verraient la marche des troupes sur cette capitale avec déplaisir. Sir Charles Wike ajouta que, quant à lui, sachant par expérience combien parmi ceux qui dirigeaient les affaires du Mexique il y avait de personnes distinguées, appartenant au parti modéré, il pensait que la ligne de conduite suivie jusqu'ici par les commissaires alliés était la seule digne et convenable.

L'amiral Jurien répliqua qu'il n'éprouvait aucune sympathie pour un gouvernement à qui on avait offert la paix et la réconciliation des partis et qui avait répondu à cette offre en ordonnant des supplices (1).

Les commissaires des gouvernements d'Angleterre et d'Espagne déclarèrent, après avoir entendu les plénipotentiaires français, qu'ils ne trouvaient aucun motif qui pût justifier leur résolution de rompre avec le gouvernement mexicain ; qu'ils ne pouvaient approuver ni signer la réponse que les susdits plénipotentiaires voulaient faire à la note de M. Doblado ; et que, dans le cas où ils continueraient à s'opposer au rembarquement du sieur Almonte et de ses compagnons, et où ils se refuseraient à prendre part aux conférences qui devaient s'ouvrir six jours plus tard, dans cette même ville d'Orizaba, avec les plénipotentiaires du gouvernement local, ils se retireraient du territoire du Mexique avec leurs troupes, et regarderaient la conduite des commissaires français comme une violation de l'acte de Londres et des préliminaires de la Soledad.

Ainsi se termina la conférence.

Les commissaires alliés, avant de se séparer définitivement, rédigèrent une note collective adressée au gouvernement mexicain, pour lui annoncer «qu'ils s'étaient trouvés » dans l'impossibilité de se mettre d'accord sur l'interpré- » tation de la convention du 31 octobre 1861. »

Les commissaires français ne tardèrent pas à profiter de

---

(1) L'amiral Jurien faisait ici allusion à la mort du général Robles Pezuela. M. Robles, compromis dans les événements qui s'étaient passés depuis trois ans, s'était tenu caché pendant plusieurs mois, après la prise de Mexico, dans l'hôtel même de M. de Saligny. De là, il s'était rendu à Guanaguato, où il vivait tranquillement sous la protection de M. Doblado, gouverneur constitutionnel de cet État. Quand M. Doblado fut nommé ministre des affaires étrangères, Robles obtint de lui l'autorisation de revenir à Mexico, sous la condition expresse de ne s'y point mêler de politique. Malheureusement il se mit en relation avec Almonte et le père Miranda, et on lui ordonna de se rendre, *sur parole*, à Sombrerete, dans l'État de Zacatecas. Robles, au lieu de prendre la route du Nord prit celle de l'Ouest qui conduisait au camp des alliés. Il fut arrêté près d'Orizaba, traduit en jugement pour crime de *trahison*, condamné et passé par les armes, le 23 mars 1862.

la liberté d'allure que leur laissait le départ des commissaires anglais et espagnols. Ils firent parvenir le 9 avril, par un message particulier au gouvernement mexicain, leur refus à la demande d'expulsion d'Almonte et de ses agents. Il était impossible, disaient-ils, d'acquiescer à cette demande relative à un homme « étranger aux passions des partis, et investi de la confiance du gouvernement de l'Empereur. » Ce message parlait en termes vagues de nouvelles persécutions contre les Français, qui forçaient les représentants de la France d'abandonner « la voie où le désir d'éviter l'effusion du sang les avait engagés... »

M. Billault, défendant Almonte devant le Corps législatif, a soutenu que ce dernier n'étant ni *proscrit* ni *condamné*, se trouvait placé sous la protection du droit commun. M. Billault savait mieux que personne que le titre de proscrit ne défend pas toujours contre les demandes d'expulsion ou d'internement de la part du gouvernement proscripteur; était-il possible d'ailleurs d'invoquer le droit commun en faveur d'un homme qui, après avoir prêté serment à la Constitution de 1857, en qualité de ministre du Mexique à Paris, nommé par Comonfort, avait violé son serment pour servir la réaction, et qui, destitué par Juarez, non content de se faire l'agent actif des intrigues destinées à appeler l'étranger dans son pays, y nouait, à peine débarqué, de nouvelles intrigues pour renverser le gouvernement?

Le comte Russell était loin de partager l'opinion de M. Billault sur Almonte, car le 21 avril 1862, à ces trois questions posées par son représentant au Mexique : 1° M. de Saligny a-t-il eu raison de permettre à des émigrés tels que le général Almonte et le Père Miranda de pénétrer à l'intérieur sous le pavillon français, ou bien le général Prim et le représentant de S. M. Britannique ont-ils eu raison de protester contre cet acte? 2° Le général Prim a-t-il eu raison, dans le cas où le commissaire français persisterait dans ses exigences, de se décider à retirer ses troupes du territoire mexicain? 3° Dans le cas également où le commissaire français persisterait dans ses exigences, la convention du 31 octobre doit-elle être considérée comme rompue ou seulement comme suspendue? Le ministre de la reine Victoria répondit que le général Prim et le représentant du gouvernement britannique étaient parfaitement fondés à protester contre le permis en quelque sorte donné par M. Dubois de Saligny au général Almonte et au Père Miranda pour pénétrer dans l'intérieur du Mexique sous la protection du pavillon français; que *le général Prim avait eu grandement raison de se décider à retirer ses troupes pour le cas où le représentant français persisterait dans ses exigences*, enfin que dans ce cas la convention du 31 octobre ne devrait pas pour cela être considérée comme *rompue* ou *terminée*, mais seulement comme *suspendue*.

Le message des commissaires français ne permettait pas au gouvernement mexicain de se faire illusion sur la situation, et, quoiqu'il n'eût reçu encore aucune déclaration de guerre, il comprenait que la paix était impossible. Le message contenait en effet les phrases suivantes, qui ne peuvent guère laisser de doutes sur le parti pris des commissaires impériaux de rendre une rupture inévitable. « C'est le gouvernement mexicain qui, de ses propres
» mains, a déchiré les préliminaires de la Soledad, en persis-
» tant à se livrer chaque jour aux mêmes actes coupables
» contre les personnes et les propriétés des sujets de S. M. I.
» et contre les principes les plus sacrés du droit des gens.....
 » Les soussignés regrettent d'avoir à ajouter que certains

» faits récents, tels que l'assassinat de plusieurs soldats
» français sur le chemin de Vera-Cruz, fournissent une
» nouvelle preuve de ce que le gouvernement mexicain ne
» possède ni la volonté, ni le pouvoir de remplir les obli-
» gations imposées à tout gouvernement civilisé. »

Le gouvernement mexicain répondit par un démenti aux faits contenus dans ce message. Un échange de notes eut lieu à ce sujet, et Almonte, pendant ce temps-là, adressa aux Mexicains une proclamation dans laquelle il parlait des services rendus par lui à son pays, de l'amitié que lui portait l'empereur des Français, de la connaissance qu'il avait de ses projets, sur lesquels pourtant il ne s'expliquait pas, et de la nécessité pour tous les Mexicains de s'unir afin de fonder un gouvernement « en harmonie avec leurs besoins, leur caractère, et leurs croyances religieuses ».

Le mouvement des troupes françaises cantonnées à Orizaba et à Cordova pour reprendre leurs anciennes positions devait commencer le 20 avril. Le bruit courut trois jours avant dans le camp mexicain que la brigade française laissait 500 hommes à Orizaba, dans l'intention apparente de protéger ses malades; le général Zaragoza écrivit au général Lorencez pour lui demander ce qu'il devait penser de ce bruit; le général Lorencez répondit qu'il était faux. Un nouveau bruit se répandit le 19. Il s'agissait d'un pronunciamiento préparé à Orizaba en faveur d'Almonte. Le général Zaragoza se rendit dans cette ville pour surveiller les agents de la réaction. Le médecin en chef de l'armée expéditionnaire lui fit demander une entrevue sur laquelle on n'a jamais eu de détails (1); ce qu'il y a de certain c'est que ce jour là, 27 avril, le général Lorencez marcha sur

---

(1) Le général Zaragoza mourut quelques jours après.

Orizaba, qu'il occupa le lendemain après avoir battu une petite armée mexicaine commandée par Porfirio Diaz. Là, pendant que le pronunciamiento en faveur d'Almonte s'accomplissait, il expliqua la violation qu'il venait de commettre de l'article 4 des préliminaires de la Soledad par cette proclamation :

« Mexicains !

» Malgré les assassinats commis contre nos soldats et les proclamations du gouvernement de Juarez, excitant à ces attentats, je voulais remplir avec fidélité, jusqu'au dernier moment, les obligations contractées par nos plénipotentiaires des trois puissances alliées. Mais j'ai reçu du général Zaragoza une lettre (1) par laquelle *la sûreté de mes malades, laissés à Orizaba sous la foi de la Convention, était indignement menacée.*

» En présence de pareils faits, il n'y avait pas à hésiter : je dus marcher sur Orizaba *pour protéger mes malades menacés par un aussi vil attentat.*

» La nation mexicaine ne devra pas s'en inquiéter, car la guerre n'a été déclarée qu'à *un gouvernement inique* qui a commis contre mes compatriotes des outrages inouïs dont, croyez-moi, je saurai obtenir la réparation convenable.

» *Le général en chef du corps expéditionnaire au Mexique,*
» *Signé* le comte DE LORENCEZ.

» Orizaba, 20 avril 1862. »

Juarez, voyant la guerre sur le point de s'engager, avait de son côté lancé cette proclamation que M. Billault a signalée au Corps législatif comme le monument de la plus hideuse barbarie :

« Palais national de Mexico, 12 avril 1862.

» BENITO JUAREZ, PRÉSIDENT CONSTITUTIONNEL DES ÉTATS-UNIS DU MEXIQUE, AUX HABITANTS :

» Sachent tous que dans l'exercice des pouvoirs dont je suis revêtu, il m'a semblé bon de décréter ce qui suit :

» ART. 1ᵉʳ. — A partir du jour auquel les troupes françaises commenceront les hostilités, toutes les villes qu'elles occuperont seront déclarées soumises à la loi martiale et les Mexicains qui y resteront, tant qu'elles

(1) Cette lettre n'a jamais été publiée.

seront occupées, seront punis comme traîtres et leurs biens confisqués au profit du Trésor public, excepté en cas de justification légale.

» Art. 2. — Aucun Mexicain âgé de trente à soixante ans ne pourra être dispensé de prendre les armes, à quelque classe, état ou condition qu'il appartienne, sous peine d'être traité comme coupable de trahison.

» Art. 3. — Les gouverneurs des différents États sont autorisés à délivrer des commissions pour la formation de guérillas avec discrétion et en se conformant aux circonstances. *Mais tous guérillas que l'on rencontrera à une distance de dix lieues (30 milles) de tout point sur lequel l'ennemi se trouvera seront punis comme bandes de voleurs.*

» Art. 4. — Les gouverneurs des États sont aussi autorisés à disposer en cas de besoin de tous les revenus publics, se servant des ressources indispensables de la manière la moins onéreuse possible.

» Art. 5. — Les résidents français paisibles resteront sous la protection des lois et autorités mexicaines.

» Art. 6 — Toutes personnes qui assisteront l'étranger de provisions, armes, informations, ou d'une manière quelconque, subiront la peine suprême.

» Auxquelles fins j'ai fait imprimer, publier et circuler ce décret pour qu'il soit obéi.

» *Signé* Benito Juarez.

» *Le ministre des affaires étrangères,*
» C. Manuel Doblado. »

Pendant que Juarez prenait les précautions que les circonstances lui imposaient, Almonte, s'intitulant désormais chef *suprême intérimaire de la nation*, cherchait à régulariser le pronunciamiento qui le portait au pouvoir par un acte public, et qui était déjà désavoué par plusieurs des prétendus adhérents dont « la signature, disent-ils, n'y figure que par supposition »; quelques-uns même des signataires étaient absents au moment du pronunciamento. Le total des adhésions supposées ou non n'arrivait d'ailleurs pas à *cent*, dans une ville de plus de 25 000 habitants.

L'article de la convention de la Soledad portant qu'en cas de non arrangement l'armée française repasserait la ligne de Chiquihuite n'ayant pas été observé, les Mexicains profitèrent de cette violation d'un traité pour rendre la bonne foi des Français suspecte aux populations, et en même temps pour mettre en doute leur force, en prétendant qu'ils n'avaient pas osé leur rendre la possession du col de Chiquihuite, de peur de ne pouvoir le passer une seconde fois (1).

Le général Lorencez, croyant à la réalité du gouvernement d'Almonte et à l'enthousiasme avec lequel le Mexique s'apprêtait à l'accueillir, marcha sur Puebla, la capitale de l'État de ce nom, en compagnie de M. Dubois de Saligny, muni des pleins pouvoirs de l'Empereur. L'effectif du général Lorencez était malheureusement insuffisant. Le gouvernement impérial s'était imaginé qu'au Mexique, comme en Chine, il suffirait de l'entrain de quelques bataillons pour surmonter tous les obstacles. Le général Lorencez, trompé de son côté par M. de Saligny et convaincu qu'on l'attendait comme un libérateur, négligea d'éclairer sa marche avant d'approcher de Puebla, qui l'accueillit à petite portée par un feu des plus vifs. Il se heurta le 5 mai au général Zaragoza, qui défendait les hauteurs de Lorette et de Guadalupe. Le général Lorencez ne put franchir ce passage. Obligé d'opérer sa retraite sur Orizaba, il accomplit, en traversant trente lieues de pays coupé de ravins et de bois, inondé sur plusieurs points, propre à toutes les embuscades, une opération qui fait le plus grand honneur à son courage et à son sang-froid et à ceux de sa petite colonne. Il ramena ses blessés et son matériel sans perdre un homme ni un canon.

Les troupes françaises établirent leur campement entre Orizaba et Vera-Cruz, mais l'installation était si défectueuse et les services de l'administration si mal organisés, que la faim ou la maladie firent parmi elles de cruels ravages.

Un pronunciamiento dans le genre de celui d'Orizaba

---

(1) *L'empereur Maximilien, son élévation et sa chute*, par le comte Émile de Kératry. Leipzig, Bruxelles et Gand, 1867.

s'effectua cependant à Vera-Cruz le 18 mai. L'acte du pronunciamiento recueillit 140 signatures. Almonte, à peu près maître de deux villes, jugea que le moment était venu de fonder un gouvernement. Il ne lui manquait que de l'argent et des fonctionnaires. Il commença donc par rendre deux décrets : l'un créant une série de valeurs en billets pour la somme de 500 000 piastres, soit environ deux millions et demi, avec cours forcé ; l'autre obligeant « tous les Mexicains jouissant de leurs droits de citoyens à accepter et à remplir les emplois et les fonctions qui pourront leur être confiés par le chef suprême de la nation ou par les gouverneurs des départements...... sous peine de bannissement pendant un intervalle de six mois à deux ans... »

Les réclamations contre ces mesures partirent précisément des deux villes qui s'étaient prononcées pour Almonte, Orizaba et Vera-Cruz. Une junte composée des principaux négociants adressa une protestation au ministre anglais à Mexico, qui lui répondit :

« Que le général Almonte, non plus que ceux qui commandent en son nom, n'ont reçu le pouvoir qu'ils exercent d'aucune autorité légalement constituée dans le pays, et que, par conséquent, les Français étaient, en son opinion, indirectement responsables des abus dont les négociants se plaignaient, tant pour avoir voulu soutenir les prétentions absurdes du susdit Almonte, que pour avoir livré à ses partisans la douane de Vera-Cruz, au lieu de la garder en leur pouvoir après l'évacuation de la ville par les troupes espagnoles.

» Dans cet état de choses, il les invitait, si l'on insistait auprès d'eux, à s'adresser à la principale autorité française qui résiderait dans la ville, et à lui présenter leur protestation dans la forme habituelle, afin qu'elle retirât sa protection à une *faction* qui, livrée à ses seules forces, ne pourrait faire aucun mal au nom d'une farce de gouvernement dont l'existence était ignorée dans la majeure partie de la République ; que l'opinion publique repoussait partout où cette existence était connue, et qui ne commandait que dans deux villes où elle était soutenue par les baïonnettes françaises. »

Le général Almonte jugea inutile d'insister, et il ne fut plus question de ses billets.

Un certain nombre de soldats français, blessés dans la journée du 5 mai, avaient été transportés dans l'hôpital de Puebla. Leurs compatriotes habitants de cette ville, témoins des soins prodigués à ces militaires, adressèrent, par l'intermédiaire de leur consul, une lettre de remercîment au commandant mexicain, à laquelle il répondit :

« Cette adresse prouve, à la face du monde civilisé, que, même dans les circonstances actuelles, et lorsqu'il se voit obligé de repousser par la force une agression que rien ne justifie, *le Mexique n'a rien perdu de ses sympathies pour la nation française*, et qu'il déplore, au contraire, l'erreur gratuite de ses ennemis, erreur qui a contraint la République à défendre, les armes à la main, son honneur et son indépendance.

» Je profite de cette occasion pour prier M. le consul de France, ainsi que les autres citoyens français qui ont signé l'adresse dont il s'agit, d'accepter l'assurance de ma considération et de mon estime.

» Liberté et Réforme.

» Puebla, 9 mai 1862.
» *Signé* SANTIAGO TAPIA.

» *A Monsieur le consul de France, Victor Néron.* »

La conduite des autorités mexicaines contrastait singulièrement avec celle du clergé de Puebla, qui refusait l'absolution aux soldats mexicains blessés en combattant contre les Français, sous prétexte que ces derniers étant les alliés de l'Église, ceux qui les attaquaient se trouvaient par cela même hors de son giron. Ce fait incroyable est attesté par la correspondance suivante, échangée entre le gouverneur de l'État et un aumônier de l'armée :

« Citoyen gouverneur,

» Le prêtre soussigné, aumônier de l'armée, a l'honneur de porter à votre connaissance le fait suivant :

» Aujourd'hui même en se rendant à l'hôpital, il a rencontré M. le gouverneur de la mitre qui l'a arrêté et lui a défendu d'administrer les secours spirituels aux moribonds parce que dans l'état d'excommunication où ils se trouvaient, leurs confessions n'auraient aucune valeur.

» Le soussigné est prêt à servir son pays, surtout en présence de la guerre étrangère qui le menace ; mais il désirerait qu'on fît disparaître la difficulté qui l'empêche d'exercer son ministère auprès des soldats mexicains, et c'est pour cela qu'il vous prie de prendre les mesures que vous croirez convenables dans une pareille circonstance.

» *Signé* VICENTE GUEVARA.

» Puebla, 10 mai 1862. »

RÉPONSE DU GOUVERNEUR.

« *Gouvernement et commandance militaire de Puebla.*

» Le chef de cet État a pris connaissance de la communication que vous lui avez adressée, hier, pour lui faire savoir que M. le gouverneur de la mitre de ce diocèse vous avait défendu de porter les secours spirituels aux soldats mexicains qui se trouvent dans les hôpitaux de la ville.

» En réponse, M. le gouverneur de l'État me charge de vous dire que vous pouvez sans crainte continuer à exercer votre ministère d'aumônier de l'armée, si toutefois le témoignage de votre conscience ne s'y oppose pas.

» Liberté et Réforme.

» *Signé* JOAQUIN TELLÈS, secrétaire.

» Puebla, 11 mai 1862. »

Le gouvernement républicain avait, on le voit, affaire à des ennemis résolus à employer contre lui les moyens les plus extrêmes et de nature à justifier contre eux et contre leurs auxiliaires les représailles les plus dures ; cependant, non content de montrer son humanité à l'égard des Français, il témoignait à ceux-ci sa considération en leur faisant remettre les décorations recueillies sur le champ de bataille de Lorretto. « Ceux qui les avaient méritées, dit le ministre » de la guerre, par leur bravoure n'ont rien perdu de » leurs titres, parce que, soumis aux ordres de leurs chefs, » ils sont venus porter une guerre inique et folle dont seront » responsables ceux-là seuls qui l'ont préparée. » Les prisonniers et les blessés français furent renvoyés, et les frais de leur voyage pris dans la caisse de l'armée mexicaine.

Napoléon III, longtemps avant la rupture d'Orizaba, avait manifesté l'intention de renforcer l'armée française au Mexique. C'était maintenant le cas ou jamais : les troupes anglaises et espagnoles s'étaient rembarquées, et les troupes françaises, décimées par les maladies, par la faim et par les combats, subissaient dans Orizaba toutes les souffrances et les privations d'un cruel hivernage et presque d'un blocus. Le général Forey, à la tête de renforts considérables, arriva dans le courant du mois de septembre 1862 au Mexique. Officier médiocre, son titre principal au poste qui lui était confié était la part prise par lui au coup d'État du 2 décembre. Son premier acte fut de lancer le 24 septembre, de Vera-Cruz, une proclamation dans laquelle il protestait de ses intentions bienveillantes pour le Mexique, de son respect pour l'indépendance du pays :

« ..... Ce n'est point, disait-il, au peuple mexicain que nous venons faire la guerre, mais seulement à une poignée d'hommes sans scrupules et sans conscience, qui ont foulé aux pieds le droit des gens en gouvernant de la façon la plus sanguinaire, et qui, pour se soutenir, n'ont pas eu honte de vendre le territoire de leur pays à l'étranger.

» On a cherché à exciter contre nous le sentiment national en prétendant que nous venions vous imposer un gouvernement à notre guise. Loin de là ; aussitôt que le peuple mexicain aura été délivré par nos armes, il élira le gouvernement qui lui conviendra le mieux. J'ai reçu l'ordre exprès de vous le déclarer.

» Les hommes de cœur qui sont venus se rallier à nous méritent notre protection spéciale ; mais au nom de l'Empereur j'adresse un appel sans distinction de parti à tous ceux qui désirent sauver l'indépendance de leur patrie et l'intégrité de leur territoire. Il n'entre pas dans la politique de la France de se mêler par un vil intérêt dans les dissensions intestines des nations étrangères ; mais quand des motifs légitimes l'obligent à intervenir, elle le fait toujours pour l'avantage du pays où elle exerce son action.

» Rappelez-vous, Mexicains, que partout où flotte sa bannière, en Amérique aussi bien qu'en Europe, elle représente la cause des peuples et de la civilisation. »

Le général Forey prit ensuite ses dispositions pour marcher en avant. Il arrivait à Cordova, le 22 octobre, dans un pays occupé depuis huit mois par les troupes françaises et où l'intervention avait eu le temps de se créer des sympathies. La méfiance dont il se sentit entouré l'obligea cependant à publier une nouvelle proclamation dans le même

esprit que la précédente, en termes encore plus vifs : « On
» prétend, dit-il, que nous venons attenter à votre indé-
» pendance ! Ceux qui vous le disent vous trompent ; ne les
» croyez pas. Nous désirons seulement connaître quel est le
» gouvernement qui vous convient, et, quand la nation
» aura librement manifesté ses intentions, la France le re-
» connaîtra et unira ses efforts aux vôtres pour faire du
» Mexique une nation libre. »

Ces belles phrases, démenties par des actes tels que le décret qui déportait les prisonniers de guerre à la Martinique, ne rassuraient guère les Mexicains. La dissolution du gouvernement d'Almonte, qui n'avait d'ailleurs produit qu'un médiocre effet, faute de n'avoir pas été suivie du rappel de M. de Saligny, son fondateur et son soutien, était compensée par les maladresses du général Forey. Le conseil municipal d'Orizaba s'était dissous quelques jours avant l'arrivée du commandant en chef de l'armée d'intervention, et il refusait de se reconstituer, dans la crainte que la présence des troupes étrangères n'enlevât aux électeurs toute garantie d'indépendance. Le général Forey le remplaça aussitôt par une commission municipale qu'il fit installer par un colonel de la garde. Le général Gonzalez Ortega avait remplacé dans le commandement de l'armée mexicaine le général Zaragoza, mort à la suite de ses blessures reçues en défendant Puebla. Ce général, en mettant en liberté des blessés et des prisonniers français, chargea l'un d'eux d'une lettre pour le général Forey, qui, dans une réponse inconvenante, mêlait à des attaques violentes contre le gouvernement mexicain des éloges pour Ortega et des regrets « de ce que sa vaillante épée n'était pas au service d'une meilleure cause ». Le général Forey, en ajoutant qu'il lui répugnerait, « pour cause d'humanité », d'entrer en relation avec le gouvernement du Mexique, s'attira cette prophétique réplique :

« En vérité, je ne comprends pas les motifs de cette répugnance. Je crois qu'elle provient des calomnies de quelques transfuges mexicains qui, pour satisfaire leurs haines personnelles, se sont étudiés à défigurer les actes du président de la République; et, s'il en est ainsi, Votre Excellence se trompe grandement. Pour lui donner une preuve démonstrative de cette vérité, je lui dirai *que tous les prisonniers français, mis en liberté par le général Zaragoza et par moi, l'ont été en vertu des ordres du président de la République, le C. Benito Juarez*, c'est-à-dire *de l'homme qui ne respecte pas même, dit-on, les éléments les plus clairs et les plus simples du droit naturel.*

» Quel que soit donc le terrain sur lequel se place en ce moment la diplomatie à l'égard de ce qui peut résulter de la guerre actuelle, la personne qui représentera la France au Mexique *devra tôt ou tard entrer en arrangement avec ce gouvernement,* parce qu'il n'y a que lui qui a reçu de la nation le pouvoir de traiter en son nom.

» Que dirait le général Forey si, en lui adressant une lettre, pleine d'estime et de respect pour sa personne, je profitais de la circonstance pour insulter Napoléon III ? — Lirait-il mes phrases avec une indifférence impassible ? — Et cependant, j'en aurais en quelque sorte le droit, en présence de l'invasion par les troupes françaises du sol où je suis né, du sol que mes pères m'ont transmis par héritage. — J'adjure Votre Excellence de répondre à cette question ; *je l'adjure d'y répondre comme homme d'honneur, comme soldat et comme Français.*

» Je lui renvoie sa lettre et la proclamation qu'elle m'a adressée, car je ne veux pas conserver des documents de cette espèce dans mes archives officielles. Toutefois, et sans me préoccuper en rien de la conduite que l'on a tenue jusqu'à ce jour envers le Mexique, conduite qui est du ressort de l'opinion et de l'histoire, Votre Excellence me trouvera toujours prêt à répondre aux communications qu'elle jugera convenable de m'adresser dans l'intérêt des règles établies par le droit des gens chez les nations civilisées, comme aussi à combattre par tous les moyens qui sont en mon pouvoir la guerre injuste qu'on nous fait en ce moment. »

L'année 1862 finit par cet échange de lettres. L'armée d'intervention restait dans l'inaction, en proie aux mêmes privations et aux mêmes souffrances; sa présence sur le sol mexicain, qui, selon M. de Saligny, devait suffire pour provoquer la chute du gouvernement de Juarez, n'empêchait pas ce dernier de remplir régulièrement à Mexico ses fonctions de président de la République.

Les négociations relatives à la convention du 31 octobre

n'avaient été connues en France que le 24 septembre, par un article du *Morning-Post*. La *Patrie* déclara que les renseignements du journal anglais manquaient d'exactitude, et que le gouvernement n'avait encore pris aucune décision sur la façon de régler son différend avec le Mexique. Les autres journaux demandèrent timidement au gouvernement de s'expliquer. Une note insérée dans le *Moniteur* ne leur apprit pas grand'chose. L'opinion publique s'était sentie soulagée en apprenant la signature des préliminaires de la Soledad. On crut généralement que les renforts en route pour le Mexique ne débarqueraient pas; mais on apprit bientôt avec tristesse que le gouvernement impérial désavouait cette convention et qu'il allait continuer seul l'œuvre commencée à trois. M. Michel Chevalier, membre du Sénat, en annonçant, dans un recueil important, le choix de l'archiduc Maximilien, « désigné pour la lourde tâche d'inaugurer la couronne mexicaine », déclarait que l'expédition du Mexique avait pour but d'assurer la prépondérance de la France sur les races latines et d'augmenter l'influence de ces dernières en Amérique. La grandeur d'un tel but et les efforts qu'il exigeait n'avaient rien de rassurant. Si la pensée de protéger sur le continent américain l'existence et les intérêts des populations de race latine était élevée et jusqu'à un certain point politique, on n'en pouvait dire autant de celle de s'opposer à l'extension de la République des États-Unis, chimère dont les journaux du gouvernement s'étaient faits les défenseurs. La menace d'un conflit plus ou moins lointain avec cette puissance pesait donc sur l'expédition du Mexique. La presse impérialiste essayait vainement de la justifier par la nécessité de défendre les intérêts du commerce et l'honneur du drapeau français. Pourquoi, leur demandait-on, les associer à une tentative de restauration monarchique? S'imagine-t-on qu'il soit aisé de trouver dans une mauvaise république les éléments d'une bonne monarchie? L'état de ses finances permet-il d'ailleurs à l'Empire de tenter des essais de ce genre? la France a-t-elle de l'argent de reste pour subventionner une monarchie mexicaine et pour entretenir un archiduc sur le trône? Les serviteurs les plus compromis de l'Empire déploraient dans l'intimité cette funeste expédition. M. Rouher, qui ne devait pas tarder à la présenter comme une des conceptions les plus hautes du génie de l'Empereur, la criblait de ses sarcasmes. Les journaux officieux, il est vrai, ne tarissaient pas d'articles élogieux en l'honneur de cette grande idée, et la *Patrie* célébrait tous les soirs la candidature de Maximilien, qui « fournissait un moyen d'offrir à l'Autriche, en échange de la cession volontaire de la Vénétie, des dédommagements territoriaux satisfaisants ». Les journaux allemands, intéressés, il est vrai, dans l'affaire, mettaient vainement en doute cette candidature: la *Patrie* maintenait ses affirmations, en les appuyant sur l'adhésion de vingt et un États — le Mexique en compte vingt-deux en tout — à l'établissement d'une monarchie avec un archiduc pour roi, et sur l'enthousiasme des Mexicains à la vue des troupes françaises. Les plus brillants récits de leur marche à travers le Mexique suivaient ces nouvelles fantastiques. Les populations venaient de tous côtés au-devant de nos compatriotes. Le voisinage des Anglais leur avait un peu nui dans les premiers moments; mais, depuis qu'on savait que les Français ne sont pas hérétiques, la satisfaction populaire n'avait pas de bornes, et le Mexique appelait de tous ses vœux le maître que Napoléon III lui avait choisi. Les journaux démocratiques, peu touchés de l'idée dont on essayait de les leurrer, que c'était une solution de la question italienne que le gouvernement impérial allait chercher au Mexique, montraient une vive répugnance pour une expédition qui causait des appréhensions ouvertes ou cachées à tout le monde.

CHAPITRE XI

SESSION DE 1863

Sommaire. — Ouverture de la session le 12 janvier 1863. — Discours de l'Empereur. — Il contient la revue rétrospective des faits depuis 1857. — Sénat. — Discussion générale de l'adresse. — Le baron Dupin prend seul la parole. — Discussion des paragraphes. — Discours de M. Thouvenel. — Discussion des pétitions sur la Pologne. — Discours de M. Billault. — Pétition de M. Darimon au Sénat pour demander la définition de la liberté du compte rendu. — Corps législatif. — Discussion de l'adresse. — MM. Plichon et Lemercier attaquent les candidatures officielles. — Discours de M. Émile Ollivier. — Réponse de M. Baroche. — La question du Mexique. — Discours de M. Jules Favre. — M. Jérôme David approuve l'expédition. — Le décret de 1862 sur le nombre des députés. — Le gérant du *Constitutionnel* et M. Auguste Chevalier. — Modification de divers articles du Code pénal. — Le budget. — Clôture de la session.

L'ouverture de la session législative eut lieu le 12 janvier 1863. Le discours impérial, qui devait jeter de vives lumières sur les questions pendantes, ne contenait qu'une revue rétrospective des faits accomplis depuis 1857. Il signalait les guerres de Cochinchine et du Mexique comme une preuve glorieuse qu'il n'existait pas de contrée si lointaine que les armes de la France n'y pussent atteindre. Quant à l'Italie, « nos armes ont défendu son indépendance sans pactiser » avec la révolution, sans altérer au delà du champ de » bataille les bonnes relations avec nos adversaires d'un » jour, sans abandonner le Saint-Père, que notre honneur » et nos engagements passés nous obligeaient à soutenir ».

Le discours impérial vantait les heureux effets du suffrage universel pour produire le calme chez un peuple : « aujourd'hui que tout le monde vote, il n'y a plus cette mobilité d'autrefois et les convictions ne changent pas au moindre souffle qui peut agiter l'atmosphère politique ». Il

manifestait le vœu de voir les électeurs envoyer à la prochaine législature « des hommes préférant aux luttes stériles les discussions sérieuses. » L'Empereur annonça que la session ne serait pas interrompue par une dissolution et que le gouvernement conseillerait aux populations de réélire les députés qui depuis cinq ans s'étaient associés avec tant de dévouement à sa politique : « Devancer le terme fixé par la
» Constitution eût été un acte d'ingratitude envers la France,
» de défiance envers le pays. » Il termina son discours en disant qu'il restait beaucoup à faire pour perfectionner les institutions, mais que si les électeurs avaient à cœur de faciliter l'œuvre commencée, ils n'avaient qu'à envoyer à la nouvelle Chambre des hommes qui, comme les anciens députés, « acceptent sans arrière-pensée le régime actuel,
» qui préfèrent aux luttes stériles les délibérations sé-
» rieuses, et qui n'hésitent pas à placer au-dessus d'un
» intérêt de parti la stabilité de l'État et la grandeur de
» la patrie. »

M. Troplong rédigea l'adresse du Sénat avec sa pompe habituelle. Tout allait bien, même au Mexique : d'ailleurs « quand le drapeau est en face de l'ennemi, quand nos
» braves soldats ont les regards tournés vers les encoura-
» gements de la patrie, il n'y a pas d'autre politique, pour
» un corps délibérant, que de leur envoyer des témoignages
» de son admiration. »

Le rédacteur de l'adresse approuvait avec complaisance le changement de politique du gouvernement à l'égard de l'Italie, et il en remerciait chaleureusement l'Empereur. La Pologne n'était pas mentionnée dans le morceau de rhétorique sorti de la plume du président du Sénat.

Le baron Dupin prit le premier la parole dans la discussion générale de l'adresse. L'orateur avait rappelé à ses collègues l'action du jeune clairon de Puebla, qui ralliait ses camarades au milieu du feu ; il sonna la charge à son tour contre l'hégélianisme, « qui professe que toute religion doit disparaître sauf une secte du protestantisme, celle du roi de Prusse ».

Le baron Dupin reprochait au gouvernement prussien de chercher sans cesse à diminuer chez lui le nombre des catholiques. Il n'aurait eu en revanche que des félicitations à adresser au gouvernement impérial, sans la malheureuse intolérance qu'il témoignait à l'égard des conférences de Saint-Vincent de Paul dont le nombre, depuis la suppression du conseil central, était tombé de 1800 à 1300. Le baron Dupin fit le plus grand éloge de ce conseil « auquel il remettait avec tant de confiance son » traitement de sénateur, s'en rapportant à lui pour en faire » la meilleure distribution ». L'orateur se plaignait de n'avoir pas été cru quand il lui rendait témoignage, mais il espérait que sa voix serait entendue aujourd'hui qu'elle s'adressait à « celui près de qui le soupçon n'a pas accès, parce qu'il voit tout et sait tout ». Il voulait parler de l'Empereur.

Le journal *la France*, fondé par des sénateurs et dirigé par l'un d'eux, M. de la Guéronnière, avait présenté le remplacement de M. Thouvenel par M. Drouyn de Lhuys, au ministère des affaires étrangères, comme un désaveu de l'interprétation donnée par le premier à la politique de l'Empereur. Le septième paragraphe de l'adresse, relatif aux affaires d'Italie, fournit à M. Thouvenel l'occasion d'expliquer lui-même la cause de sa retraite, comme aurait pu le faire un ministre au temps du régime constitutionnel. Il démontra que, malgré le changement de personnes qui venait d'avoir lieu au ministère des affaires étrangères et à

l'ambassade de Rome, la question romaine n'était pas plus près d'une solution qu'il y a quelques mois. « Le cabinet de
» Turin, dit-il, après la victoire remportée sur Garibaldi à
» Aspromonte, réclamait Rome et l'Empereur pensait qu'il
» n'y avait pas lieu encore à négocier sur cette base avec lui.
» Il fallait donc reprendre les négociations avec Rome ; je
» n'ai pas cru que ces négociations pussent convenablement
» passer par mes mains. M. de Lavalette, ambassadeur
» à Rome, a pensé de même en ce qui le concerne. Je
» me suis retiré et il m'a suivi dans ma retraite, mais qu'on
» ne m'accuse pas d'avoir fait dévier la pensée de l'Empe-
» reur. Je n'ai jamais écrit jusqu'au dernier jour, jusqu'à la
» dernière minute, ni un mot, ni une ligne qui ne reflétât
» exactement cette pensée. » M. Thouvenel ajouta : « Ceux
» qui faussent la politique de l'Empereur sont ceux qui
» ne comprennent pas que Victor-Emmanuel peut seul re-
» présenter le principe d'ordre en Italie, qui rêvent je ne
» sais quelle restauration chimérique contre laquelle pro-
» testent 30 000 Français morts, et qui oublient qu'un mi-
» nistre sans portefeuille disait ici, l'année dernière, que
» l'unité italienne était un fait accompli. »

Le général Gémeau et M. de la Rochejacquelein n'étaient pas de cet avis. Ils donnèrent une nouvelle édition de leurs attaques habituelles contre le roi d'Italie. M. Billault ne se mit pas non plus en frais d'imagination. Il importe, dit-il, que la situation soit nettement précisée, et, afin de la préciser, il déclara que l'Empereur voulait à la fois l'indépendance de l'Italie et l'indépendance du Saint-Siége ; qu'il cherchait, comme par le passé, à concilier ces deux intérêts en lutte, et que ce que le Sénat avait de mieux à faire, c'était de s'en rapporter à lui.

La discussion de l'adresse ne remplit que les deux séances

du 29 et du 30 janvier. Elle fut votée à l'unanimité, moins une voix, celle du prince Napoléon.

La question polonaise fut portée devant le Sénat, quinze jours après, par un rapport de M. Larabit sur plus de quatre cents pétitions, en faveur du peuple infortuné qui défendait avec tant d'héroïsme sa nationalité sur les rives de la Vistule.

L'une de ces pétitions était signée par des membres de l'Académie française, par d'anciens ministres, par d'anciens députés et par des évêques. M. Larabit terminait son rapport par ces mots : « La commission, éclairée par les » communications qu'elle a reçues et convaincue que l'Em- » pereur fera pour la Pologne ce qu'il est juste et possible » de faire, propose au Sénat de s'en remettre à la sagesse » de l'Empereur et de passer à l'ordre du jour. »

M. Bonjean, le prince Poniatowski, M. Walewski, le prince Napoléon combattirent l'ordre du jour. Le prince Napoléon s'écria : « J'admets que vous ne fassiez rien pour » la Pologne, l'Empereur fera quelque chose, j'en suis sûr. » J'ai confiance dans ses intentions et dans son cœur. »

M. Billault demanda le renvoi de la discussion au lendemain. On s'attendait à quelque déclaration importante de sa part ; il se contenta d'appuyer l'ordre du jour au nom des principes conservateurs. Le prince Napoléon avait soutenu que l'ordre du jour serait contraire à l'esprit qui avait porté Napoléon III au trône. M. Billault répondit : « Quel est cet esprit ? La France était lasse de l'anarchie » et des procédés révolutionnaires ; elle était lasse d'un ré- » gime sous lequel s'abîmaient sa gloire, sa prospérité, ses » souvenirs, ses traditions religieuses... » Le prince Napoléon l'interrompit brusquement par ces mots : « Mais j'ai » voté pour Napoléon III, et vous avez voté pour Cavai-

» gnac! » M. Billault répliqua que s'il avait voté pour Cavaignac, il servait l'Empire avec fidélité. Des applaudissements prolongés accueillirent ces paroles, et l'ordre du jour fut adopté. Une minorité de 17 voix se prononça pourtant pour le renvoi des pétitions au ministre. L'Empereur, le lendemain de la séance, adressa cette lettre à M. Billault :

« Mon cher monsieur Billault,

» Je viens de lire votre discours, et, comme toujours, j'ai été heureux de trouver en vous un interprète si fidèle et si éloquent de ma politique. Vous avez su concilier l'expression de nos sympathies pour une cause chère à la France, avec les égards dus à des souverains et à des gouvernements étrangers. Vos paroles ont été, sur tous les points, conformes à ma pensée, et je repousse toute autre interprétation de mes sentiments. Croyez à ma sincère amitié. »

M. de la Rochejacquelein prit la défense de la Russie. Il crut se justifier en annonçant avec fracas que Mazzini dirigeait la révolution polonaise.

Le gouvernement avait ouvert d'urgence, en 1862, des suppléments de crédit s'élevant à 62 millions, en majeure partie consacrés à l'expédition du Mexique. Cette violation flagrante du sénatus-consulte de 1861, interdisant au gouvernement de parer aux besoins urgents et imprévus autrement que par des virements sur les crédits disponibles compris dans le budget, ou par un vote du Corps législatif convoqué spécialement à ce sujet, si cela était nécessaire, avait été blâmée par cette dernière assemblée qui, cependant, ratifia ces décrets par une loi dont la promulgation fut soumise au Sénat. Le rapporteur, M. Casabianca, grand partisan des principes posés par le sénatus-consulte, les violait pourtant en accordant dans certains cas, comme celui de guerre, par exemple, au gouvernement la faculté d'engager de nouvelles dépenses, sauf à les faire approuver plus tard par les pouvoirs compétents. M. Brenier, en signalant cette contradiction, critiqua vivement le nouveau système financier. M. Fould défendit, comme sénateur, le système de M. Fould ministre, en présence de M. Magne, ministre sans portefeuille, seul organe constitutionnel du gouvernement, et personnellement hostile aux idées financières de M. Fould : antagonisme bizarre, qui devait cesser, au 31 mars, par la démission un peu forcée de M. Magne et par son entrée au Conseil privé.

La discussion s'engagea, le 11 avril, sur le sénatus-consulte relatif à la constitution de la propriété en Algérie, sur les territoires occupés par les Arabes. L'Empereur avait exposé ses vues sur cette question dans une lettre adressée, le 6 février 1863, au maréchal Pélissier : « L'Algérie, » disait-il, n'est pas une colonie proprement dite, mais un » royaume arabe. Les indigènes ont, comme les colons, » droit à ma protection, et je suis aussi bien l'empereur » des Arabes que l'empereur des Français. » Le système des cantonnements des tribus repoussé par les Arabes devait, d'après cette lettre, faire place à un autre système, qui reconnaîtrait aux tribus arabes la propriété fixe des territoires dont elles avaient la possession traditionnelle. Ce titre d'empereur des Arabes, solennellement adopté par Napoléon III, produisit en Algérie une émotion que la présentation du sénatus-consulte ne fit qu'exciter ; les colons envoyèrent des délégués à Paris, qui n'empêchèrent pas le Sénat de l'adopter à une majorité de 117 voix contre 2.

Une communication verbale faite l'année précédente aux journaux pendant le cours de la discussion de l'adresse au Corps législatif, par un agent du ministère de l'intérieur, les invitait à se renfermer dans les limites de l'article 42 de la Constitution. Cette invitation fut considérée comme une interdiction de discuter les débats des Chambres. Une note insérée le 8 février au *Moniteur* confirma cette interprétation. M. Darimon, député au Corps législatif, avait dénoncé la note comme inconstitutionnelle au Sénat et provoqué de sa part une interprétation fixant le sens de l'article 42 de la Constitution, puisque le sens de cet article ne pouvait être ni examiné, ni débattu au sein du Corps législatif. M. de la Guéronnière, rapporteur de la pétition de M. Darimon, posa la vraie question : Les débats des deux Chambres, reproduits par les journaux, sont-ils soumis, comme tous les documents officiels, et comme tous les actes de la puissance publique, aux appréciations de la presse ? Il répondait par l'affirmative, en s'appuyant sur un *communiqué* adressé le 12 février, aux journaux. Ce *communiqué* disait bien : « La discussion et l'appréciation des discours prononcés dans les deux assemblées ont toujours été permises, et si quelques journaux ont été l'objet de *communiqués* et d'avertissements, c'est que, sous forme de discussion, ils étaient sortis des limites permises; » mais ces limites n'étaient pas faciles à fixer, et de cette difficulté naissaient les embarras incessants des journaux et la pétition de M. Darimon.

M. Bonjean avait voulu, dans la discussion du sénatus-consulte de 1861, consacrer le droit d'appréciation des débats des Chambres par une disposition expresse, mais le Sénat s'y était refusé, sous prétexte qu'on ne peut « donner *à priori* une définition légale assez large et assez exacte pour marquer la limite qui sépare le compte rendu de la discussion. » Les journaux se taisaient donc, craignant soit de discuter en rendant compte, soit de rendre compte en discutant. Le rapporteur de la pétition de M. Darimon reconnaissait que la discussion est essentiellement distincte du compte rendu ; mais au lieu d'établir nettement cette distinction, il se livrait à des phrases sur le temps « où les pamphlétaires de la Révolution dominaient les orateurs, où le fanatisme des tribuns était allumé par les emportements des journalistes, où la dictature du journalisme distribuait l'apothéose ou le blâme » ; phrases d'autant plus inutiles que le gouvernement était armé, contre le retour de tels dangers, de l'avertissement, de l'article 6 de la loi de 1822 punissant l'outrage aux membres de la Chambre en raison de leur mandat, de l'article 7 châtiant l'infidélité et la mauvaise foi dans le compte rendu, et enfin de l'article 15 donnant aux députés le droit de mander le prévenu à leur barre. Le rapporteur concluait en proposant l'ordre du jour sur la pétition ; M. Tourangin, refusant à un pétitionnaire le droit exclusivement réservé aux sénateurs et au gouvernement de provoquer des amendements ou des interprétations en matière constitutionnelle, aurait voulu la repousser par la question préalable. L'ordre du jour simple l'emporta.

Le Corps législatif tint sa première séance le 13 janvier. M. de Morny, plus brièvement que d'habitude, loua les paroles de l'Empereur, et pria les députés de ne pas perdre de vue que leur attitude et leur langage durant la session devaient exercer une « influence considérable sur les dispositions et l'esprit des électeurs. » M. de Morny constata la parfaite union qui n'avait cessé de régner entre le Corps législatif et le chef de l'État, et il fit les mêmes vœux pour que la majorité fût réélue. « Espérons,
» dit-il, que le pays, dans sa sagesse, prolongera cette
» situation. C'est le seul moyen d'assurer l'établissement
» graduel de la liberté. »

La commission de l'adresse déposa, le 30 janvier, son

projet. Il différait peu de celui du Sénat : même approbation de la politique du gouvernement en Italie, et de l'expédition du Mexique, dont cependant « on espérait la fin heureuse et prochaine; » remercîments au chef de l'État d'avoir « fortifié les institutions par la liberté, et assuré l'économie dans les finances. » — L'auteur du projet ajoutait, en s'adressant à l'Empereur : « Vous nous accordez ainsi un reflet de votre popularité. »

La discussion commença le 4 février; MM. Plichon, Kolb-Bernard, de Nesle, Anatole Lemercier, Émile Ollivier, prirent part au débat. M. Plichon signala les détestables effets des candidatures officielles. Un siége de député vient-il à vaquer, dit-il, les candidats ne songent point à s'adresser aux populations, mais au gouvernement; l'assentiment du pays n'est plus que secondaire; le point important, c'est l'attache de l'autorité. M. Plichon affirma que plusieurs députés, autrefois patronnés par le gouvernement, étaient devenus l'objet des attaques administratives par le seul motif que l'un d'eux avait contribué à faire rejeter le projet du chemin de fer de Graissessac et que l'autre avait présenté un rapport défavorable dans l'affaire de la dotation du comte de Pa-li-kao.

« Le pays est las de l'arbitraire, dit M. Plichon en concluant; il demande à être gouverné régulièrement, sous le contrôle de pouvoirs publics indépendants et dont l'indépendance soit respectée par chacun de leurs membres. Il demande que la presse, soustraite au bon plaisir et au monopole administratif, redevienne libre sous la garantie des lois et des tribunaux; il demande que la liberté électorale cesse d'être un vain mot, et il pense que de toutes les affaires de la France, il n'en est pas une qui ne soit plus particulièrement sienne. »

M. Anatole Lemercier reprit le thème de M. Plichon, et dénonça le pouvoir discrétionnaire exercé par les préfets et le ministre sur les journaux. Il nia que la nécessité de réprimer les attaques contre la Constitution et la dynastie eût été, ainsi que le prétendait l'*Exposé de la situation de l'Empire*, l'unique cause des avertissements distribués à la presse en 1852. M. Lemercier compléta les renseignements fournis par l'orateur précédent sur les remaniements des circonscriptions électorales, et sur les difficultés qu'on oppose à la réélection des membres de la majorité qui, en un point quelconque, se séparent momentanément du gouvernement; son discours n'était en résumé qu'une longue et pressante interpellation à l'adresse des ministres sans portefeuille. Le gouvernement méditait sans doute sa réponse; personne ne se leva pour répliquer à l'orateur.

M. Plichon (se tournant vers le banc de MM. les commissaires du gouvernement) : Ainsi, on ne répond pas.

M. Baroche : Pas aujourd'hui.

Les *Cinq* avaient présenté, sur le second paragraphe de l'adresse relatif au calme parfait dont jouit la France, et à la force incontestée des pouvoirs publics, l'amendement suivant :

« Le droit d'élire implique le droit de connaître, de discuter, de juger, par conséquent la *liberté*.

» Depuis le décret du 24 novembre, le mot de *liberté* est sans cesse prononcé dans les discours officiels, mais en réalité, les pratiques du gouvernement n'ont pas changé. Il continue à interdire toute initiative intellectuelle, toute discussion libre, toute vie municipale indépendante. Il prodigue aux journaux des avertissements, même lorsque le principe du gouvernement n'est pas attaqué, et il ne cesse d'exercer sur eux une pression clandestine.

» La dignité de la nation exige que cette contradiction entre la parole et l'acte ait un terme. Qu'on ne nous empêche pas de jouir de la liberté, ou qu'on cesse de nous en vanter les bienfaits, et de nous imposer l'humiliation de nous entendre déclarer seuls indignes de posséder un bien que, depuis notre grande Révolution, nous avons si souvent assuré aux autres. »

M. Ollivier, chargé de soutenir l'amendement, divisa l'histoire du gouvernement actuel en deux périodes : l'une, antérieure à la guerre d'Italie, n'était que le règne d'un gouvernement absolu ne relevant que de lui-même; l'autre, postérieure à la proclamation de Milan, était signalée par une contradiction constante entre l'apparence libérale de certaines mesures prises par le gouvernement et la pratique administrative toujours rétrograde en réalité.

« Ma dernière parole, dit M. Ollivier en terminant, est un retour triste sur les efforts infructueux que nous avons faits depuis six ans dans cette Assemblée pour défendre les principes auxquels, nous en sommes convaincu, la France doit revenir un jour. Nous espérons que les élections nouvelles marqueront un pas décisif dans cette voie. C'est notre espérance, et elle est ardente. Nous ne demandons pas au pays, après avoir tant supporté, de ne plus rien supporter du tout : une politique de cette nature ne servirait ni à la liberté, ni au progrès ; nous ne le provoquons pas à une œuvre de conspiration, mais à une œuvre d'émancipation constitutionnelle ; nous lui conseillons de bien se rappeler que, quand on a des moyens légaux à sa disposition, il y a quelque chose de plus sûr et de plus digne que d'attendre la liberté, c'est de la prendre ; nous lui conseillons de ne pas oublier que, si s'opposer toujours est un acte de mauvaise foi, approuver quand même est une erreur, une faiblesse, un mauvais calcul. Ainsi, ni opposition systématique, ni approbation systématique, mais l'indépendance et la justice, pour être dignes de la liberté. »

M. E. Ollivier, à l'exemple de MM. Plichon et Lemercier, avait cru devoir tempérer ses critiques par une certaine confiance dans des concessions prochaines en matière de liberté. M. Baroche ne voulut pas même lui laisser la consolation de croire qu'avant la guerre d'Italie les libertés intérieures étaient plus restreintes encore qu'elles ne le sont aujourd'hui. « A cette époque, comme présentement, rien n'empêchait la presse de discuter toutes les grandes questions, toutes les questions qui devaient arriver devant la Chambre ou qui préoccupaient l'opinion publique. » Le ministre sans portefeuille trouvait que la liberté électorale et la liberté de la presse étaient aussi larges que possible pendant la première période de l'Empire, « si bien qu'on a pu dire, en faisant une statistique vraie, que les amende-

ments, les modifications, les réductions en matière de dépenses avaient été plus considérables au Corps législatif qu'elles ne l'avaient été antérieurement. » M. Plichon s'était permis de signaler l'existence de deux courants dans l'État, l'un libéral, l'autre anti-libéral ; le premier dirigé par l'Empereur, le second par M. de Persigny. M. Baroche se moqua de cette distinction imaginaire, reste des souvenirs parlementaires de l'orateur : « L'antagonisme qu'on allègue
» entre les aspirations libérales de l'Empereur et la con-
» duite de son ministre n'a jamais existé, je ne crains pas
» de l'affirmer. »

M. Baroche ne comprend pas qu'on puisse nier « la liberté considérable » dont les journaux jouissent sous le régime du décret-loi du 17 février 1852. Les dispositions de cette loi sont en tout cas « nécessaires, indispensables », et nul, dans le gouvernement, ne songe à les modifier. « La presse
» se trouve chez nous en présence de 9 millions d'élec-
» teurs ; comprenez-vous tout ce que peut faire courir
» de dangers une presse s'adressant à 9 millions d'hommes
» ayant le droit de voter pour la composition du Corps
» législatif? En est-il de même en Angleterre? Non. En
» Angleterre il n'y a que 1 200 000 électeurs...

» J'ai le malheur..., j'ai l'habitude de lire tous les jours
» à peu près tous les journaux qui se publient (*on rit*), et
» j'avoue qu'après cette lecture je me dis souvent : Com-
» ment est-il possible de dire que la presse n'est pas
» libre? »

M. Lemercier avait pourtant manifesté l'espérance qu'à l'approche des élections, le gouvernement renoncerait à se prévaloir des articles du décret-loi du 17 février 1852. « Je n'ai, reprit M. Baroche, aucune mission de ce genre à remplir. Le décret du 17 février demeurera la loi de la presse, et avec circonspection et mesure, le gouvernement continuera d'user des droits que ce décret lui confère. » (*Très-bien! très-bien!*)— C'était clair et net.

Le pouvoir, avait dit M. E. Ollivier, ne cesse d'affirmer que la confiance qu'il inspire est unanime; que le calme dont jouit le pays est parfait; que les institutions sont appuyées par l'inébranlable sympathie des masses; qu'il n'existe aucune trace sérieuse d'opposition ou de désaffection; s'il en est ainsi, qu'est-ce qui s'oppose à ce qu'on rende à la France le plein exercice des libertés qu'elle a perdues en des temps troublés? M. Baroche lui répondit: « Puisque vous reconnaissez vous-mêmes que tout va bien, » pourquoi changerions-nous quelque chose à une situation » dont nous devons nous applaudir tous et dont le pays » s'applaudit? » (*Approbation.*)

M. Guyard-Delalain, député de la majorité, crut devoir, dans la séance du 5 février, appeler l'attention de la Chambre sur les récents événements de Varsovie. M. Jules Favre, à son tour, conjura le gouvernement de s'expliquer sur les faits douloureux dont la Pologne était le théâtre. M. Billault refusa d'entrer dans la discussion : « Le gou- » vernement de l'Empereur est trop sensé pour donner, par » de vaines paroles, un aliment trompeur à des passions » insurrectionnelles; et il est trop jaloux de sa dignité, de » celle de la France, pour laisser répéter pendant quinze » ans, dans une adresse, des paroles inutiles et des protes- » tations vaines. » (*Très-bien! très-bien!*)

La séance du 6 fut entièrement consacrée à la question du Mexique et à l'amendement des *Cinq*, dont voici le texte : « Les forces de la France ne doivent pas être témé- » rairement engagées dans des expéditions mal définies,

» aventureuses ; et ni nos principes ni nos intérêts ne nous
» conseillaient d'aller voir quel gouvernement désire le
» peuple mexicain. » Le plan des orateurs de l'opposition
était d'amener le gouvernement à répondre séparément sur
chaque point important, afin d'éviter l'inconvénient trop
visible des débats de l'année précédente, qui se résumant
habituellement dans deux discours, l'un de M. Jules Favre,
l'autre de M. Billault, permettaient au président de lever
la séance, en laissant pendantes les assertions contradictoires. M. E. Picard entama donc la discussion en s'attachant bien plus à la question de droit international qu'au
détail des négociations qui avaient précédé l'entrée en campagne isolée de l'armée française. M. Jérôme David se lança
après lui dans un long discours dans lequel il se bornait, pour
toute réponse, à trouver extraordinaire que la conduite des
Espagnols et des Anglais reçût des éloges d'une bouche
française !... Comme si c'était un crime que de trouver
mauvais que le gouvernement impérial n'eût pas accepté,
sauf des modifications de second ordre, la base des préliminaires de la Soledad ?

La lumière que M. Jules Favre jeta sur le côté financier
de l'expédition du Mexique, les preuves par lesquelles il
démontra que la cause principale de la guerre était une
question d'argent, méritaient une réfutation sérieuse.
M. Billault se contenta de monter au Capitole pour remercier les dieux protecteurs de l'Empire des succès obtenus
par la politique napoléonienne en Crimée, en Chine,
en Cochinchine et sur tous les points du globe. M. Jules
Favre essaya vainement de répondre à ce dithyrambe, la
Chambre étouffa sa réplique sous les interruptions.

Le 5e paragraphe de l'adresse contenait des vœux
pour la fin de la guerre civile aux États-Unis et des

regrets du refus fait par les belligérants de la médiation des trois puissances. M. Arman proposa par un amendement d'appliquer aux côtes des États du Sud les principes du droit maritime proclamés dans le traité de Paris, c'est-à-dire de ne pas reconnaître le blocus fictif établi par le Nord sur les côtes du Sud. M. Arman n'oubliait qu'une chose, c'est que les États-Unis n'ayant pas adhéré au traité de Paris, il était impossible de leur en appliquer les clauses. M. Larrabure le lui rappela. M. Lemercier défendit, au nom de l'humanité et des intérêts français, les États-Unis luttant pour supprimer l'esclavage.

La Chambre, après avoir approuvé la politique du gouvernement dans la question américaine, discuta la question romaine. « Sire, disait le projet d'adresse, le Corps » législatif vous approuve de tenir d'une main ferme la » balance égale entre les intérêts qui s'agitent en Italie... » Persévérez dans la même politique. » La gauche demandait dans un amendement à ce paragraphe la cessation de l'occupation française, en vertu de ce principe, que Rome appartient aux Romains. M. Jules Favre termina ainsi son discours en faveur de cet amendement :

« Qu'on nous réponde enfin, qu'on ne s'enveloppe plus de ces subterfuges diplomatiques qui ne sauraient nous abuser ; car, pour en finir et ne pas prolonger davantage une discussion qui me paraît superflue, je dirai que lorsqu'un gouvernement occupe un pays par ses armées depuis 1849, quand il y a consacré nécessairement 200 000 hommes, quand il demande chaque année de 20 à 25 millions aux contribuables, et qu'il n'atteint d'autre résultat que celui de diminuer les formalités dans la délivrance des passe-ports, sa politique est jugée. Ce n'est point, comme on a essayé de le dire par un mot inconsistant et vague, une politique d'apaisement : C'est une politique qui doit recevoir l'une ou l'autre de ces qualifications, ou impuissance ou équivoque volontaire, et à ces deux titres je la repousse. »

M. Keller, en pressant le gouvernement de revenir aux préliminaires signés à Villafranca et à la paix de Zurich,

prit un ton moins hautain que le jour où il stipulait au nom des 91; il crut devoir se borner à inviter le gouvernement à faire un pas de plus dans la nouvelle ligne adoptée depuis l'entrée aux affaires de M. Drouyn de Lhuys. La phalange cléricale s'était-elle dissoute à l'approche des élections, ou bien M. Billault, en signalant le choix de Rome pour capitale de l'Italie comme un fait « en contradiction directe avec l'intérêt français, » et en ajoutant que « jamais la France n'avait laissé espérer à qui que ce fût qu'elle sacrifierait cet intérêt, » mettait-il la majorité plus à l'aise par cette déclaration que par son langage des années précédentes? M. Billault en résumé cependant ne faisait que répéter l'éternelle déclaration : « L'Empereur est profondément
» convaincu que c'est dans la conciliation que se trou-
» vent le véritable intérêt même de l'Italie, et celui du
» Saint-Père et celui de la religion; que c'est là le désir du
» monde catholique tout entier, et surtout que c'est le
» vœu général de la France. »

M. Darimon proposait la suppression de l'article du Code pénal interdisant les coalitions de patrons et d'ouvriers au nom des principes consacrés par le traité de commerce, qui ont pour conséquence le droit pour les ouvriers de débattre librement leurs intérêts. M. Nogent Saint-Laurens combattit l'amendement de M. Darimon, sous prétexte qu'il tendait à rétablir la corporation, qui n'était à ses yeux, qu'une coalition permanente; comme si la corporation était autre chose qu'un monopole exploité en commun par des maîtres et par des ouvriers privilégiés!

Le gouvernement, qui n'admettait pas qu'on pût sans danger accorder à quelques personnes la liberté de se réunir pour discuter une question de charité, les moyens, par exemple, de secourir les ouvriers de la Seine-Inférieure, ne pouvait pas être partisan du droit de coalition, qui n'est qu'une conséquence du droit d'association. Vainement lui citait-on l'exemple de l'Angleterre, c'est précisément de l'autre côté du détroit que M. Baroche allait chercher des fins de non-recevoir contre la liberté du travail. Le chômage, selon le président du Conseil d'État, est en permanence en Angleterre depuis 1825, époque où furent abolies toutes les restrictions qui pesaient sur le droit de réunion et d'association. Le bruit de la présentation au Conseil d'État d'un projet de loi sur les coalitions avait circulé cependant après la grève des typographes. M. Baroche profita de l'occasion pour le démentir : « Il » n'y a pas de projet de loi envoyé au Conseil d'État ; il n'y » a pas même de projet en élaboration sur cette matière ; » la loi retouchée en 1849 est et demeure la loi du pays ; il » faut la respecter, et il y a danger, je crois, à l'attaquer » dans une discussion publique. » Cette déclaration mit fin au débat.

M. Hénon réclama une fois de plus, mais en vain, le rétablissement des franchises municipales de Paris et de Lyon.

Quelle est la base du suffrage universel ? la population ou l'inscription ? L'opposition résolut cette question dans l'amendement suivant :

« Le droit de déterminer les circonscriptions électorales n'autorise pas à réunir des cantons séparés par la distance, à morceler les arrondissements et les villes pour favoriser l'action administrative, et à modifier les circonscriptions établies, pour soustraire le département à ses juges naturels. Il n'appartient pas davantage aux maires d'élever ou d'abaisser, à leur gré, le chiffre des électeurs, en étendant les radiations et en limitant les additions de manière à créer, à côté du candidat du gouvernement, l'électeur du gouvernement. Nous demandons, en conséquence, qu'une révision soit faite du décret du 29 décembre 1862, et que, spécialement, au lieu de priver la ville de Paris d'un député on lui en attribue un nombre en rapport avec l'accroissement de sa population. »

Le chiffre du recensement donnait, en vertu de ce décret,

283 députés à élire au lieu de 272, soit 11 de plus et enlevait un député à deux départements, dont l'un était le département de la Seine; treize autres départements en gagnaient un. M. Jules Favre soutint que le nombre des électeurs devait être déterminé d'après le nombre des citoyens majeurs capables d'exercer leurs droits, et il arriva par ses calculs à démontrer que le chiffre de députés pour toute la France devait s'élever à 311. Comment le département de la Seine, dont la population s'était si fort accrue, avait-il un député de moins à élire qu'en 1857 ? évidemment ce résultat était dû à la non-inscription, ou la radiation systématique des électeurs, là où le gouvernement jugeait ces moyens bons pour diminuer les chances des candidats de l'opposition.

M. Jules Favre, passant à la liberté électorale, prouva qu'elle n'existait nulle part en France; s'appuyant ensuite sur les assertions de M. Plichon, il établit que tout acte d'opposition était pris, par le pouvoir, comme un acte de rébellion, et que le gouvernement « avait la prétention d'exercer *un droit de suite* sur les députés élus par ses soins. » L'orateur finit ainsi son discours : « Nous avons connu la
» liberté sans limites; nous avons connu ensuite le despo-
» tisme sans freins (*vives rumeurs*). Mais, Messieurs, ce qui
» n'est douteux pour personne, c'est que, à l'heure où je vous
» parle, ce n'est pas l'idée d'autorité qui a besoin d'être
» fortifiée; si elle pouvait courir un danger, ce serait par
» son exagération même; et dès lors, ce qui pourrait lui
» donner une véritable solidité dans le pays, ce serait le
» rappel à la jouissance des libertés tant de fois promises. »

MM. E. Picard et Plichon complétèrent le discours de M. Jules Favre, l'un en revenant sur la question du nombre des députés de Paris, l'autre en signalant les fréquentes révocations de maires et l'abus des découpages de territoires, par lequel le ministre de l'intérieur créait des circonscriptions factices dans les départements où il voulait faire échouer certaines candidatures. M. Baroche répondit en niant les faits ou en les atténuant par des raisons parfois très-burlesques. Il expliqua par exemple la destitution d'un maire qui avait soutenu le candidat indépendant, en disant que ce fonctionnaire, vieux et peu éclairé, vivait entièrement sous la tutelle d'un Prussien, chef de la musique municipale.

Le rejet de son amendement sur la liberté électorale n'empêcha pas l'opposition d'en présenter un autre portant : « La liberté et la sincérité des élections seraient impossibles
» si le ministre de l'intérieur persistait à exiger des gérants
» et des rédacteurs en chef de journaux, des traités secrets
» et des démissions en blanc qui les mettent à la discrétion
» du gouvernement. »

Cet amendement était justifié par une lettre adressée, le 8 février, par M. d'Anchald, gérant du *Constitutionnel*, à M. Auguste Chevalier, député. « Contraint par une pres-
» sion irrésistible de vous nommer directeur politique de
» ces deux journaux, » disait le gérant, « je vous avais
» toutefois loyalement accepté. Vous, vos protecteurs et
» vos associés, vous avez néanmoins organisé une vaste
» intrigue pour me remplacer. Votre attitude m'oblige à
» me priver de vos services. »

Le gérant du *Constitutionnel* n'oubliait qu'une chose, c'est que l'administration prenait toujours la sage précaution d'exiger d'avance des directeurs des journaux qui entretenaient des relations avec elle leur démission en blanc. M. d'Anchald, nommé à la gérance du *Constitutionnel* et du *Pays*, après la catastrophe de Mirès, avait dû par conséquent se soumettre à cette précaution. Le gouvernement ayant depuis cette époque changé de politique sur la question d'Italie, M. d'Anchald était bien obligé d'en changer; cependant, craignant que ses abonnés ne trouvassent mauvais qu'il leur dît, du jour au lendemain, des choses absolument contraires, il ne crut pas devoir modifier la ligne de son journal. Aussitôt le directeur de la presse au ministère de l'intérieur de lui faire savoir par lettre polie qu'on acceptait la démission qu'il avait donnée. M. d'Anchald eut la naïveté de répondre que s'étant toujours conformé à la ligne politique du gouvernement, il se croyait à l'abri d'une démission à laquelle il était complétement étranger, et qui, selon lui, devait être entre les mains du gouvernement le garant de sa fidélité et non de sa versatilité. Le ministre, craignant le scandale, fit proposer à M. d'Anchald une transaction qui consistait à nommer M. Auguste Chevalier directeur politique et littéraire du *Constitutionnel*, et à lui en laisser la gérance. De là une rivalité dont M. Picard raconta tous les incidents avec sa verve accoutumée. Il profita de l'occasion pour signaler à la Chambre l'immixtion du gouvernement dans la rédaction des journaux, au moyen de communications verbales dont le *Temps* venait de se plaindre en ajoutant qu'il s'y soumettrait, mais en le faisant connaître au public.

M. Baroche ne vit dans l'affaire du *Constitutionnel* et dans celle du *Temps* que des vétilles indignes d'occuper l'attention de la Chambre. Celle-ci partagea son avis et, le 12 février, l'adresse fut votée à l'unanimité moins 5 voix.

La session du Corps législatif avait été prorogée, le 8 avril, au 30 du même mois. Les travaux de la Chambre, interrompus pendant quelques jours, après la discussion de l'adresse, ne reprirent activement qu'au commencement d'avril par la discussion sur la réforme du Code pénal.

L'administration de la justice montrait depuis longtemps une tendance marquée à transformer certains crimes en délits, et à les soustraire au jury pour les déférer à la police correctionnelle. Le gouvernement avait déjà présenté en 1862 un projet de loi destinée à modifier plusieurs articles du Code pénal dans le sens des tendances de la magistrature. Ce projet fut retiré en présence de certaines résistances de la commission. Le gouvernement, après l'avoir retouché, le présenta de nouveau. Il contenait trois sortes de modifications : 1° incrimination de faits nouveaux; 2° déclassement d'un certain nombre de crimes et déclassement des peines; 3° aggravation de pénalités. Le rapport, œuvre de pièces et de morceaux, fourmillait d'incohérences. Jamais on n'avait touché avec autant de précipitation et de légèreté à une des plus graves matières qui puissent être soumises à une assemblée : la législation criminelle. L'un des articles présentés au Corps législatif après un an d'études (art. 308), était si mal rédigé, que sur une simple observation de M. Picard il fut renvoyé à la commission.

Un autre article modifiait le Code dans un sens si immoral, que M. Cordoën, commissaire du gouvernement, tomba d'accord avec M. Jules Favre pour le repousser. Les commissaires eux-mêmes, dans certains cas (art. 57 et 58), ne savaient pas quelles seraient les conséquences directes de l'innovation. M. Jules Favre s'éleva le premier contre une loi inopportune, dictée par des motifs politiques, défiante envers le jury à qui elle enlevait certaines affaires et envers la magistrature dont elle limitait l'indulgence.

L'article 222 était ainsi conçu :

« Lorsqu'un ou plusieurs magistrats de l'ordre administratif ou judiciaire, *lorsqu'un ou plusieurs jurés* auront reçu dans l'exercice de leurs fonctions quelque outrage par parole tendant à inculper leur honneur ou leur délicatesse, celui qui les aura ainsi outragés sera puni d'un emprisonnement d'un mois à deux ans.

» Si l'outrage a été commis à l'audience d'une cour ou d'un tribunal, l'emprisonnement sera de deux à cinq ans.

» Si l'outrage a été commis par écrit ou dessin non rendu public, adressé directement ou *indirectement* à la personne qui en est l'objet, la peine de l'emprisonnement sera de quinze jours au moins et d'une année au plus. »

Cet article, qui expose à un emprisonnement de quinze jours à un an le prévenu que le chagrin de sa condamnation pousse à écrire ou à crayonner quelque chose de mal sonnant pour ses juges, avait fort ému l'opinion publique. Il fut signalé comme un danger grave par MM. Jules Favre, Émile Ollivier, Ernest Picard, et même par un membre de la majorité, M. Jules Segris. M. de Parieu, commissaire du gouvernement, en défendant ce fâcheux article 222, s'emporta jusqu'à accuser M. Segris de s'être jeté dans l'opposition et d'avoir fait cesser l'isolement des *Cinq*. Le projet de loi, quoique attaqué par les jurisconsultes les plus distingués de la Chambre, fut adopté dans son ensemble par 152 voix contre 48. Ce vote couronnait logiquement la carrière d'une législature qui avait débuté par la loi de sûreté générale.

M. Segris déposa, le 4 mai, au nom d'une commission du Corps législatif, son rapport sur le projet de loi destiné à faire face au découvert de 38 millions avoué par M. Fould. 24 millions sur cette somme provenaient des dépenses de l'expédition mexicaine. Les organes du gouvernement, pour expliquer comment on n'avait pu faire face à ces dépenses, ni par les virements sur excédants de service, ni par les virements à titre provisoire, alléguèrent que la guerre est féconde en éventualités échappant complétement à la prévoyance humaine. M. Fould, dans

son *Mémoire à l'Empereur*, disait cependant : « Les circonstances les plus graves et les plus inattendues peuvent trouver des ressources dans notre vaste budget et donner les moyens d'attendre la réunion du Corps législatif. » Or, si l'expédition du Mexique était un fait grave, ce fait n'avait rien d'inattendu, car non-seulement, au moment de la séparation du Corps législatif, la rupture avec les Anglais et les Espagnols était accomplie, mais encore la guerre avait commencé. La guerre, en général, ne figurait-elle pas d'ailleurs au nombre de ces circonstances graves et imprévues dont M. Fould affirmait que le système des virements viendrait à bout? « Une guerre devient-elle nécessaire? Le gou-
» vernement peut concentrer sur un seul service les forces
» actives des ministères de la marine et de la guerre, dont
» les ressources ne s'élèvent pas à moins de 5 à 600 mil-
» lions par an. »

Le rapport de M. Segris constate que l'expérience n'avait pas tardé à prononcer sur le système de M. Fould : Une expédition qui avait déjà provoqué deux votes successifs, — budget rectificatif, loi du 27 juin, total 59 millions, — et qui, sans avoir été marquée par aucune de ces brusques péripéties dont la guerre est d'ordinaire prodigue, pouvait néanmoins donner naissance à des nécessités que le gouvernement classait parmi les faits « tout à fait exceptionnels », montrait bien que M. Fould était sous le coup d'une illusion bien profonde lorsqu'il disait que, grâce aux virements, « les circonstances les plus graves, les plus imprévues », trouveraient dans notre vaste budget le moyen d'attendre la réunion du Corps législatif.

Le rapporteur, même en mettant en ligne de compte les produits des impôts nouveaux pendant les six derniers mois de l'année, évaluait à 34 925 909 francs le découvert définitif de l'exercice.

« Si, reportant les regards en arrière, dit M. Segris, on apprécie dans ses développements successifs le budget de l'exercice de 1862, on voit qu'il avait été primitivement réglé avec un excédant de recettes de plus de 4 millions; qu'au moment du vote du budget rectificatif et des crédits spéciaux de 15 millions pour l'expédition du Mexique, au mois de juin 1862, l'équilibre semblait assuré; que les mêmes espérances persistaient au mois d'octobre dernier, pour aboutir enfin, en présence des nouveaux suppléments de crédit compris au projet de loi qui vous est soumis, à un découvert de plus de 34 millions que notre dette flottante peut assurément supporter. A quelle cause imputer un pareil résultat? »

M. Segris, laissant cette interrogation sans réponse, se bornait à déclarer que « le régime financier du sénatus-consulte de 1861 n'en reste pas moins un progrès considérable sur le régime antérieur ». Les membres de l'opposition financière du Corps législatif avaient oublié leurs anciennes théories, aucune voix ne s'élevait en faveur de la spécialité.

M. Picard, s'étant autorisé des discours antérieurs de M. Devinck pour prouver que la réforme de 1861 n'avait nullement répondu aux espérances des commissions, ce député s'écria avec une énergie comique : « Je n'ai jamais » été de votre avis, notez-le bien. » Et plus loin : « Je » n'étais point partisan de la réforme financière qui a été » inaugurée; mais néanmoins le fait étant accompli, je » l'accepte, parce qu'il est devenu la loi de mon pays, » parce que je veux remplir mon devoir de bon et loyal » député. » Aux yeux de M. Devinck, c'était manquer aux devoirs du « bon député » que de dire à un gouvernement : Nous vous demandions la spécialisation du vote, vous nous avez donné la suppression des crédits extra-budgétaires et des virements; votre système a grossi le budget régulier sans nous épargner les grossissements irréguliers; vous

vous êtes trompés. Nous réclamons plus que jamais la spécialité.

Un incident inattendu permit d'apprécier à sa juste valeur le système de M. Fould.

La *Patrie*, dans le louable désir de rendre hommage au ministre régnant, s'avisa de dire que, grâce à la crainte salutaire inspirée à l'administration par le sénatus-consulte de novembre, et malgré les difficultés de la guerre du Mexique, les crédits ajoutés au budget primitif ne s'étaient élevés qu'à 35 millions. Une somme relativement si faible, ajoutait ce journal, est un indice du *laisser-aller* des ministres ordonnateurs sous le régime financier précédent. La *Patrie* reçut aussitôt ce *Communiqué* :

« Cette appréciation n'est pas juste.

» L'épreuve de 1862 aura eu, au contraire, l'avantage
» de mettre en évidence la modération avec laquelle le
» souverain faisait usage de sa prérogative.

» Car voici les faits :

» L'ensemble des crédits extra-budgétaires s'était élevé
» en 1851, sous l'ancien système, à 352 millions; en 1860,
» ils s'étaient élevés à 291 millions; en 1862, sous l'em-
» pire du sénatus-consulte, leur chiffre total a été, non de
» 35 millions, mais de 300 millions. »

Le total des crédits ouverts en dehors des budgets avait été, d'après le *Communiqué*, le même, avant comme après « la réforme financière ». Cet incident instructif mit à nu les divergences qui séparaient M. Fould du ministre-orateur chargé de défendre ses actes devant le Corps législatif. M. Magne, quoique non responsable, n'en paya pas moins de sa place le *Communiqué* qu'il avait lancé en l'absence de celui dont, constitutionnellement, il ne devait être que l'écho docile.

M. Busson, chargé de rédiger le rapport de la commission du budget, parlait d'un style à faire croire qu'on avait enfin conquis et atteint l'équilibre rêvé. Voici comment les chiffres justifiaient la satisfaction de M. Busson :

Le budget des dépenses de 1863, préparé sous l'influence de la suppression des crédits extraordinaires, et, à cause de cela même, élargi dans tous ses cadres, dépassait de 91 millions celui de 1862; le budget de 1864, tel qu'il avait été *présenté* par le Conseil d'État, dépassait de 57 millions le budget *voté* pour 1863.

M. Busson n'en vantait pas moins « les améliorations incontestables et sérieuses, les progrès réels » accomplis dans la situation financière :

« Votre commission a hâte de dire qu'elle a été puis-
» samment aidée par l'esprit de sage entente et de conci-
» liation qui n'a cessé de présider aux rapports du gouver-
» nement avec elle : tous les amendements qu'elle a
» proposés ont été adoptés par le Conseil d'État... Ainsi,
» Messieurs, se prouve une fois de plus votre communauté
» de pensées avec le gouvernement. »

La somme des réductions obtenues par la commission du Corps législatif, de la bonne volonté du Conseil d'État, était de 1 500 000 francs.

La discussion générale du budget s'engagea le 23 avril; elle fournit aux députés une nouvelle occasion de passer en revue les questions de politique intérieure et extérieure. M. Émile Ollivier fit une tentative pour obtenir du gouvernement quelques explications sur son attitude à l'égard de l'insurrection polonaise. M. Billault répondit en conseillant à l'opinion publique de se méfier des suppositions exagérées : « Le pays doit avoir confiance dans la sagesse et la pru-
» dence de l'Empereur. » Un débat fort vif s'engagea en-

suite sur la première section du ministère de l'intérieur. M. de Jouvenel, rédacteur du rapport contre la dotation Pa-li-kao, excommunié du patronage officiel, revendiqua la libre initiative des électeurs pour les prochains comices : « Si un peu plus de liberté donnée au jeu de nos institu-
» tions introduisait dans cette Chambre quelques éléments
» de plus de discussion, croyez-vous que ce fût un mal-
» heur? »

M. Lemercier, autre candidat en délicatesse avec M. de Persigny, remplaça M. de Jouvenel à la tribune. « Mes-
» sieurs, dit-il, comme pour ma part je blâme énergique-
» ment la façon dont M. le ministre de l'intérieur prépare
» les élections générales, je propose à la Chambre de
» repousser la section première du ministère de l'inté-
» rieur. » Cette proposition fut accueillie par une hilarité prolongée sur les bancs de la majorité. M. Thuillier, président de section au Conseil d'État, commissaire du gouvernement, mêla ses rires aux rires de la droite. M. Lemercier releva vivement cette inconvenance. M. de Pierre prit alors la parole : « Je viens, dit-il, approuver M. le ministre de
» l'intérieur dans toutes ses pratiques, dans tous ses procé-
» dés. » L'Assemblée prêta l'oreille. « Le ministre use de
» tous les moyens constitutionnels; je ne blâme pas les
» changements de circonscription... A quoi sert de ronger
» son frein?... (*On rit.*) Il n'est presque aucun de nous, et,
» grâce aux circonscriptions, je pourrais dire aucun de
» nous, qui n'ait besoin de l'appui du gouvernement pour
» entrer ici. » M. de Pierre expliqua ensuite que, contrairement à M. Lemercier, il désirait le succès du ministre de l'intérieur sur toute la ligne, afin qu'à l'avenir le Conseil ne fût pas troublé. Il rappela qu'il n'avait jamais demandé de réformes, mais qu'il avait pris au sérieux les invitations

venues de l'Empereur ou des ministres, d'aimer et de pratiquer la liberté. Seulement, comment concilier la mise en œuvre de ces conseils avec le désir de rester toujours d'accord avec le gouvernement ?

« Nous étions exposés à des contradictions qui exigeaient la plus grande souplesse. Fallait-il être Italien ou clérical, il y a deux ans ? Oui, il fallait être Italien ; cette année il ne faut pas l'être. Faut-il être Polonais présentement ? Mon Dieu ! il est possible que cela vous soit permis aujourd'hui, à la condition que vous ne le serez plus demain. (*Réclamations bruyantes.*) Eh bien ! c'est cette difficulté de me trouver chaque matin d'accord avec les exigences du gouvernement qui m'a constitué en faute probablement, mais qui n'a point altéré ma bonne volonté. »

M. de Morny interrompit l'orateur en déclarant que, pour « l'honneur de la Chambre et pour l'honneur du pays, il faudrait être sérieux. » M. de Pierre était beaucoup plus sérieux que ne le pensait le président du Corps législatif.

M. Picard, à propos des candidats officiels abandonnés pour de simples écarts de vote, s'apitoya spirituellement sur le sort de M. de Jouvenel, autrefois protégé du gouvernement, aujourd'hui combattu par lui à outrance, « mis » en interdit par les fonctionnaires, et réduit, comme le der- » nier des révolutionnaires, à l'impossibilité de distribuer » ses bulletins ». M. Baroche s'écria qu'on attaquait en vain les candidatures officielles, que le patronage du gouvernement, chacun le savait bien, ne s'exerçait que dans « l'intérêt de la liberté et de la sincérité des élections ». M. Jules Favre n'eut pas de peine à démontrer que ce système, dans un pays centralisé, privé de journaux libres, devait s'appeler « absorption du suffrage universel par le gouvernement ».

M. de Morny clôtura, le 7 mai, la session par un discours contenant cette phrase : « Un pouvoir sans contrôle

» et sans critique est comme un navire sans lest. L'absence
» de contradiction aveugle et égare quelquefois le pouvoir
» et ne rassure pas le pays. Nos discussions ont plus affermi
» la sécurité que ne l'eût fait un silence trompeur. »

CHAPITRE XII

1863

LES ÉLECTIONS GÉNÉRALES DANS LES DÉPARTEMENTS

Sommaire. — Débuts de l'année 1863. — La crise cotonnière. — Distribution des récompenses aux exposants français à Londres. — Interdiction des lectures publiques au bénéfice des ouvriers de la Seine-Inférieure. — Saisie de l'*Histoire de la maison de Condé.* — Note du *Moniteur* sur le compte rendu des Chambres. — Élection à l'Académie. — Mgr Dupanloup, évêque d'Orléans, et M. Littré. — Préparatifs pour les élections de 1863. — Voyage de M. Garnier-Pagès dans les départements. — L'abstention. — État de l'opinion dans les grandes villes. — Formation de quelques comités. — Candidature de M. Thiers. — Question du serment. — *L'Union libérale.* — Difficulté qu'elle éprouve à se former. — Le parti catholique. — La légitimité. — L'orléanisme. — Le suffrage universel et l'administration. — Résultat des élections dans les départements.

Le coton n'arrivait plus en Europe depuis la guerre d'Amérique. Les ouvriers de la Seine-Inférieure enduraient, par suite de cette disette, des souffrances qui exigeaient un prompt soulagement. Les journaux firent un pressant appel à la charité publique; le *Siècle* proposa de placer des troncs destinés à recevoir les dons pour soulager les ouvriers cotonniers dans tous les lieux publics, musées, théâtres, concerts, bals, et de leur consacrer le le produit de la journée de travail, de solde, de traitement ou de revenu de chaque citoyen. Une souscription ouverte dans ses bureaux produisit une somme de deux cent mille francs; Mgr Dupanloup, bientôt imité par ses collègues de l'épiscopat, sollicita, dans un mandement éloquent, la charité publique. M. Émile Ollivier demanda, sans l'obtenir, l'autorisation de convoquer une réunion publique consacrée à recueillir des offrandes; l'élan charitable était unanime, mais il s'agissait de nourrir trois cent mille êtres humains.

La charité privée n'y pouvait suffire, car même en tenant compte des secours du gouvernement et des travaux publics organisés dans la Seine-Inférieure, elle aurait eu à fournir des millions, et c'est à peine si en dehors de ce département où le spectacle de tant de misères stimulait la bienfaisance, on recueillit quelques centaines de mille francs.

Les produits si abondants de la quête pour le denier de saint Pierre, mis en regard des maigres résultats de la souscription pour les ouvriers cotonniers, donnaient lieu à des querelles d'autant plus déplorables entre les journaux que les circonstances rendaient l'entente plus nécessaire. C'est au milieu de ces discussions bruyantes que disparut de la scène du monde qu'il avait longtemps occupée avec éclat un peintre dont le talent, inférieur peut-être à la renommée, ne contribua pas moins que celui de Casimir Delavigne et de Béranger à relever la popularité du premier empire, pour lequel il combattait à la barrière de Clichy. Horace Vernet mourut le 17 janvier, à l'âge de soixante-quatorze ans, presque oublié de la génération qu'il avait charmée par son esprit, quelques jours avant la distribution des récompenses accordées aux fabricants dont les produits avaient figuré avec le plus d'éclat à l'Exposition de Londres en 1862.

Cette cérémonie eut lieu le 25 janvier avec une très-grande solennité dans la salle des États au Louvre. L'Empereur prit la parole après avoir entendu le rapport du prince Napoléon et développa un programme répondant à certaines préoccupations politiques entrées, depuis quelque temps, dans beaucoup d'esprits.

« Si les étrangers, dit-il, peuvent nous envier bien des choses utiles, nous avons aussi beaucoup à apprendre chez eux. Vous avez dû, en effet, être frappés en Angleterre de cette liberté sans restriction laissée à la manifestation de toutes les opinions, comme au développement de tous les intérêts. Vous avez remarqué l'ordre parfait maintenu au milieu de la vivacité des discussions et des périls de la concurrence. C'est que la liberté anglaise respecte toujours les bases sur lesquelles reposent la société et le pouvoir. Par cela même, elle ne détruit pas, elle améliore; elle porte à la main non la torche qui incendie, mais le flambeau qui éclaire, et, dans les entreprises particulières, l'initiative individuelle, s'exerçant avec une infatigable ardeur, dispense le gouvernement d'être le seul promoteur des forces vitales d'une nation; aussi, au lieu de tout régler, laisse-t-il à chacun la responsabilité de ses actes.

» Voilà à quelles conditions existe en Angleterre cette merveilleuse activité, cette indépendance absolue. La France y parviendra aussi le jour où nous aurons consolidé les bases indispensables à l'établissement d'une entière liberté. Travaillons donc à imiter de si profitables exemples; pénétrez-vous sans cesse des saines doctrines politiques et commerciales, unissez-vous dans une même pensée de conversion, et stimulez chez les individus une spontanéité énergique pour tout ce qui est beau et utile. Telle est votre tâche. La mienne sera constamment de prendre le sage progrès de l'opinion publique pour mesure des améliorations, et de débarrasser des entraves administratives le chemin que vous devez parcourir. »

L'Empereur, après avoir approuvé l'usage qu'on avait fait de la liberté dans l'élection des délégués ouvriers envoyés à l'Exposition, rappela les craintes dont nos voisins étaient saisis. « La voilà donc réalisée, cette redoutable » invasion depuis si longtemps prédite, » s'écria-t-il en parlant de l'Exposition.

M. Ferdinand de Lasteyrie, trois semaines après ce discours où l'Empereur disait : « Stimulez chez les individus une spontanéité énergique pour ce qui est beau et utile », ayant eu l'idée de réunir un certain nombre de gens de lettres et d'organiser avec leur concours des lectures publiques au profit des ouvriers de la Seine-Inférieure, dans le genre de celles que le romancier anglais, Charles Dickens, avait faites à Londres au bénéfice des ouvriers du Lancashire, le préfet de police trouva dangereux pour le gouvernement d'autoriser des professeurs du Collége de France, des académiciens, des journalistes, à communiquer au public, entre deux bougies et à côté d'un verre d'eau sucrée, leurs impressions de voyage, ou leurs vues sur la littérature et les arts, voire même d'analyser une scène de *Tartufe* ou du *Misanthrope*.

La saisie du livre du duc d'Aumale, l'*Histoire de la maison de Condé*, au moment de sa mise en vente chez l'éditeur Lévy, et la note du *Moniteur* du 9 février, pouvaient donner à réfléchir sur le libéralisme du gouvernement. Cette note rappelait avec menace aux journaux qu'en vertu de la Constitution, les comptes rendus des séances du Sénat et du Corps législatif par les journaux ou par tout autre moyen de publicité ne pouvaient consister que dans la reproduction des débats *in extenso* dans le *Journal officiel* ou du compte rendu rédigé sous l'autorité du Président.

Le public semblait prendre à la lecture des débats des Chambres un goût de plus en plus vif, que le gouvernement ne jugeait pas prudent de favoriser en aucun temps et surtout à la veille des élections. La note du *Moniteur* répondait à cette intention.

Le sort de la Pologne touchait fort la jeunesse française. Le 13 février, douze ou quinze cents étudiants en droit et en médecine, au sortir du cours de M. Saint-Marc Girardin, se dirigèrent vers l'hôtel du prince Czartoriski au cri de : Vive la Pologne! Les sergents de ville dispersèrent cette manifestation, et firent même quelques arrestations. La Pologne fut à la même époque pour le prince Napoléon l'occasion d'un incident assez désagréable. Il avait, dans son discours du 17 mars au Sénat, fort maltraité le comte Wielopolski. M. Sigismond Wielopolski lui écrivit : « Vous » vous êtes exprimé à l'égard de mon père d'une manière » outrageante. Je viens comme fils demander à Votre » Altesse Impériale, pour cette indigne offense, la satisfac-

» tion qu'un homme d'honneur ne refuse jamais. » Cette provocation ne fut pas acceptée.

La passion religieuse, chose étrange dans un temps d'incrédulité ou de scepticisme comme celui-ci, se mêlait chaque jour davantage à toutes les manifestations de la vie sociale. Le Théâtre-Français avait représenté une comédie de M. Émile Augier, le *Fils de Giboyer*, dont le principal personnage, comme *Tartufe*, était copié, disait-on, sur un personnage réel, dont on citait le nom, et qui figurait au premier rang des représentants de la presse religieuse. La première représentation de cette pièce avait occasionné au parterre du Théâtre-Français quelques protestations qui se montrèrent assez persistantes dans quelques départements pour obliger les maires à l'interdire. Chaque élection à l'Académie française devenait, d'un autre côté, une affaire de religion. La salle du palais des Quatre-Nations s'était ouverte deux fois au public depuis le commencement de l'année pour la réception de deux académiciens, MM. Albert de Broglie et Octave Feuillet, l'un connu par son dévouement à l'Église, l'autre par le caractère catholique de ses principaux romans. L'Académie avait deux membres à remplacer, MM. Biot et le duc Pasquier : quels seraient leurs successeurs ? L'élection du père Lacordaire ayant été saluée comme le triomphe de l'esprit de liberté et la preuve de l'alliance définitive entre la religion et la philosophie, plusieurs académiciens crurent qu'il convenait de sceller cette alliance par l'élection du représentant le plus illustre de la philosophie positiviste en France. Ils crurent que Mgr Dupanloup, sans s'associer à l'élection de M. Littré, ne ferait rien cependant pour la combattre; mais ils furent bien vite détrompés. « J'ai parmi vous un titre que je porte seul : je suis prêtre. Je ne puis pas plus quitter ma mission que mon titre, et vous m'avez nommé tout entier. » Tel fut le langage de Mgr Dupanloup dans l'avant-propos d'un *Avertissement à la jeunesse et aux pères de famille*, véritable déclaration de guerre non-seulement contre M. Littré, mais encore contre les académiciens dont « les théories détruisent Dieu, l'âme, la vie future ».

Mgr Dupanloup, prévoyant qu'on lui reprocherait d'attaquer des hommes à côté desquels il avait sollicité l'honneur de s'asseoir, cherchait à se justifier d'avance par ce sophisme : « Sans doute ils sont mes confrères, mais je suis
» le leur ; et si cette qualité ne les a pas empêchés d'atta-
» quer mes croyances, elle ne saurait m'empêcher de les
» défendre contre eux. » L'Académie avait toujours admis parmi ses membres des hommes d'opinions et de croyances diverses, sans avoir jamais eu la prétention de leur interdire de les exposer, sous peine de considérer la défense de leurs opinions comme des attaques personnelles contre celles de leurs collègues. Mgr l'évêque d'Orléans ne connaissait-il pas d'ailleurs les œuvres des académiciens qu'il soumettait à sa censure, quand il était allé leur solliciter leur voix ?

L'Académie voulait-elle accepter un *Credo* qui l'eût rendue impossible dans le passé, et qui la transformait dans l'avenir en une assemblée religieuse imposant l'orthodoxie à la littérature ? La question se vida le 23 avril. M. Littré fut battu, après trois tours de scrutin, par M. de Carné. L'orthodoxie triomphait à l'Académie, plus d'un siècle après qu'elle avait nommé Voltaire et choisi d'Alembert pour secrétaire perpétuel. MM. Sainte-Beuve, Mérimée, Augier, de Sacy, de Rémusat, le duc de Broglie, Thiers, Mignet, Ampère votèrent pour M. Littré. M. Dufaure remplaça M. Pasquier sans lutte.

Les avertissements, chaque jour plus nombreux, adressés aux journaux de l'opposition, les attaques directes des journaux officieux contre certains hommes politiques, l'activité des préfets, annonçaient l'approche des élections. Le gouvernement s'y préparait depuis le commencement de l'année. Mais pour donner une idée exacte de ses préparatifs pour soutenir la lutte, il faut remonter aux premiers jours de l'année 1863.

Le bruit que le Corps législatif ne serait point appelé à épuiser son mandat, et que le gouvernement renoncerait aux candidatures officielles, s'était fort répandu dans les derniers jours de l'année précédente. La réponse de l'Empereur aux députés chargés de lui transmettre l'adresse, apprit au public que les députés élus en 1857 accompliraient leur sixième et dernière session. Le décret de convocation des électeurs, qui parut le 7 mai dans le *Moniteur*, rassura les intéressés sur le maintien des *candidatures officielles*.

Les chefs du parti républicain, avertis par le bruit de la dissolution du Corps législatif, résolurent de faire un grand effort pour amener le parti tout entier à renoncer à l'abstention. Un homme d'un entier dévouement à ses opinions, d'une réputation sans tache, d'un caractère très-conciliant, estimé et honoré même de ses adversaires, avait fait en France, en 1851, une grande tournée électorale que le coup d'État rendit inutile. M. Garnier-Pagès résolut de la renouveler. Il partit dans les dernières semaines de l'hiver, et il parcourut les départements depuis le Nord jusqu'aux Alpes maritimes, s'arrêtant dans plus de soixante villes. Il trouva le parti républicain encore sous le coup de la seconde transportation opérée par le ministère du général Espinasse. M. Garnier-Pagès prévenait d'avance ses amis de son arrivée; il trouvait ordinairement une ou deux

personnes à la gare ou au bureau de la diligence; cinq ou six autres personnes s'enhardissant arrivaient à l'heure du déjeuner; au moment du dîner, il y en avait une vingtaine; la réunion était presque doublée dans la soirée; le lendemain on le priait de rester un jour de plus, et quand il pouvait se rendre à ce désir, il ne tardait pas à voir tous les principaux chefs du parti, rassurés les uns par les autres, se grouper autour de lui. Les plus courageux étaient toujours ceux qui avaient le plus souffert. Trente-cinq personnes se trouvaient réunies à Toulouse sous la présidence de M. Garnier-Pagès : « Mon cher ancien collègue,
» lui dit le républicain chez qui la réunion avait lieu,
» vous voyez ces fenêtres en face des miennes, elles sont
» presque toujours occupées par des mouchards qui, ca-
» chés derrière les rideaux, surveillent tout ce qui se
» passe ici, et j'offre mon appartement à des gens qui ne
» sont pas moins surveillés que moi-même, car nous
» sommes tous ici d'anciens transportés. »

Les abstentionnistes cependant étaient nombreux et tenaces parmi les républicains. Ce ne fut pas sans peine que M. Garnier-Pagès parvint à les tirer de leur système d'inaction; de vraies batailles furent livrées par lui contre l'abstention à Saint-Quentin, à Dijon, à Bordeaux, à Lyon, dans toutes les villes importantes. M. Hénon avait réuni à Lyon soixante-quatre contre-maîtres autour de M. Garnier-Pagès; on ne s'occupa pas seulement des élections dans cette réunion, la politique générale y tint une grande place. M. Garnier-Pagès parla de l'affaire du *Trent* et du conseil qu'il avait donné au nom de tous les républicains à M. Bigelow, ministre des États-Unis, d'engager son gouvernement à la terminer. « Puisque vous connaissez le
» ministre américain, s'écria un des contre-maîtres en s'a-

» dressant à Garnier-Pagès, dites-lui que la crise coton-
» nière nous fait cruellement souffrir, mais que nous
» sommes prêts à souffrir jusqu'à ce que nos frères de
» l'Amérique aient détruit l'esclavage. » Marseille était la
ville où le système de l'abstention avait fait le moins de
prosélytes. Les républicains marseillais s'étaient jetés dans
l'action politique dès 1857. La terreur régnait encore
à cette époque : aucune réunion n'était tolérée, tous les
journaux républicains avaient été supprimés. Ils présentèrent cependant un candidat (1) qui obtint près de six
mille voix, chiffre considérable si l'on se reporte au temps
et aux circonstances. Les Marseillais étaient donc d'avance
disposés à agir lorsque M. Garnier-Pagès arriva à Marseille. Une députation d'une trentaine d'ouvriers se rendit
dans la soirée à son hôtel : « Vous voyez ici, lui dit l'un
» de ces ouvriers, d'anciens amis qui ne se saluent plus
» depuis plusieurs années parce qu'ils sont divisés sur trois
» questions. Les uns, fidèles aux traditions de l'alliance
» carlo-républicaine du temps de la monarchie de Juillet,
» veulent s'unir aux légitimistes et aux cléricaux contre
» l'Empire ; les autres seraient plutôt disposés à voter pour
» les candidats bonapartistes contre les candidats légiti-
» mistes et cléricaux ; les derniers enfin demandent qu'on
» relève le drapeau républicain, et que le parti se reforme
» sur le champ de bataille. Vous nous mettrez d'accord. »
M. Garnier-Pagès prêcha l'union et la concorde à ces trois
fractions, et le résultat de la réunion fut que le parti républicain essayerait ses forces et soutiendrait des candidats
républicains. M. Garnier-Pagès continua son voyage dans
le Var, et, à son retour, on peut dire que le parti de l'ab-

---

(1) L'auteur de ce livre.

stention avait perdu la plus grande partie de ses adhérents.

Une question importante avait été posée dans le *Siècle* par M. André-Pasquet. Le nombre des députés à élire, conformément au décret organique du 2 février 1852, doit-il être calculé d'après le nombre des électeurs inscrits sur les listes électorales, comme le voulait le gouvernement, ainsi que nous l'avons vu dans les débats du Corps législatif, ou d'après le chiffre des électeurs dont l'existence est constatée par le dernier recensement quinquennal? La question fut résolue dans ce dernier sens par M. André-Pasquet et par les membres les plus importants du barreau de Paris, dans une consultation fortement motivée; le gouvernement crut devoir couper court à toute polémique à ce sujet par un avertissement ministériel donné au *Siècle:*
« Attendu qu'en persévérant avec une obstination systé-
» matique dans des attaques dénuées de fondement, et
» malgré les rectifications officielles, il porte atteinte au
» respect qui est dû à la Constitution et aux lois. »

Les listes électorales, révisées d'après le principe repoussé par la consultation, furent affichées le 15 janvier, conformément à la loi, dans toutes les mairies de l'Empire. Les électeurs avaient dix jours pour les vérifier. De jeunes jurisconsultes, MM. Jules Ferry, Maillard, Puthod, Charles Floquet, Spuller, Émile Durier, Hérold, Ernest Hamel, Rousselle, Colfavru, Laurier, Delorme, Gustave Chaudey, Hérisson, Léon Renault, Audoy, de Barthélemy, Delprat, Delestre, Gambetta, Clamageran, André-Pasquet, Albert Fermé se mirent à la disposition des citoyens pour leur indiquer la marche à suivre dans le cas où ils auraient à réclamer leur inscription (1).

---

(1) M. Jules Ferry, ex-membre du gouvernement de la Défense nationale, est aujourd'hui ministre en Grèce; M. Puthod a été préfet; M. Charles Floquet, dé-

L'administration multiplia les obstacles autour de cette formalité : les listes électorales n'étaient communiquées qu'après sommation d'huissier ; encore les maires ne cédaient-ils pas toujours. M. Léon Gambetta et Emmanuel Durand se virent obligés de se munir d'une ordonnance de M. Benoît-Champy, président du tribunal civil, pour traduire en justice le maire du 13° arrondissement, afin d'obtenir communication de la liste électorale. MM. Jules Grévy et Clément Laurier plaidèrent sans succès pour les demandeurs.

L'état des esprits présageait une lutte beaucoup plus vive qu'en 1857. Les citoyens semblaient peu à peu reprendre courage. Les comités électoraux essayaient de se former ; dès le mois de mars, on mettait même déjà quelques noms célèbres en avant comme candidats dans diverses circonscriptions.

Un membre du conseil général du Nord fut chargé par ses collègues de demander à M. Thiers s'il accepterait la candidature dans la circonscription de Valenciennes. M. Thiers répondit que « sous toutes les formes de gouver-
» nement les bons citoyens ont à remplir des devoirs aux-
» quels il ne leur est pas permis de se soustraire, et que
» depuis le décret du 24 novembre, la Constitution ayant
» été modifiée et reconnue modifiable, le serment n'était

puté de Paris démissionnaire, est conseiller municipal de Paris ; M. Spuller a été préfet et attaché au cabinet de M. Gambetta ; il est aujourd'hui un des rédacteurs de la *République française* ; M. Émile Durier est secrétaire général du ministère de la justice et conseiller d'État en service extraordinaire ; M. Hérold a rempli également ces fonctions et celles de ministre intérimaire de l'intérieur sous le gouvernement de la Défense nationale et, sous la présidence de M. Thiers, de membre de la commission remplaçant le Conseil d'État ; M. Colfavru a été juge de paix à Paris ; M. Laurier, chef du personnel du ministère de l'intérieur de la délégation de Tours ; M. Delorme, préfet ; M. Gustave Chaudey, adjoint au maire de Paris, fusillé par ordre de Raoult Rigault, procureur de la Commune ; M. Hérisson, maire de Paris ; M. Gambetta, membre de la délégation de Tours, ministre de l'intérieur et ministre de la guerre ; M. Léon Renault est préfet de police.

» plus en contradiction avec les convictions des amis de la
» liberté ». M. Thiers, après avoir déclaré que sa vie entière
défendait qu'on lui demandât rien au delà du serment, et
après s'être refusé à toute déclaration explicative, terminait
en disant : « Vous êtes dévoué à l'Empire, et rien n'est plus
» légitime avec les convictions que vous professez ; mais,
» souffrez que je vous le dise, en voulant faire du serment
» une formalité qui laisserait les accès de la législature plus
» ouverts aux hommes dévoués qu'aux hommes éclairés, je
» ne crois pas que vous serviez utilement votre cause.
» Quant à moi, je ferai un vrai sacrifice en rentrant dans la
» vie publique ; mais je ne puis, au sacrifice de mes goûts
» et de mon repos, joindre celui de ma dignité. »

La question du serment touchait beaucoup le gouvernement. Le *Journal des Débats* ne tarda pas à recevoir un avertissement pour s'être permis de soutenir « que le ser-
» ment politique ne réclame d'autre engagement, n'impose
» d'autre devoir que de ne pas entrer dans la voie douteuse
» et obscure des conspirations et d'observer le respect de
» la loi recommandé par la morale à tous les citoyens ».
M. de Persigny s'empressa de protester contre cette définition. Penser ainsi, c'était, selon lui, « chercher à tromper
» la conscience publique sur la portée d'un acte solennel
» qui forme un lien d'honneur entre celui qui le prête et
» celui qui le reçoit, entre l'Empereur et le candidat ».

Une candidature, à cette époque où les difficultés pour se mettre en communication avec le suffrage universel rendaient les chances de succès si faibles, pouvait passer pour un acte de dévouement. Les candidats n'avaient rien à espérer que de leur propre énergie et de l'appui incertain de quelques journaux timides. La formation des comités n'avait jamais été plus nécessaire ; tous les journaux libéraux y poussaient, sauf la *Presse* de M. Émile de Girardin qui, après avoir demandé la formation d'une sorte de directoire électoral destiné à concentrer l'action des partis, avait fini par réclamer une neutralité absolue de la part du gouvernement et de ceux « qui prétendaient avoir le droit de diriger l'opinion », comme si le travail préparatoire des élections, si difficile et si entravé, n'exigeait pas le concours de tous, et comme si l'on pouvait élire quelqu'un sans une entente préalable au sujet de son élection. Le *Siècle*, toujours fidèle à sa répugnance pour l'abstention sous toutes ses formes et sous tous ses déguisements, poussa très-vivement au mouvement électoral en publiant, dès le 16 mars, un manifeste contenant son programme politique, et se terminant ainsi :

« A l'œuvre donc, électeurs et candidats ! que les comités se forment, que les éléments du grand verdict électoral s'élaborent. Le *Siècle*, quant à lui, ne faillira pas à son devoir. Au lendemain du 2 décembre 1851, il présentait au suffrage des électeurs de Paris les Cavaignac, les Goudchaux, les Carnot, et contribuait à obtenir pour eux la victoire. Cette fois, comme toujours, il restera fidèle à son drapeau.

» Le *Siècle* s'est déjà mis à la disposition des électeurs pour tout ce qui concerne l'inscription des citoyens sur les listes électorales, il leur offre de nouveau son concours pour tout ce qui pourra assurer la sécurité des élections.

» Et maintenant, candidats et électeurs, oublions tous les dissentiments puérils, toutes les mesquines querelles ; ne soyons animés que du noble désir de faire triompher la cause démocratique et libérale. Aidons-nous, et le suffrage universel nous aidera. »

La lutte était donc engagée de fait bien avant l'ouverture de la période électorale, et le gouvernement prenait pour la soutenir un luxe de précautions qui prouvait quelle importance il attachait à son résultat. M. de Persigny, ministre de l'intérieur, ne voulant laisser prise à l'ennemi par aucun côté, fit insérer dans le *Moniteur* du 23 avril une note ainsi conçue : « Plusieurs journaux affectent de

» désigner les candidats de l'opposition par l'expression de
» *candidats indépendants*, comme si l'indépendance était
» uniquement acquise aux candidats patronnés par certains
» partis, et déniée d'avance aux candidats qui seraient
» agréés du gouvernement. Une pareille désignation n'est
» pas seulement une intrigue électorale, elle est une injure
» pour les hommes honorables qui ont tout à la fois les
» sympathies du pays et la confiance du gouvernement.
» L'administration prévient ces journaux qu'elle réprimera
» sévèrement de pareilles manœuvres. » M. de Persigny, transformant en délit une épithète passée dans le langage parlementaire et qui, depuis l'adoption des candidatures officielles, n'était d'ailleurs que la constatation d'un fait, puisque le gouvernement, en déclarant que tel candidat n'a pas son patronage, prouve du moins qu'il est indépendant de lui, se plaçait sur une pente qui pouvait le conduire jusqu'au refus de tolérer qu'un journal de l'opposition accolât une épithète louangeuse au nom de son candidat, à moins de l'accorder en même temps au candidat du gouvernement.

L'opposition ne se laissa pas intimider ; la circulaire suivante, lancée dans les départements en même temps qu'à Paris, servit en quelque sorte de réponse à la note du *Moniteur* :

« Paris, le 28 avril 1863.

» Monsieur et cher concitoyen,

» Le moment des élections approche. Nous devons redoubler de soins, de dévouement, d'activité. Chacun, dans la limite de ses facultés, a mission de faire triompher la sainte cause de la Liberté et du Progrès, et d'aplanir les obstacles pour parvenir au but. Ces obstacles sont multiples. L'application du suffrage universel est difficile, sa légalité incertaine. Déjà, pour éclairer la situation, les avocats du barreau de Paris ont rédigé un *Manuel électoral*; mais des circonstances spéciales peuvent motiver de nouvelles instructions.

» En conséquence, tandis qu'un certain nombre de citoyens s'occupe de former un comité pour les élections de Paris, nous avons organisé un comité consultatif de correspondance électorale pour les départements. Ce comité est composé de MM. Clamageran, Dréo, Durier, Ferry, Floquet, Hérold, Hérisson, Marie, etc.

» Dans une seconde lettre, nous vous donnerons les noms des anciens représentants qui voudront bien joindre leurs efforts à nos efforts pour seconder le mouvement électoral, et nous vous indiquerons les relations que nous aurons établies avec les journaux de Paris.

» Vos dévoués concitoyens,
» GARNIER-PAGÈS, A. DRÉO.

» Ne pas publier. »

Les premiers actes du pouvoir indiquaient de sa part un parti pris de rigueur et de violence contre lequel plusieurs journaux, entre autres le *Temps* et le *Courrier du dimanche*, étaient d'avis qu'on ne pouvait lutter que par une coalition : « Gardons en poche nos formulaires, dit le » premier de ces journaux, ne soulevons pas de questions » irritantes, oublions ce qui nous divise et ne songeons qu'à » ce qui nous unit. » Le *Courrier du dimanche* simplifiait les choses en supprimant les partis (1) : « Avec le temps » on peut passer d'une nuance à l'autre : être indifférem- » ment légitimiste comme M. Berryer, orléaniste comme » M. Thiers, républicain comme le général Cavaignac. » Le *Temps* ajoutait : « Supposez qu'il prenne fantaisie à » lord Palmerston de supprimer la liberté de la presse et » la liberté de réunion, pensez-vous que tories et radicaux » ne se sentiraient pas également lésés et ne se réuniraient » pas dans une poursuite commune des libertés perdues? »

Le parti tory français s'était, au mois de décembre 1851, divisé malheureusement au sujet de ces libertés, et la majorité du parti qui s'était rangée du côté de ceux qui voulaient les supprimer, ne paraissait pas vouloir se rallier à la minorité. La cause qui s'opposait à l'alliance proposée

(1) Article de M. Prévost-Paradol.

par le *Temps* et par le *Courrier du dimanche* entre toutes les fractions du parti libéral tenait au passé par le Deux-décembre et au présent par la question romaine, nœud de l'alliance entre le parti tory français et l'Empire. Les feuilles cléricales le proclamaient hautement : « En face des » programmes de la trempe de celui du *Siècle*, s'écriait » l'*Union*, nous sommes l'ennemi. » La *Gazette de France* n'admettait l'action commune qu'avec ceux qui « se pré- » senteraient hautement et publiquement comme dévoués » à la cause de l'Église et aux droits du saint-siége. »

Le gouvernement, par son attitude pour le moins passive en présence des empiétements du Piémont, par son hostilité contre les associations de charité, par le retrait de la candidature officielle aux députés qui s'étaient le plus énergiquement prononcés en faveur du saint-siége, avait, il est vrai, donné au parti catholique de grands sujets de mécontentement; mais il lui offrait des compensations par sa persistance à maintenir son armée à Rome et par sa récente tendance à se rapprocher plus intimement du Pape. Ce parti éprouvait donc une hésitation qui se serait peut-être traduite en abstention chez beaucoup de ses membres, si un mémoire (1) signé par les archevêques de Cambrai, de Tours et de Rennes, et par les évêques de Metz, d'Orléans, de Nantes et de Chartres, n'était venu répondre à cette double question : Faut-il voter ? Pour qui faut-il voter ?

La réponse, très-affirmative sur le premier point, n'était pas aussi nette sur le second. Les évêques déclaraient même qu'ils n'avaient pas le droit de se prononcer à ce sujet. Ce mémoire, au milieu des nuages dont il s'envelop-

(1) *Réponse de plusieurs évêques aux consultations qui leur ont été adressées relativement aux élections prochaines.*

pait, n'en était pas moins un acte d'opposition. Le ministre des cultes écrivit à ceux qui l'avaient signé une lettre pour leur dénier le droit de donner des consultations politiques ou autres en dehors de leur diocèse, et pour les avertir qu'il serait désormais interdit aux journaux de publier des délibérations d'évêques réunis sans autorisation (1).

Le parti catholique, poussé au vote par les évêques, se partageait en deux camps : le parti catholique pur, n'attachant aucune importance à la forme du gouvernement et ne reconnaissant d'autres principes et d'autres intérêts que ceux de l'Église romaine; le parti catholique légitimiste, se subdivisant lui-même en deux fractions, l'une, la plus considérable, rattachée à la présidence de Louis Bonaparte, puis au coup d'État de décembre, enfin à l'Empire par l'influence qu'il lui assurait, par l'exemple du clergé, par la haine de la démocratie, par le soin de ses intérêts, par la possession des emplois; l'autre, composée surtout d'individualités remarquables, ne séparant pas les intérêts de la liberté de ceux de la monarchie et de l'Église, mais convaincue de la nécessité de reconstituer la royauté en l'entourant de certaines garanties en dehors desquelles un gouvernement n'est jamais qu'une variété du despotisme.

Les catholiques purs ne pouvaient manquer de voter pour les candidats du gouvernement, ainsi que les catholiques légitimistes; les catholiques-libéraux-légitimistes, unis aux orléanistes désireux d'expier par la réunion des deux branches de la maison de Bourbon l'hérésie de juillet, se présentaient seuls pour entrer dans la coalition rêvée par le *Temps* et le *Courrier du dimanche*. Quant aux orléanistes de 1830, partisans de la monarchie constitution-

---

(1) Lettre de M. Rouland, publiée le 31 mai.

nelle librement acceptée par la nation, ils étaient trop peu nombreux pour jouer un rôle distinct dans les élections.

Telle était la situation des partis dans les départements.

Le gouvernement impérial, par le décret du 24 novembre, était entré dans une voie plus favorable à la discussion. La libre expression de la pensée parlementaire aurait dû avoir pour conséquence la libre expression de la pensée électorale. L'opinion publique comptait donc que les élections seraient dirigées dans un sens conforme à l'esprit du décret du 24 novembre. Les premiers actes de M. de Persigny démentirent bientôt ces espérances. L'Empereur n'avait voulu confier qu'à un serviteur éprouvé la direction des opérations de la campagne électorale. M. de Persigny convenait peu à cette tâche. Parvenu, non de la politique, mais de la conspiration et du complot, sectaire du bonapartisme plutôt que bonapartiste, il se consolait et même il était fier de passer pour mauvais administrateur par l'illusion de se croire un homme d'État; M. de Persigny n'apercevant que le détail des choses et croyant les diriger dans leur ensemble, cassant lorsqu'il s'imaginait être habile, pédant quand il croyait être profond, avait en outre la manie d'appuyer ses actes sur des exemples tirés de l'histoire d'Angleterre. Il emprunta donc à cette source les arguments développés en faveur des candidatures officielles dans la circulaire adressée le 8 mai aux préfets pour leur tracer la conduite à suivre pendant les élections.

M. de Persigny, après avoir tracé le brillant tableau de la situation de la France tirée par l'Empereur de « l'état d'anarchie, de misère et d'abaissement où le » régime des rhéteurs l'avait laissée, » expliquait comment, dans un pays « constitué depuis dix ans seulement

» après tant de convulsions », le gouvernement ne pouvait, « sans prolonger la révolution », se borner dans les élections à assister à la lutte des opinions diverses. « Les » partis n'étant point divisés en France, comme en Angle-» terre, uniquement sur la conduite des affaires, mais » encore sur le principe même du gouvernement, for-» ment nécessairement des factions. » Ces factions, composées des débris des gouvernements déchus, « bien qu'affai-» blies chaque jour par le temps qui seul peut les faire » disparaître, ne cherchent à pénétrer au cœur de nos » institutions que pour en altérer le principe, et n'invo-» quent la liberté que pour la tourner contre l'État ».

Les partis, aux yeux de M. de Persigny, n'étaient d'ailleurs « qu'une coalition d'hostilités, de rancunes, de dépits opposée aux grandes choses de l'Empire ». Ils ne voulaient la liberté que « pour la tourner contre l'État et contre l'Empereur »; mais il ne les craint pas, car « l'élu » du peuple, fort de son origine providentielle, a réalisé » toutes les espérances de la France. Cette France qu'il » avait trouvée dans l'anarchie, dans la misère et l'abaisse-» ment où le régime des rhéteurs l'avait plongée, il lui a » suffi de quelques années pour l'élever au plus haut degré » de richesse et de grandeur. »

M. de Persigny affirmait que les élections seraient libres, et que les préfets ne devaient s'adresser qu'à la raison et au cœur des électeurs, mais « afin que la bonne foi des » populations ne puisse être trompée par des habiletés de » langage ou par des professions de foi équivoques », il disait à ces fonctionnaires : « Désignez hautement, comme » dans les élections précédentes, les candidats qui inspirent » le plus de confiance au gouvernement. Que les popu-» lations sachent quels sont les amis ou les adversaires

» plus ou moins déguisés de l'Empire ; et qu'elles se pro-
» noncent en toute liberté, mais en toute connaissance de
» cause. »

Il n'y a certainement rien d'illogique de la part d'un gouvernement qui désigne lui-même les députés, à repousser ceux qui, même sur un seul point, refusent de s'associer à sa politique ; mais il y a de l'imprudence à transformer ces séparations accidentelles en ruptures définitives. M. de Persigny ne craignit pas cependant de déclarer dans le passage de sa circulaire relative aux membres de l'ancienne majorité auxquels le gouvernement croyait devoir retirer son patronage, que ce n'était pas « pour de simples dissidences d'opinion » que cette mesure a été prise, car s'il respecte l'indépendance des députés, « il ne peut ap-
» puyer auprès des électeurs que des hommes dévoués sans
» réserve et sans arrière-pensée à la dynastie impériale et
» à nos institutions ».

La situation des partis, les dispositions du gouvernement au moment des élections sont maintenant connues. Quel était l'état réel de l'opinion publique ? On peut déjà se faire une idée de la soumission et de l'abaissement du suffrage universel devant le pouvoir administratif par ces deux faits : L'*Écho de Vesoul* du mois d'août 1862 contenait une lettre dans laquelle les électeurs de la circonscription demandaient au ministre de l'intérieur de vouloir bien désigner à leurs suffrages la candidature de M. de La Valette, fils de l'ambassadeur à Rome. Il eût été bien plus simple, semble-t-il, pour les électeurs de le nommer eux-mêmes, mais si l'administration n'approuvait pas ce choix, il aurait fallu lutter contre elle, et la pensée de l'inutilité de leurs efforts décourageait d'avance les partisans de M. de La Valette. Le préfet de la Haute-Loire proclamait à la même date la déchéance, en quelque sorte, du suffrage universel dans un discours adressé aux électeurs de son département :

> « Sous le dernier gouvernement, les électeurs, pour suppléer à la direction qui leur manquait, avaient imaginé les réunions préparatoires où les candidats venaient exposer leurs principes et se soumettre à une décision première d'admission ou de rejet. Mais ces réunions étaient souvent tumultueuses, et la plupart du temps inefficaces. L'administration remplit aujourd'hui pour ainsi dire l'office des réunions préparatoires. Nous autres, administrateurs désintéressés dans la question et qui ne représentons en définitive que la collection de vos intérêts, nous examinons, nous apprécions, nous jugeons les candidatures qui se produisent, et, après un mûr examen, avec l'agrément du gouvernement, nous vous présentons celle qui nous paraît la meilleure et qui réunit le plus de sympathies, non pas comme le résultat de notre volonté et encore moins d'un caprice, mais comme l'expression de vos propres suffrages et le résultat de vos sympathies (1). »

Le jugement, l'observation, la réflexion du préfet remplacent le jugement, l'observation, la réflexion de ses administrés ; il est la conscience de son département. L'Empereur choisit son préfet, le préfet désigne son candidat, lequel devient ainsi consubstantiel à l'Empereur et au préfet par une sorte d'hypostase qui constitue le dogme de la candidature officielle. L'Empereur, le préfet, le candidat, voilà les trois personnes de la trinité électorale. Quiconque tentera en dehors d'elle de capter le suffrage des électeurs sera considéré comme sacrilége.

La France, en très-grande majorité, n'était, il faut en convenir, nullement choquée, au mois de mai 1863, de l'application de ces théories ; elle s'y pliait docilement. Il s'agissait donc de la tirer de son affaissement par les efforts épars de quelques hommes courageux luttant seuls contre toutes les forces du gouvernement le plus centralisé qui fût au monde.

La décentralisation administrative en effet, telle que la

---

(1) Cité par Jules Ferry dans la *Lutte électorale en* 1863.

comprenait l'Empire, consistait à fortifier, à étendre l'action du pouvoir central par l'intermédiaire du préfet. L'influence de ce fonctionnaire en tout ce qui concerne les affaires, les places, les faveurs, devenait chaque jour plus grande. Rien ne le gênait : la candidature officielle remplissait les conseils généraux de surveillants bénévoles ; les journaux de l'opposition avaient été tués presque partout ; il ne restait guère plus que des journaux entretenus par le gouvernement au moyen de subventions secrètes et des annonces judiciaires. Le clergé était l'auxiliaire du préfet ; et s'il arrivait parfois que la lutte s'engageât entre eux, le préfet opposait les maires aux curés, les gardes champêtres aux bedeaux ; et, grâce à ces derniers, il assurait presque toujours le triomphe du candidat de l'État sur celui de l'Église.

Le clergé seul cependant était organisé de façon à lutter, quand cela lui convenait, contre l'administration. L'opposition libérale et démocratique, privée de ses moyens d'action légitimes, la presse et le droit de réunion, se faisait difficilement jour dans les villes ; à plus forte raison dans les campagnes. La Révolution française, en émancipant le paysan par la propriété, n'a point changé ses habitudes morales ; son éducation et son instruction en sont restées à peu près au point où elles étaient en 89. La Révolution est pour lui un fait vague et lointain dont il n'entrevoit que fort obscurément les causes et les conséquences. Le morceau de terre qu'il cultive encore a été acheté par son grand-père à la nation, qui l'avait enlevé aux nobles et aux prêtres ; ceux-ci ont voulu le lui reprendre ; un homme qui s'appelait Napoléon a préservé son héritage ; voilà tout ce qu'il sait de la Révolution. On ne lui a pas enseigné autre chose depuis cinquante ans. La révolution de Février, en le conviant à la vie politique, n'avait pas eu le temps de lui en apprendre les devoirs, et l'Empire jugeait plus commode de les exercer pour lui. Ce bulletin de vote que le garde champêtre lui remettait en ajoutant : « C'est ce papier-là qu'il faut apporter au maire le jour de l'élection », n'était pas une grande conquête à ses yeux ; il se disait : « Puisqu'on n'est pas libre d'y inscrire qui l'on veut, le maire » aurait mieux fait de le garder tout de suite, puisqu'il » faut qu'on le lui rapporte (1). »

Le paysan, en général timide, tremble quand il se sent surveillé de près : maires, juges de paix, curés, gardes champêtres, brigadiers de gendarmerie, avant, pendant et après l'élection avaient les yeux sur lui. Ces surveillants étaient à leur tour surveillés par le commissaire de police cantonal chargé de stimuler le zèle du monde officiel du village. Il ne se contentait pas d'entrer dans la maison du paysan, il pénétrait même dans la salle des délibérations du Conseil municipal et tançait vertement ses membres, si leur zèle lui semblait faiblir. — Le commissaire de police agissait sur les populations par la terreur. Un électeur de l'opposition traversait un village de la Gironde entre deux gendarmes, et le commissaire de police criait, en le montrant à la foule : « C'est un partisan de M. Decazes, voilà comment » on les traite. »

Le commissaire d'une ville du département de Vaucluse (2), escorté de gendarmes, de gardes champêtres, tambours et drapeau en tête, annonçait pendant le scrutin à la population, sur les places et carrefours, que si le candidat de l'opposition était nommé, les cocons se vendraient à douze sous, comme en 1848. L'administration, au lieu

---

(1) *Mémorial des Deux-Sèvres* (lettre de M. G. Bordillon, 23 mai 1863).
(2) Cavaillon.

de ses agents, faisait intervenir quelquefois des personnages de fantaisie. C'est ainsi que dans le Doubs «quelques » amis du peuple des campagnes » menaçaient les électeurs de voir tomber les fromages à 5 francs le cent, et le sel monter à 5 sols si M. de Montalembert était nommé.

Gardes champêtres, gardes-canaux, gardes forestiers, cantonniers, recevaient le mot d'ordre du commissaire de police. Les gardes champêtres, dans le département de Seine-et-Marne, répandirent le bruit que le candidat de l'opposition était un accapareur ; les cantonniers ajoutèrent que les pauvres gens qui voteraient pour lui ne pourraient plus aller au bois faire des balais. Il ne faut pas oublier que ce personnel d'agents verbalisait toute l'année, et que s'il y a quelque chose au monde que le paysan redoute, c'est le procès-verbal, auquel il est sans cesse exposé. La méfiance de la justice est enracinée de longue date chez lui ; il ne croit qu'à la faveur, et il est disposé à s'incliner devant les plus humbles agents de celui de qui toute faveur émane, c'est-à-dire du préfet.

La circonscription aurait dû former une association géographique de localités groupées d'après les conditions du sol et les précédents de l'histoire ; mais la circonscription ainsi fixée aurait créé des influences locales difficiles à dominer par l'administration. Le législateur impérial s'était donc réservé le droit de morceler, de dépecer des arrondissements, au gré de ses intérêts électoraux. L'administration, à chaque époque de réélection, remaniait le cadastre électoral. Le député brouillé avec le gouvernement cherchait sa circonscription, et il ne la retrouvait plus. L'administration, ne pouvant escamoter le candidat, escamotait la circonscription. Une ville inspirait-elle des craintes pour son vote, on le noyait dans celui des campagnes.

L'accès même de la circonscription était difficile au candidat indépendant. Il y était à peine entré qu'on cherchait à lui en rendre le séjour impossible par une surveillance qui s'étendait jusqu'à sa famille, et par les attaques du journal officieux de la localité. Le candidat de l'opposition éprouvait naturellement le besoin de répondre à ses détracteurs. Il cherchait donc un imprimeur. S'il y a deux imprimeries, dans une petite ville, presque toujours l'une dépend du préfet, et l'autre de l'évêque. L'imprimeur, en admettant qu'il soit indépendant du préfet et de l'évêque, n'est pas indépendant de la législation sur la presse, immense filet dans lequel il peut être pris à chaque instant. Le candidat cependant a triomphé de cet obstacle; sa circulaire encore humide des presses est là. Comment la fera-t-il parvenir aux électeurs? Trois moyens s'offrent pour cela : l'affichage, la poste, la distribution libre après dépôt préalable ; mais l'afficheur et le distributeur restent à trouver. L'afficheur, dans une petite ville, est ordinairement un personnage officiel qui n'ira pas jouer sa place contre le plaisir de servir la liberté. L'afficheur libre a besoin de tout son courage civique pour placarder son affiche à côté de celle de l'Empereur. La voirie est pleine d'embûches pour lui; elle a ses règlements comme l'imprimerie, et qui sait ce que ces règlements réservent à son échelle citoyenne? Le candidat, faute d'afficheur, était réduit parfois à s'armer du pinceau et du pot à colle (1). Dans les villages, c'était la nuit, à la faveur des ténèbres, que l'afficheur volontaire et ses complices se glissaient le long des murs et disparaissaient, laissant comme trace de leur passage l'inutile affiche que le maire ou le garde champêtre

---

(1) M. Clapier dans les Bouches-du-Rhône en 1859. M. Jules Ferry constate que le même fait s'est reproduit en 1863.

déchirait le lendemain d'une main indignée, à moins que, dans un accès de gaieté facétieuse il ne la cachât sous celle du candidat de la préfecture (1).

La lacération des affiches apposées dans l'intérêt d'un candidat ne constituait aucune infraction pénale aux yeux des magistrats du parquet. Le candidat qui se plaignait à eux de ce délit commis par un fonctionnaire, avait pour toute ressource « de provoquer, de la part de l'administration, un blâme contre le coupable (2) ».

Restait la poste; mais comment se fier à elle? On n'entendait parler de tous côtés dans les temps d'élection que de bulletins en retard, de circulaires égarées, voire même d'écrits électoraux jetés dans les égouts. Les paquets arrivaient quelquefois, mais, par un prodige singulier, entre chaque circulaire du candidat indépendant s'était glissée une circulaire du candidat officiel, et entre chaque bulletin libre un bulletin estampillé (3).

Le préfet, s'il le jugeait nécessaire, interrompait les fonctions ordinaires de la poste. Le préfet de l'Isère obligea, le 30 mai, les facteurs à partir à cinq heures du matin au lieu de onze heures pour porter les affiches officielles dans toutes les communes de leur circonscription, et rien que ces affiches, attendu qu'à cette heure aucun courrier n'était arrivé. La banlieue de Grenoble, qui comprend 25 000 habitants, resta privée, pendant vingt-quatre heures, de communications postales, d'où peuvent dépendre l'honneur, la vie, la fortune de bien des gens, uniquement pour attaquer un candidat et au moment où il ne pouvait plus se défendre (4).

(1) A Meaux et dans d'autres localités.
(2) Réponse du procureur impérial de Nyons à M. Aristide Dumont.
(3) Lettre de M. Bordillon adressée à l'inspecteur des postes à Angers, 30 mai 1863.
(4) Élection de M. Casimir Périer.

Le distributeur libre devait avoir l'âme d'un héros et le courage d'un martyr pour résister aux exhortations, aux menaces, et quelquefois aux coups des commissaires, des maires, des gendarmes, des gardes champêtres et des cantonniers ; les héros et les martyrs sont rares dans les campagnes. Il s'en était, par hasard, trouvé un à Guéret, dans la personne d'un jeune soldat en congé renouvelable ; un autre à Lannion, sous les traits d'un porcher. Le premier reçut immédiatement l'ordre de rejoindre son corps, le second fut emprisonné sous la prévention du délit de fausse nouvelle, et acquitté plus tard. Un homme fut également assez hardi pour accepter la mission de distributeur libre dans le département de Seine-et-Oise ; le maire de la commune déclara formellement à ce pauvre diable que s'il avait besoin de quelque secours, il ne devait plus compter sur le bureau de bienfaisance.

Le candidat officiel n'est pas soumis à ces tribulations ; il se promène tranquillement pendant que le fourrier de ville, le garde champêtre, portent ses bulletins et placardent majestueusement ses affiches sur tous les murs, les troncs des arbres et jusque sur les piédestaux des croix de grands chemins. La poste se donne bien de garde d'égarer ses circulaires ; l'électricité n'a pas pour lui les distractions et les lenteurs qu'elle montre pour le candidat de l'opposition, toujours incertain du sort de ses dépêches.

Le gouvernement, outre son armée de fonctionnaires actifs, peut mettre en ligne dans les cas graves une landwehr de fonctionnaires officieux dont il se garde bien de négliger le concours ; l'inspecteur des écoles de l'académie de la Côte-d'Or écrit à ses subordonnés pour leur demander les noms et les adresses de tous les anciens militaires habitant la com-

mune et électeurs, des médaillés de Sainte-Hélène, des décorés de la Légion d'honneur, des retraités de toutes les administrations, des débitants de tabac, des cabaretiers, des personnes chargées d'un service public à quelque titre que ce soit, maçons, architectes, des pères (électeurs) d'enfants devant tirer au sort l'année prochaine, des pères d'enfants au service ou en réserve; l'inspecteur des écoles de Cambrai demande de son côté « les noms des pères d'em-
» ployés, de fonctionnaires, de jeunes gens qui sont com-
» mis aux chemins de fer ou dans les mines. » Autant d'auxiliaires de la candidature officielle.

Les instituteurs doivent, du reste, prendre eux-mêmes part à la bataille sous peine de passer pour des lâches aux yeux de leurs chefs. L'inspecteur de l'académie de la Côte-d'Or leur écrit : « Combattre les candidatures administra-
» tives, c'est combattre l'Empereur lui-même. En adopter
» et en patronner d'autres, c'est également servir et recruter
» contre lui... Ne pas les combattre, mais aussi ne pas les
» soutenir, c'est l'abandonner, c'est rester l'arme au pied
» dans la bataille. Votre indifférence me causerait de la
» surprise et du regret, votre hostilité serait à mes yeux
» une lâcheté coupable et sans excuse »; l'inspecteur de l'académie des Vosges écrit aux instituteurs qu'il n'est ni l'ami ni le parent du candidat indépendant (M. Buffet) ainsi que les malveillants en ont fait courir le bruit, et qu'il les engage à se montrer dévoués à la candidature officielle.

Le modeste débitant de tabac doit, lui aussi, mettre son influence à la disposition de la candidature officielle. Le directeur des contributions indirectes les engage, « comme
» leur conscience l'a déjà fait, à se servir de leur position
» pour assurer, dans la limite de leurs moyens, le succès
» du gouvernement ». Le débitant de tabac, en temps d'élec-

tion, devient l'objet d'une surveillance incessante, dans les plus humbles villages.

Le candidat officiel communique directement ses instructions à l'armée administrative, il la fait mouvoir. Le candidat officiel, dans la Manche, prévient les juges de paix de sa prochaine arrivée, et les avertit de se tenir prêts à le conduire chez les maires de chaque canton.

La centralisation a été comparée à un polype aux tentacules innombrables; le tentacule administratif commence au préfet et finit au cantonnier; le tentacule judiciaire va du procureur général au sergent de ville; le tentacule financier s'étend du receveur général au porteur de contraintes, sans compter vingt autres appareils : octrois, douanes, droits-réunis, ponts et chaussées, avec lesquels le polype enlace le candidat, l'étreint et l'étouffe; la centralisation est aussi une machine savante, compliquée, merveilleusement obéissante à la main qui la dirige. Il n'est pas une seule fonction touchant, même de loin, au gouvernement qui ne puisse être prise dans ses engrenages : notaires, avoués, huissiers, recors y sont soumis. La centralisation, si elle ne peut obtenir d'eux un appui formel, leur impose du moins la neutralité.

Le candidat officiel, en retour de ces avantages, donne son adhésion formelle, éclatante à la politique du gouvernement; il faut qu'il se déclare son adhérent, son défenseur, qu'il rompe toutes relations avec ses adversaires. Aucun doute ne doit subsister sur son orthodoxie. M. Gouin, candidat officiel dans le département d'Indre-et-Loire et suspect de favoriser dans ce même département la candidature de son ex-collègue M. de Flavigny, auquel le patronage de l'administration a été retiré, reçoit du préfet Podevin l'avis que le ministre, mécontent de son attitude, le charge de l'avertir que, s'il n'en change pas, il considérera sa conduite comme un acte d'hostilité et qu'il proposera un autre candidat à sa place. M. Gouin « doit faire connaître exactement sa réponse par l'ordonnance qui lui remettra ce pli ».

Toutes les forces de l'autorité publique en temps d'élection agissent sous l'impulsion du préfet. La justice elle-même devient sa docile servante. Un électeur fait-il contre le candidat officiel une propagande gênante, le commissaire de police le fait arrêter. Il reste enfermé dans la prison de la commune, avec un forçat libéré, jusqu'au moment où on le conduit entre deux gendarmes au chef-lieu d'arrondissement. Sa fille et le bâtonnier des avocats ne peuvent le voir en prison. Il est au secret. Le candidat non officiel, la cause innocente de cette arrestation, parvient cependant à obtenir une audience du procureur impérial. Ce dernier n'hésite pas à déclarer que le prisonnier lui est depuis longtemps signalé par l'ardeur et l'activité de sa propagande, qu'il a publiquement et avec malveillance relevé des affirmations contradictoires entre une dépêche du préfet de la Gironde et celle du préfet de la Dordogne, relative à un tracé du chemin de fer ; qu'il est allé jusqu'à s'écrier : « On ne se f... pas ainsi du peuple », et que le commissaire a dû exécuter l'ordre donné par le parquet de l'arrêter dans le cas où il dépasserait les bornes de la légalité.

Le candidat non officiel offre en vain une caution pour obtenir la liberté du prisonnier, et sa garantie qu'il se représentera à première réquisition de la justice ; le procureur impérial refuse. Le candidat atteste qu'il ne réclame nullement l'élargissement du prisonnier dans son intérêt, et que celui-ci ne rentrera dans la commune qu'après la clôture du scrutin ; le procureur impérial s'adoucit alors et ordonne la mise en liberté à cette condition (1).

Le maire, simple agent du préfet, mais reflet de sa puissance, sorte d'émanation du pouvoir souverain, occupait une position très-enviée et très-redoutée. L'amour de l'écharpe était une passion fort générale et fort vive sous l'empire qui l'exploitait avec une grande habileté. L'écharpe servait dans les communes rurales à remplacer les partis par les coteries municipales et à contenir ces dernières les unes par les autres. Le sentiment politique n'existant que très peu dans les campagnes, les paysans passaient du camp de l'opposition dans celui du gouvernement, et réciproquement, selon que l'écharpe de maire passait de celui-ci à celui-là ; l'heureux élu du préfet, instrument docile entre ses mains, savait qu'il devait obéir passivement ou être brisé.

La tournée annuelle des conseils de révision coïncidait par un heureux hasard, en 1863, avec l'époque des élections. Les préfets en profitèrent pour exhiber dans leur calèche les candidats officiels aux populations, pour le présenter aux juges de paix et aux maires, et pour tracer à ces derniers la ligne de conduite qu'ils devaient suivre sous peine de destitution. « Messieurs, » disait le préfet de la Manche aux maires, après leur avoir fait former le cercle autour de lui, à la façon militaire, « si vous ne devez pas » voter pour le candidat officiel, déposez votre écharpe la » veille, pour ne pas vous la faire retirer le lendemain.

Menace inutile. Les maires n'étaient que trop disposés à se conformer à la doctrine de l'obéissance passive et à se faire les agents dévoués des candidatures officielles. L

---

(1) Arrestation de M. Delmas, conseiller municipal à Sainte-Foix (Gironde

période électorale à peine ouverte, ils donnèrent des preuves de leur zèle ; le maire de Chauffailles (Saône-et-Loire) invite ses administrés à nommer le candidat officiel, « afin » que l'Empereur puisse mener à bonne fin les grandes » choses qu'il a commencées pour la France, et lui celles » qu'il a commencées pour Chauffailles ».

Le maire d'Ouistreham prémunit ainsi ses concitoyens contre les menées de l'opposition : « Habitants d'Ouis- » treham (1), des agents plus ou moins payés se vantent de » vous faire voter contre le candidat du gouvernement. Je » connais trop votre fierté pour croire que vous vous lais- » serez influencer par qui que ce soit. Ici vous n'avez qu'un » ami sincère, c'est moi ! Et quand je vous dis : Votez » pour M. Bertrand, c'est que ce vote est dans vos intérêts » les plus chers !!! » Le maire de Jonvelle signale aux électeurs M. d'Andelarre comme « le protecteur du parti » de la noblesse et du clergé ; qui voudrait voir revenir » l'époque où nos aïeux étaient conviés à tour de rôle pour » battre l'eau et imposer silence aux grenouilles dans le » but de laisser dormir paisiblement M. le marquis ou » Mme la marquise, ou messieurs les prieurs de tel ou tel » village.

» Électeurs, ajoute le maire de Jonvelle, sachez qu'en » votant pour M. Galmiche vous votez pour vous, pour votre » bonheur, pour le progrès, pour l'Empereur qui vous aime ; » aimez-le aussi. Vive la France régénérée ! Vive l'Em- » pereur ! » Le maire de Saint-Thibéry, voyant une certaine incertitude régner dans l'esprit public de la commune, menace ses administrés de les abandonner : « Si, » entraînés par les belles promesses prodiguées par des

---

(1) Calvados.

» mains impuissantes, par ces grands mots dont vous jouis-
» sez déjà de la signification, affichés sur votre place
» comme un appât funeste à votre prospérité par des agi-
» tateurs inconnus, sans aucune garantie pour vous du
» passé ni de l'avenir, vous méconnaissez les avis paternels
» du maire que vous avez enlevé à ses habitudes solitaires
» et tranquilles pour le combler de toutes sortes de soucis,
» n'en doutez pas, sa démission de maire de Saint-Thibéry
» accompagnerait le procès-verbal qui doit constater le
» résultat de vos suffrages... » Ce magistrat continue : « Vous
» avez le maire que vous désirez, vous possédez tout ce qui
» est pratiquement possible d'obtenir. Vous devez être satis-
» faits, et c'est à l'Empereur que vous devez votre satisfac-
» tion..... Prouvez à votre maire que vous avez confiance
» en lui, et à la France entière que les habitants de Saint-
» Thibéry ne sont pas tels qu'on s'ingénie à le faire croire,
» mais bien d'honnêtes citoyens dévoués à l'Empereur, à
» l'Impératrice et au Prince impérial. »

Le maire de Plombières ne veut pas exercer de pression sur ses administrés, mais il les prévient que « si à Plom-
» bières, qui a été comblé de bienfaits par l'Empereur, la
» majorité n'était pas acquise à M. Le Bourcier, ce serait
» une faute et une maladresse. » Il engage les habitants de Plombières, « dans l'intérêt de la France et dans leur in-
» térêt particulier, à voter pour le candidat de l'Empe-
» reur. » Le maire de Gonsans invite les électeurs à voter pour M. Latour du Moulin : « C'est l'ami de l'Empereur,
» c'est lui qui a empêché l'impôt du sel. » Le maire de Gonsans apprend à ses concitoyens que le même candidat a fait obtenir 400 francs aux pauvres de la commune, qui par reconnaissance voteront certainement pour lui. Le maire de Soulaines soumet à ses administrés cette sim-

ple réflexion : « Il est grandement de notre intérêt de remplir
» fidèlement les intentions de M. le préfet qui, chaque jour,
» nous a favorisés dans nos entreprises par les fonds du
» gouvernement qu'il a accordés, » et, par conséquent, de
nommer M. Segris « afin que M. le préfet nous vienne
» encore en aide pour la confection de nos routes. »
Le maire de Martigues (1) fait afficher dans sa commune
la lettre suivante du candidat officiel :

« Monsieur le maire,

» Par ordre de M. le sénateur, je suis très-heureux de vous annoncer qu'il vient d'être fait droit à la demande des pêcheurs de Martigues ; vous pouvez leur annoncer que la vente facultative à la criée est rétablie. C'est le premier service qu'il m'est permis de rendre à la population si intéressante de votre commune. J'espère, monsieur le maire, que ce ne sera pas le dernier.

» Je n'ai pas oublié votre demande d'une garnison à Martigues ; je crois pouvoir vous annoncer que cette demande, accueillie déjà par M. le sénateur, le sera aussi par M. le ministre de la guerre dès que la commune aura les dispositions nécessaires d'un local pouvant servir de caserne.

» *Fait en Préfecture*, le 26 mai 1863.

» C. BOURNAT. »

Le maire de Sainte-Foy annonce une nouvelle non moins importante à ses administrés. Il se hâte de leur apprendre, trois jours avant l'élection, que le chemin de fer de Libourne à Bergerac *passera en principe sur la rive gauche*, avec un pont à Bergerac, et qu'on va procéder aux formalités ordinaires en faveur du nouveau projet ; une affiche qui se termine par le cri de : vive l'Empereur ! est placardée. La rive gauche est dans la joie, la rive droite dans la douleur ; les habitants de la Gironde sont enchantés, ceux de la Dordogne gémissent ; mais voilà que tout à coup le préfet de la Dordogne dément la nouvelle du tracé par la rive gauche; le préfet de la Gironde la maintient. Le candidat offi-

(1) Capitaine de frégate en retraite, membre de la Légion d'honneur.

ciel rive droite et le candidat officiel rive gauche tremblent pendant ce temps-là. Les deux rives, heureusement dociles, ne les repoussent ni l'un ni l'autre.

Le maire de Kermaria monte en chaire le dimanche à la place du curé, et prêche en faveur du candidat de la préfecture. Le maire de Rinstenhart fait proclamer sur la place du village que les bulletins du candidat de l'opposition apportés par la poste ne valent rien et que lui seul connaît les bons. Le maire de Saint-Christophe-sur-Avre, prévenu « que certaines personnes connues par leurs idées » perverses » se proposent d'agir sur ses administrés, a recours à la poésie pour les garantir contre ces périls :

> Soyez fermes dans votre devoir,
> Ne soyez pas.....
> ..... De ces machines sans vouloir
> Que la main des hommes par ressort fait mouvoir.

Le maire, dans toutes les communes, se tient sur la place le jour du vote et surveille ses administrés. Quelques-uns auraient bien envie de voter pour l'opposition en s'en rapportant au secret du vote garanti par la loi, mais le candidat du gouvernement a écrit son nom sur du papier transparent, et pour plus de précaution, le maire a envoyé aux électeurs dont il se méfie le bulletin officiel piqué ou collé sur leur carte d'électeur. Les électeurs de la campagne, pour se rendre dans la salle du scrutin, sont obligés de traverser une sorte de couloir où secrétaire de la mairie, officiers de pompiers, brigadiers de gendarmerie, fourriers de ville, gardes champêtres, cantonniers, sont en permanence et demandent à chaque électeur son bulletin, qu'ils remplacent par le bulletin du candidat officiel si celui qu'ils ont porte le nom du candidat de l'opposition (1).

(1) A Cavaillon, à Milhau, à Reilhac.

Le maire de Caudebroude (Aude) avait fait placer au sommet de l'escalier qui conduit à la salle du vote, le buste de l'Empereur entouré de l'écharpe du maire lui-même qui contenait les bulletins du candidat officiel. On lisait au-dessous du buste : « Venez me défendre à l'arme blan-
» che..... avec des bulletins. » Un garde champêtre orné de sa plaque distribuait les bulletins.

Un grand nombre de maires ouvrent les bulletins et déchirent ceux des opposants, affirmant, d'ailleurs, que quel que soit le nombre de suffrages obtenu par le candidat de l'opposition, le candidat du gouvernement sera élu, et, comme pour donner plus de poids à leur affirmation, ils offrent de parier cent contre un que les choses se passeront ainsi.

L'apposition des scellés sur la boîte du scrutin ne préoccupait guère ces fonctionnaires. Ils laissaient au brigadier de gendarmerie ou au maître d'école le soin de se conformer à cette prescription de la loi, assez difficile, du reste, à remplir avec un matériel électoral tellement incomplet que dans un grand nombre de communes on votait soit dans un chapeau, soit dans un saladier, soit dans une soupière et, à défaut de ces récipients, dans la poche du maire tenue entrebâillée par lui et par l'adjoint ou par le garde champêtre.

L'importance du rôle des maires et le parti qu'un préfet résolu peut en tirer n'est nulle part plus sensible que dans les élections du département d'Ille-et-Vilaine, où le candidat de l'administration est en présence du candidat du clergé, et où la lutte s'établit entre les maires et les curés, aussi le préfet d'Ille-et-Vilaine écrit-il confidentiellement, dès le 12 mai, aux maires du département que, dans plusieurs circonscriptions « tous les ennemis de l'Empire et de son

» administration » se préparent à combattre de concert les candidats du gouvernement : « Une association aussi anor-
» male entre des partis qui, jusqu'à ce jour, n'ont pas cessé
» de lutter les uns contre les autres, nous indique jusqu'à
» quelles extrémités se laissent entraîner les ennemis de
» l'Empire dans la voie de l'hostilité et de l'ingratitude! Les
» populations feront justice d'une manœuvre si peu con-
» forme au caractère et aux sentiments du pays breton. »
Il ajoute que les partis hostiles ne se feront pas scrupule de répandre dans le pays « les plus odieuses calomnies » contre le gouvernement, contre l'administration préfectorale et contre le candidat ; aussi compte-t-il sur le concours des maires, « conformément au serment qu'ils ont prêté à l'Empire », pour faire connaître à leurs administrés l'importance que le gouvernement attache à la candidature de M. de Dalmas, employé au cabinet particulier de Napoléon III. M. Audren de Kerdrel, son concurrent, représentait l'élément légitimiste et catholique, et ses partisans soutenaient qu'il défendrait plus sincèrement que M. de Dalmas les intérêts religieux. Le préfet d'Ille-et-Vilaine proteste contre cette assertion : « M. de Dalmas,
» s'écrie-t-il, a voté les dépenses si nombreuses et si impor-
» tantes qui ont pour principe et pour but la protection du
» Saint-Père, il s'est associé aux demandes du *parti catho-*
» *lique* toutes les fois qu'il a pu le faire sans ingratitude
» pour l'Empereur. »

Le préfet s'indigne en voyant M. de Kerdrel, « candidat de l'opposition et de la coalition des partis extrêmes », adresser aux curés et aux desservants les imprimés qu'il destine aux électeurs, et il signale particulièrement aux maires ce fait, en les invitant « à se mettre en mesure de signaler et même de neutraliser l'illégitime pression que

le clergé se propose d'exercer avant et pendant le scrutin ; quant aux instituteurs, le préfet les invite « à aller de hameau en hameau, de maison en maison », pour obtenir des voix au candidat du gouvernement : « Leur devoir en ce moment est de seconder l'administration de tous leurs efforts, de travailler sans relâche au triomphe de la candidature qu'elle recommande. » Le préfet est informé, en outre, que les ecclésiastiques se proposent de se rendre en grand nombre dans la salle du scrutin au moment de l'élection afin d'influencer les électeurs. Les maires, dans ce cas, ne doivent pas hésiter à requérir en son nom tous les fonctionnaires et employés en résidence dans leur commune et dans leur canton d'avoir à leur prêter leur concours « pour assurer la liberté du vote ». Que les maires ne s'effrayent d'aucune menace. « Le gouverne-
» ment connaît ses amis et ses ennemis. Vous serez
» soutenu dans l'accomplissement de vos devoirs de
» loyal fonctionnaire. L'appui du gouvernement ne fera
» défaut à aucun des amis de l'Empire. Le temps n'est
» plus où les fonctionnaires dévoués à leurs devoirs pou-
» vaient être exposés à la persécution des ennemis du gou-
» vernement. »

Les maires d'Ille-et-Vilaine reçurent du préfet Feart quatorze circulaires non moins pressantes et non moins confidentielles dans le délai d'un mois.

Le préfet de Seine-et-Oise avait reçu l'ordre de désigner le général Mellinet aux électeurs de ce département. « Devant un nom si éminent, dit-il, je devais croire que toute candidature s'effacerait ; j'apprends cependant que M. Ernest Baroche, donnant pour raison que le gouvernement aurait paru agréer sa candidature, refuse de se désister. M. Ernest Baroche se trompe. Le gouvernement, plein de sympathie pour le caractère élevé et les services éminents de son père, s'était montré disposé à adopter, sur sa demande, la neutralité dans cette circonscription, mais à une condition expresse. Après les circonstances pénibles qui avaient amené la résignation de ses fonctions au ministère du commerce, M. Ernest Baroche ne devait se présenter devant les électeurs qu'en expliquant publiquement sa conduite. » C'était porter un coup sensible à une famille tout entière, et à la famille d'un serviteur de l'Empire, mais les préfets, quand il s'agissait de combattre un candidat non officiel, fût-il bonapartiste, ne reculaient devant rien. Heureux celui que ces messieurs se contentaient de signaler à tous les maires comme « étranger à la circonscription électorale, n'ayant pas de titre pour prétendre à l'honneur de la représenter et faisant partie du petit nombre de ceux qui, regrettant une dynastie déchue, recherchent le mandat de député, non pour perfectionner nos institutions, mais pour les renverser, et pour nous livrer de nouveau à tous les hasards des révolutions ». Le préfet de la Manche fait appel au patriotisme de chaque maire : « Ne perdez pas de temps. Le moment du scrutin est proche. L'Empereur et la France comptent sur vous. » Il leur déclare ensuite que, « toute proportion gardée, la candidature de M. Havin, ancien commissaire de la République, directeur politique du *Siècle*, et celle d'un homme d'État, éminent historien, offrent le même caractère d'hostilité ».

Le préfet de la Lozère n'avait pas à lutter contre un représentant spécial du clergé, mais contre un candidat que le gouvernement avait dégradé de la candidature officielle, et qui, ancien préfet de ce département, y avait conservé une grande influence. Son successeur, convoquant à Fournels tous les maires et tous les instituteurs du canton pour leur présenter M. Joseph Barrot, candidat officiel, commence par leur dire : « Je dois vous prémunir » contre les démarches que fait M. de Chambrun pour » obtenir de nouveau votre mandat. M. de Chambrun n'a » rien pu obtenir du gouvernement. Il a perdu sa confiance » dont il n'était pas digne. S'il était renommé rien ne lui » serait accordé ; la Lozère n'aurait aucune part aux libé- » ralités du gouvernement, aux distributions de fonds dont » il dispose pour secours de toute nature. Si vous éprouviez » des pertes de bestiaux, si la gelée endommageait vos » récoltes, vous ne pourriez plus prétendre à aucune in- » demnité. Le département de la Lozère et ses habitants » seraient délaissés, abandonnés par le gouvernement, si » vous nommiez le candidat qu'il repousse. »

Le préfet s'était trouvé un peu tard au rendez-vous par suite du mauvais état de la route ; il s'en prit à M. de Chambrun qui n'avait même plus, dit-il, le crédit nécessaire pour obtenir la réparation d'un chemin vicinal.

Les partisans de M. de Chambrun n'en tenaient pas moins à lui, et M. Joseph Barrot risquait fort d'échouer, malgré les maires qui signalaient M. de Chambrun comme un « ennemi acharné du gouvernement », malgré surtout le maire de Nasbinals qui, dit-il, fera enlever le fumier des électeurs qui voteront pour lui, et laissera le fumier de ceux qui voteront contre. Tous les maires ne montrèrent pas la même vigueur, si l'on en juge par les mesures prises par le préfet après le scrutin, qui fut entièrement favorable à M. de Chambrun. Vingt-huit maires et adjoints payèrent cette élection de leur écharpe.

Le préfet de la Haute-Saône rappelle aux anciens militaires, légionnaires, médaillés de Sainte-Hélène, de

Crimée, d'Italie, que Napoléon a dit : Les blancs seront toujours les blancs, et que le candidat officiel est M. Galmiche ; l'idée lui vient ensuite d'utiliser un chemin de fer qui ne sera jamais construit, contre la candidature de M. d'Andelarre. Deux tracés sont en présence, de Vesoul à Besançon, l'un par la vallée de la Linotte, l'autre par Rioz. Ce dernier tracé n'a aucune chance d'être adopté, mais comme la décision officielle n'est pas encore rendue, le préfet, par le fallacieux appât de l'incertain, ne pourrait-il pas enlever les électeurs de Rioz à M. d'Andelarre ? Il l'essayera du moins. Les employés de la compagnie concessionnaire vont donc, suivant ses instructions, flâner du côté de Rioz, pendant que les agents voyers classent les chemins vicinaux qui doivent relier les gares du côté de la Linotte. M. d'Andelarre, dans une lettre aux électeurs de Rioz, les avertit de nouveau qu'ils n'ont rien à espérer du tracé définitivement adopté. Le préfet fait afficher qu'il n'y a pas de détermination prise. M. d'Andelarre explique que, sauf cette dernière formalité, tout est réglé, et que le tracé passera par la Linotte. Les réponses se croisent : ministre, ingénieur des mines, tous les fonctionnaires se mêlent à la discussion. Le papier timbré s'échange. Un placard préfectoral annonce que « le marquis d'Andelarre est poursuivi, par ordre du gouvernement de l'Empereur, pour outrage public au préfet ». M. d'Andelarre attaque à son tour le préfet en calomnie ; il est débouté et condamné aux dépens, le 30 au soir. Condamné... ce mot suffit, et le lendemain il s'étale en gros caractères sur la dernière affiche que le préfet lance contre le candidat indépendant.

La magistrature, dans certains cas, prêtait son redoutable appui à l'administration. Le chef du parquet de

Grenoble saisit la correspondance de M. Casimir Périer, candidat dans le département de l'Isère, et trouve dans une de ses lettres le délit d'excitation à la haine et au mépris du gouvernement; le préfet averti par le procureur général fait imprimer dans la nuit une immense affiche qui est placardée le lendemain matin, jour du vote, à son de trompe et de tambour. M. Casimir Périer y est traité de faussaire. Des poursuites vont, disent les agents de l'autorité, être intentées contre lui; le bruit court même déjà qu'il est arrêté.

M. Dufaure, candidat dans la Gironde, n'est guère moins maltraité. Le *Courrier de la Gironde* ayant demandé pourquoi cette candidature était combattue avec tant d'ardeur par le gouvernement, M. Piétri, sénateur, chargé de l'administration de la Gironde, répond qu'il combat M. Dufaure parce qu'il « est à ce point aveuglé qu'il croit qu'il n'y a en France ni liberté de la presse, ni liberté de parole, ni de tribune », et parce que « s'il ne sait pas voir que, devançant l'opinion publique, l'Empereur a pris et prendra l'initiative de toutes les réformes libérales, et que lui seul peut couronner son œuvre par la liberté dont les factions coalisées retarderont l'avénement, M. Dufaure est *suspect* ou *ennemi* ».

Le préfet de Lot-et-Garonne avertit les électeurs que le succès de la candidature de M. Baze « serait la condamnation du régime qui a tiré la France de l'abîme où l'avaient jetée d'incorrigibles rhéteurs ». Le préfet de la Corrèze voyait avec terreur la circonscription de Tulle résister à toutes les menaces et à toutes les avances et rester inébranlable dans sa résolution de réélire M. de Jouvenel, l'auteur du rapport contre la proposition de la dotation Pa-li-kao. Comment empêcher un si grand scandale? Le gouvernement pensa que là où un préfet était impuissant, un ministre pouvait réussir. M. Rouher avait justement des relations de parenté dans le département de la Corrèze. Il s'y rend en toute hâte, suivi de M. de Franqueville, sous-directeur des chemins de fer, la valise pleine de décrets, d'ordonnances pour l'étude, le commencement et l'achèvement de toutes sortes de travaux destinés à embellir et à enrichir les villes et les campagnes corréziennes. Il arrive à Brives où l'attendent à la gare préfet, sous-préfets, conseillers de préfecture, ingénieurs, chevaliers de la Légion d'honneur, médaillés de Sainte-Hélène, sapeurs-pompiers, corps de musique, orphéon, et M. Mathieu, avocat à la Cour impériale, candidat de l'Empereur dans la circonscription. M. Rouher écoute sous un arc de triomphe l'énumération des grands travaux que projette la cité de Brives. Ils seront tous exécutés, M. Rouher le promet, et M. de Franqueville est là pour enregistrer ses promesses. Brives ne sera pas la seule ville favorisée, Tulle, Ussel, Uzerche en reçoivent l'assurance de la bouche « du Colbert du dix-neuvième siècle » (1), qui, toujours suivi du directeur Franqueville et du candidat Mathieu, parcourt au bruit des boîtes, des pétards, des cloches, des tambours, des trombones, les villes, bourgs, villages et hameaux du département, semant partout les ponts, les écoles, les canaux, et plus de chemins de fer qu'il n'en fallait pour faire dérailler une candidature dix fois mieux lancée que celle de M. de Jouvenel.

Les électeurs bien avisés auraient pu spéculer sur certaines candidatures hostiles. Le département de la Corrèze obtenait, comme on le voit, tous les chemins de fer qu'il pouvait souhaiter, grâce à la crainte qu'inspirait le succès pos-

(1) C'est ainsi que M. Rouher est désigné par le journal de la préfecture.

sible de la candidature de M. de Jouvenel. M. Thiers venait à peine d'accepter la candidature à Aix, que la population apprenait que l'eau si impatiemment attendue ne tarderait pas à couler dans le canal du Verdon. La candidature de M. Thiers à Valenciennes fut pour les industriels du Nord la source de bien plus grands avantages. La législation sucrière exigeait une réforme ; le drawback sollicité par la fabrique indigène, repoussé par les colonies et par les ports, attendait la décision du ministre. Ce dernier, hésitant, s'était pourtant engagé à ne présenter qu'à la session prochaine la loi sur le droit de sortie du sucre de betteraves. Les chambres de commerce des ports, les délégués de colonies étaient dans l'enchantement. Le Conseil d'État, saisi d'une simple loi sur le rendement de la raffinerie, l'avait renvoyée à la Commission des douanes. Le Conseil des ministres prévient tout à coup l'Empereur que si les travaux du Conseil d'État et de la Commission des douanes ne sont pas abandonnés, l'élection de M. Thiers, à Valenciennes, est certaine. L'abandon eut lieu aussitôt ; on revint plus tard, il est vrai, sur cette décision.

Quand on voit les départements si avides des faveurs de l'administration, on excuse la docilité des communes si besoigneuses quand elles ne sont pas réduites pour vivre à la pure mendicité ; elles n'ont plus besoin du moins de tendre la main pendant la période électorale. Le préfet verse sur elles la corne d'abondance administrative : chemins vicinaux, fontaines, lavoirs, écoles, rien ne leur est refusé, en paroles du moins. Le candidat officiel, d'un autre côté, armé de son talisman, fait surgir à volonté les allocations et les subventions : partage des communaux, droit de pâture, distraction du régime forestier, tout ce qu'une commune enfin peut désirer, y compris un embranchement ou un tronçon de chemin de fer, le candidat officiel est autorisé à le promettre, et, s'il s'agit de route, de canal, de chemin de fer, à annoncer le commencement des études; M. de Campaigno, candidat à Toulouse, avait même obtenu l'autorisation de faire commencer immédiatement les travaux : les jalons sont plantés, les géomètres tendent leurs chaînes, la tranchée va s'ouvrir. Le lendemain des élections, plus de chaînes, plus de jalons, le chemin de fer était rentré dans ses cartons.

L'exemple donné par les départements et par les communes ne pouvait manquer d'être suivi par les particuliers. Pourquoi les électeurs n'auraient-ils pas retiré quelque agrément ou quelque avantage de l'élection ? C'était aussi la question que leur adressaient les candidats officiels, riches en général et fertiles en libéralités culinaires et sonnantes. Les ménagères de Mostejoulx, réunies devant l'étalage du boucher, le jour de l'élection, contemplaient avec admiration un veau portant cette étiquette : « Veau de M. Calvet. » Les électeurs le mangeront demain pour fêter le triomphe de ce candidat. Le garde de la commune de Coussagne proclame au son de la caisse le nom de l'auberge où les électeurs trouveront l'hospitalité après le scrutin. Les plus influents savent le nom du notaire chez lequel ils ont un « bon d'un franc » à toucher. Le candidat officiel dans les Pyrénées-Orientales nourrit les électeurs de pain blanc et de viande, dote les orphéons, les transporte gratis, subventionne les confréries, quoique israélite, et répare les églises.

Le gouvernement, grâce à tous les moyens d'influence qu'il possédait et à ceux dont disposaient ses candidats, obtint la majorité dans la plupart des communes rurales, mais il fut battu dans presque tous les grands centres de population et dans un grand nombre de villes moins importantes.

CHAPITRE XIII

1863

LES ÉLECTIONS A PARIS

SOMMAIRE. — Le parti républicain à Paris. — Ses divisions. — L'abstention. — Les assermentés et les réfractaires. — Le parti du *Siècle*. — Le parti de 1848. — Le parti des hommes nouveaux. — Le parti des *Cinq*. — Rivalités entre les candidats de la 5ᵉ circonscription. — M. Havin et M. Ernest Picard. — Le comité central. — Réunion chez M. Carnot. — Le comité central ne parvient pas à se fonder. — Le gouvernement s'oppose aux réunions. — Note du *Moniteur*. — La candidature de M. Thiers. — Le *Siècle* ne l'accepte pas. — Première liste des candidats de l'opposition. — M. Havin. — M. Édouard Laboulaye. — M. Émile Ollivier. — M. Ernest Picard. — M. Jules Favre. — M. Adolphe Guéroult. — M. Alfred Darimon. — M. Jules Simon. — M. Eugène Pelletan. — M. Edouard Laboulaye se désiste en faveur de M. Thiers. — Le *Siècle* se décide à soutenir M. Thiers. — Maladresse de M. de Persigny à combattre cette candidature. — Sa circulaire aux préfets. — Sa lettre au préfet de la Seine. — Paris nomme tous les candidats de l'opposition. — Effet du vote du 31 mai sur l'Europe. — M. de Persigny est obligé de donner sa démission. — Changement de ministère. — M. Billault ministre d'État. — Sa mort. — Il est remplacé par M. Rouher. — Voyage de l'Impératrice en Espagne. — Napoléon III propose un Congrès aux puissances. — Emprunt de 300 millions. — Avortement du Congrès. — Fin de l'année 1863.

Les républicains qui continuaient à vivre dans l'exil, et qui considéraient comme un crime de haute trahison à l'égard de la République la pensée seule de se mêler à la vie politique, prêchaient l'abstention et trouvaient de l'écho, sinon dans les masses, du moins dans les rangs toujours assez nombreux des membres du parti républicain qui sont plus accessibles aux raisons de sentiment qu'aux calculs politiques. Un écrivain, ami de la contradiction éloquente et de l'isolement orgueilleux, fertile en thèses paradoxales qu'il défendait avec la passion du jour et qu'il laissait volontiers tomber dans l'oubli du lendemain, se donna le plaisir, après avoir soutenu déjà une fois que les républicains devaient prêter serment sous peine de lâcheté, de déclarer dans

une brochure ou plutôt dans un livre, car toute idée devenait bientôt livre sous sa plume ardente mais prolixe, qu'un démocrate ne pouvait entrer au Corps législatif sans commettre un parjure. Il partagea donc les démocrates en deux catégories : les assermentés et les réfractaires ; les uns consentant à choisir des députés, et au besoin à l'être, les autres résolus à attendre pour voter d'avoir toutes les garanties qui rendent le suffrage universel libre. Proudhon avait inventé à l'usage de ces derniers une sorte d'abstention constitutionnelle qui n'était « ni une déclaration
» de guerre, ni une sécession, ni un défi, ni un acte
» hostile, mais une protestation respectueuse par laquelle
» le pouvoir est informé de l'impuissance morale où le
» peuple est de voter, et mis en demeure d'y pourvoir ».

A l'esprit de personnalité et d'indiscipline représenté par Proudhon venait se joindre l'esprit de pessimisme qui compte toujours un grand nombre d'interprètes. Les pessimistes disaient : « A quoi bon tenter la lutte contre un
» ennemi sûr d'avance de la victoire ? Paris n'est plus Paris,
» mais un amalgame de quartiers inconnus les uns aux
» autres, formant des circonscriptions fantastiques où Picpus
» vote avec Clamart, Belleville avec Puteaux, le faubourg
» Saint-Denis avec le faubourg Saint-Germain. La loi veut
» que chaque département nomme un nombre de députés
» proportionnel au chiffre de sa population, or, tandis que
» la population du département de la Seine a augmenté de
» six cent mille âmes depuis la dernière élection du Corps
» législatif, le nombre des électeurs a diminué de telle
» façon que ce département élira un député de moins à
» la prochaine législature. Restons donc chez nous et ne
» devenons pas les dupes du gouvernement en nous faisant
» ses complices. »

Paris, en somme, tenait peu compte de ces observations, et il s'apprêtait à marcher au scrutin formé en trois corps d'armée principaux : le corps d'armée du *Siècle*, composé de cette masse qui a surtout l'instinct de l'action et qui ne s'arrête pas aux scrupules et aux finesses de la politique individuelle ; le corps d'armée de 1848, avec son état-major d'anciens membres du gouvernement provisoire, d'anciens ministres, commissaires, fonctionnaires de la République ; le corps d'armée des hommes nouveaux, comptant dans ses rangs des avocats, des écrivains, journalistes, professeurs déjà connus du public et désireux de compléter leur renommée à la tribune. Les *Cinq* formaient un bataillon ayant ses intérêts à part, et manœuvrant avec une habile vigilance pour les défendre.

L'armée électorale parisienne n'était malheureusement pas aussi unie qu'on aurait pu le souhaiter au moment d'une entrée en campagne. Le *Siècle*, dans un article sur les élections, avait déjà signalé l'existence de dissentiments « puérils » entre les candidats ; il faisait allusion à une question qui, malheureusement, portait en effet déjà le trouble dans les rangs du parti démocratique. M. Havin, décidé cette fois à tenter les chances de la lutte électorale, avait pensé que la 5ᵉ circonscription dans laquelle le *Siècle* était établi, et qui se composait en majorité de négociants depuis longtemps attachés à sa politique, lui offrirait plus de chances qu'une autre ; mais la 5ᵉ circonscription était celle qui avait nommé M. Ernest Picard. Ce jeune orateur, alors dans toute la fleur de sa popularité, se voyait soutenu non-seulement par la *Presse*, qui ne s'était décidée à se mêler des affaires électorales que pour appuyer la réélection des députés de Paris, mais encore par une notable fraction du parti démocratique, qui subissait impatiemment la direction du

Siècle, et surtout par un groupe de ses jeunes confrères du barreau dévoués au succès de sa candidature et de celle de M. Émile Ollivier. M. Léon Gambetta, l'un d'eux, dans une réunion chez M. Carnot, avait élevé à la hauteur d'un principe et presque d'un dogme la réélection des *Cinq* et leur droit imprescriptible à rester les représentants perpétuels de la circonscription qui les avait élus une première fois.

Les amis de M. Havin, sans ni contester les services rendus par les députés de Paris ni la nécessité de les récompenser en les réélisant, demandaient si cette réélection admise en principe ne pouvait pas s'accommoder aux nécessités et aux convenances de fait, et si MM. Picard, Ollivier et Darimon avaient reçu du suffrage universel l'investiture de la circonscription dans laquelle ils avaient été nommés, comme on reçoit l'investiture d'un fief. Ils ajoutaient plus sérieusement que par suite du remaniement des circonscriptions de Paris, il restait si peu de l'ancienne circonscription de M. Ernest Picard, qu'il devait lui être indifférent de se présenter dans celle-ci ou dans une autre. Si M. Picard, disaient-ils, prétend retrouver ses anciens électeurs, c'est dans trois ou quatre circonscriptions qu'il doit se présenter, car les électeurs de l'ancienne 5ᵉ circonscription ont été répartis en trois ou quatre lots. Sera-t-il donc désormais interdit de se présenter dans une circonscription de 35 000 électeurs parce qu'il y reste 2 ou 3000 électeurs qui ont pu voter pour un candidat aux élections précédentes?

M. Ernest Picard n'en persistait pas moins à réclamer ce qu'il appelait son droit, vivement appuyé par le rédacteur en chef de la *Presse*, M. Émile de Girardin, ardent à représenter les comités comme des foyers d'ambition person-

nelle et allant jusqu'à menacer le directeur politique du *Siècle* de publier tous les jours un article contre lui s'il maintenait sa candidature dans la 5ᵉ circonscription ; M. Havin lui répondit qu'il ne se laisserait pas intimider et qu'on essayerait en vain de dissoudre les comités par la discorde. « Les *Cinq*, qui ne sont que trois, écrit-il
» à un de ses amis, font un tas d'intrigues que la publicité
» et le grand jour vont déjouer. Ce que je n'admettrai
» jamais, c'est cette outrecuidance qui fait des électeurs et
» d'une portion du territoire électoral la propriété d'un
» député ; ce que je n'admettrai jamais, c'est le défi qui
» nous est porté par une solidarité qui prétend s'imposer
» despotiquement à tout un parti et à toutes les fractions
» d'un parti (1). »

Ces compétitions au moment où le parti démocratique allait livrer une grande bataille, pouvaient cependant lui porter un coup funeste ; M. Havin le comprit, et le 17 mars on lut en tête du *Siècle* les deux notes suivantes :

« En réponse aux attaques dont le *Siècle* a été l'objet, je déclare que jamais mon vieux patriotisme ne s'exposera à rendre douteux le succès de notre cause par une prétention personnelle ou par une compétition de circonscription.

» L. Havin. »

« Cher directeur,

» Vous renoncez, pour faire cesser toute division, à vous présenter dans une circonscription où tant d'électeurs vous avaient offert leur concours ; la rédaction du *Siècle* comprend et approuve la résolution qui vous est dictée par votre dévouement à la démocratie. Nous sommes persuadés d'avance que les électeurs vous en tiendront compte : aussi persistons-nous à vous demander de rester un de leurs candidats à Paris. C'est votre devoir, et le *Siècle* a bien le droit aussi de faire juger sa politique par le suffrage universel.

» Pour tous les rédacteurs,
» *Le secrétaire de la direction politique,*
» Léon Plée. »

(1) Lettre à M. Corbon.

Les négociations entre les amis de M. Havin et ceux de M. Picard, au sujet de la 5ᵉ circonscription, n'avaient pas empêché les républicains de s'occuper avec activité de la formation d'un comité central. Les membres de ce comité seraient-ils nommés au scrutin, ou bien chacun d'eux prendrait-il en lui-même son mandat comme on assume une dictature? Les partisans de l'élection l'emportèrent. Les commissaires devaient être au nombre de vingt-cinq, malgré les prescriptions de l'article 294 du Code pénal qu'on déclara de nul effet pendant la période électorale.

Pendant que le parti démocratique prenait les mesures préparatoires nécessaires pour former son comité, les orléanistes, les légitimistes et quelques républicains se réunissaient chez le duc de Broglie pour essayer de créer cette *Union libérale* dont nous avons parlé dans le chapitre précédent. Les membres de la réunion étaient : MM. Thiers, Berryer, Changarnier, le duc de Broglie, le prince de Broglie, Prévost-Paradol, Cochin, Mortimer-Ternaux, d'Haussonville, Jules Simon, Jules Bastide et Carnot. Les premières paroles échangées entre les membres de la réunion laissèrent voir dans quelles illusions le plus grand nombre d'entre eux étaient plongés. Les orléanistes et les légitimistes se croyaient en droit, par le nombre et par l'influence, de se partager à part égale, avec les républicains, les circonscriptions de Paris. M. Jules Simon demanda la parole au moment où la réunion allait se séparer, et, dans un discours très-écouté, il essaya de rappeler ses membres au sentiment de la réalité. Mais à l'étonnement de la plupart de ses auditeurs, M. Jules Simon dut s'apercevoir qu'on ne leur ferait pas facilement admettre que l'union libérale dût se fonder sur d'autres bases que celles qu'ils avaient rêvées. Aucune décision ne fut prise dans cette réunion.

La période pendant laquelle les comités pouvaient fonctionner était si courte, que si les premiers jours en étaient employés à la formation d'un comité, il ne restait qu'à peine le temps nécessaire pour choisir les candidats. C'est pourquoi le parti républicain avait songé à désigner d'avance les membres de son comité, qui ne se seraient d'ailleurs réunis qu'à l'ouverture de la période légale. Les conférences pour la formation de ce comité avaient lieu chez M. Carnot, qui avait déclaré qu'il ne consentirait à en être membre que s'il pouvait s'y asseoir à côté de plusieurs de ses amis qui siégeaient avec lui dans les assemblées de la seconde république; le dépouillement du vote n'ayant pas réalisé ce vœu, il se retira, et le comité, grâce aux menées des abstentionnistes et aux rivalités dont aucun parti et surtout le parti républicain n'est exempt, ne se forma pas, à la grande satisfaction de quelques brouillons exaltés.

M. Garnier-Pagès, avant l'avortement du comité des vingt-cinq, avait formé un comité purement consultatif, composé d'avocats dont nous avons donné les noms dans le chapitre précédent, et qui se chargeait de répondre aux demandes de renseignements des départements et de Paris. Quant au comité des ving-cinq, en dehors même des divisions intestines qui le firent échouer, il faut convenir que les mesures prises par le gouvernement rendaient sa formation bien difficile. M. de Persigny, en effet, voyant l'agitation électorale gagner du terrain, voulut y couper court par la note suivante insérée le 3 mai au *Moniteur :*

« Plusieurs journaux annoncent que les représentants de sous-comités électoraux doivent se réunir prochainement pour nommer un comité central. A cette occasion, le gouvernement croit devoir rappeler que la loi interdisant les associations de plus de vingt personnes qui se réuniraient sans l'agrément de l'autorité publique, alors même que ces associations seraient partagées en sections d'un nombre moindre, les journaux s'exposeraient à la répression légale s'ils publiaient tous actes ou manifestes de pareilles associations. »

Une réunion fut aussitôt convoquée chez M. Hérold pour prendre les mesures nécessitées par la situation. On y lut la lettre suivante de M. Marie :

« Évidemment la note du *Moniteur* est une machine de guerre destinée à jeter la terreur et à faire taire ainsi les journaux qui seraient tentés de publier vos actes. Contre ces violences je ne connais qu'un remède : le courage qui conseille, le dévouement qui va jusqu'au sacrifice. Or, ce courage, les journaux l'auront-ils? Oui, je l'espère, si les directeurs politiques ont le droit de décider ; mais en cela, comme en toutes choses, hélas ! la puissance morale qui voudra agir quand même, ne sera-t-elle pas dominée et vaincue par les intérêts matériels toujours prêts à céder ?

» Que faire donc ? Une consultation ? Je viens d'en lire une. Est-elle bien rassurante, bien décisive ? ou n'est-elle pas plutôt à côté de la question que sur la question ?

» Le gouvernement est despotique, la législation est despotique, et ces deux forces ont si bien les mêmes origines, le même esprit, les mêmes allures pour enchaîner ou opprimer toutes les libertés, qu'elles ne seront jamais embarrassées pour se prêter un mutuel appui, selon les circonstances.

» Ainsi, par exemple, dans la situation où les comités se trouvent placés, êtes-vous bien sûrs que, les textes à la main, le gouvernement ne puisse pas dire qu'en les constituant comme on les a constitués, la loi a été méconnue ? En tous cas, les journaux seront-ils assez rassurés à cet égard pour y prêter appui en publiant vos actes ? Et s'ils consentaient à le faire, un premier avertissement ne leur imposerait-il pas silence ?

» Des consultations ? Quand la justice n'aura pas à dire un mot dans le débat, que le ministre seul soulèvera et jugera, c'est un bien petit remède. Ne nous faisons point illusion, la lutte qui va s'ouvrir est une lutte grave dans laquelle la légalité, pour peu qu'elle protège encore, par quelques côtés, une liberté ou un droit, sera comptée pour rien. Nous avons affaire à un gouvernement très-résolu et très-peu scrupuleux dans ses audaces. Or, je me demande si, dans de telles circonstances, c'est le cas de procéder comme on a fait, en s'entourant en quelque sorte de toutes les formes d'une action représentative.

» A mon sens, il faut mettre ces formes de côté. Ou notre parti veut l'action, ou il veut l'abstention. Il faut choisir résolûment et marcher sans équivoque dans un sens ou dans l'autre, mais non dans les deux à la fois. L'action décidée, et, dans mon sens, il doit en être ainsi, alors qu'un comité se forme, se constitue, se proclame dictatorialement pour ainsi dire (le mot est bien gros, mais il rend bien ma pensée), qu'on prenne pour le former les noms les plus populaires auprès des diverses classes de la société, afin que tous les intérêts, tous les sentiments, toutes les idées soient représentés, et puis marchons. Nous irons ainsi plus vite et plus sûrement. Si, pour livrer bataille, il n'y a pas de chefs, ou si, sur le plan de campagne, ceux-ci doivent, avant tout, consulter l'armée, alors il n'y a rien à faire ; je le dis avec désespoir, mais je le dis comme je le sens : tout le monde ne peut pas commander, et tout est perdu s'il n'y a parmi nous personne qui puisse et ose prendre le commandement et imposer l'obéissance.

» Tout à vous,

» MARIE.

» Le 3 mai 1863. »

La dictature que souhaitait M. Marie ne pouvait être en ce moment prise par personne. L'énergie de tous dut suppléer à celle d'un seul. Quelques citoyens se mirent en avant, et grâce à leurs courageux efforts, la note du *Moniteur* n'empêcha pas la propagande électorale de continuer, comme le prouve cette lettre :

« Paris, le 8 mai 1863.

» Monsieur et cher concitoyen,

» Sans autre droit que notre dévouement à la chose publique, sans autre prétention que le désir d'être utiles, sans autre but que le progrès dans la liberté par la liberté, ne relevant que de notre bonne volonté, nous nous sommes groupés quelques-uns pour former un comité consultatif pour les élections, ainsi que nous l'avons écrit par notre lettre du 28 avril.

» Aux avocats qui ont rédigé le *Manuel électoral* ou qui y ont adhéré, MM. Clamageran, Dréo, Durier, Ferry, Floquet, Hérisson, Hérold, se sont joints des anciens représentants et des publicistes : MM. Marie, Carnot, Jules Simon, Corbon, Crémieux, Charton, Henri Martin, Garnier-Pagès.

» Nous comptons sur le concours des journaux de l'opposition.

» Un grand nombre de nos amis viendront nous aider de leurs lumières.

» Les circonstances sont difficiles, l'inexpérience dans la pratique du suffrage universel est grande, la jurisprudence est douteuse, l'intervention de l'autorité mal définie, les abus de pouvoir faciles. Nous venons vous offrir nos services pour vous aider à surmonter les obstacles qui pourraient entraver vos votes.

» Nous n'avons nullement l'intention de peser sur les décisions ou sur le choix des électeurs, nous n'avons donc à désigner aucune candidature. Inspirés seulement d'un sentiment profond de conciliation indispensable au développement de nos principes, nous nous efforcerons, si nous sommes consultés, de mettre en harmonie les prétentions diverses, d'adoucir les rivalités, de rapprocher les esprits, de recommander l'union de tous ceux qui veulent sincèrement la liberté.

» Nous ne nous dissimulons ni la faiblesse de nos moyens d'action ni la force d'une autorité qui a tout concentré dans ses mains. Mais loin de nous décourager, cette comparaison nous excite : nous ne songeons point, dans la lutte légale, à nous, mais à la patrie, et moindre est la liberté, plus énergique doit être notre volonté pour la recouvrer.

» Dans la pensée que vous partagerez nos convictions, nous faisons un appel incessant à votre dévouement, et si vous voulez bien nous aider à donner une impulsion de plus en plus vive au mouvement qui commence, quel que soit le résultat, vous aurez rempli votre devoir.

» Vos dévoués concitoyens,

» Garnier-Pagès, Hérold, Clamageran, Jules Simon. »

Deux jours après, un comité consultatif pour les élections, composé des auteurs du *Manuel électoral*, d'anciens représentants, de publicistes : MM. Carnot, Charton, Clamageran, Dréo, Durier, Ferry, Floquet, Garnier-Pagès, Hérisson, Hérold, Marie, Henri Martin, Jules Simon, siégeait chez M. Dréo, rue Saint-Roch.

Toutes les vieilles causes de dissentiment entre les fractions du parti républicain paraissaient oubliées. La candidature de M. Thiers en fit surgir une nouvelle. M. Thiers, rentré en France après son court exil à la suite du coup d'État du 2 décembre, consacrait son temps à l'achèvement de l'*Histoire du Consulat et de l'Empire*. Sans se désintéresser complétement de la politique, il ne cherchait pas à prendre dans les événements un autre rôle que celui d'un spectateur oublieux du mal qu'on lui a fait, et ne s'inquiétant que du mal qu'on peut faire à son pays. Son opposition contre l'Empire était celle d'un esprit désintéressé qui voit les choses de haut, qui juge les hommes sans passion, et qui suit avec tristesse et anxiété les phases d'une expérience tentée sur son pays. Le public ne se résignait pas cependant à croire que toute relation fût rompue entre M. Thiers, admirateur constant de Napoléon Ier, et son neveu et son héritier, surtout après l'avance que ce dernier lui avait faite dans une occasion récente. Rien de plus vrai cependant. Napoléon III n'avait pas même lu l'*Histoire du Consulat et de l'Empire,* lorsqu'un volume de cet ouvrage étant tombé entre ses mains, il en fut si content, qu'il manifesta tout haut l'intention de chercher à donner à l'auteur un témoignage public de sa satisfaction. M. Thiers, averti par un ami commun des intentions de l'Empereur, ne fut point sans en ressentir quelque inquiétude; il se voyait exposé à une de ces marques de politesse qui, venant d'un souverain, ressemblent à des faveurs, et qu'un honnête homme redoute, mais qu'il trouve au-dessous de lui de repousser avec un dédain affecté. Une promotion isolée et subite à la plus haute dignité de la Légion d'honneur n'était pas à craindre pour M. Thiers, puisqu'il en portait le grand cordon. Quel témoignage de satisfaction Napoléon III pouvait-il donc lui donner? Le premier discours d'ouverture des Chambres le tira d'inquiétude, il en était quitte pour le titre « d'historien national ».

Le régime parlementaire sous lequel la France avait vécu depuis 1830 jusqu'en 1848 s'était si bien incarné dans M. Thiers, que le jour où par le décret de novembre les institutions de l'Empire semblèrent s'en rapprocher, et où un peu plus de lumière pénétra dans le Corps législatif, la place de M. Thiers y fut marquée d'avance. Rien ne s'opposait à ce qu'il l'occupât, car il conseillait lui-même à ses amis de renoncer à l'abstention et de reprendre légalement leur part d'action politique en prêtant un serment qui obligeait leur conscience sans les empêcher de travailler au rétablissement de la liberté. Il avait, on l'a vu, répondu dans ce sens dès le mois de mars aux électeurs de divers départements qui lui offraient la candidature.

C'est dans ce sens qu'il répondit aux électeurs de la 2ᵉ circonscription de Paris.

La candidature de M. Thiers, accueillie avec faveur par le parti libéral et même par un certain nombre de bonapartistes qui s'en applaudissaient comme d'une adhésion indirecte à l'Empire, qui l'obligerait à marcher de plus en plus dans la voie du libéralisme, ne pouvait se passer entièrement du concours du parti démocratique. Malheureusement, l'attitude politique de M. Thiers après la révolution de Février et son alliance avec les légitimistes avaient laissé dans le cœur de beaucoup de républicains un vif sentiment de rancune. Les démocrates de la 2ᵉ circonscription où se présentait M. Thiers en concurrence avec M. Devinck, homme modéré et négociant estimé, parlaient de s'abstenir. Le *Siècle*, sans se ranger ouvertement à cette opinion, que son ardente polémique contre toute espèce d'abstention lui défendait d'adopter, la combattait avec une certaine mollesse. Ce n'est pas que son directeur, ancien lieutenant de M. Odilon-Barrot, nourrît la moindre hostilité contre M. Thiers qui, dans les dernières années du règne de Louis-Philippe, s'était fort rapproché de la gauche ; M. Havin partageait au contraire l'admiration qu'ont pour M. Thiers ceux qui l'ont vu manœuvrer sur le terrain parlementaire, et il ne méconnaissait pas l'utilité d'un pareil auxiliaire ; mais, dominé par les préoccupations de la polémique quotidienne, il hésitait à soutenir un adversaire de l'unité de l'Italie, un défenseur du pouvoir temporel du pape.

La liste des candidats de l'opposition qui parut le 10 mai, jour de l'ouverture de la période électorale, dans les journaux *le Siècle*, *l'Opinion nationale*, était ainsi formée :

ÉLECTIONS DU 31 MAI ET DU 1ᵉʳ JUIN 1863.

Candidats de l'opposition :

« 1ʳᵉ circonscription : L. Havin, directeur politique du *Siècle*.
» 2ᵉ circonscription : Ed. Laboulaye, membre de l'Institut.
» 3ᵉ circonscription : Émile Ollivier, député sortant.
» 4ᵉ circonscription : Ernest Picard, député sortant.
» 5ᵉ circonscription : Jules Favre, député sortant.
» 6ᵉ circonscription : Adolphe Guéroult, rédacteur en chef de l'*Opinion nationale*.
» 7ᵉ circonscription : Alfred Darimon, député sortant.
» 8ᵉ circonscription : Jules Simon, membre de l'Institut.
» 9ᵉ circonscription : Eugène Pelletan, publiciste.
» D'autres candidats se produisirent en dehors de ceux-ci.
» 1ʳᵉ circonscription : Jules de Lasteyrie, Ranc.—3ᵉ circonscription : Docteur Dupont. — 6ᵉ circonscription : De Jouvencel, Cochin, Prévost-Paradol, Dupuis, avocat. — 7ᵉ circonscription : J. J. Weiss, Philippe Doré, Cantagrel. — 8ᵉ circonscription : Jules Mahias, De Milly. — 9ᵉ circonscription : Thayer. »

Cette liste ne contenait pas le nom de M. Thiers. Ce n'est point qu'il renonçât à se présenter. MM. Target, Mortimer-Ternaux et Duval lui ayant remis, le 14 mai, une adresse signée de plusieurs électeurs de la 2ᵉ circonscription pour lui offrir la candidature, il l'accepta. Ces électeurs se formèrent en comité sous la présidence de M. Dufaure. Le lendemain, le *Journal des Débats*, qui jusqu'alors s'était tenu en dehors du mouvement électoral, annonça la candidature de M. Thiers : « Alors même que le pays eût manqué de
» mémoire, l'historien eût empêché d'oublier l'orateur ;
» mais un respect universel et tranquille entourait ce nom
» enlevé aux luttes quotidiennes des partis, et M. Thiers
» trouvait dans la justice bienveillante dont il est entouré
» comme un avant-goût du jugement de la postérité. C'est
» de ce repos animé par le travail, par l'amitié, par les plus
» élevées et les plus douces jouissances de l'esprit, que
» M. Thiers va sortir pour unir sa voix à celle des hommes
» qui pensent encore que la liberté n'est pas moins néces-

» saire que l'ordre, et que sans elle les plus grands intérêts
» du pays peuvent se trouver en péril. Tous les vœux des
» amis d'une sage liberté le suivront dans cette tentative
» qui, heureuse ou non, n'en sera pas moins un des actes
» les plus honorables de sa carrière politique. »

M. Laboulaye, en apprenant la décision de M. Thiers, s'empressa de se désister de sa candidature. Le *Siècle* comprit qu'il ne pouvait plus hésiter, et le nom de M. Thiers remplaça celui de M. Laboulaye sur la liste de l'opposition. Le *Siècle* expliqua ainsi sa résolution :

« Dans le cours de sa carrière politique l'illustre historien nous a eu plusieurs fois pour adversaire et nous craignons bien d'être aujourd'hui encore en désaccord avec lui sur un grand nombre de points.

» Nous n'hésitons pas néanmoins à mettre son nom sur la liste à la place de celui de M. Laboulaye. M. Thiers est une des grandes individualités de notre époque, et s'il arrive au Corps législatif, il pourra jeter une vive lumière sur la discussion des questions de politique et de finance qu'il a si souvent traitées avec tant de lucidité et de talent. »

Il ne manquait qu'un légitimiste comme Berryer à cette liste, où figuraient un orléaniste comme M. Thiers, un bonapartiste comme M. Guéroult, et des républicains pour représenter l'union libérale. Elle était en réalité une espèce de coalition. C'est peut-être à cela qu'elle dut son succès complet.

Le nom de M. Adolphe Guéroult n'avait pas non plus été accepté sans murmures par tous les démocrates. Saint-simonien, tour à tour rédacteur du *Temps* et du *Journal des Débats*, fonctionnaire de Louis-Philippe, rédacteur de la *République* le lendemain de la révolution de Février, maintenant directeur d'un journal bonapartiste, M. Guéroult appartenait à l'école saint-simonienne, qui place le droit au changement d'opinion au nombre des plus importants droits de l'homme et du citoyen. Le progrès, selon les saint-simoniens, n'étant que la série des idées à travers lesquelles passe une nation pour arriver à son complet développement, chaque homme est libre de s'associer à toutes les opinions, selon que le temps, les circonstances et son caractère personnel le lui conseillent. Les disciples les plus éminents de Saint-Simon avaient pris une grande part au mouvement de reconstruction de l'Empire. Napoléon Ier, oubliant à Sainte-Hélène ce qu'il avait fait et songeant à ce qu'il aurait pu faire, avait, en effet, laissé à ses héritiers ce fameux programme dont l'exécution devait coûter, disait-il, un demi-siècle de batailles : triomphe de la démocratie sur le libéralisme parlementaire, soumission de l'Église à l'État, constitution de grandes nationalités sur les débris des États factices formés par des traités menteurs, la démocratie universelle fondée sur le suffrage universel et soutenue par la main puissante des Césars français, tel était ce programme qu'un nombre infini de Français croyaient destiné à être réalisé par Napoléon III. Les gens profondément convaincus que Napoléon Ier était la révolution armée, soutenaient de la meilleure foi du monde que s'il avait été obligé un moment de supprimer la liberté pour sauver la révolution, il s'était hâté, dès que les circonstances l'avaient permis, de reconnaître ses droits par l'acte additionnel, léguant ainsi à Napoléon III un exemple que ce dernier ne pouvait pas tarder à suivre. M. Guéroult comprit qu'un journal qui servirait d'organe au bonapartisme de l'acte additionnel aurait de grandes chances de succès. L'apôtre de Ménilmontant remania le programme de Sainte-Hélène à l'usage des abonnés de l'*Opinion nationale* et prêta au césarisme libéral l'appui d'une intelligence exercée, ne s'intimidant pas devant les idées et sachant les traduire d'une plume nette, élégante, vraiment française. L'*Opinion nationale*, à peine fondée, atteignit un chiffre considérable d'abonnés. M. Guéroult, maître d'un journal avec lequel il fallait compter et voulant faire consacrer son succès par le suffrage universel, imposa lui-même à tous les partis sa candidature.

M. Eugène Pelletan avait été, lui aussi, quelque peu saint-simonien à ses débuts, du temps qu'il étudiait le droit à Paris avant de devenir collaborateur à plusieurs revues, à la *Presse* et au *Bien public* fondé par Lamartine en 1850. Après avoir longtemps promené d'un journal à l'autre un talent qui attendait encore la popularité, il entra au *Siècle*, après le coup d'État. Les lecteurs de ce journal ne paraissaient pas devoir être très-sensibles au souffle de philosophisme mystique qui animait les articles de M. Pelletan, mais ils étaient une foule, et la foule se laisse facilement aller au charme des grands sentiments exprimés en langage poétique. La popularité de M. Pelletan était faite lorsqu'il quitta ce journal par des motifs qui ne pouvaient que l'accroître. Il renonçait en effet à une collaboration lucrative, pour n'avoir pas réussi à amener dans la rédaction du *Siècle* des changements de personnes dont les intérêts du parti démocratique devaient, selon lui, se ressentir dans un sens favorable. M. Eugène Pelletan fit dès lors la guerre en partisan courageux mais un peu fantasque, publiant des brochures contre l'unité italienne et en faveur de l'unité polonaise, donnant la main d'un côté aux jacobins et de l'autre aux libéraux, mais jetant un vif éclat littéraire sur ses contradictions, luttant d'ailleurs avec courage contre le gouvernement, se faisant condamner à l'amende et à la prison, obligé de vendre sa bibliothèque pour payer le fisc; il faisait du bruit sans charlatanisme, et il appelait sur lui l'attention publique sans la violenter.

M. Jules Simon représentait sur la liste de l'opposition la partie avancée du parti républicain avec Carnot et M. Eugène Pelletan. Il n'était pas plus que ce dernier cependant un républicain de la veille. M. Jules Simon, élève de l'École normale en 1832, agrégé de philosophie en 1835, professeur de philosophie à Caen et à Versailles, maître de conférences à l'École normale, suppléant de M. Cousin à la Sorbonne, avait été en 1847 candidat de l'opposition modérée dans les Côtes-du-Nord. Le clergé, qui, à cette époque, fit manquer son élection, ne put l'empêcher l'année suivante d'être élu à l'Assemblée constituante, où il fit partie du comité de l'organisation du travail. Président de la commission chargée de visiter les blessés de juin, secrétaire de la commission d'enseignement primaire, rapporteur de la loi organique de l'enseignement que la Constituante n'eut pas le temps de voter, il donna sa démission de représentant du peuple pour entrer dans la commission du Conseil d'État où il présida le comité des recours en grâce ; il ne tarda pas à être exclu de ce Conseil d'État par la majorité réactionnaire de l'Assemblée législative et de l'enseignement public par le coup d'État, qui suspendit son cours pour punir en lui le rédacteur du *National*, le fondateur et le collaborateur assidu de la *Liberté de penser*.

M. Jules Simon, rentré dans la vie privée, reprit la plume et publia successivement *le Devoir*, *la Religion naturelle*, *la Liberté de conscience*, n'interrompant ses travaux, dit un de ses biographes, que pour donner de temps en temps dans les principales villes de la Belgique des conférences sur les grandes questions de philosophie et d'organisation sociale. La position prise par lui à l'avant-garde du parti démocratique l'exposait parfois aux attaques de ses membres les plus ombrageux, qui voyaient avec méfiance ses relations avec des hommes qu'ils étaient habitués à considérer comme des ennemis. Les notabilités de la monarchie de Louis-Philippe, ministres, fonctionnaires, pairs de France, députés, journalistes, se rencontraient en effet dans son petit salon au cinquième étage avec les plus ardents champions de la république militante, dans tous les pays, non point tout à fait comme sur un terrain neutre, car ces derniers y étaient les plus nombreux, mais comme dans un refuge où les vaincus du 2 décembre pouvaient se rencontrer et causer ensemble un moment en oubliant leurs griefs mutuels, consolation bien rare dans les temps de solitude et d'amertume qui suivent les grandes catastrophes politiques, tristes temps où les hommes ont plus de penchant à se fuir qu'à se chercher, et où un certain courage est nécessaire à ceux qui bravent à la fois pour les réunir leurs méfiances réciproques et la rancune redoutable du gouvernement absolu.

Le Corps législatif, de vaste conseil général qu'il était, venait de se transformer en assemblée politique ; ses orateurs du haut de la tribune, entendus désormais de toutes les parties du pays, pouvaient prétendre à occuper dans ses admirations une place proportionnée à leur talent. M. Jules Favre avait gagné plus que tout autre à ce changement ; continuateur des orateurs de nos grandes époques parlementaires, il commençait à prendre possession de cette dictature souriante et majestueuse de l'opposition, qu'il devait garder pendant si longtemps. M. Émile Ollivier, en cherchant à se faire une place à côté de lui, ne réussissait qu'à marquer davantage l'espace qui existe entre le talent et le génie oratoire ; son discours pendant la discussion de l'adresse avait justement froissé les susceptibilités du parti républicain. Ce discours appelait des explications que l'interdiction des réunions publiques empêcha de lui demander. Les journaux auraient pu suppléer à ce silence, mais par une indulgence fatale à la dignité des mœurs politiques, ils prolongèrent un malentendu dont il était aisé de prévoir les conséquences. Quant à M. E. Picard, la vivacité, la hardiesse, le bon sens, la raillerie piquante, la répartie prompte, toutes ces qualités de l'esprit parisien qu'il apportait à la tribune, l'avaient fait adopter par Paris comme son véritable représentant. C'était à lui qu'il tenait le plus ; on le vit bien lors de la compétition pour le choix des circonscriptions entre le *Siècle* et lui. Le *Siècle*, qui était cependant la grande force du moment, fut obligé par l'opinion publique de céder et baisser pavillon.

Une assez longue collaboration au journal de Proudhon avait valu à M. Darimon l'honneur de figurer en 1857 sur la liste des candidats de l'opposition. Le principe de la solidarité des *Cinq* l'y fit maintenir en 1863, malgré le doute qui planait déjà sur ses opinions comme sur celles de M. Émile Ollivier.

Le candidat le plus attaqué de tous ceux qui figuraient sur la liste de l'opposition était M. Havin, directeur politique du *Siècle*, dont la politique déplaisait à la fois au parti libéral rapproché d'une partie du clergé, et à la fraction ardente du parti démocratique dont elle ne servait pas toutes les impatiences : l'un ne lui pardonnait pas d'avoir soutenu le gouvernement dans sa campagne contre les associations religieuses de bienfaisance ; l'autre se plaignait de la prudence et des réserves dont s'entourait son opposition. Les journaux cléricaux et les journaux libéraux reprochaient en outre à M. Havin, candidat au conseil général à Torigny-sur-Vire, d'avoir adressé à ses électeurs une circulaire contenant ce passage : « Le ministre de l'intérieur m'a offert spontanément de m'appuyer à Torigny-sur-Vire ; l'Empereur a bien voulu me faire écrire par M. Mocquart qu'il voyait avec plaisir ma candidature, et qu'il avait apprécié mon concours loyal et patriotique lors des guerres de Crimée et d'Italie. Enfin, M. le préfet a recommandé à MM. les maires de se montrer bienveillants pour ma candidature. » Une correspondance politique, envoyée de Paris aux feuilles légitimistes des départements, ne craignit pas d'annoncer que M. Havin était à la fois candidat du gouvernement dans la Manche et candidat de l'opposition à Paris. Le *Courrier du dimanche* ouvrit dans ses bureaux une souscription pour faire imprimer et afficher sa circulaire. Cette pièce, qui contenait implicitement l'acceptation de l'appui du gouvernement, prêtait, il est vrai, à la critique, quoiqu'il ne s'agît pas d'une élection politique ; mais la correspondance légitimiste se donnait le tort grave de la présenter comme écrite à propos des élections qui allaient avoir lieu.

Une autre manœuvre consista bientôt à opposer à la candidature de M. Havin une candidature d'ouvrier. L'idée de donner place sur la liste des candidats de l'opposition à un représentant de la classe vouée au travail manuel, connaissant bien ses besoins, et capable de défendre ses intérêts, n'avait en elle-même rien de déraisonnable. Le principe de cette candidature était admis par tous ; on n'en contestait que l'opportunité. Il semblait aux ouvriers eux-mêmes que le moment de s'occuper de leurs intérêts spéciaux n'était pas venu, et que leur unique intérêt à eux, comme à toutes les classes de la société, consistait à rendre à la France la liberté. Les ouvriers sentaient aussi que la composition de l'assemblée devant laquelle leur député serait appelé à prendre la parole lui imposait une habileté de langage et des précautions de forme dont son éducation incomplète le rendrait incapable.

Le candidat opposé à M. Havin dans la 2e circonscription était M. Blanc, ouvrier typographe. Les ouvriers de plusieurs grands ateliers de Paris et de Lyon, ceux de l'usine Cail, entre autres, lui écrivirent pour l'engager à renoncer à la candidature; mais il persista dans sa résolution.

Le gouvernement n'avait trouvé pour opposer aux illustrations de la liste libérale que des notabilités de quartier. La liste officielle était ainsi composée :

« *Edouard Delessert*, propriétaire à Passy. — 1re circonscription.

» *Devinck*, député sortant, ancien président du tribunal de commerce. — 2e circonscription.

» *Varin*, ancien négociant, maire du 4e arrondissement de Paris. — 3e circonscription.

» Le *général de division Perrot*, député sortant, ancien commandant supérieur des gardes nationales de la Seine, grand-officier de la Légion d'honneur. — 4e circonscription.

» *Frédéric Lévy*, maire du 11e arrondissement de Paris, ancien juge, président de section du tribunal de commerce. — 5e circonscription.

» *Fouché-Lepelletier*, député sortant. — 6e circonscription.

» *Constant Say*, raffineur, membre de la chambre de commerce. — 7e circonscription.

» *Kœnigswarter*, député sortant. — 8e circonscription.

» *Picard*, ancien maire d'Ivry, conseiller général de la Seine. — 9e circonscription. »

Le moment de la lutte approchait. Il était urgent de mettre un terme à toutes les divisions. Le comité adressa le 20 mai aux électeurs cette proclamation qui lui parut propre à produire un rapprochement général :

« Paris, le 20 mai 1863.

» Monsieur et cher concitoyen,

» Liberté! c'est le vœu de tous, le cri de tous, le cri des consciences, le besoin du présent, l'espoir de l'avenir.

» Liberté, on trouve ce mot inscrit sur tous les programmes, sur toutes les professions de foi, sur toutes les bannières. Il retentit partout, dans les villes, dans les campagnes; les uns l'acclament comme la vérité, les autres s'en couvrent comme d'un voile; c'est de la part de tous un éclatant hommage à notre immortelle révolution.

» Si du scrutin électoral, au lieu de noms d'hommes, devait sortir un principe, un vote presque unanime proclamerait la liberté.

» En ce moment solennel, où le peuple est appelé à faire acte de souveraineté, l'expression suprême de sa volonté, hautement et incontestablement manifestée, c'est la liberté !

» La liberté est donc le but posé : pour y parvenir, l'union nous est prescrite comme un devoir. Laissons les polémiques fâcheuses ! Écartons les divisions funestes ! Élevons la lutte électorale en tolérant nos dissidents, en respectant nos adversaires. Prouvons, par notre dignité dans l'action, que nous sommes toujours la nation généreuse et puissante, dont l'initiative vigoureuse a donné l'impulsion au mouvement qui entraîne le monde.

» Serrons donc nos rangs ! Marchons dans la voie ouverte à l'humanité, la main dans la main, le front haut, certains de notre droit, fiers de notre force. Notre cause est sainte. Le dieu de la justice est avec nous. Marchons ! l'inaction, c'est le suicide; l'action, c'est la liberté.

» Vos dévoués concitoyens,

» CARNOT, ED. CHARTON, J. J. CLAMAGERAN, B. CORBON, A. DRÉO, E. DURIER, GARNIER-PAGÈS, J. FERRY, CH. FLOQUET, CH. HÉRISSON, F. HÉROLD, MARIE, HENRI MARTIN, JULES SIMON. »

La candidature la plus antipathique au gouvernement était celle de M. Thiers. Le meilleur moyen de la combattre eût été de s'effacer devant elle. L'abstention de l'administration entre M. Thiers et M. Devinck aurait peut-être compromis M. Thiers et empêché beaucoup de républicains de voter pour lui. M. de Persigny aima mieux adresser, le 21 mai, au préfet de la Seine, une lettre qui se terminait ainsi : « M. Thiers est trop honnête homme pour que personne puisse l'accuser de prêter un serment qu'il n'aurait pas l'intention de tenir; mais ce que veut M. Thiers, c'est le rétablissement d'un régime qui a été fatal à la France et à lui-même, d'un régime flatteur pour la vanité de quelques-uns et funeste au bien de tous,

» qui déplace l'autorité de sa base naturelle pour la jeter en
» pâture aux passions de la tribune, qui remplace le mouve-
» ment par l'agitation stérile de la parole, qui, pendant dix-
» huit ans, n'a produit que l'impuissance au dedans et la
» faiblesse au dehors, et qui, commencé dans l'émeute, con-
» tinué au bruit de l'émeute, a fini par l'émeute. »

Cette mercuriale, adressée à un homme comme M. Thiers par un homme comme M. de Persigny, se terminait ainsi : « Non, monsieur le préfet, en face de la France agrandie,
» de cette France qui n'est devenue si prospère et si glo-
» rieuse que depuis que M. Thiers et les siens ne sont plus
» aux affaires, au sein de cette grande cité aujourd'hui la
» plus tranquille, la plus riche et la plus belle de l'univers,
» non, le suffrage universel n'opposera point au gouverne-
» ment qui a tiré le pays de l'abîme ceux qui l'y avaient
» laissé tomber. »

Cette lettre, tirée à profusion et affichée sur les murs de Paris, ne servit qu'à rallier les démocrates hésitants autour de la candidature de M. Thiers.

Le parti abstentionniste démocratique auquel s'était joint un certain nombre d'abstentionnistes légitimistes dont le manifeste avait paru dans la *Gazette de France* redoublait d'activité au moment où l'on touchait au dénoûment et menaçait de compromettre le succès de l'élection. Le comité eut recours, le 15 mai, à une nouvelle proclamation pour démontrer la nullité absolue des bulletins blancs, même comme protestation :

« Aux arguments légaux, nous croyons devoir ajouter quelques considérations politiques.

» Nous respectons profondément les opinions divergentes, et nous avons la conviction qu'elles sont sincères. Nous nous croyons en droit de réclamer une juste réciprocité, car nous ne cherchons pas la lutte, mais la lumière.

» Revêtus pour peu de jours d'une mission conciliatrice, nous n'avons dans le cœur aucune pensée hostile.

» Nous élevant au-dessus des questions de personnes, nous voyons, dans le suffrage universel, plus encore que l'élection des représentants; nous y voyons la manifestation éclatante de la volonté souveraine du peuple. N'est-il pas évidente que cette manifestation sera d'autant plus importante, que le chiffre des citoyens qui la feront sera plus considérable. Ne serait-ce pas une faute grave, un crime d'État, que de rétrécir ce chiffre, et amoindrir ainsi l'explosion du sentiment national?

» Depuis la fondation du suffrage universel, le peuple n'a jamais cessé de vouloir user de son droit. C'est lui qui a, maintes fois, imposé son vote à ses élus. Il a compris qu'il ne devait, qu'il ne pouvait jamais abdiquer. Nous ne sommes donc que l'interprète de ses intentions, lorsque nous venons vous inviter à vous présenter à cette vaste communion, où, sous la forme d'un bulletin, chacun, faible ou fort, pauvre ou riche, vient déposer sa protestation ou son affirmation.

» Mais parce que des nuances plus ou moins diverses existent entre les opinions de l'électeur et du candidat, faut-il renoncer à exprimer sa pensée? s'il en était ainsi aucune élection ne serait possible, car on ne pourrait donner son vote qu'à soi-même. Il faut donc choisir celui qui s'éloigne le moins du but qu'on se propose, et considérer autant celui contre lequel on vote que celui pour qui l'on vote.

» N'est-il pas aussi des moments solennels où l'on se trouve dans la nécessité de regarder non plus le passé, mais l'avenir. En face d'une situation nouvelle et exceptionnelle, ne sommes-nous pas tous des hommes nouveaux?

» Non point qu'il faille oublier ou les fautes ou les services rendus; mais ne devons-nous pas en ce moment, pour la liberté, proclamer la trêve de Dieu?

» Et lorsque le gouvernement fait ses choix lui-même et désigne ses candidats, n'a-t-il pas par cela même créé une grande catégorie : celle des exclus?

» Et si les exclus se rallient autour d'un drapeau qui est le nôtre, l'ordre par la liberté, ne devons-nous pas tous courir ensemble au scrutin pour élever haut notre glorieux drapeau et le faire briller au soleil?

» Ainsi donc, monsieur et cher concitoyen, pas de découragement; pas d'abstention! »

Le comité du *Manuel électoral* répondit en même temps à la *Gazette de France* :

« La *Gazette de France* du 20 mai a publié une sorte de manifeste signé de diverses personnes qui conseillent aux électeurs de Paris le vote à bulletin blanc.

» Cette note repose sur une erreur de droit évidente.

» Il n'est point exact de dire que le bulletin blanc est un vote parfaitement légal, qu'il change les conditions de la majorité, qu'il compte par sa nullité même, etc. L'article 30 du décret du 2 février 1852 dit précisément le contraire.

» Il n'est pas vrai que, en conseillant aux citoyens le vote à bulletin blanc, on les convie à une action légale et régulière ; on ne fait que leur indiquer une forme nouvelle et plus raffinée d'abstention. '

» Les auteurs du *Manuel électoral*,
» Clamageran, Dréo, Durier, Ferry, Floquet, Hérold. »

Les *Cinq* crurent devoir à leur tour élever la voix. Ils publièrent une courte proclamation dans le *Siècle* du 30 mai :

« Électeurs,

» Quelques-uns d'entre vous demandent notre opinion sur le vote à bulletin blanc.
» Le vote à bulletin blanc c'est l'abstention puérile.
» Or, s'abstenir aujourd'hui sous quelque forme que ce soit, c'est voter pour le candidat du gouvernement.
» Quant à nous, nous ne cesserons de vous répéter jusqu'au dernier moment : Au vote !
» Au vote avec union, au vote avec un seul mot de ralliement : Liberté !
» Jules Favre, Émile Ollivier, Ernest Picard, Darimon. »

Le jour de l'ouverture du scrutin approchait. M. de Persigny jugea que le moment était venu de porter un dernier coup aux candidatures de l'opposition. Les préfets reçurent donc, le 28 mai, une circulaire dans laquelle le ministre de l'intérieur leur confiait la mission de signaler aux populations la coalition « des hommes de 1815, de 1830, de 1848, qui essayaient sur plusieurs points de surprendre la bonne foi du pays pour tourner contre l'Empereur les libertés mêmes qu'il a données récemment, et qui tous, obéissant au même mot d'ordre, ne pouvant nier les grandes choses faites par l'Empereur, s'attaquent aux moyens qui ont servi à les accomplir, c'est-à-dire aux finances de l'État, parce que peu de personnes étant versées dans les questions de ce genre, ils espèrent pouvoir plus impunément répandre le mensonge et l'erreur ». M. de

Persigny affirmait que si la dette avait été augmentée, le revenu public s'était accru en proportion ; que le budget n'atteignait pas, comme on le prétendait, le chiffre de 2 milliards, et que d'ailleurs ce budget, « noblement dépensé », produisait d'énormes richesses dans le pays. La circulaire finissait par un tableau de la situation financière de la France, qui n'avait jamais été si brillante.

La candidature de M. Thiers n'en continuait pas moins, au milieu de tout cela, à être l'objet des plus vives préoccupations du gouvernement. Le préfet de la Seine, trompé par le langage de certaines feuilles qui traduisaient les impressions du public épris des plaisirs et des jouissances qu'offrait à leur oisiveté opulente la capitale remaniée à leur profit, se croyait entouré d'une immense popularité et seul capable d'avoir raison de la candidature de M. Thiers. M. Haussmann lança donc une proclamation aux électeurs de Paris d'un ton plus cassant encore que celui du ministre de l'intérieur, dont il ne fit guère que reproduire les arguments sur la coalition des partis, assaisonnant la rhétorique de M. de Persigny de la menace d'émeutes prochaines qui feraient couler le sang dans les rues, suspendraient les affaires et mettraient les étrangers en fuite. Le bourgeois parisien est sujet à la fois à s'effrayer de ces perspectives et à s'en moquer ; cela dépend des circonstances. Il faut connaître son tempérament et lui parler selon qu'il est dans une de ses crises de peur ou dans un de ses moments de confiance. M. Haussmann ne savait pas tâter le pouls à ses administrés, car personne n'a été moins Parisien que ce préfet qui se vantait d'avoir renouvelé Paris.

Le 31 mai, jour du vote, le soleil brillait au milieu du ciel printanier, il y avait dans tous les cœurs une grande attente et une émotion véritable. C'était la résurrection ou la mort de la France qui allait sortir du scrutin. La foule, vers le soir, remplissait les boulevards et assiégeait la porte de tous les journaux. Pas de cri, pas de tumulte ; quelques exclamations de joie, quelques serrements de main à la vue des premiers résultats de l'élection. A dix heures, il y eut comme une explosion : « Toute la liste de l'opposition a passé ! » Toute la liste avait passé, en effet, à l'exception de la 6ᵉ circonscription ; mais là aussi cependant M. Eugène Pelletan avait eu la majorité.

La foule se retira calme et silencieuse. Ce soir-là, Paris avait pris sa revanche du 2 décembre.

M. de Persigny n'ayant sans doute point usé toute son éloquence pendant la lutte, crut devoir expliquer aux préfets, par une proclamation solennelle, le sens des dernières élections, et les engager à s'inspirer de plus en plus « des
» sentiments de modération qui sont le propre d'un gouver-
» nement fort et d'une administration paternelle. La coali-
» tion a pu réussir dans les grands centres de population,
» plus habituellement accessibles à l'influence de la presse,
» à surprendre le suffrage universel, mais le gouvernement
» peut compter sur l'immense majorité du pays. Les der-
» nières élections ont constitué définitivement, dans la
» Chambre comme dans la nation, le parti du gouverne-
» ment, et réduit à néant les illusions de ceux qui supposaient
» à la France la pensée de renverser les bases du plébiscite
» de 1851, soit pour copier les institutions aristocratiques
» de l'Angleterre, soit pour faire tomber le pouvoir des
» mains de la royauté dans celles des orateurs. »

La rupture de Paris avec l'Empire, l'opposition manifestée contre lui dans les grandes villes, étaient cependant des symptômes graves. Les classes populaires, en conservant le culte de la mémoire de Napoléon Ier, avaient rendu possible la restauration de sa dynastie, mais les dernières élections constataient que, depuis les plébiscites de 1851 et de 1852, un changement s'était opéré en elles. Les ouvriers se séparaient des paysans, restés plus fidèles à la légende napoléonienne. C'était là le sens du grand mouvement électoral auquel la France et l'Europe venaient d'assister.

L'élection de MM. Berryer et Marie à Marseille, de MM. Jules Favre et Hénon à Lyon, de M. Lanjuinais à Nantes, assuraient un renfort assez notable à la fraction des *Cinq*, sans compter les députés élus en dehors de l'influence officielle et contre elle, dans vingt et une circonscriptions.

La Chambre comptait trente-cinq députés non officiels en tout, chiffre peu considérable en apparence, mais très-important en réalité, si l'on tient compte des forces immenses dont disposait le gouvernement. L'Europe considéra ce résultat comme un échec. M. de Persigny recueillit les fruits d'une polémique traduite par ses préfets avec une violence inutile ; aussi personne, excepté lui, ne fut surpris d'apprendre que Napoléon III se privait momentanément de ses services. Cette résolution lui fut signifiée le jour même où il se congratulait avec ses préfets du résultat des élections. M. de Persigny donna le 24 mai sa démission ; sa retraite devint l'occasion d'un renouvellement ministériel rendu nécessaire par le renfort d'orateurs que les électeurs venaient d'envoyer au Corps législatif.

M. Walewski quitta le ministère d'État, dont toutes les attributions administratives furent partagées entre les ministères de la maison de l'Empereur et de l'instruction publique, et qui ne conserva que les attributions politiques. M. Billault, en prenant le poste de M. Walewski, y joignit les fonctions attribuées aux ministres sans portefeuille par le décret du 24 novembre 1860 et devint le ministre le plus important du cabinet ; désireux d'avoir au ministère de l'intérieur un homme de sa confiance, il proposa au choix de l'Empereur son ami, M. Boudet, président de section au Conseil d'État. M. Baroche échangea, contre le ministère de la justice vacant par la retraite de M. Delangle, la présidence du Conseil d'État dont fut chargé M. Rouher, remplacé au ministère des travaux publics et du commerce par M. Béhic. M. Duruy prit, au ministère de l'instruction publique, la place de M. Rouland, qui reçut comme dédommagement la sinécure lucrative de gouverneur de la Banque de France.

La Constitution interdisait aux ministres de prendre la parole devant les Chambres, le changement introduit dans les attributions du ministère d'État portait atteinte à ce principe. Le *Moniteur* avait beau prétendre que ce n'était là qu'une mesure toute simple pour « organiser plus solidement la représentation de la pensée gouvernementale devant les Chambres, sans s'écarter de la pensée de la Constitution », il était difficile de n'y pas voir, sinon un pas vers la responsabilité ministérielle ou vers le gouvernement parlementaire, du moins une dérogation indirecte aux principes de la Constitution. Les conseils de M. de Morny, d'après plusieurs journaux, n'étaient pas étrangers à ces changements. Le président du Corps législatif crut devoir démentir ces bruits par la lettre suivante adressée au *Constitutionnel* :

« Plusieurs journaux me font intervenir dans la formation du ministère dans des termes qui sembleraient indiquer qu'ils y sont autorisés par moi. Le fait est inexact, et le peu de convenance de pareilles suppositions me fait vaincre ma répugnance habituelle à m'occuper de ce qui se publie sur mon compte. »

Le nouveau ministre de l'instruction publique n'appartenait pas à ce qu'on pourrait appeler le haut état-major universitaire. Il n'avait jamais fait partie du conseil impérial ni professé à la Sorbonne ou au Collége de France. Il avait eu quelques rapports avec l'Empereur au sujet de l'*Histoire de Jules César*, et il lui avait plu. Simple inspecteur général, c'est pendant sa tournée d'inspection qu'il reçut la nouvelle de son élévation au ministère. Il s'appliqua tout de suite à la justifier, et il inaugura le 1er juillet son avénement en rétablissant l'enseignement de la philosophie dans les lycées. Quelques jours plus tard, dans son discours à la distribution des prix du concours général, il annonça deux autres mesures excellentes : la suppression de la bifurcation et la création d'un enseignement professionnel; l'introduction de l'enseignement de l'histoire contemporaine dans la classe de philosophie trouva moins d'approbateurs. Beaucoup de bons esprits convaincus de l'existence d'une conscience politique comme d'une conscience religieuse, et de la nécessité de respecter l'une autant que l'autre, pensaient en effet que l'histoire contemporaine n'est pas, à proprement parler, de l'histoire, qu'elle n'est pas faite et par conséquent qu'elle ne peut être enseignée. Les partisans de la mesure répondaient que l'histoire n'est jamais faite, que nos passions la refont chaque jour et que l'étude du passé se ressent inévitablement des émotions du présent; supprimez donc aussi l'enseignement de l'histoire ancienne, car vous ne l'empêcherez pas, ajoutaient-ils, de s'imprégner plus ou moins des sentiments contemporains, à moins que les actes de la conscience politique des ancêtres ne cessent par un miracle d'affecter la conscience politique de leurs descendants.

Le cabinet était formé, mais la mort empêcha M. Billault d'y jouer le rôle prépondérant que la volonté impériale lui avait confié. Ses funérailles eurent lieu aux frais du Trésor public, et une souscription fut ouverte pour lui dresser une statue à Nantes, son pays natal. Il fallait lui chercher un successeur. Où? Au Sénat, personne, si ce n'est quelques vieux administrateurs cantonnés dans leur spécialité, ou quelques nullités plus jeunes dont le dévouement et la paresse se contentaient d'une grasse dotation. Au Corps législatif? personne non plus. D'ailleurs, prendre un ministre d'État sur les bancs de l'Assemblée élective eût paru un retour trop direct au régime parlementaire. Même disette d'hommes au Conseil d'État. M. Vuitry ne manquait sans doute pas de mérite, mais il avait faibli au moment de la confiscation des biens d'Orléans ; rentré en grâce depuis et toujours un peu suspect, on ne pouvait le choisir comme principal avocat de l'Empire. Les présidents de section, gens fort dévoués, n'étaient pas cependant, au 2 décembre, dans le cheval de Troie ; ils n'avaient pas participé au coup d'État. Deux hommes, parmi les membres du cabinet pouvaient prétendre à la succession de M. Billault : MM. Baroche et Rouher ; le premier, usé sans gloire dans le huis clos des sessions de l'ancien Corps législatif, premier sujet sans prestige et sans éclat, ne pouvait être qu'une doublure utile, et son dévouement se contentait de ce rôle.

M. Rouher, né à Riom le 30 novembre 1814, était l'un des quatre enfants d'un avoué de cette ville. Le jeune Eugène Rouher, enfant des montagnes, aimait cependant la mer. La suppression de l'école d'Angoulême, en 1828, rendit l'aspirant manqué au collège de Riom, et bientôt à celui de Clermont, où il finit ses études. Il vint à Paris suivre les cours de l'École de droit, et il y resta, après

avoir été reçu avocat, occupé à faire de la procédure dans une étude d'avoué, jusqu'au jour où il revint à Riom pour remplacer un de ses frères que des raisons de santé obligeaient de quitter le barreau. Il trouva dans sa ville natale une position toute faite, qu'il occupa pendant douze ans, de 1836 à 1848, plaidant avec succès les procès civils, les procès criminels, et, lorsque l'occasion s'en présentait, les procès de presse. M. Rouher, parvenu au point culminant de sa carrière d'avocat, voulut entrer dans la magistrature. Un poste d'avocat général lui aurait assez convenu. M. Hébert, alors garde des sceaux, le lui refusa. L'idée lui vint d'essayer de la vie politique; alors il sollicita la députation en concurrence avec M. Combarel de Leyval, candidat ministériel aux élections de 1846, qui ne l'emporta qu'à 20 voix de majorité. Deux ans après, le suffrage universel le vengeait du dédain des censitaires. Il est vrai que M. Rouher, s'élançant au lendemain de la révolution de Février à la tribune du club de Riom, avait déclaré aux électeurs républicains que « sa vie a été jusqu'ici toute
» judiciaire, qu'il n'est ainsi que républicain du lendemain,
» mais convaincu que les idées nouvelles peuvent seules
» faire le bonheur de son pays, il s'y dévoue avec énergie.
» Il veut la liberté de réunion pleine et entière. Les clubs
» doivent être les organes de la volonté du peuple. Ils sont
» chargés de son instruction, ils sont indispensables. Il
» veut l'impôt mieux réparti, l'abolition des droits réunis,
» l'impôt progressif, mais avec des conditions qui ne mènent
» pas au communisme, il veut que cet impôt atteigne aussi
» les professions, que le travail soit organisé, que l'agricul-
» teur ait des ressources assurées contre les malheurs qu'il
» ne peut prévoir, que l'État soit assureur..... Tout pour le
» peuple, tout par le peuple! »

Éloquente préface à la non moins éloquente circulaire qui se termine ainsi :..... « Républicains éprouvés par la
» lutte, républicains du lendemain qui n'ont autorisé per-
» sonne à douter de la sincérité de leur langage, tous ont
» le droit et le devoir de concourir à cet édifice gigantesque
» destiné à devenir, s'il est bien construit, l'arche sainte
» des générations futures. Il suffit d'avoir écouté un ins-
» tant la voix des peuples pour proclamer la suppression
» immédiate d'impôts vexatoires, plus particulièrement
» onéreux à la classe ouvrière. »

Cet édifice transformé en arche charma les électeurs du Puy-de-Dôme. M. Rouher, élu l'avant-dernier sur une liste de quinze représentants, accourut à Paris, et s'empressa de visiter divers clubs républicains où il fit entendre, dit un de ses biographes, « des paroles énergiques dignes
» du démocrate le plus avancé ».

Le représentant du Puy-de-Dôme, toujours vêtu de noir, cravaté de blanc, rasé de près, assidu dans les bureaux, le premier à son banc de la droite, attirait les regards par l'air de régularité majestueuse répandu sur toute sa personne. Il prit part aux débats relatifs à la Constitution, et dans cette grande question le hasard, par une de ces ironies qui lui sont familières, le mit aux prises avec Lamartine. Il s'agissait de l'élection du président de la République. Serait-il élu par l'Assemblée nationale ou par le suffrage universel? M. Rouher hésitait entre les deux systèmes : « Si le chef du pouvoir exécutif est faible, disait-il, l'Assemblée ne va-t-elle pas l'absorber? et si, au contraire, le chef élu par le suffrage universel est un homme éminent, peut-être même de génie, ne résistera-t-il pas au pouvoir législatif?» M. Rouher était déjà convaincu qu'il résisterait, car « la résignation n'est pas la vertu favorite des grands hommes ».

Lamartine répondit : « Un homme! cela est bien facile
» à dire. Où sera-t-il cet homme? Sommes-nous dans un
» temps où l'on prenne les noms pour des choses, un fan-
» tôme pour la réalité? Mais quand vous auriez cet homme
» sous la main, je vous dirais encore : Prenez garde à qui
» vous remettez vos pouvoirs! Il y a deux noms dans l'his-
» toire qui doivent à jamais, selon moi, empêcher une
» Assemblée française de confier la dictature de sa Répu-
» blique, de sa Révolution, à un homme. Ces deux noms,
» citoyens, c'est le nom de Monck en Angleterre, et de
» Bonaparte en France. »

M. Rouher avait présenté, de concert avec M. Duvergier de Hauranne et Créton, un amendement en faveur du système des deux Chambres, seul capable, selon lui, de « ne pas compromettre les conquêtes de Février ». Il ne paraissait pas, à cette époque, avoir aperçu encore clairement son avenir politique; car à propos des mesures proposées par la droite après les journées de Juin, il flétrit les lois exceptionnelles : « Le législateur peut devenir passionné,
» violent, il peut chercher la présomption de la condamna-
» tion au lieu de la présomption de la vérité; il peut vouloir
» priver la justice de ses ressources, et l'accusé de ses moyens
» de défense. Il suit alors une route désastreuse, et aboutit
» au tribunal révolutionnaire, aux cours prévôtales. Voilà
» pourquoi de cette législation *fétide* s'est élevé un nuage
» sanglant qui nous empêche de voir les vérités contenues
» dans la Révolution. »

Pourtant dans la discussion de la loi de la déportation appliquée aux crimes politiques, il trouve *énervante* la distinction entre les crimes politiques et les crimes de droit commun; et il ajoute : « Cette distinction n'est pas étrangère aux malheurs qu'a subis le pays. » Pierre Leroux demandait que les femmes et les enfants des transportés fussent admis à partager le sort de leur mari ou de leur père. M. Rouher s'y oppose : « Il peut y avoir d'*imprudents* » *dévouements*, il peut y avoir des *mouvements irréfléchis*. » Une jeune femme dont le mari est transporté peut avoir » d'autres devoirs à remplir sur le continent, une mère à » soigner et qui, elle, n'a pas de culpabilité à se reprocher. » Elle peut avoir des enfants en bas âge de l'avenir des- » quels elle ne peut pas disposer..... Toutes ces situations » comportent l'*intervention paternelle*, bienveillante du » gouvernement. »

A ces mots d'*intervention paternelle*, Lamartine se leva :

« Toute législation qui, dans des matières aussi déli- » cates sous le rapport du cœur humain et des liens sacrés » de la famille, se prétend plus sage que la nature court » le risque de devenir une législation contre nature. »

M. Rouher se tut.

Le représentant du Puy-de-Dôme, sortant un jour de quelque club, était entré dans la réunion de la rue de Poitiers. Il fit partie de son comité électoral. Le département du Puy-de-Dôme le plaça, en 1849, sur la liste de sa députation; il fut nommé le deuxième cette fois : Travailleur infatigable, parleur facile, mais sans littérature, sans imagination, sans sensibilité, il était devenu, à force de pérorer dans les bureaux et à la tribune, presque un personnage. M. de Morny, que d'importants intérêts industriels rattachaient au département du Puy-de-Dôme, le désigna au choix du prince-président, pour entrer, avec MM. Ferdinand Barrot, Fould, de Rayneval, d'Hautpoul, de Parieu, Dumas, Bineau, dans ce ministère de commis qui succéda, le 30 octobre 1849, au premier cabinet du prince Louis Bonaparte. Les sceaux lui furent confiés.

Le nouveau garde des sceaux avait eu l'honneur d'être réfuté par Lamartine, l'affaire de la Plata lui fournit une occasion de répondre à M. Thiers. On le trouva faible. Il ne parlait pas encore devant le Corps législatif. Peu de jours après, il prit part à la discussion de la loi sur la presse. Son premier soin fut de déclarer que la juridiction du jury, en matière de presse, était « une juridiction défectueuse, faible, impuissante », et d'en demander la suppression. C'était enlever aux « conquêtes de Février » un de leurs meilleurs préservatifs ; mais les événements avaient marché depuis un an. On n'était plus, comme le dit très-bien M. Rouher, au « lendemain de ce grand ébranlement pro- » duit par la révolution de Février que je considérerai » toujours, *moi*, comme une véritable catastrophe ». La gauche tout entière se lève à ces mots pour protester. M. Bancel s'écrie : « Qui étiez-vous avant le 24 février, et que seriez-vous sans la République ? » M. Émile de Girardin lui-même s'indigne sur son banc ; mais le club d'Issoire tout entier se dresserait devant M. Rouher pour lui demander compte de ce mot, qu'il ne le retirerait pas. Un mot en France, c'est toujours quelque chose, et ce mot « la révolution de Février est une catastrophe » ne devait pas peu contribuer à la future grandeur de M. Rouher.

Il n'en défendait pas moins à l'occasion la Constitution née de cette catastrophe. M. Larrabit, pendant la discussion sur la destitution du général Changarnier, ose l'accuser de violer le pacte national.....

« Le cabinet, répond-il avec indignation, est convaincu de la loyauté de mes intentions, de mon *désir profond de respecter la Constitution* à laquelle on me rappelait il y a un instant.
» .... En ces temps plus qu'en tout autre, il faut veiller à la foi fondamentale de son pays..... Je la respecterai toujours *avec scrupule*. Je

désire qu'elle soit respectée et défendue par tous les pouvoirs qui émanent d'elle. Ne craignez donc pas du gouvernement actuel ces rêves dont on a prononcé les noms, il y a quelques instants, *ces rêves du coup d'État,* ces attaques incessantes, continues contre le pouvoir parlementaire, attaques qui auraient pour but de le ravaler, de l'avilir, de le détruire dans l'opinion avant de le détruire dans son existence. De pareils rêves seraient complètement insensés, et le pouvoir qui obtiendrait un pareil triomphe aurait tristement à le regretter, car le lendemain il n'existerait plus. »

M. Rouher n'en croyait pas un mot, mais il fallait bien amuser le tapis. Le 18 juillet 1851 il n'était plus ministre, le cabinet tout entier ayant donné sa démission à la suite du blâme que lui infligeait l'Assemblée. Six jours après, il rentre au ministère avec MM. Baroche et Fould pour en sortir de nouveau le 26 octobre, quelque temps avant le coup de balai.

S'il est vrai que M. de Morny, comme l'a dit M. Rouher sur sa tombe, en parlant de son attitude avant le coup d'État, ait accepté « avec une sorte de gaieté et de courageux empressement cette redoutable responsabilité », il n'en fut pas de même de son panégyriste. M. Rouher écrivit, il est vrai, en 1856 à M. Véron, pour le remercier de l'envoi des *Mémoires d'un bourgeois de Paris*, où il figure comme ayant débattu avec Morny et Persigny le plan du coup d'État devant le prince Louis Bonaparte, et comme ayant accepté « résolûment (1) » le ministère de la justice le 3 décembre; mais alors l'attentat avait réussi. Il se vantait moins de sa complicité au moment de l'exécution si l'on s'en rapporte à la lettre adressée par lui le 3 décembre au directeur de l'imprimerie nationale :

« J'apprends par voie indirecte que des documents portant ma signature vous sont transmis pour être envoyés en province. Je suis entière-

---

(1) *Mémoires d'un bourgeois de Paris*, par le docteur Véron.

ment étranger à ces actes, et vous prie de ne pas y maintenir ma signature.

» Votre dévoué,

» *Signé* Rouher (1). »

M. Rouher repoussait la responsabilité publique du crime, mais on le vit, tremblant proscripteur, se glisser au milieu des ténèbres de la nuit du 2 décembre dans le palais où se dressaient les listes des victimes qu'il devait le lendemain livrer, comme ministre de la justice, aux lois exceptionnelles flétries naguère par lui. Les républicains sont emprisonnés, ruinés, dépossédés de leurs offices sous ses yeux, il ne sourcille pas. La confiscation des biens de la famille d'Orléans est prononcée, il a peur, et il quitte le ministère le 21 janvier sous prétexte de scrupule de conscience. Scrupules bien éphémères, car le 25 du même mois, il reprend du service en qualité de président de la section de législation, justice et affaires étrangères au Conseil d'État. C'était déchoir pour un ministre, mais le dévouement n'y regarde pas de si près.

Il reconquit d'ailleurs sa place dans le cabinet en 1855, et depuis cette époque jusqu'au 23 juin 1863, il garda le portefeuille de l'agriculture, du commerce et des travaux publics. Il remplaça le lendemain M. Baroche à la présidence du Conseil d'État. Le prestige des négociations du traité de commerce avec l'Angleterre, l'auréole du libre échange le faisaient briller d'un éclat particulier à la mort

---

(1) Plus bas cette ligne :

« Je fais la même déclaration et la même prière. — *Signé* A. Fould. »

A l'angle gauche de la lettre :

« Reçu le 2 décembre 1851 à cinq heures du soir.

» *Le secrétaire de la direction.* »

(Timbre de l'imprimerie.)

de M. Billault. Homme de conseil et de main, ministre à tout faire, il était capable de résoudre avec la même facilité une question de tarif et d'enlever une élection difficile. Les habitants de la Corrèze venaient de le voir en grand uniforme brodé d'or, tricorne en tête, épée au côté, la poitrine chamarrée de décorations, débitant l'orviétan électoral du haut de sa calèche ministérielle sur toutes les places publiques de leur département. Ministre d'État à la place de M. Billault, il va maintenant placer ses gobelets sur la tribune. Que de muscades à escamoter, sans compter celle de l'expédition du Mexique! La majorité du Corps législatif ressemble fort heureusement pour lui au public des théâtres de prestidigitation, d'autant plus enthousiaste pour qui le trompe, que son plaisir consiste à être trompé.

M. Billault accompagnait son jeu de prestidigitateur politique d'une conversation sobre, correcte, discrète, comme un homme qui avait travaillé devant les auditoires les plus distingués, et tenu son rang à côté des célébrités du régime parlementaire. Il connaissait le langage dans lequel on doit traiter les questions politiques; il les avait même apprises dans le temps. M. Rouher ne savait rien, mais croyait suppléer à tout par sa faconde provinciale. On n'avait qu'à lui remettre les dossiers de son prédécesseur, il était prêt à les plaider.

Aurait-il la flexibilité, la souplesse nécessaires pour suivre, comme son prédécesseur, les méandres et les faux-fuyants de la pensée impériale, pour la montrer en la cachant? Napoléon III en était réduit à l'essayer; car ce gouvernement qui se vantait d'avoir mis fin au règne des rhéteurs n'avait pas même de rhéteur pour le défendre; il était obligé de se contenter d'un avocat. M. Rouher fut nommé ministre d'État le 18 octobre.

TAXILE DELORD.

Un décret du même jour fixait à quatre le nombre des vice-présidents du Conseil d'État. Ils devaient exercer auprès du Sénat et du Corps législatif les attributions déterminées par l'article 51 de la constitution relatif à la discussion des projets de loi présentés par le gouvernement. M. Forcade de la Roquette, ancien ministre des finances, et M. Chaix d'Est-Ange, procureur général à la Cour impériale de Paris, étaient nommés vice-présidents du Conseil d'État.

L'impératrice Eugénie avait voulu revoir son pays dans tout l'éclat de son rang et de sa fortune; elle rentra le 30 octobre à Saint-Cloud de retour de son voyage en Espagne pour assister à l'ouverture des Chambres fixée au 5 novembre. Deux jours avant cette inauguration eut lieu une cérémonie d'un autre genre. La statue de Napoléon Ier en petit chapeau et en redingote fut descendue de la colonne Vendôme et remplacée le 3 novembre par une statue en costume d'empereur romain. Napoléon III adressait le lendemain même aux souverains de l'Europe une lettre pour leur proposer de régler le présent et d'assurer l'avenir dans un congrès. « Si l'on considère attentivement
» la situation des divers pays, il est impossible de ne pas
» reconnaître que presque sur tous les points les traités
» de Vienne sont détruits, modifiés ou menacés. De là des
» devoirs sans règle, des droits sans titres et des préten-
» tions sans frein. » Le congrès chargé de mettre un terme à cette anarchie morale devait naturellement se tenir à Paris, et l'Empereur ajoutait : « Dans le cas où les princes alliés et amis de la France jugeraient convenable de rehausser par leur présence l'autorité des délibérations, je serais fier de leur offrir une cordiale hospitalité. » Napoléon III résuma sa lettre le lendemain dans cette phrase

du discours d'ouverture de la session de 1864 : « Les traités de 1815 ont cessé d'exister. »

La carte de l'Europe allait donc subir une nouvelle transformation. Les anciens dynastes napoléoniens se crurent à la veille de remonter sur leur trône. Le prince Lucien Murat écrivit à ses amis de Naples « de rester en paix, qu'il compte sur la justice du monarque français, pour faire valoir ses droits au congrès ». L'agitation qu'avait fait naître le discours de l'Empereur dans les esprits, s'accrut encore par la publication d'un rapport en date du 1ᵉʳ décembre dans lequel le ministre des finances, Fould, annonçait que les déficits des années 1851 à 1863 seraient de 75 millions. « Ces déficits ajoutés à nos anciens dé- » couverts en porte l'ensemble à 972 millions. Ce chiffre » excède la limite que la prudence impose, et il est néces- » saire de le ramener par la consolidation d'une partie de » la dette flottante à des proportions normales. » M. Fould proposait l'émission d'un emprunt de 300 millions.

Napoléon III avait reçu les réponses des puissances à sa lettre du 4 novembre. Elles lui enlevaient toute illusion sur la possibilité de réunir un congrès.

CHAPITRE XIV

L'ANNÉE 1864 ET LA SESSION

Sommaire. — Commencement de l'année 1864. — Réceptions aux Tuileries. — Arrestation de quatre Italiens. — Élections partielles à Paris. — Comité de la réforme électorale. — Candidatures de MM. André Pasquet, Carnot, Laboulaye, Pinard, dans la 1re circonscription. — Candidatures de MM. Garnier-Pagès, Bancel, Théodore Bac, Renan, Vautrain, Hugelmann, Frédéric Morin, Jules Alix, Jules Ferry dans la 5° circonscription. — M. Tolain, candidat-ouvrier. — MM. Carnot et Garnier-Pagès sont élus.
Session de 1864. — Sénat. — Discussion de l'adresse. — Elle ne dure qu'une séance. — Pétition contre les progrès de la démoralisation.
Corps législatif — L'emprunt de 300 millions. — Discussion de l'adresse. — M. Thiers. — Les libertés nécessaires. — L'abolition de la loi sur les coalitions. — L'amendement sur la presse. — Discours de M. Jules Simon. — Le Mexique. — Présentation de l'adresse à l'Empereur. — Sa réponse. — Élection de M. Bravay. — Discours de M. Eugène Pelletan. — M. E. Ollivier est nommé rapporteur de la loi des coalitions. — Sa défection. — Scène entre M. Jules Favre et lui. — Discussion du budget. — Le Mexique. — La presse. — Discours de M. E. Picard. — Vive discussion entre lui et M. de Morny. — La liberté électorale. — Discours de M. Garnier-Pagès. — Clôture de la session.
Suite et fin de l'année 1864. — Interdiction de lectures publiques au bénéfice des Polonais. — Interdiction du banquet en l'honneur de Shakespeare. — Réception de M. Dufaure à l'Académie française. — Procès des Treize. — Fondation de la Société internationale des travailleurs. — Convention du 15 septembre. — M. Vuitry est nommé ministre président le Conseil d'État. — Lettre de M. de Persigny à M. de Girardin. — Le gouvernement le fait tancer par le *Constitutionnel*.

La fameuse phrase du discours impérial prononcé le 6 novembre à l'ouverture de la session de 1864 « les traités de 1815 ont cessé d'exister », l'incertitude sur la réunion du congrès, l'agonie de la Pologne abandonnée, la lutte entre le Danemark et l'Allemagne, la situation difficile dans laquelle l'expédition du Mexique pouvait mettre le gouvernement impérial, donnaient à la réception officielle, dont les Tuileries étaient le théâtre à chaque renouvellement d'année, une importance particulière. Le public espérait trouver dans les paroles échangées à cette occasion entre l'Empereur et le corps diplomatique quelques indices de nature à confirmer ses craintes ou ses espérances. Le nonce porta la parole au nom de ses collègues, et borna son discours à des vœux pour le bonheur de l'Empereur et pour la prospérité de la France. L'Empereur lui répondit : « Malgré les inquiétudes entretenues par les questions en » suspens, j'ai la confiance que l'esprit de conciliation qui » anime les souverains aplanira les difficultés et maintiendra » la paix. » Le public n'était guère encouragé à partager ces espérances qui reposaient entièrement sur l'acceptation problématique du congrès par les puissances étrangères.

L'acceptation du trône du Mexique par l'archiduc Maximilien était, elle aussi, l'objet de doutes si généralement répandus, que le prince Napoléon-Charles Bonaparte, petit-fils de Lucien Bonaparte, récemment nommé capitaine dans la légion étrangère, s'étant embarqué pour rejoindre son corps au Mexique, le bruit courut que, si Maximilien persistait dans son refus, le prince Bonaparte prendrait sa place.

L'opinion publique se montrant de plus en plus touchée du sort de la Pologne, le ministre de l'intérieur se décida enfin à autoriser des conférences publiques au profit des blessés polonais. La première de ces conférences eut lieu le 15 février dans la salle Barthélemy. Plus de deux mille personnes, appartenant en grande partie à la classe ouvrière, y assistèrent. Cet auditoire peu académique, mais neuf encore, parut éprouver aux discours de MM. Saint-Marc-Girardin et Legouvé, membres de l'Académie française, de si vives émotions, que le gouvernement crut bientôt devoir interdire ces conférences.

La police fit grand bruit de l'arrestation de quatre Italiens envoyés de Londres, disait-elle, par Mazzini, pour attenter à la vie de l'Empereur, et munis de huit bombes en fer battu, de quatre revolvers à six coups, de poignards, de poudre, de balles, etc. (1). Le lendemain de cette arrestation, un décret impérial rendu sur la proposition du maréchal Vaillant, ministre de la maison de l'Empereur, proclama « la liberté industrielle, littéraire et artistique des théâtres, uniquement soumis désormais aux règlements qui concernent l'ordre, la sécurité, la salubrité et la police ».

Un autre décret impérial, en date du 12, porte qu'en vertu de la loi du 30 décembre 1863, il sera procédé par souscription publique à l'aliénation de la somme de rentes 3 pour 100 nécessaire pour produire un capital de 300 millions de francs et un capital supplémentaire qui ne pourra excéder 15 millions. M. Fould, ministre des finances, décida que l'emprunt serait émis par voie de souscription publique, du 18 au 25 janvier, en rentes 3 pour 100, au taux de 66 fr. 30, avec jouissance à compter du 1er janvier 1864. Il n'était point admis de souscription inférieure à 6 francs de rente.

La remise de la barrette à un cardinal était une des occasions où le cérémonial aulique de l'ancien régime aimait à se déployer. Le premier et le second empire restèrent fidèles à cette tradition. Ce fut donc en grande pompe que Mgr de Bonnechose, archevêque de Rouen, promu à la pourpre romaine sur la présentation de Napoléon III, reçut le 14 janvier, de ses mains, la barrette, dans la chapelle des Tuileries. Le nouveau cardinal adressa un discours à l'Empereur et à l'Impératrice. Mgr de Bonnechose, après avoir remercié Napoléon III de la nouvelle preuve d'estime qu'il venait de lui donner, se préoccupait

---

(1) La police avait la main dans le complot. Voyez le livre de M. de Kératry : *Le 4 septembre et le gouvernement de la Défense nationale.*

de ses nouveaux devoirs comme prince de l'Église et comme sénateur de l'Empire. Il parla ensuite de la mission providentielle de Napoléon III. « Le suffrage d'un » peuple entier vous a acclamé et porté sur le pavois. Les » pontifes de la tribu sainte, comme tous les ordres de » citoyens, ont salué en vous l'élu de Dieu et de la nation. » Puissiez-vous vivre longtemps, Sire, pour la prospérité » de la France et pour sa gloire! » L'Empereur répondit mélancoliquement : « Vous avez raison de dire que les » honneurs de ce monde sont de lourds fardeaux que la » Providence nous impose... Je me demande souvent si la » bonne fortune n'a pas autant de tribulations que la mau- » vaise. Mais, dans les deux cas, notre guide et notre sou- » tien, c'est la foi : la foi religieuse et la foi politique, c'est- » à-dire la confiance en Dieu, et la conscience d'une mission » à remplir. Cette mission, vous l'avez appréciée avec l'at- » tachement que vous m'avez toujours témoigné. Aussi, » devez-vous être étonné, comme moi, de voir, à un si » court intervalle, les hommes à peine échappés du nau- » frage, appeler encore à leur aide les vents et les tem- » pêtes. » Ces derniers mots étaient une allusion aux débats très-vifs auxquels donnait lieu en ce moment la discussion de l'adresse.

La mort de la duchesse de Parme devait, disait-on, fournir aux légitimistes l'occasion de se livrer le 7 février à une grande manifestation. Mgr Darboy, archevêque de Paris, refusa l'autorisation de célébrer le service funèbre solennel à Notre-Dame; les fidèles de la maison de Bourbon étaient libres d'ailleurs de faire dire en mémoire de la duchesse de Parme autant de messes basses et de services ordinaires qu'ils le jugeraient convenable. Le gouvernement crut aussi devoir interdire aux gens de lettres de se réunir dans un banquet qui n'avait pourtant rien d'anti-dynastique, car il s'agissait uniquement de fêter le 300ᵉ anniversaire de Shakespeare. Les actionnaires de la compagnie de Suez plus heureux obtinrent la permission de donner à son fondateur, M. de Lesseps, un banquet dans le palais de l'Industrie, sous la présidence du prince Napoléon, qui prononça un long discours à cette occasion.

Un décret du 21 février avait convoqué les colléges de la 1ʳᵉ et de la 5ᵉ circonscription de la Seine pour les 20 et 21 mars, à l'effet d'élire chacune un député à la place de M. Havin et de M. Jules Favre, qui avaient opté l'un pour la Manche, l'autre pour le Rhône. Les élections auraient-elles lieu sur les nouvelles cartes électorales, comme le demandaient les journaux démocratiques, ou sur les anciennes? Le gouvernement se prononça dans ce dernier sens.

L'annonce de la formation d'un comité de l'opposition fournit aux journaux officieux l'occasion d'émettre cette singulière théorie que rien n'était plus contraire à la liberté des électeurs que l'existence d'un comité électoral. Il était donc interdit aux citoyens de mettre leurs efforts en commun pour faire triompher une idée, soit religieuse, soit politique, soit économique, et le principe de l'association devenait une violation de la liberté.

La lutte électorale promettait d'être très-vive. Le nombre des candidats croissait tous les jours. Un comité formé dans la 1ʳᵉ circonscription, et qui s'intitulait *Comité de la réforme électorale*, avait choisi pour candidat M. André Pasquet; MM. Carnot, Laboulaye, Pinard, directeur du Comptoir d'escompte, se présentaient dans la même circonscription.

Les compétiteurs étaient encore plus nombreux dans la

5ᵉ circonscription. MM. Garnier-Pagès, Bancel, Théodore Bac, anciens membres de la Constituante de 1848, Renan, Vautrain, Frédéric Morin, Hugelmann, Jules Allix, Jules Ferry, s'offraient aux suffrages des électeurs. M. Jules Ferry disait en agitant l'étendard des générations nouvelles : « Ma candidature répond à un besoin qui éclate de toutes » parts. Un grand parti ne doit-il pas, à côté des illustra- » tions du passé, préparer les combattants de l'avenir ? » Il ajoutait qu'il « aurait l'ambition d'unir sa voix à celle » des députés de l'opposition pour revendiquer avec eux » nos libertés, et marcher ensuite avec décision et avec » maturité dans la voie des réformes sociales ».

Le groupe des travailleurs qui, aux élections de mai, avait soutenu le principe des candidatures ouvrières, nullement découragé par son insuccès, était décidé à tenter de nouveau les chances du scrutin. Un manifeste signé par soixante ouvriers parut le 14 février. Les signataires, après avoir déclaré qu'ils étaient d'accord avec les députés de Paris sur le terrain des questions politiques, signalaient un désaccord sur le terrain des questions sociales. Ils demandaient l'instruction primaire gratuite et obligatoire, la fondation de nouvelles chambres syndicales composées uniquement d'ouvriers nommés par le suffrage universel, la révision de la loi sur les coalitions, l'extension des sociétés de crédit pour le peuple, une participation de jour en jour plus grande des populations aux bienfaits de la liberté, réclamations justes pour la plupart, mais que plus d'un député non-ouvrier avait également formulées dans sa profession de foi. Le comité des soixante, faute de ressources suffisantes pour subvenir aux frais de deux candidatures, se contentait d'appuyer dans le 5ᵉ arrondissement celle de M. Tolain, ouvrier ciseleur, ex-secrétaire adjoint de la commission pour l'Exposition de Londres en 1862 et membre du Crédit mutuel du bronze. La circulaire de ce candidat fut publiée avec l'appui des signatures de M. Delescluze, ancien commissaire général de la République, Noël Parfait, ancien représentant du peuple, et Laurent-Pichat.

Les adversaires des candidatures ouvrières, sans contester aux ouvriers, sous le régime du suffrage universel, le droit de siéger au Corps législatif comme tous les autres citoyens, faisaient seulement remarquer que, la Révolution ayant eu pour résultat de supprimer les classes de la société, c'était chercher à les rétablir que d'invoquer le principe de la représentation spéciale.

La multiplicité des candidats aurait pu nuire au succès de l'opposition ; il fallait faire un choix. M. André Pasquet, dans la 1re circonscription, se retira devant M. Carnot qui resta seul candidat du parti démocratique. Le choix était plus difficile dans la 5e circonscription. M. Garnier-Pagès se présentait aux électeurs avec l'appui de sa vieille renommée, de ses services récents, et celui de M. Jules Favre. L'ancien élu de la 5e circonscription, député de Lyon, alors dans tout l'éclat de sa popularité, recommandait, dans une lettre rendue publique, l'ancien membre du gouvernement provisoire à ses amis. Le *Siècle*, « craignant » que la prise de possession de deux circonscriptions par » deux membres du gouvernement provisoire donnât un » cachet exclusif à l'élection, et voulant élargir les rangs » et faire sortir de l'abstention un homme éprouvé par » l'exil, et orateur », soutenait la candidature de M. Bancel, que les électeurs du département de la Drôme avaient envoyé à l'âge de vingt-six ans siéger à l'Assemblée législative de 1849. La République, alors attaquée par les partis monarchiques, qui se disputaient son héritage, affaiblie par ses divisions, luttait contre une coalition aveugle qui, en la combattant, préparait sa propre défaite. L'approche d'un dénouement inévitable communiquait aux discussions parlementaires une énergie qui rappelait les luttes de la première Révolution. Le jeune Bancel, appelé plusieurs fois à la tribune, s'y montra plein d'ardeur à la fois et d'empire sur lui-même ; l'élévation et la fermeté de sa parole lui donnaient chaque jour plus d'autorité. La majorité, ordinairement si intolérante, l'écoutait. M. Bancel serait devenu avec l'aide du temps un véritable orateur ; mais un matin, en revenant de l'Assemblée nationale, où il avait vu la tribune brisée, il trouva en rentrant chez lui des sergents de ville qui l'attendaient pour le conduire en exil.

La Belgique lui offrit un asile ; il y fit, comme plusieurs autres réfugiés, des conférences littéraires où son éloquence se montra sous un jour nouveau. Tel était le candidat que le *Siècle* opposait à M. Garnier-Pagès, non dans une pensée hostile à M. Garnier-Pagès lui-même, mais pour honorer l'exil noblement supporté, la résignation en face d'une carrière brisée, et pour rendre à la tribune un talent qui promettait de l'illustrer. M. Bancel comptait malheureusement parmi ses amis des abstentionistes très-résolus ; partagé entre la crainte de leur déplaire et le désir de reparaître sur la scène de ses anciens succès, il avait laissé passer les délais légaux pour envoyer son serment ; c'était du moins l'avis de la préfecture de la Seine qui ne le porta point sur la liste des candidats. Il quitta Bruxelles et vint à Paris pour assigner M. Haussmann ; mais le tribunal civil donna gain de cause à l'administration, malgré la plaidoirie de Mᵉ Laurier.

M. Garnier-Pagès se trouva débarrassé ainsi d'un rival redoutable. M. Jules Ferry, de son côté, après avoir consulté M. Jules Favre, se désista le 12 mars. M. Frédéric Morin en fit autant quelques jours plus tard. Le *Siècle* porta donc M. Carnot et M. Pagès dans la 1re et dans la 5e circonscription ; M. Carnot comme « le fils de l'homme qui sauva la France de l'invasion étrangère ; sa candidature dans les circonstances présentes a un caractère qui n'échappera à personne ». Le *Siècle* ajoutait : l'élection des deux candidats de la démocratie aura cette signification : « Liberté, amélioration du sort des travailleurs et solidarité des peuples. » Telle était la phraséologie du moment.

Le droit de réunion était soumis à de telles restrictions qu'il n'existait pas à proprement parler. C'est à peine si les candidats de l'opposition parvenaient de temps en temps à réunir quelques électeurs, tantôt dans la chambre d'un employé de chemin de fer, à côté du berceau d'un enfant malade, tantôt dans une remise ou dans un hangar, tantôt dans un atelier ; il était rare que la police ne parvînt pas à se mettre sur la trace de ces réunions ; elle essayait de les empêcher, et, quand elle n'y réussissait pas, elle y envoyait ses agents. Les orateurs-candidats qui prenaient la parole étaient trop habiles et trop expérimentés pour se compromettre ou pour compromettre leur auditoire par un langage imprudent. L'auditoire lui-même ne demandait pas qu'on fît appel à ses passions ; mais il se montrait surpris et mécontent quand l'orateur ne s'adressait qu'à ses intérêts. C'est ainsi que M. Pelletan ayant voulu mettre sur le tapis une question d'économie politique, un de ses auditeurs lui dit aux applaudissements de tous les membres de la réunion : « Laissez cela de côté; parlez-nous politique, parlez-nous de la Pologne. »

La population de Paris dans cette élection complémentaire avait voulu faire une manifestation en l'honneur de la République de 1848. Elle fut complète. M. Carnot obtint plus de 13 000 voix ; M. Pinard, candidat agréable à l'administration, près de 5000, et M. Laboulaye, 745. M. Garnier-Pagès eut près de 15 000 voix; M. Lévy, candidat officiel, 6480 ; M. Théodore Bac, 265 ; M. Tolain, 235 ; M. Hugelmann, 129 ; M. Jules Allix, 8.

Pendant que les électeurs de Paris rappelaient les hommes de 1848 sur la scène politique, l'archiduc Maximilien trouvait à Londres un banquier qui lui avançait deux cent millions avec lesquels il remboursait au gouvernement impérial une partie de sa dette. L'occasion était bonne pour jeter un peu de popularité sur cette expédition du Mexique si impopulaire. L'Empereur écrivit donc le 15 avril au ministre des finances : « L'heureuse solution de l'affaire du Mexique fait naître en moi le désir de voir le pays profiter du premier remboursement des frais de la guerre en diminuant un des impôts qui pèsent le plus sur la propriété foncière. » Il invitait M. Fould, en conséquence, à rechercher s'il ne serait pas possible d'opérer la suppression immédiate du second décime de l'enregistrement.

L'Empereur avait ouvert, le 5 novembre 1863, la session législative de 1864. Après avoir constaté dans son discours l'heureux effet des traités de commerce, l'accroissement des exportations, les progrès de la marine marchande, le développement du réseau des voies ferrées, l'excellente situation des finances de l'Algérie, et les bons résultats de la liberté coloniale, il arrêta sa pensée sur les expéditions d'outre-mer et sur la Pologne. Les expéditions lointaines, tant critiquées, étaient à ses yeux le produit de

la force des choses. L'occupation de la Cochinchine remédiait pour la France au danger de rester sans possessions dans les mers d'Asie en présence des vastes territoires occupés par les Anglais, les Espagnols et les Hollandais. Quant au Mexique, dont les populations nous accueillent en libérateurs, ce pays dont les destinées allaient être remises à un jeune prince digne d'une aussi grande mission devait bientôt nous récompenser de ce que nous avions fait pour le régénérer. « Ayons donc foi dans nos entreprises
» d'outre-mer; commencées pour venger notre honneur,
» elles se termineront par le triomphe de nos intérêts, et
» si les esprits prévenus ne devinent pas ce que contiennent
» de fécond les germes déposés pour l'avenir, ne laissons
» pas dénigrer la gloire acquise aux deux extrémités du
» monde, à Pé-king et à Mexico. »

Le paragraphe relatif à la Pologne insistait avec complaisance sur l'intimité dans laquelle les deux gouvernements impériaux de Paris et de Saint-Pétersbourg avaient vécu depuis la guerre de Crimée; la popularité de la cause polonaise avait seule pu décider l'Empereur, il le déclarait hautement, à risquer de compromettre une des alliances les plus belles du continent en élevant la voix en faveur d'une nation rebelle aux yeux de la Russie, mais héritière aux yeux de la France d'un droit inscrit dans l'histoire et dans les traités; mais la question polonaise ne pouvait être résolue par l'empire français seul; le concours des puissances était nécessaire. La Russie avait pris malheureusement ses démarches et ses vœux, ceux de l'Angleterre et de l'Autriche pour des menaces; la lutte ne pouvait donc que s'envenimer. Les puissances en seraient-elles réduites à la guerre ou au silence? Non, un moyen restait, celui de soumettre la cause polo-

naise à un tribunal européen. L'Empereur ajoutait : « Le
» moment n'est-il pas venu de reconstruire sur de nou-
» velles bases l'édifice miné par le temps et détruit pièce
» à pièce par les révolutions?... Les traités de 1815
» ont cessé d'exister; la force des choses tend à les ren-
» verser; on les a renversés presque partout. Ils ont été
» brisés en Grèce, en Belgique, en France; en Italie
» comme sur le Danube, l'Allemagne s'agite pour les
» changer; l'Angleterre les a généreusement modifiés par
» la cession des îles Ioniennes, et la Russie les a foulés aux
» pieds à Varsovie. »

La discussion de l'adresse au Sénat ne dura que deux jours. Elle n'aurait été qu'une suite non interrompue d'actions de grâces en l'honneur de la politique impériale, si M. de Boissy n'avait cru devoir reprocher au principe de la souveraineté personnelle du souverain de rendre l'expression de la vérité presque impossible. M. Arthur de la Guéronnière demanda quelques jours après que le gouvernement fît un pas de plus dans la voie de la liberté. Mais M. Rouher avait lu dernièrement une brochure de M. Eugène Pelletan intitulée *le Termite*. Cet insecte invisible, qui s'introduit dans une ville et qui peut la réduire en poussière, c'était la révolution; le Sénat devait donc bien se garder du *termite*. M. de la Guéronnière n'insista pas. L'adresse du Sénat ne disait pas un mot du Mexique, ni des finances pour ne pas créer des embarras au gouvernement; quelques phrases d'apitoyement sur la Pologne amenaient cette conclusion que la France ne devait être sacrifiée à aucune nationalité. M. Dupin se chargea ensuite de prouver qu'il y aurait folie à s'engager dans l'aventure de la secourir. L'adresse fut adoptée à l'unanimité moins une voix, celle du prince Napoléon.

Le Sénat continua ses séances par la discussion de la pétition de M. Billot d'Arles, demandant la publicité des séances des conseils municipaux, et la nomination par eux des maires. Le rapporteur proposa l'ordre du jour sur la première partie, et sur la seconde, la question préalable attendu qu'elle « porte atteinte à la base même de nos institutions ». M. de Boissy combattit la question préalable : « Voudrait-on, par hasard, regarder toute pensée d'a-
» mélioration comme une atteinte à la constitution?
» Lorsque la constitution a été déclarée perfectible par
» son auteur, vous ne voulez pas qu'on cherche à la per-
» fectionner? »

M. Haussmann : Avec ce système on bombardera la constitution à coups de pétitions.

M. Leverrier appuie la question préalable qui est adoptée à l'unanimité.

Le Sénat dans sa séance du 18 mars avait entendu le rapport de M. de Royer sur une pétition signalant les progrès de la démoralisation et demandant des lois plus sévères contre la publication des doctrines anti-religieuses. Le Sénat n'avait pas le texte de la pétition sous les yeux, car on n'avait pas jugé à propos de la faire imprimer, attendu, dit M. Dupin, qu'elle est pleine de foi, mais elle manque de charité. M. de la Guéronnière, après une sortie contre les livres frivoles et déréglés, signala les dangers non moins grands qui naissent « des livres plus sérieux où
» la science dépassant sa portée légitime vise bien haut,
» car elle cherche à atteindre Dieu lui-même ». La liberté de conscience, selon M. de la Guéronnière, n'est applicable qu'à la façon de croire en Dieu. Quant à l'athéisme « c'est la liberté sans conscience, la conscience sans foi ». L'orateur, après avoir mis son orthodoxie à couvert, re-

poussa néanmoins la demande de nouvelles lois de répression et vota l'ordre du jour.

Mgr de Bonnechose, archevêque de Rouen, après avoir posé en principe qu'en attaquant le pape et Dieu on vise l'ordre social, profita de l'occasion pour demander une surveillance plus active sur les épiciers libraires et sur les cabinets de lecture. Il fit entendre ensuite de vives plaintes sur la liberté de circulation laissée au livre de M. Renan qui dit au Christ : « Vous prétendez être le fils de Dieu, vous en avez menti. » Il conclut en demandant le renvoi de la pétition au ministre.

M. Delangle lui répondit que la justice s'était émue à l'apparition du livre de M. Renan, et qu'après l'avoir examiné attentivement elle avait reconnu qu'en vertu d'aucune loi il ne pouvait être arrêté.

M. Mimerel de Roubaix : « Il faut changer la loi ! »

La pétition sur laquelle on discutait n'avait pas encore été lue; il fallait pourtant bien que le Sénat en prit complétement connaissance. M. de Royer dut en faire la lecture. C'était un acte d'accusation en règle contre la société :

« Une ivrognerie générale, le vol, l'adultère, l'inceste, » la débauche, tout cela se voit aujourd'hui. Le nombre » des filles-mères est près d'égaler celui des épouses- » mères..... » Le Sénat n'en voulut pas entendre davantage, et l'ordre du jour fut voté.

Un décret impérial du 30 avril avait modifié les articles 22 et 30 du décret du 3 février 1861, relatifs aux pétitions adressées au Sénat, portant règlement des rapports du Sénat et du Corps législatif avec l'Empereur et le Conseil d'État, et établissant les conditions organiques de leurs travaux. Le Sénat reçut dans sa séance du 7 mai communication de ce décret qui simplifiait la procédure relative aux déclarations d'inconstitutionnalité.

M. de Boissy avait prononcé, dans la séance du 29 avril, quelques paroles concernant l'Angleterre, le prince de Galles et Garibaldi, dont M. Troplong ne crut pas devoir autoriser l'insertion dans le compte rendu officiel. Le fougueux sénateur écrivit à l'*Indépendance belge* pour rétablir dans leur intégrité les passages retranchés ; sa réclamation eut du moins l'utilité de démontrer le peu de fonds que pouvait faire l'histoire sur ce compte rendu dont l'impartialité était si vantée.

La première séance du Corps législatif eut lieu le 6 novembre. M. de Morny souhaita la bienvenue aux membres de la nouvelle Assemblée, dans un discours aussi courtois que conciliant ; mais au lieu d'étendre cet esprit de douceur aux journalistes, il sembla vouloir, au contraire, déployer contre eux une sévérité inaccoutumée ; car, dans la séance du 12, après avoir lu à ses collègues plusieurs passages d'un article assez anodin cependant publié dans le *Journal des Débats* du 15, il ajouta d'un ton menaçant : « Il est bon que l'on sache que la loi qui donne à un corps » délibérant le droit de s'ériger en tribunal, d'appeler un » écrivain à la barre et de lui appliquer une peine pro- » portionnée à l'outrage, n'est pas abrogée. Je ne propose » pas d'y recourir ; mais j'engage les écrivains à profiter » de l'avertissement. » La presse n'était pas décidément en bonne odeur dans les hautes sphères du pouvoir. Le *Moniteur officiel*, en tête de sa partie officielle, ne tarda pas en effet à publier cette déclaration : « Plusieurs journaux ont » cru devoir donner des détails plus ou moins exacts sur les » séances des bureaux du Corps législatif ; il y a, dans ce fait, » une contravention formelle à la loi qui, dans aucun cas,

» n'autorise la publication de semblables comptes rendus. »

La Chambre consacra ses premières séances à la vérification des pouvoirs. Ce fut comme une vaste enquête sur les mœurs électorales de l'Empire. Les nominations de M. Pelletan, député de l'opposition, et de MM. Bourcier de Villers et de Bulach, chambellans de l'Empereur, et celles de MM. Isaac Pereire, Bravay et Boittelle, furent cassées pour des causes diverses.

Les protestations électorales signées, soit par des candidats libéraux, soit par d'anciens députés bonapartistes évincés de la liste officielle, s'élevaient au nombre de quarante. Les protestations de M. Casimir Périer et de M. Lavertujon, battus à une très-faible minorité l'un dans l'Isère, l'autre dans la Gironde, firent surtout une vive impression sur l'opinion publique. M. Larrabure, député de la majorité, prit en main la cause de M. Casimir Périer dans un discours qui rallia trente-six voix en faveur de l'annulation de l'élection. M. Thuillier, ancien républicain de 1848, rattaché à l'Empire et bientôt un de ses préfets les plus audacieux, se chargea de lui répondre ; il recourut à un système qui ne pouvait manquer de réussir auprès de cette Assemblée, et qui consiste à renvoyer à son adversaire, en les exagérant, les accusations qu'il fait peser sur vous. Quoi ! l'opposition se plaint de l'administration ! c'est elle au contraire qui terrorise les fonctionnaires et les électeurs indépendants. La majorité poussa des cris de surprise et de joie devant cette audacieuse réplique. Jamais ovation pareille à celle que reçut M. Thuillier. Le *Siècle*, tout en combattant les théories de l'orateur officiel, se crut obligé de féliciter le gouvernement ; un orateur lui était né. Le *Siècle* était, du reste, dans un de ses jours d'optimisme ; car il eut la bonté de voir, dans la présence de

M. Thuillier à la tribune pour défendre les préfets qu'il a dirigés, un commencement de responsabilité Ministérielle.

M. Lavertujon, rédacteur en chef de la *Gironde*, n'avait eu, à Bordeaux, que 40 voix de moins que son concurrent, M. Curé. La liste électorale contenait dix-huit électeurs, parmi lesquels M. Piétri, le préfet lui-même, inscrits après le délai légal, et vingt-trois frappés d'incapacité. M. Jules Simon, chargé de soutenir la protestation de M. Lavertujon, se sentant probablement mal à son aise devant un auditoire nouveau pour lui, exagéra sa modération habituelle jusqu'à permettre de supposer qu'il ne repoussait pas le principe de la candidature officielle.

M. Chaix d'Est-Ange, dans la séance du 27 novembre, avait partagé les partisans de l'Empire en amis du premier et du second degré. MM. Gareau, Keller, Ancel de Flavigny, de Grouchy, de Jouvenel, pouvaient certainement se croire des droits au premier degré; M. de Persigny avait déclaré cependant une guerre acharnée à leur candidature. La lutte de l'administration du département de Seine-et-Marne contre M. Gareau, dont le siége était ardemment convoité par M. de Jaucerert, chef du cabinet du ministre de l'intérieur, restera célèbre dans les annales électorales du second Empire. Le candidat officiel en sortit vainqueur, mais peu glorieux. Six élections en tout furent cassées; le gouvernement triomphait, mais au mépris des règles les plus élémentaires de la justice et des prescriptions les plus formelles de la loi. La jurisprudence de la majorité se résumait en effet dans une question de nombre; elle arrivait à cette conclusion que les irrégularités les plus flagrantes ne vicient pas une élection, quand le candidat au profit de qui elles ont été commises l'emporte d'un nombre considérable de voix sur son adversaire.

Ce qui aurait dû décider l'annulation servait précisément à la consacrer.

Le gouvernement fit répandre le discours de M. Thuillier sur les élections de l'Isère à des milliers d'exemplaires ; il circula exempt de timbre dans la France entière. Un député de l'opposition n'aurait pas pu cependant publier son discours sans l'autorisation de la Chambre, et il est fort douteux qu'elle la lui eût accordée ; quant à l'impôt du timbre, il est certain qu'il aurait été obligé de l'acquitter dans toute sa rigueur.

La gravité de la situation des finances n'échappait pas aux esprits attentifs et clairvoyants. La présentation de deux projets de loi vint la révéler au public. Le premier était relatif à un emprunt de 300 millions consacré à l'abaissement du chiffre énorme de la dette flottante ; le second à la demande de 93 millions de crédits supplémentaires.

L'exigibilité du capital à courte échéance rendait en effet une dette flottante de 972 millions très-menaçante ; il fallait donc rouvrir le grand livre de la dette publique et renoncer aux espérances que l'entrée de M. Fould au ministère avait fait concevoir. Aussi son rapport n'était-il pas exempt d'une certaine mélancolie partagée du reste par M. Larrabure, rapporteur de la commission : « Si l'on » a diminué », disait-il, « certains impôts, on en a créé » d'autres ; la balance a produit une aggravation, et la » dette publique s'est accrue. Nous empruntons sans » cesse et nous n'amortissons jamais... l'équilibre est de-» puis longtemps rompu entre les recettes et les dépenses » annuelles. » M. Larrabure, envisageant ensuite la question au point de vue de l'application du système financier inauguré par le sénatus-consulte du 31 décembre 1861, constatait, de l'aveu même des commissaires du gouvernement entendus dans la commission, que des crédits nouveaux avaient été ouverts sans l'approbation de la Chambre.

Quelle cause obligeait donc le gouvernement à recourir à l'emprunt en pleine paix? M. Larrabure répondit : les frais des expéditions lointaines. « Comment établir un
» meilleur ordre dans nos finances, si tout d'un coup des
» expéditions viennent renverser les prévisions les mieux
» combinées? Exprimez, Messieurs, les vœux de la paix
» dans toutes les occasions qui s'offriront à vous. L'expres-
» sion d'un tel vœu est sans danger pour un pays comme
» la France... Voulons-nous rendre notre législature mé-
» morable et légitimement populaire, plantons résolument le
» drapeau des économies ; nous ôterons ainsi aux opposi-
» tions leur véritable force ; mais, si nous nous laissons aller
» à de molles complaisances, la France et le souverain au-
» ront le droit de nous le reprocher. »

L'orateur dont la voix puissante avait fait rejeter sous le règne précédent l'indemnité aux États-Unis reparut à la tribune qu'il avait si longtemps illustrée et dont le coup d'État du 2 décembre l'avait chassé. M. Berryer, à l'impitoyable clarté de son arithmétique, montra les découverts s'accroissant de 320 millions depuis 1852, et les déficits égalant, dans ces douze dernières années, les déficits laissés par les gouvernements antérieurs pendant les cinquante dernières années du siècle : 3 milliards 144 millions, auxquels il fallait ajouter 200 millions versés par les compagnies de chemins de fer, les annuités de la Chine, 60 millions prêtés par la Banque, 25 millions reçus de l'Espagne, étaient pourtant entrés au Trésor. Que restait-il de tout cela? Rien. Le gouvernement était réduit à emprunter pour diminuer la dette flottante, et à recourir aux crédits supplémentaires pour couvrir les dépenses faites.

M. Vuitry, vice-président du Conseil d'État, répondit à M. Berryer avec une dextérité qui ne servit qu'à prouver combien l'art de grouper les chiffres s'éloigne parfois de l'arithmétique. Un argument plus fort que tous ceux de M. Vuitry, la nécessité, obligeait le Corps législatif à repousser l'amendement de MM. Thiers et Lanjuinais tendant à limiter à 100 millions les bons du Trésor pour 1864, et à voter le projet de loi.

La question des candidatures officielles et de la liberté électorale, qui aurait dû trouver sa place dans la discussion soulevée par la vérification des pouvoirs, avait été ajournée à la discussion de l'adresse. Le premier paragraphe du projet de la commission donnait le résultat des élections comme une preuve du dévouement des populations à l'Empire. La gauche et la gauche modérée proposèrent deux amendements. La gauche faisait ressortir le contraste entre les villes votant presque toutes contre les candidats officiels, et les campagnes qui, plus arriérées et plus exposées à la pression administrative, recevaient leurs députés de la main des préfets. « Sans la pression administrative », disaient les auteurs de l'amendement, « la France entière se serait associée au vote des villes. » La majorité furieuse proposa, dans un accès de colère, la question préalable sur cet amendement ; mais elle finit par se calmer, et M. Jules Favre put s'écrier : « Paris nous a élus dans sa liberté, et il veut l'application immédiate de la liberté politique. »

L'amendement de l'opposition modérée, qui se bornait à demander l'amélioration de la loi électorale, amena pourtant une discussion non moins vive entre M. Thiers et

M. Rouher. « C'est dans les pays libres », dit M. Thiers, » qu'il faut chercher les règles pour les élections... La pre- » mière convenance est de ne pas faire figurer dans la lutte » le nom du souverain... Que devient la liberté de l'électeur » quand, après lui avoir demandé un candidat au nom du » souverain, on le force à choisir entre les faveurs et les » rigueurs de la centralisation administrative. » M. Thiers concédait cependant au pouvoir les candidatures officielles à deux conditions, le respect de la loi et le respect des convenances; mais il lui refusait le droit de diriger le suffrage universel. « Je ne sais pas ce que pourra devenir le suffrage » universel, je vois ce qu'il est aujourd'hui ; je suis con- » vaincu que, si l'on cherchait moins à l'éclairer, on aurait » peut-être plus de moyens de contrôle dans les grands corps » de l'État, et qu'au lieu de perdre le gouvernement auquel » vous êtes attaché il le sauverait peut-être. » La majorité montra une très-vive irritation de ces paroles qui répondaient cependant à ses inquiétudes et aux inquiétudes générales.

M. Rouher, répondant à la fois à M. Thiers et à M. Jules Favre, leur adressa les mêmes reproches, de relever le drapeau de la révolution, et de représenter l'opposition systématique des partis qui sapent l'ordre sans s'inquiéter du lendemain. Le gouvernement ne pouvait pas rester désarmé devant cette opposition. Intervenir dans les élections était pour lui un devoir. M. Rouher voulut bien reconnaître que les élections de 1863 avaient une signification politique : « Sans doute le résultat des élections signale des pensées libérales, et pourquoi pas ? ces pensées sont celles du gouvernement... » M. Rouher atténua singulièrement cette déclaration en citant le passage complet du discours adressé par l'Empereur à l'archevêque de Rouen :

« Éminence, vous devez être étonnée, comme moi, de voir
» à un si court intervalle des hommes à peine échappés au
» naufrage appeler encore à leur aide les vents et les tem-
» pêtes. Dieu protége trop visiblement la France pour per-
» mettre que le génie du mal vienne encore l'agiter. Le
» cercle de notre constitution a été largement tracé : tout
» homme honnête peut s'y mouvoir à l'aise, puisque chacun
» a la faculté d'exprimer sa pensée, de contrôler les actes
» du gouvernement et de prendre une juste part dans les
» affaires publiques. » Il ne fallait donc s'attendre à aucune
concession importante.

M. Thiers, dans la séance du 11 janvier, avait développé sa théorie de la liberté générale comprenant les cinq libertés partielles de la presse, des élections, de la représentation nationale de l'individu, et de l'opinion publique. M. Thiers réclamait cette liberté au nom des droits et des devoirs réciproques de l'opposition et du gouvernement ; le pays, sans l'obliger à renoncer à son titre de représentant des anciens partis, mais sans le forcer non plus à parler en leur nom, lui avait confié la mission de discuter avec impartialité les affaires, et non d'introduire une nouvelle forme de gouvernement ou une nouvelle dynastie ; il se croyait en droit de demander sans arrogance et avec respect les libertés « nécessaires » qu'il venait d'énumérer :
« Qu'on ne l'oublie pas toutefois, ce pays chez qui l'exa-
» gération du désir est si près du réveil, s'il permet au-
» jourd'hui qu'on demande d'une manière déférente et
» respectueuse, un jour peut-être, il exigera. »

M. Rouher s'empressa d'accuser M. Thiers de sonner le tocsin des révolutions ; il peignit tout de suite l'effrayant tableau des résultats du régime parlementaire et des dangers de la liberté, qui faisait le fond de son éloquence ; il prit occasion de là pour rappeler à M. Thiers qu'il avait assisté à la chute d'un trône et pour engager les amis de la liberté à prendre patience : « Soyez patients comme » l'est le pays lui-même, le pays qui sait que, sous ce » gouvernement fécond, pas une idée grande, pas une » réforme utile, pas une amélioration n'est restée stérile » dans la pensée du souverain, et que, le moment venu, » il sera appelé à jouir de ces libertés que vous demandez » pour lui. »

M. Rouher céda la parole à M. Jules Favre. L'orateur de l'opposition essaya d'établir un rapprochement entre le discours de M. Thiers et celui de M. Rouher, qui, d'accord l'un et l'autre sur la nécessité des perfectionnements à donner à la constitution, ne différaient que sur l'opportunité, M. Thiers déclarant ces perfectionnements nécessaires aujourd'hui, et M. Rouher les attendant de l'avenir et du souverain. M. Jules Favre, refusant de suivre l'orateur officiel dans son histoire des gouvernements passés, reconnut néanmoins que le gouvernement actuel « est » de son époque et de son pays. Sorti des entrailles de la » nation, c'est là qu'il puise sa force; mais il est entré dans » la voie des réformes, et il faut qu'il y persévère; le pays » le veut, c'est un souverain aussi qui parle. »

M. Jules Favre s'éleva en passant contre la loi de sûreté générale, déclarée par M. Rouher compatible avec la liberté, et, après avoir protesté contre l'attentat des quatre Italiens dont nous connaissons l'arrestation, il déclara que les paroles qui terminaient le discours de M. Thiers n'étaient pas une menace. Ce discours, peu significatif et plein de concessions, semble n'avoir été prononcé que pour constater la présence de l'ancienne opposition sur le champ de bataille.

Le résultat des élections laissait entrevoir dans un avenir plus ou moins lointain la possibilité d'un conflit entre le pouvoir et le suffrage universel. M. Taillefer signala le péril dans la séance suivante, en posant cette question : Si le suffrage universel, consulté pendant une guerre ou une disette, répond par une majorité hostile, que fera le gouvernement? M. Taillefer demandait le renouvellement par tiers, tous les trois ans, du Corps législatif. M. de Morny empêcha l'orateur de se hasarder davantage sur un terrain anti-constitutionnel, puis, s'il est permis de se servir de ce terme peu parlementaire, il rembarra M. Glais-Bizoin, qui, non content d'attaquer le compte rendu officiel, se moquait des croix et des titres ; il continua sa mercuriale par ces mots : « Maintenant, continuez, tâchez que je vous entende, et faites attention à ce que vous direz. » M. Glais-Bizoin répondit à cette invitation insolente qu'il avait appris le langage parlementaire à l'école de Benjamin, de Manuel, de Lafayette, et qu'il ne parlerait jamais celui du courtisan.

L'opposition faisait remarquer que deux millions de voix données aux candidats libéraux et la majorité obtenue par eux dans presque toutes les grandes villes n'étaient point le résultat de dissidences locales, mais une revendication réfléchie de la liberté. « La France a confiance en elle-
» même; elle se trouve digne d'exercer tous les droits dont
» jouissent les autres nations. Les libertés administratives
» qu'on lui promet n'auront de prix que si elles servent
» à assurer les libertés politiques. Elles ne peuvent ni les
» suppléer ni les faire oublier. La liberté électorale, mé-
» connue et violée par les candidatures officielles, est la
» première des libertés politiques. »

M. Segris prit la parole, et, à propos de cet amende-

ment, il s'éleva contre la prédominance qu'affectait Paris et contre la séparation de la France en deux parties : les villes et les campagnes. M. Segris ajouta que les députés étaient nommés par la France et que les députés des départements avaient sur ceux de Paris l'avantage de savoir qui les nomme. « Nous pouvons fort bien, ajouta-t-il, être
» indépendants sans faire de l'opposition; de prétendus
» indépendants ont derrière eux des maîtres auxquels il faut
» obéir, et plus d'un député de Paris est peut-être effrayé,
» à l'heure qu'il est, du courant qui l'a porté. »

L'amendement de l'opposition de gauche n'avait pas de chance d'être adopté; les membres du parti intermédiaire en proposèrent un autre sur le même sujet. M. Thiers le défendit. M. Rouher, dans sa réponse, parla des intrigues des candidats sous la République, intrigues peu prouvées et qui, en aucun cas d'ailleurs, ne pouvaient justifier les manœuvres du gouvernement. Le résultat des élections de Paris le touchait peu; Paris est la ville des « situations
» désagrégées et déclassées; il aura d'ailleurs sa réaction
» en faveur de l'Empereur. Les élections de 1863, selon
» vous, signifient liberté. Eh bien, qui a donné le signal
» de la liberté en 1860? N'est-ce pas l'Empereur qui a le
» premier arboré ce drapeau, non pour le laisser ensuite
» tomber dans la misère et dans la boue, mais pour en fixer
» la hampe dans les lois ». Tel était le style de M. Rouher dans les grands jours.

Le ministre d'État, rappelant la réunion électorale tenue chez le duc de Broglie, parla « d'une famille exilée qui n'a pas donné sa démission ». M. Thiers l'interrompit : « Il vaudrait mieux ne pas parler de ceux qu'on a dépouillés. »

La séance du lendemain, quoique moins orageuse, fut très-vive. Il s'agissait des traités de commerce et de la protection. Une question non moins importante occupa la Chambre le 20 janvier. MM. Darimon, Lanjuinais, Magnin, Marie, Malézieux, d'Andelarre, Jules Favre, Eugène Pelletan, Ernest Picard, Havin, Jules Simon, Dorian, Glais-Bizoin, Émile Ollivier, proposaient l'amendement suivant :

> « L'abolition de la loi sur les coalitions que nous avons réclamée l'année dernière sera un bienfait. Les ouvriers, convaincus que la liberté est à la fois la seule garantie de l'ordre et du travail, et la source la plus féconde du bien-être moral et matériel, ne demandent plus à l'État que le droit d'améliorer leur condition par leur propre énergie ; l'instruction et une latitude plus grande accordée au droit d'association leur en donneront les moyens. »

MM. Darimon, Émile Ollivier, Jules Simon plaidèrent la cause des ouvriers au nom du droit et en invoquant le grand changement opéré dans leur esprit désabusé des doctrines autoritaires : sociétés coopératives pour se procurer les outils et les objets de consommation, banques de crédit populaire dans le genre de celles qui florissaient en Allemagne ; les ouvriers bornaient là leurs vœux qu'il serait injuste de ne pas chercher à réaliser. M. Nogent Saint-Laurens fit remarquer que le discours de la couronne promettait de modifier, sinon d'abroger la loi sur les coalitions, et que l'amendement était inutile. Les signataires le maintinrent néanmoins en remplaçant le mot abrogation par celui de modification ; l'amendement obtint 53 voix. M. Jules Simon s'était écrié en le défendant : « Tout ce qui est dans mon cœur est dans le vôtre. » M. de Morny s'empressa de faire remarquer que cela sans doute voulait dire que, sur les questions de bien-être, d'instruction, de liberté de travail pour les ouvriers, la Chambre était unanime. Oui, oui ! répondit-on de toutes parts. La majorité et l'opposition se donnaient une espèce de baiser Lamourette sur la joue du socialisme.

M. d'Andelarre, dans cette séance, appuya l'amendement relatif à l'extension des attributions des conseils généraux et municipaux. M. Eugène Pelletan, qui demandait le retour au droit commun pour le régime municipal de Paris et de Lyon, défendit avec beaucoup d'éloquence Paris contre les souvenirs de la Commune de 93, toujours évoqués pour lui refuser les droits municipaux. Le lendemain, M. Ernest Picard, en qui s'était identifiée la cause de Paris, l'appela « le cerveau de la France ». — « Cerveau malade », riposta une voix partie des bancs de la majorité. M. de Morny dit à son tour : « Si Paris est la tête, la pro-
» vince est le cœur; la France a donc bon cœur et mau-
» vaise tête. »

Le gouvernement déclarait n'avoir nul besoin de la loi de sûreté générale, et il refusait en même temps de l'abroger. M. Picard signala cette contradiction et, faisant allusion au passé du parti qui était au pouvoir, il lui reprocha sa sévérité pour les autres partis. M. de Morny aussitôt de se récrier : « Vous ne pouvez pas donner le nom de parti à
» un gouvernement issu du suffrage universel qui a la
» France avec lui. »

MM. Plichon, Ancel, Kolb-Bernard, duc de Marmier, marquis d'Andelarre, de Grouchy, Martel, Pinart, Lambrecht, de Chambrun, Lanjuinais, de Grammont, Malézieux, proposaient un amendement ainsi conçu : « Le
» suffrage universel est la base de notre suffrage politique.
» Assurer la sincérité et la régularité de son application,
» c'est accroître la force des pouvoirs publics; l'expérience a
» démontré que la loi électorale laisse à désirer des garan-
» ties plus complètes et des dispositions mieux définies. »
M. Rouher en combattant l'amendement ayant cité d'un ton méprisant le chiffre des membres de l'extrême gauche,

M. Jules Favre dit : « Vous nous reprochez notre petit nom-
» bre ; nous ne sommes que six ici, mais la France est
» derrière nous. » 43 voix se prononcèrent pour l'amendement.

L'amendement de la gauche sur le régime de la presse, défendu par M. Jules Simon, fut retiré pour faire place à un amendement plus modéré de forme, mais le même au fond, signé d'Andelarre, Thiers, Plichon, de Lespérut, Brame, Piéron-Leroy, Ancel, de Chambrun, Martel, Kolb-Bernard, Malézieux, Lambrecht.

M. Jules Simon s'était élevé contre un système « qui per-
» mettait à l'administration de défendre à un homme de
» cœur, à un homme d'un talent incomparable, comme
» M. Prévost-Paradol, qui jette sur la presse presque de
» la gloire, le bulletin du *Journal des Débats* ».

Cet éloge si éclatant d'un écrivain orléaniste et cet oubli de tant d'autres écrivains qui luttaient avec non moins de talent et depuis plus longtemps que M. Prévost-Paradol contre les dangers journaliers que le régime impérial suscitait à la presse, blessa, non sans raison, les journaux démocratiques. Ils reprochèrent à M. Jules Simon d'oublier ses amis, de s'être trop appesanti sur les pertes d'argent que la suppression d'un journal peut causer aux propriétaires et aux ouvriers, au lieu de s'appuyer uniquement sur des raisons morales, telles que le respect dû aux principes de 89, d'avoir élevé contre l'influence électorale et contre le monopole de quelques journaux des plaintes mal placées dans sa bouche, de ne pas oublier assez sa personnalité, de se livrer à de trop fréquentes déclarations de loyauté et de sincérité dont personne ne doutait, de s'entourer en un mot d'un luxe de précautions oratoires qui appartenaient plus au sermonaire qu'au député. Ces reproches n'atteignaient

pas, il faut bien le dire, M. Jules Simon tout seul. Les députés, dans leurs rapports entre eux et avec les commissaires du gouvernement, dépassaient souvent les limites de cette politesse naturelle qui doit exister entre les membres d'une assemblée politique et les représentants du pouvoir. Un conseiller d'État fournit-il des explications nécessaires sur un article de loi en discussion, aussitôt un orateur de l'opposition s'écrie qu'il s'est acquitté de ce soin « avec une clarté de langage qui a vivement frappé la Chambre. » M. de Morny essaye-t-il d'expliquer un vote, un député de la majorité profite de l'occasion pour admirer « notre ho-
» norable président improvisant avec sa haute intelligence
» ce que je ne comprends qu'à l'aide d'une longue prati-
» que ». Les journaux de l'opposition eux-mêmes ne se seraient point hasardés à louer un orateur de la gauche sans couvrir également de louanges l'orateur officiel qui lui répondait, précaution nécessaire peut-être, mais qui peu à peu finissait par grandir singulièrement les hommes les plus médiocres de l'Empire.

La discussion sur la politique étrangère s'engagea le 25 et dura jusqu'au 29. M. Thiers parla sur l'expédition du Mexique qui coûtait 14 millions par mois au budget et qui retenait au delà des mers, sans utilité pour la France, 40 000 hommes dont elle pouvait à chaque instant avoir besoin. Il posa nettement la question :
« L'honneur militaire est sauf, l'archiduc n'est pas parti,
» il ne faut pas s'engager davantage et traiter avec Juarez. »
La majorité convaincue qu'il avait raison crut cependant devoir protester contre toute idée de négociation avec Juarez. M. Berryer proposa de s'entendre avec Almonte. M. Jules Favre joignit ses efforts à ceux de ses deux collègues. M. Rouher leur répondit par un discours plein d'un

feint enthousiasme que la majorité fit semblant de partager :
« La pensée de poursuivre au Mexique la réparation de nos
» griefs et de laisser au pays le soin d'y faire son œuvre,
» lorsque les passions seront éteintes, lorsque le souvenir des
» questions d'argent aura disparu dans le résultat général
» de la prospérité publique, cette pensée sera reconnue
» grande, et, plus tard, si quelqu'un jette les yeux sur nos
» débats vieillis et sur nos querelles surannées, s'il prend la
» plume de l'historien, il dira : Celui-là fut un homme de
» génie qui, à travers les obstacles, les défaillances et les
» résistances eut le courage d'ouvrir des sources de pros-
» périté nouvelle à la nation dont il était le chef (*applau-
» dissements*). Il eut le sentiment d'une grande situation
» politique en comprenant qu'il n'est pas un intérêt qui ne
» doive être l'objet de la sollicitude de la France. Oui, cette
» page sera glorieuse, et l'écrivain qui la tracera dira : Les
» expéditions lointaines commencées pour la réparation de
» notre honneur se sont terminées par le triomphe de nos
» intérêts. »

M. Thiers veut monter à la tribune, et invoque vainement le droit qu'on a toujours de répondre à un ministre.
La Chambre, tout entière aux applaudissements et aux félicitations dont elle couvre M. Rouher, refuse de l'entendre.
M. Émile Pereire s'écrie : « On a assez parlé ici en faveur
de l'étranger. »

M. Rouher, interpellé par un député de la majorité sur
la question de savoir jusqu'à quel point les finances et les
soldats de la France étaient engagés au Mexique, le renvoya
au rapport de M. Larrabure sur les crédits supplémentaires,
qui constate que le gouvernement n'est engagé envers
personne ni à laisser des troupes françaises au Mexique,
ni à garantir aucun emprunt.

TAXILE DELORD.

Les affaires de Pologne occupèrent les deux dernières séances consacrées à la discussion de l'adresse. M. Jérôme David demanda vainement la reconnaissance des Polonais en qualité de belligérants, et M. Eugène Pelletan le rappel de l'ambassadeur français de Pétersbourg. M. de Morny prit la parole comme président de la commission de l'adresse; il défendit le czar et la Russie, et, dans un discours patelin, il s'efforça de prouver que le désaccord sur les questions extérieures de même que sur les questions de liberté reposait sur un malentendu, qu'il ne s'agissait au fond, entre l'opposition et la majorité, que d'une affaire de temps, que tous étaient fils de 89, que constituer l'indépendance des peuples, l'Italie, la Hongrie, la Pologne, était une politique qui avait sa grandeur, mais que la paix avait bien son charme. La paix seule pouvait, selon lui, donner des adoucissements à la Pologne; si l'on ne veut pas faire la guerre pour elle, il faut le dire carrément. M. Guéroult était de cet avis : rappeler l'ambassadeur lui semblait illusoire. Si le pays, disait-il, ne veut pas la guerre, comme on le prétend, pourquoi le gouvernement a-t-il agi comme s'il la voulait; il a fait une émeute diplomatique; il est brouillé avec la Russie, l'Autriche, la Prusse, l'Angleterre, et il n'est bien avec personne. M. Guéroult termina son discours par ces mots : « Si nous sommes impuissants, je ne connais rien de plus digne que le silence. »

La Prusse et l'Autriche occupaient le Holstein pendant que le Corps législatif discutait l'adresse. M. Jules Favre s'éleva contre cette violation des traités qui plaçait le gouvernement impérial dans une position si fâcheuse en présence de la violation du principe des nationalités dont il se disait le représentant. M. Rouher rejeta la responsabilité des embarras du gouvernement sur l'Angleterre et sur son refus de consentir au congrès. M. Guéroult avait proposé sur les affaires de Rome un amendement que la fin des débats ne lui permit pas de développer. M. de Morny salua l'adoption de l'adresse à l'unanimité moins douze voix par une allocution dans laquelle il complimentait le Corps législatif de l'éloquence dont ses membres avaient fait preuve pendant les débats.

Lorsque la liberté de la parole est supprimée en France, un côté du génie national est, en effet, voilé. La discussion de l'adresse, en éclairant le pays sur ses affaires, lui rendait en quelque sorte un art national; mais cette revue encyclopédique de toutes les questions était loin de remplacer pour les députés l'initiative des lois. Une assemblée où l'on parle beaucoup sans que la parole soit suivie d'aucun effet s'affaiblit par l'éloquence même. Le contrôle exercé sur les actes du gouvernement au moyen de l'adresse aurait eu besoin d'ailleurs d'être secondé par la liberté de la presse : à quoi servait au Corps législatif d'exprimer librement sa pensée s'il n'avait pas de porte-voix pour la répandre dans le pays? L'adresse, par suite de l'absence des ministres, n'était en réalité qu'un vain colloque entre les députés et le souverain.

La discussion de l'adresse n'avait rendu à la France que des orateurs; c'était quelque chose, à défaut de liberté réelle. M. Thiers s'était montré tel que dans ses plus beaux jours, composant son discours comme un scenario, n'improvisant que ce qu'il sait, marchant vers le fait au pas gymnastique, se servant de la phrase comme d'un filtre d'où la pensée sort claire et transparente, infatigable sans fatiguer les autres, mesurant les étapes par des anecdotes, mettant le bon sens au service de la raison, masquant l'épigramme par la bonhomie, piquant sans blesser, capable de s'élever assez haut, incapable de descendre jamais trop bas, restant enfin dans un milieu où il est excellent. M. Berryer, ample, majestueux, semblait moins fait pour le genre de lutte qu'exigeait le Corps législatif ; mais on voyait à la vigueur du vieil athlète que, s'il se présentait quelque question de haut vol, il saurait encore la saisir. M. Jules Favre, assis non loin de M. Thiers et de M. Berryer, ne paraissait pas d'une taille inférieure à la leur, et complétait un trio d'orateurs comme peu d'assemblées en ont vu.

L'Empereur en recevant, le 1er février, l'adresse du Corps législatif le remercia de l'appui qu'il donnait à sa politique, et, résumant l'histoire de France dans l'annulation intermittente du pouvoir par la liberté et de la liberté par l'anarchie, il déclara qu'il n'en serait plus ainsi, et que l'exemple des dernières années prouvait qu'il n'était nullement impossible de concilier ces deux principes inconciliables. « Le premier besoin du pays est la stabilité, et ce n'est pas sur un terrain sans consistance et toujours remué qu'on peut fonder quelque chose de durable. »

L'Empereur, le lendemain du 2 février, prorogea par un décret, au 4 avril, la session qui devait être close le 5 février.

M. Bravay avait été réélu à Nîmes. Le rapport sur son élection devait être lu dans la séance du 17. M. Eugène Pelletan se proposait de l'attaquer. M. de Morny le pria confidentiellement de vouloir bien laisser de côté dans son discours ce qui pouvait avoir trait à la moralité personnelle de l'élu. L'orateur de l'opposition se contenta donc de tracer le tableau de cette élection singulière où l'on voit surgir, à côté du candidat officiel agréé par l'administration, M. Chabanon, un nouveau genre de candidat, le candidat agréable, M. Bravay. Le préfet ne combat pas M. Chabanon, mais il exalte M. Bravay. La première pierre d'un canal de dérivation des eaux du Rhône entrepris aux frais d'une société fondée par M. Bravay est posée par ses soins quatre jours avant l'élection. Le préfet assiste à la cérémonie, l'évêque bénit les premiers travaux. Les habitants de Nîmes qui manquent d'eau pendant six mois de l'année sont dans la joie. Le préfet cependant eût été fort embarrassé pour montrer les statuts de la compagnie approuvés par le Conseil d'État, le tracé du canal, l'acte d'achat du terrain sur lequel la cérémonie venait d'avoir lieu. La compagnie n'existait pas, le tracé n'était pas sorti du cerveau des ingénieurs, et l'inauguration n'était qu'une parade électorale.

M. Nogent Saint-Laurens essaya de détruire l'effet du discours mordant et spirituel de M. Eugène Pelletan. La nullité, si elle existait, ne lui paraissait pas « une de ces nullités fortes, précises, énergiques, qui entraînent les consciences, mais une nullité en quelque sorte problématique qu'on ne prouve qu'à force d'effort et de passion ».

M. de Morny, pendant le discours de M. Pelletan, lui avait adressé quelques observations un peu vives auxquelles l'orateur avait répondu avec une égale vivacité. M. Pelletan, en quittant la salle à la fin de la séance, sentit une main se poser sur son épaule. Il se retourna. Cette main était celle de M. de Morny :

— Monsieur Pelletan, lui dit-il d'une voix assez forte pour obliger les députés à s'arrêter dans la salle des Pas-Perdus, vous ne me rendez pas justice.

M. Pelletan le regarde d'un air étonné.

— Vous me considérez comme un ennemi de la liberté, vous vous trompez. J'ai voulu montrer, au 2 décembre, que j'avais de l'énergie au cœur (il rendit cette idée par une expression obscène); mais je sais que l'Empire ne peut vivre sans la liberté, et, s'il le comprend un jour, c'est à moi que le pays le devra.

M. de Morny se retira laissant tous les assistants stupéfaits de cette sortie.

Le président du Corps législatif comptait depuis longtemps en effet sur M. Émile Ollivier pour opérer une fusion entre le parti libéral et l'Empire transformé. Le député de Paris se prêtait volontiers à ce rôle. Ses collègues de l'opposition n'en pouvaient plus douter. Les relations étaient gênées entre lui et les membres de la gauche. La douceur de caractère de M. Jules Favre, la crainte d'initier le public à ces discordes, empêchaient seules la rupture d'éclater. La loi sur les coalitions, dont M. Émile Ollivier avait été nommé rapporteur grâce à l'appui de M. de Morny, fit éclater la crise.

Le projet de loi autorisait les grèves sans reconnaître les associations, et permettait par conséquent de poursuivre comme membre d'une association l'ouvrier laissé libre comme gréviste. Une association a toujours intérêt a donner un motif raisonnable à une grève puisqu'elle la décrète et qu'elle en accepte la responsabilité, mais l'impossibilité de créer des associations laissait à quelques meneurs la faculté de créer à chaque instant des grèves absurdes. La loi trouva ses deux premiers adversaires dans MM. Seydoux et Kolb-Bernard : M. Seydoux, son adversaire absolu, opposait à la liberté des coalitions les objections familières à certains conservateurs contre toutes les autres libertés. Son raisonnement se réduisait à ceci : La liberté de coalition peut entraîner de graves abus, il faut la supprimer. M. Kolb-Bernard envisagea la question au point de vue catholique : la liberté du travail proclamée par la Révolution française jette l'ouvrier, selon lui, dans l'isolement et dans l'individualisme qui mènent au socialisme. L'association ne neutralise les effets de l'isolement et de l'individualisme que si elle est dominée par le principe religieux ; mais ce principe combattu, par une littérature malsaine et par une presse « qui a résolu le problème, non pas de la vie, mais de l'immortalité à bon marché », laisse un vide au milieu duquel l'association ne peut se constituer. M. Kolb-Bernard reprochait de plus à la loi, et cette fois avec raison, de donner trop ou trop peu aux ouvriers. N'était-ce pas une anomalie choquante que de leur accorder le droit de se concerter et non celui de se réunir ? M. Kolb-Bernard proposait, pour améliorer l'organisation industrielle « un système de relations familiales entre les maîtres et les ouvriers », c'est-à-dire quelque chose qui ressemblât aux anciennes corporations.

Les membres de la gauche, partisans du droit commun en matière d'association, n'avaient point approuvé que M. Émile Ollivier eût accepté les fonctions de rapporteur d'une loi qui méconnaissait ce principe. M. Ollivier se trouvait donc dans une situation délicate entre ses anciens amis de l'opposition et ses nouveaux amis de la majorité. Tenir la balance égale entre les premiers et les seconds n'était pas chose possible ; il rompit avec les premiers par une allusion directe à « cette maladie qui lorsqu'on se trouve en présence d'un gouvernement qu'on n'approuve pas, consiste, au lieu de prendre ce qui est bien et de blâmer ce qui est mal, à tout attaquer, à tout critiquer, surtout le bien, parce qu'il profite à ceux qui le font » ; cette maladie, ajoute l'orateur, s'appelle « pessimisme », c'est un mot de Mallet du Pan.

M. Ollivier tenait essentiellement à ne pas être confondu avec les pessimistes ; car, en écoutant tant de beaux dis-

cours et en voyant tant de ruines à côté de si peu d'institutions libérales, il ne pouvait s'empêcher de faire cette réflexion qu'on attaque les pouvoirs à outrance, et que plus tard, « tous, sans exception, nous en sommes à regretter
» de n'avoir pas, au lieu de nous abandonner à des que-
» relles stériles, soutenu, à un certain moment, un ministre
» comme Rolland, à une autre époque, un ministre comme
» Martignac ou un autre encore, et d'avoir sacrifié le déve-
» loppement successif des institutions libérales à l'impla-
» cable satisfaction de nos rancunes personnelles ».

Ces paroles, qui retombaient de tout leur poids sur les membres de l'opposition, ne pouvaient être considérées que comme une déclaration de rupture. Les journaux démocratiques ne s'y trompèrent pas; mais ils crurent devoir garder le silence : le *Siècle*, pour n'avoir pas à porter sur la conduite de M. Émile Ollivier un arrêt dont le gouvernement pourrait lui faire chèrement payer les frais; l'*Opinion nationale*, parce que la conduite de M. Ollivier était conforme à ses propres vues. Les journaux dévoués au gouvernement ne tarissaient point en éloges, et la *Presse* reconnaissait dans M. Ollivier le chef du tiers-parti ou plutôt du « parti des hommes nouveaux ».

M. Émile Ollivier n'était point parvenu cependant à donner plus de consistance au projet de loi qu'il était chargé de défendre. M. Jules Simon en fit ressortir toutes es inconséquences, en développant un amendement pour demander, en remplacement de la loi, la suppression pure et simple des articles 414, 415 et 416 du Code pénal. Son discours, qui finit à une heure très-avancée, produisit une très-vive impression. M. Jules Favre sollicita la remise de la discussion au lendemain; mais la Chambre, qui lui commandait de parler, refusait cependant de l'entendre.

« Écoutez ! » s'écria M. Glais-Bizoin de toute la force de sa voix impuissante. « M. Glais-Bizoin a raison, répondait » M. de Morny ; cela vous étonne !... » ajoutait-il, et la Chambre de rire.

M. Jules Favre reprit le lendemain la discussion des articles de la loi. Il démontra clairement que le premier article proclame l'abolition de toutes les lois restrictives des coalitions, en punissant les actes qui précèdent et accompagnent nécessairement toute coalition, qu'il retire d'une main et qu'il donne de l'autre. Le droit commun lui semblait préférable à cette « loi équivoque et inconsistante », et, comme il a l'équivoque en horreur, il proposait de l'ajourner, « sans craindre le reproche de retarder des » améliorations désirables ni celui de faire partie de ces » gens exclusifs qui, en politique, veulent tout ou rien, » comme dit ce Mallet du Pan que le rapporteur a cité, » mais que, quant à lui, il n'admire pas. Il n'y a, quoi » qu'en dise Mallet du Pan, que deux écoles en politique, » celle des principes et celle des expédients. Je suis pour » la première. »

M. Émile Ollivier ne pouvait se méprendre sur le sens de ces paroles ; il essaya d'abord de répondre au reproche de duplicité adressé à la loi, et il commença par déclarer qu'il lui semblait inutile d'affirmer son honneur. — Personne, répond M. Jules Favre, ne l'attaque. — Le rapporteur reprit emphatiquement qu'il avait l'orgueil, lorsqu'il se sentait en paix avec lui-même, de n'être effleuré par aucune parole ; mais que les ouvriers pouvaient croire d'après son langage que les auteurs du projet de loi étaient des coquins ou des idiots. Telle n'était pas sans doute la pensée de « celui qu'il veut persister à nommer son éloquent ami », mais il serait bien heureux d'en recevoir la preuve en le voyant « ne pas refuser le progrès à cause de la main qui le donne ».

L'article 415 : « Lorsque les faits punis par l'article précédent auront été commis par suite d'un plan concerté, les coupables pourront être mis par l'arrêt ou le jugement sous la surveillance de la haute police pendant deux ans au moins et cinq ans au plus », fut de la part de M. Jules Favre l'objet d'une vive critique; l'orateur rappela que la surveillance était inconnue de l'ancienne société, que plusieurs nations ne la connaissaient pas, qu'appliquée aux forçats, entrée dans le droit commun par le code en 1810, aggravée en 1851, elle permet d'envoyer tout individu en rupture à Cayenne ou en Algérie par mesure de sûreté générale. « Il faut que chacun ait le courage de son opinion,
» dit-il en terminant; nous rejetons l'équivoque ; on a fait
» appel à des amitiés qui restent aux personnes, mais qui
» ne sauraient rien changer aux opinions qui ne cessent
» pas d'être les nôtres. Il faut qu'on nous dise comment
» on a abandonné d'anciennes opinions en proposant au-
» jourd'hui ce qui les contredit absolument. »

M. de Morny vint en aide à M. Ollivier et lui sauva l'embarras d'une réponse, en le priant de se renfermer dans la loi. Rien n'était plus contraire, selon le président du Corps législatif, à la liberté et au droit que de demander compte à un membre de cette Chambre de son opinion passée. M. Ollivier, couvert par M. de Morny, se contenta de répondre que « quelque étonnement douloureux » que lui eût causé la parole qu'on venait d'entendre, il se bornerait à prouver qu'il avait raison.

Le caractère particulier de la discussion n'avait pas échappé aux membres de la Chambre. Ils comprenaient tous que ce n'était pas seulement une loi qui était en jeu, mais une politique, et que les deux adversaires représentaient non pas une opinion mais un parti. Jamais débat n'avait causé une pareille émotion. On sentait qu'une grande séparation était imminente, sinon accomplie. M. Jules Favre le comprenait lui-même ainsi; mais, se laissant aller à la pente d'une nature sans fiel, quoi qu'on en ait dit, il s'approcha de M. Émile Ollivier au moment de la sortie et par un mouvement presque involontaire, il lui tendit la main. M. Ollivier fit quelques pas en avant sans la prendre, puis, se ravisant, il se retourna pour lui offrir la main à son tour; mais M. Favre retira la sienne en disant : Il est trop tard.

M. Rouher demanda purement et simplement au Corps législatif de voter la loi. Elle réunit pourtant trente-six voix contre elle.

La discussion du budget de 1865 et des dispositions additionnelles commença le 6 mai par un discours de M. Thiers, dans lequel, après avoir présenté les détails de chaque budget de ministère, il traçait le tableau saisissant de l'augmentation des dépenses, montant de 1500 millions en 1852 à 2 milliards 3 millions en 1864. M. Thiers voulait la paix et pourtant il repoussait la réduction de l'armée. Il lui fallait 400 000 hommes pouvant être portés instantanément par les cadres à 700 000. Les autres membres de l'opposition demandaient le désarmement et M. Berryer essaya de prouver qu'il n'était ni impossible ni contraire à nos intérêts; mais, en esquissant les principaux traits de la situation extérieure et intérieure, il n'hésita pas à se ranger à l'avis de M. Thiers que « si la liberté a tous les torts que » l'on veut bien dire, il faut avouer qu'il en coûte bien » cher pour la remplacer ».

Le discours de M. Berryer, simple, net, méthodique,

précis, d'un ton de modération mêlé d'ironie, rappelait les meilleurs temps de l'illustre orateur. Il montra que les finances depuis 1852 ont vécu d'expédients : traité avec la Banque de France, conversion de la rente, conversion des bons du Trésor, autant d'expédients pour obtenir l'équilibre entre les recettes et les dépenses, auxquels il faut ajouter les emprunts de guerre. M. Berryer, après avoir attaqué les virements, signalait plusieurs milliards de découvert et trouvait que la France payait cher sa gloire et qu'il était temps de lui rendre sa liberté. Adversaire des expéditions lointaines sous l'Empire, on lui reprocha de les avoir approuvées sous la Restauration, comme si l'affranchissement de la Grèce et la conquête d'Alger avaient quelque chose de commun avec l'expédition du Mexique.

M. Berryer, en demandant l'équilibre du budget, passa en revue les finances des divers gouvernements. Une voix rappela ce qu'avait coûté à la France la Restauration rentrant dans les fourgons de l'étranger. — C'est l'Empire, s'écria M. Eugène Pelletan, qui nous a coûté l'invasion et deux milliards. — M. Rouher lui répondit : Soyons toujours libéraux, monsieur Pelletan, rappelons-nous l'invasion. M. Rouher oubliait que le système qui avait attiré l'invasion sur la France n'était guère un régime libéral.

Les perturbations causées dans le commerce et l'industrie par le régime parlementaire ne pouvaient être oubliées dans cette discussion. Un membre de la majorité se chargea de les rappeler à M. Berryer. « Ces prétendues perturba- » tions, lui répondit l'orateur, n'ont jamais coûté à la » France aussi cher que les désastres appelés sur elle par » l'omnipotence d'un seul. » Ici M. de Morny se crut forcé de l'interrompre : « C'est une théorie vague, cela mérite » explication. » M. Berryer, sans s'arrêter à cette interruption, répondit à M. Rouher qui venait de prononcer le mot d'invasion qu'il rougirait « de rappeler ce temps sous lequel il a vécu, et l'état de la France souillée par la présence de l'ennemi appelé deux fois sur la France. » M. Granier de Cassagnac crie : Par vous, à la suite des coalitions nouées par vos amis! — M. Berryer réplique avec dédain que ces accusations surannées ne sont plus de mise.

M. de Morny intervint de nouveau, mais cette fois pour empêcher, comme il a toujours fait, dit-il, ces discussions amenées par la présence à la Chambre des représentants des anciens gouvernements.

M. Berryer, reprenant alors la question de l'expédition du Mexique, constata que, outre les fonds de l'amortissement, on faisait figurer comme ressource au budget l'indemnité mexicaine de 270 millions. Un emprunt, dit-il, a été contracté sur ces 270 millions par une création de rentes décrétée à Miramar. Deux sections de rentes ont été créées, l'une de 12 millions, l'autre de 6 millions 600 mille francs, comme à-compte sur l'indemnité due à la France, et les négociateurs de l'emprunt ont annoncé l'émission de 18 millions de rentes. Les prospectus lancés par eux portent : « Emprunt anglais, emprunt français. » L'Angleterre et la France ont-elles donc emprunté ? Sont-elles garantes de l'emprunt ? Le gouvernement impérial n'a rien négligé en tous cas pour son succès : intérêt à 10 pour 100, émission à 63 francs, remboursement à 80, à raison de chaque 10 francs de rente, comité de finances anglais et français présidé par un sénateur, ancien gouverneur de la Banque, que de motifs pour allécher le souscripteur ! Qu'est devenu cet emprunt ? est-il négocié ? — « Eh bien non, répond
» M. Berryer, il ne l'est pas pour 12 millions, à peine pour 8.
» Et nos rentes que sont-elles devenues ? La compagnie

» Glyn avait annoncé la négociation de 18 600 000 francs, et
» l'on attendait les conditions que M. le ministre d'État avait
» promis de faire connaître; mais la maison Glyn, à qui on a
» offert à 60 la négociation des rentes qu'elle pouvait ensuite
» négocier à 63, n'a pas voulu du marché malgré la commis-
» sion de 3 francs. Nous garderons donc, ajoutait l'orateur,
» les rentes mexicaines qu'on n'a pas le droit de porter au
» budget au chiffre de 66 millions, car on ne les négociera
» pas sans perte. »

M. Rouher répondit à M. Berryer et à tous les orateurs qui avaient critiqué l'expédition du Mexique par son procédé habituel, la montée au Capitole : La France, selon lui, tient la paix dans sa main ; le général Bazaine se promène triomphalement sur 400 lieues de territoire, l'archiduc est au Mexique, quoiqu'on l'ait traité de fou ; il a trouvé 9 millions de rentes quand les vieux gouvernements n'en trouvent pas ; l'entrée prochaine de Maximilien à Mexico sous des arcs de triomphe améliorera encore le crédit de son gouvernement ; et la France réalisera les rentes mexicaines qui lui ont été remises, sinon sans perte, au moins de manière à justifier les prévisions du budget de 1865.

La conclusion de ce dithyrambe semblait devoir être le rappel de l'armée. M. Rouher n'en parla pas, et pourtant quel danger pouvait donc courir Maximilien après les assurances qu'il venait de donner relativement à la solidité de son empire. L'Amérique du Nord, depuis l'avénement de Maximilien, était en proie, il est vrai, à un mouvement d'exaltation patriotique assez semblable à celui qui s'était manifesté lors de l'arrestation de MM. Masson et Slidell sur le *Trent* ; mais ce mouvement l'avait-il empêchée de les rendre ? L'exaltation du Nord se calmera encore cette fois. Il veut, dit-on, prendre le Mexique. S'il avait ce projet, pourquoi ne l'aurait-il pas exécuté en 1847? Les Américains parlent beaucoup de la doctrine de Monroë; mais, pour la mettre en pratique, il faudrait n'être pas en proie à la guerre civile. La doctrine de Monroë se résume ainsi : Chacun chez soi. Le Mexique est chez lui. De quel droit pourrait-on l'attaquer? De quoi se compose d'ailleurs l'armée du Nord? De malheureux ouvriers et agriculteurs arrachés par la conscription à leurs foyers ; ils demandent à y rentrer et non à envahir le Mexique. Les dernières dépêches reçues de Washington démontrent que le président des États-Unis est décidé à laisser le Mexique libre de choisir son gouvernement. Le Sénat vient, il est vrai, de prouver par un vote récent qu'il n'est pas de cet avis; mais le vote du Sénat n'engage pas le président ; les hommes d'État américains parlent quelquefois de guerre pour se populariser quand ils sont candidats à la présidence, mais ils y renoncent après, parce la guerre est contraire aux institutions des États-Unis. M. Rouher n'avait pas, on le voit, besoin de se mettre en peine pour trouver des arguments sérieux. Le Corps législatif se contentait des premiers venus.

La discussion du budget des affaires étrangères remit le Mexique sur le tapis. M. Rouher opposa au tableau de la situation de ce pays présenté par M. Jules Favre une dépêche de M. de Montholon qui se termine ainsi : « Le Mexique » ne peut manquer d'entrer promptement dans une voie » de prospérité matérielle dont l'Europe profitera. » Le ministre d'État crut devoir ajouter : « Voilà la situation bien autre que celle esquissée par M. Jules Favre éprouvant sans doute le regret de se voir enlever la clientèle de Juarez qu'il a si bien défendu. »

—Votre clientèle, répondit M. Jules Favre, c'est la fortune.

—Oui, reprit M. Rouher triomphant, notre clientèle c'est la fortune ; la Providence la protége, la raison la dirige.

M. Adolphe Guéroult, dans la séance du lendemain, consacrée au budget de l'intérieur, s'éleva contre la concurrence déloyale que le gouvernement ne craignait pas de faire aux autres journaux par l'adjonction au *Moniteur officiel*, paraissant le matin, d'un *Moniteur du soir* exempt du droit de timbre et de poste, ce qui le plaçait, continuat-il spirituellement, sur la pente de l'abonnement gratuit et obligatoire.

Le gouvernement répondit qu'il n'avait créé le *Moniteur du soir* que pour publier plus rapidement les nouvelles.
— Pourquoi alors ne pas les envoyer à tous les journaux, demande M. Picard, en ajoutant que, puisqu'il en était sur ce chapitre, il demandait la permission de citer un passage d'un journal financier, qui se plaignait que la lettre de l'Empereur sur la suppression du décime de guerre, portant la date du 15, n'eût paru que le 18 au *Moniteur*, après un intervalle de trois jours, pendant lequel un mouvement de hausse s'était produit et avait donné lieu à des inductions fâcheuses sur lesquelles l'auteur de l'article ne croyait pas devoir insister. « Le gouvernement, dit M. Pi-
» card, quand il a de ces nouvelles qui brûlent les mains,
» doit les livrer immédiatement. Celles qu'à l'avenir il rece-
» vra ne s'égareront plus, il faut l'espérer, pendant trois
» jours dans les mains de ceux qui sont chargés de les trans-
» mettre. »

M. Ernest Picard exprima également l'espoir que le *Moniteur des Communes* cesserait de jouir du privilége d'apprécier librement les débats du Corps législatif et de violer la loi qui oblige tous les journaux à faire suivre chaque discours inséré de la réponse qui lui a été faite. Le *Moniteur des Communes* n'a pas le droit de publier des discours isolés, ces discours sortissent-ils tous de la bouche du ministre d'État, ni de se lancer dans l'appréciation des discours des députés, cette appréciation fût-elle empruntée au *Morning-Post*, lequel affirme « que pour ceux qui ont » entendu le dernier discours de M. Thiers, il est évident » qu'il dirige ses attaques moins contre la politique du » gouvernement impérial que contre l'Empire lui-même ».

M. Picard, après avoir rappelé ce qui s'était passé à la fin du premier Empire, prouve que le système général de la presse ne répondait plus à la situation : « Il faut ou » redoubler de rigueurs, ou les supprimer toutes; la légis- » lation de 1852 est usée; si vous ne voulez pas la voir » finir en même temps que vous, changez-la. »

La majorité pousse des cris de rappel à l'ordre. M. de Morny somme M. Picard de s'expliquer. Celui-ci répond qu'il n'a rien dit d'inconstitutionnel; ses paroles s'adressaient au premier Empire.

La discussion du chapitre des dépenses dites de sûreté générale au ministère de l'intérieur, mit en cause la loi de sûreté générale. M. Eugène Pelletan s'éleva contre cette loi, et surtout contre le délit indéfinissable d'intelligence à l'intérieur. L'article concernant la répression de ce délit ne devait être appliqué, au dire de ses défenseurs, qu'aux gens de la pire espèce, et les trois personnes frappées jusqu'ici par lui étaient : un magistrat, M. de Flers; un manufacturier, M. Scherer; un étudiant, M. Taule. M. Pelletan rappela d'une voix indignée qu'un ministre avait osé dire, dans la discussion générale de l'adresse, que la loi de sûreté générale n'avait rien d'incompatible avec les principes de 89 ni avec ceux de la jurisprudence, qu'on pouvait frapper un délit de deux peines, un homme de deux mains, celle de la justice et celle de l'administration; et que sa première peine subie, rien ne s'opposait à ce qu'on vînt chercher le condamné dans sa famille, à ce qu'on l'arrachât à sa femme et à ses enfants pour le conduire sur une plage déserte, où il subirait la seconde peine qu'il avait plu à l'administration de lui infliger.

M. Rouher se contenta, pour toute réponse, de trouver mauvais qu'on portât les décisions de la justice à la barre de la Chambre, et M. de Morny s'empressant de lui venir en aide, déclara que s'il permettait de discuter les actes de l'administration, il n'autoriserait jamais la discussion d'une loi votée, comme la loi de sûreté générale. — C'est notre honneur d'en demander le rappel, s'écria M. Picard. — M. de Morny crut devoir entreprendre sa défense : les sociétés secrètes attendaient le moment de se ruer sur la société quand la loi a été faite; ceux qui l'ont rédigée, et il s'honore d'en avoir fait partie, ont montré de l'énergie, et ils en montreraient encore. M. Pelletan, au milieu des clameurs de la majorité, s'écria que l'Empire donnait le spectacle d'un gouvernement jamais inquiété, mais toujours inquiet.

« M. de Morny : Le gouvernement n'a peur de vous ni de personne.
» M. E. Picard : Est-ce une menace?
» M. de Morny : Ce n'est pas menace que de dire que le gouvernement n'a pas peur de vous.
» M. E. Picard : Nous n'avons l'intention ni de faire peur au gouvernement ni d'avoir peur de lui.
» M. de Morny : Vous avez raison de n'avoir pas peur; le gouvernement protége et ne menace personne. S'il était de nature à faire peur, peut-être ne lui tiendrait-on pas le langage qu'on entend ici? (Bravo! bravo! Applaudissements prolongés.)
» M. Jules Favre : C'est de la violence.
» M. Rouher : C'est vous qui avez fait de la violence.
» M. Thiers : Quand il s'agit des intérêts du pays, personne ne nous fera peur, pas même le gouvernement.

» *M. Rouher* : Permettez, monsieur Thiers ; vous arrivez à l'instant, vous ne savez pas ce qui s'est passé, et vous vous jetez dans une querelle que vous ne connaissez pas.

» *M. Thiers* : Je vous demande pardon, je suis très-bien instruit. »

Le tumulte finit par s'apaiser, et grâce à la détente qui suivit cette scène, M. Garnier-Pagès put traiter, sans trop d'interruptions, la question de la liberté des réunions électorales. M. Lévy, candidat officiel dans la 5ᵉ circonscription, avait tenu au mois de mai précédent des réunions de plus de douze cents personnes. M. Garnier-Pagès se croyant autorisé à en faire autant, rassembla quelques électeurs dans un local où l'on n'entrait qu'après avoir démontré qu'on était bien celui dont le nom figurait sur la lettre de convocation. M. Garnier-Pagès parlait dans l'une de ces réunions, lorsque le commissaire arrive et ordonne aux assistants de se disperser. Ils obéissent. Une autre réunion eut lieu, et des précautions encore plus rigoureuses furent prises. Le propriétaire de la maison et un délégué se tenaient à la porte de la salle pouvant à peine contenir une centaine d'électeurs. M. Garnier-Pagès venait de prendre la parole, lorsque deux officiers de paix entrent et interdisent la réunion sous prétexte que les lettres de convocation ne sont pas signées. Une troisième réunion est annoncée chez M. Garnier-Pagès lui-même. Cette fois, pas une lettre de convocation qui ne porte la signature obligée. Il se croit bien à l'abri de toute intervention de la police ; mais non, deux commissaires de police, six officiers de paix, deux cents agents ont été dirigés sur la rue Saint-Roch, où demeure M. Garnier-Pagès ; sa maison est cernée, la réunion dispersée, des perquisitions ont lieu chez son gendre ; sa correspondance avec lui depuis trois ans est saisie. Il se rend, le lendemain, chez le préfet de police pour se plaindre de la violation du droit de réunion commise pas ses agents; ce magistrat lui déclare qu'il ne s'agissait pas d'un droit, mais d'une tolérance; que le gouvernement n'autorisait plus les réunions électorales, et que la question devait être vidée par les tribunaux.

La majorité consentit à écouter M. Garnier-Pagès parce que ses membres n'étant pas certains d'être toujours candidats officiels, pouvaient être exposés un jour à de semblables mésaventures; mais elle n'en décida pas moins que le gouvernement était dans son droit, et que les réunions chez M. Garnier-Pagès étaient des sociétés secrètes. M. Rouher, pour l'entraîner, cita la phrase suivante copiée, s'écria-t-il en brandissant un manuscrit, du rapport d'un agent de police, et recueillie par lui dans une réunion électorale tenue dans une remise du faubourg Saint-Antoine : « Que l'on est bien ici! que ces murailles simples nous plaisent mieux que les marbres du Corps législatif. Ici des cœurs qui battent pour la liberté, là des cœurs dont les aspirations rétrogrades ne tendent qu'à retarder le développement de ces grands principes qui ont été le tocsin de notre émancipation. » M. Rouher demanda si le gouvernement pouvait laisser ainsi avilir la représentation nationale?

M. Eugène Pelletan, le lendemain de cette séance si agitée, demanda en ces termes une rectification au procès-verbal : « Messieurs, à la dernière séance, je n'ai
» pas plus entendu au milieu du tumulte les paroles de
» M. le président qu'il n'a entendu les miennes. Il a dit : Si
» le gouvernement était de nature à faire peur, peut-être
» ne lui tiendrait-on pas le langage qu'on entend ici? Je de-
» mande pardon à M. le président : le lendemain du 2 dé-
» cembre, lorsqu'il y avait de 15 à 20 000 proscrits, je n'ai
» pas eu plus peur qu'aujourd'hui de dire toute ma pensée. »

La session, une des plus longues du régime impérial, finit le 28 mai 1864, après avoir commencé le 5 novembre 1863. Elle avait été prorogée cinq fois. M. de Morny la clôtura par un discours de remercîments à tous les députés, « sans distinction aucune », pour l'obligeance et la bienveillance amicale qu'il avait toujours rencontrées dans ses rapports avec eux. M. de Morny assura qu'il avait toujours compris son rôle « comme un rôle d'apaisement », et il revint sur cette idée que dans un pays labouré par les révolutions, personne n'avait le droit de reprocher à un de ses collègues d'avoir changé d'opinion. Les hommes varient de la meilleure foi du monde dans leurs jugements, et, suivant M. de Morny, qui dit parti, dit partialité. « Quand » le maréchal Soult n'était pas au pouvoir, tout le monde » reconnaissait qu'il avait gagné la bataille de Toulouse ; » quand il devenait ministre, bien des gens assuraient qu'il » l'avait perdue. » Le *Constitutionnel* ajoute en répétant ce trait : « L'esprit de M. de Morny et le génie de la France ne sont qu'une seule et même chose. »

Pendant que les Chambres votaient leurs adresses à l'Empereur, M. Duruy avait refusé d'autoriser des lectures publiques à Montpellier, au profit des Polonais, sous prétexte qu'il ne devait pas permettre l'ouverture de cours ayant une signification politique ; mais quel intérêt le gouvernement pouvait-il avoir à interdire, à Paris, le banquet pour fêter le 300° anniversaire de Shakespeare? cette solennité littéraire fut remplacée par la réception de M. Dufaure à l'Académie française. La séance fut brillante par le nombre et la qualité des assistants, mais insignifiante au point de vue littéraire. M. Dufaure est, en effet, un discuteur plutôt qu'un orateur, et, en tout cas, le moins académique des orateurs.

L'Empereur qui, depuis le commencement de l'été, habitait Fontainebleau, quitta cette résidence pour se rendre à Vichy; le roi des Belges vint l'y rejoindre. Léopold Ier, beau-père de l'archiduc Maximilien, avait montré pour les vues de son gendre sur la couronne du Mexique une complaisance fort opposée à sa raison et à sa prévoyance habituelles. Le désir de satisfaire l'ambition et le besoin d'activité de sa fille Charlotte, pour laquelle il s'était toujours senti une affection particulière, l'avaient aveuglé sur les dangers de l'entreprise qu'elle allait tenter. La présence du roi des Belges à Vichy était motivée par la nécessité de s'entendre avec l'empereur des Français sur certaines questions relatives à la part que des forces belges pourraient prendre à l'expédition du Mexique, et d'en régler les conditions.

L'Empereur était de retour à Saint-Cloud dans les premiers jours d'août. Pendant qu'on faisait dans cette résidence les préparatifs pour y recevoir le roi d'Espagne, l'attention publique était vivement excitée à Paris par le *procès des Treize*.

Dans la soirée du 13 mars 1864, huit jours avant l'ouverture du scrutin pour l'élection de deux députés dans la 1re et la 5e circonscriptions de la Seine, une réunion électorale tenue chez M. Garnier-Pagès fut dissoute par la police. Une perquisition eut lieu en même temps chez M. Dréo, gendre de M. Garnier-Pagès, et habitant la même maison. La police mit la main sur un grand nombre de lettres, notamment sur la correspondance entre son beau-père et lui, et jusqu'à des lettres de sa femme à sa mère, tout simplement parce qu'il y avait ajouté un mot en marge.

Des perquisitions eurent également lieu plus tard chez

MM. Carnot, Floquet, Clamageran, etc. M. Floquet était absent, ses serrures furent crochetées, ses meubles forcés et quelques-uns brisés. Les agents de police, après avoir visité ses papiers, emportèrent ceux qu'ils avaient choisis, et laissèrent les autres éparpillés sur le parquet. Ils se rendirent ensuite chez M. Clamageran, également absent, et s'emparèrent d'un grand nombre de papiers étrangers à l'affaire. Aucune suite ne parut d'abord devoir lui être donnée. M. Garnier-Pagès, élu député, avait élevé, lors de la discussion du budget, des réclamations contre la violation de son domicile auxquelles le ministre, présidant le conseil d'État, répondit que la justice était saisie. L'inaction cependant continua. Plusieurs députés étaient mêlés à l'affaire. Le gouvernement attendait pour agir la fin de la session qui eut lieu le 28 mai.

Les dernières perquisitions dont nous venons de parler furent exécutées le 16 juin, en vertu de mandats décernés par le juge d'instruction de Gonet. Une instruction judiciaire s'ensuivit contre MM. Garnier-Pagès, Carnot, Dréo, Hérold, Floquet, Clamageran, Ferry, Bory, Melsheim, Durier, Corbon, André dit André Pasquet, Lacatte, Enocq, Jozon, Hérisson, Girault, Magniadas, Emmanuel Durand, Millot dit Millot-Dubroca, Gambetta, Braleret, Murat, Savatier-Laroche, Magnin dit Magnin-Philippon, Charamaule, Guérin-Delisle, Fouqueron, Breton, Verrier, Postel, Chanoine, de Wolfers, Léonard, inculpés d'avoir fait partie d'une association non-autorisée, et en outre, M. Dréo, d'avoir prêté sciemment son appartement pour une réunion publique non autorisée.

L'inculpation sur ce dernier chef fut abandonnée à l'égard de M. Dréo, et celle d'avoir fait partie d'une société non autorisée et composée de plus de vingt personnes à l'égard de MM. André-Pasquet, Gambetta, Durand, Énocq, Braleret, Charamaule, Magnin, Guérin-Delisle, Fouqueron, Savatier-Laroche, Breton, Verrier, Postel, Chanoine, de Wolfers, Girault, Léonard, Murat, Millot, Magniadas et Lacatte. Les autres prévenus, MM. Garnier-Pagès, Carnot, Dréo, Hérold, Clamageran, Floquet, Ferry, Durier, Corbon, Jozon, Hérisson, Melsheim, Bory, furent cités à comparaître, le 5 août 1864, devant la sixième chambre du tribunal de la Seine, présidée par M. Dobignie.

MM. Marie, Jules Simon, Edouard Charton, Henri Martin, membres du comité, protestèrent vainement contre une décision qui les séparait de gens dont ils avaient partagé la responsabilité. M. Clamageran avait fait choix de M. Jules Simon, membre de l'Institut et député, pour le défendre. M. Jules Simon n'étant pas avocat, demanda par lettre à M. le président Dobignie l'autorisation de paraître à la barre ; elle lui fut refusée.

La première audience du procès s'ouvrit par l'interrogatoire des témoins, fort peu nombreux du reste, appelés à la requête d'un seul prévenu. L'interrogatoire des prévenus commença ensuite. M. Garnier-Pagès, avant de répondre, lut cette protestation :

« Nous soussignés, membres du Corps législatif;
» Par respect pour le suffrage universel, expression de la souveraineté du peuple ;
» Par respect pour le droit des électeurs qui nous ont élus représentants de la nation ;
» Par respect pour les droits de l'Assemblée, l'un des pouvoirs de l'État ;
» Nous regardons comme un devoir de protester contre la saisie de nos papiers, lettres, circulaires, listes d'électeurs, listes de distributeurs, affiches, notes diverses, titres de caisse, documents de toute sorte relatifs à notre élection qui a été approuvée sans contestation à l'unanimité par le Corps législatif.
» La loi a proclamé le secret des votes comme un principe sacré auquel il n'est pas permis de porter atteinte ; n'est-ce pas le violer que de rechercher les indices qui pourraient faire découvrir dans quel sens certains électeurs ont voté ?

» Il n'y aurait plus à côté d'une candidature officielle soutenue par l'administration aucune autre candidature possible, si le lendemain du jour où le scrutin a prononcé, le gouvernement se croyait le pouvoir d'exercer des poursuites là où les faits démontrent jusqu'à l'évidence qu'il n'y a eu ni fraude ni corruption. »

Les débats de ce procès furent conduits par le président avec cette âpreté de langage et d'attitude dont la magistrature de l'Empire a si souvent donné la preuve dans les affaires où la question de liberté se trouvait engagée. Le gouvernement, frappé de l'efficacité de la propagande électorale de l'opposition, et l'attribuant avec raison aux efforts du comité de Paris, avait résolu, pour couper court au danger que cette propagande pouvait lui susciter dans l'avenir, de recourir à l'intimidation judiciaire. Le désir de livrer à la publicité quelques lettres saisies par la police, et constatant l'existence de certaines luttes antérieures dans le parti démocratique, ne fut pas étranger non plus au *procès des Treize*. Le gouvernement espérait affaiblir l'opposition par l'étalage de ses petites misères; mais le public comprit que tous les partis ont leurs divisions intestines, et que le parti démocratique devait d'autant moins rougir des siennes qu'il en avait triomphé. M. Jules Favre, l'un des défenseurs, prononça une plaidoirie admirable; ses collègues, les plus illustres avocats de Paris, renoncèrent à prendre la parole après lui; les termes dont M. Berryer se servit pour annoncer cette détermination au tribunal durent profondément toucher M. Jules Favre. Ce fut un des grands jours de sa carrière professionnelle.

Les *Treize* furent condamnés chacun solidairement à 500 francs d'amende.

Le gouvernement, toujours en quête de moyens pour mettre fin aux embarras que lui causaient les affaires de Rome, crut enfin en avoir trouvé un. Le public apprit, au moment où il s'y attendait le moins, que, le 15 septembre, une convention avait été conclue entre le gouvernement impérial et l'Italie pour le réglement de la question romaine. L'article 1ᵉʳ portait : « L'Italie s'engage à ne pas attaquer le territoire actuel du Saint-Père et à empêcher, même par la force, toute attaque venant de l'extérieur contre ledit territoire. » D'après l'article 2 : « La France retirera ses troupes des États pontificaux graduellement, et à mesure que l'armée du Saint-Père sera organisée. L'évacuation devra néanmoins être acccomplie dans le délai de deux ans. » L'armée papale, en vertu de l'article 3, pouvait se recruter de catholiques étrangers. L'article 4 disait : « L'Italie se déclare prête à entrer en arrangement pour prendre à sa charge une part proportionnelle de la dette des anciens États de l'Église. » Un protocole annexé à la convention ajoutait enfin : « La convention n'aura de valeur exécutoire que lorsque S. M. le roi d'Italie aura décrété la translation de la capitale du royaume dans l'endroit qui sera ultérieurement déterminé par ladite Majesté. »

Les journaux démocratiques qui avaient accueilli la convention du 15 septembre avec une grande faveur, saluèrent quelques jours après, avec non moins de plaisir, l'organisation définitive d'une association d'ouvriers dont la pensée remontait au grand festival donné à Londres en 1861, dans le Palais de cristal, par les orphéonistes français; cette fête avait amené un certain rapprochement entre les classes populaires des deux pays. L'Exposition universelle de l'année suivante mit en présence les ouvriers délégués des différentes nations, non plus sur le terrain de l'art, mais sur celui de la production et de l'observation (1). Les

---

(1) *L'Association internationale des travailleurs*, par Fribourg.

ouvriers français furent frappés du contraste existant entre eux et les ouvriers anglais, produisant à un taux moins élevé, quoique travaillant moins d'heures par jour, et recevant un salaire plus élevé. Les ouvriers anglais attribuèrent cet avantage à leurs *Trade's unions* qui leur permettaient de traiter de puissance à puissance avec les fabricants et de s'assurer des salaires rémunérateurs.

Les délégués parisiens, rentrés en France, exposèrent, dans des mémoires professionnels, les changements que, selon eux, devaient subir les lois, les habitudes corporatives et les méthodes de travail pour mettre l'industrie française au niveau de celle de l'Angleterre; « ce furent les premiers cahiers du travail et du prolétariat » (1). Les auteurs d'un grand nombre de ces mémoires s'en remettaient à l'Empereur pour la réalisation de leurs vœux dont la mise en pratique aurait fait d'un seul coup reculer l'industrie française jusqu'en 1750 (2). Parmi les rares délégués qui se prononçaient pour la liberté figurait un ouvrier ciseleur, M. Tolain, qui entrevit la possibilité d'étendre à toutes les nations ces institutions anglaises que les ouvriers anglais se déclaraient impuissants à transformer en faits généraux. Il groupa quelques amis autour de lui, et ensemble ils s'occupèrent de donner une forme à l'idée d'une association universelle des travailleurs. Les agitations politiques auxquelles l'insurrection polonaise et les élections de 1864 donnèrent lieu retardèrent leur travail. La période électorale terminée, M. Tolain et ses amis se remirent immédiatement à l'œuvre. Les réunions électorales secrètes, les comités clandestins avaient mis en rapport un grand nombre de jeunes ouvriers avec les signataires de la liste des

---

(1) *L'Association internationale des travailleurs*, par Fribourg.
(2) *Ibid.*

soixante ; l'élément ancien et l'élément nouveau se fondirent (1), et vers le milieu de septembre MM. Tolain, Perrachon et A. Limousin se rendirent en Angleterre pour terminer l'étude du projet élaboré par M. Tolain et ses amis. Il fut décidé, à Londres, qu'une commission anglaise se joindrait à la commission française et que, ensemble, elles constitueraient définitivement l'association, et arrêteraient le programme et les conditions de la première session du congrès. Un meeting public réunit, le 28 septembre, dans Saint-Martins' Hall, les représentants ouvriers de plusieurs nations européennes qui nommèrent un comité chargé de rédiger les statuts de la Société internationale. Le pacte fondamental écrit en anglais arrivait à Paris un mois après; le groupe des internationaux nommait, au poste de secrétaires correspondants pour Paris, Tolain, ciseleur, Fribourg, graveur-décorateur, et Limousin, margeur, et l'Internationale était fondée.

Le lendemain de ce meeting, une réorganisation du Conseil d'État eut lieu à Paris. Ce corps devait avoir désormais à sa tête un ministre pour le présider; six présidents de section, dont trois cumuleraient ce titre avec celui de vice-présidents; les présidents de section et les vice-présidents exerceraient, auprès du Sénat et du Corps législatif, les attributions déterminées par l'article 5 de la constitution. En même temps un changement eut lieu parmi les ministres de la parole. M. Rouland, ministre présidant le Conseil d'État, qui avait montré peu d'aptitude aux débats parlementaires, quitta la vie politique pour terminer sa carrière dans la place lucrative de gouverneur de la Banque de France. Il fut remplacé par M. Vuitry.

(1) M. Fribourg, auteur du livre auquel nous empruntons ces détails, faisait partie de ces jeunes gens.

L'impératrice Eugénie s'était arrêtée à Baden au retour des eaux de Schwalbach ; elle rentra vers le milieu d'octobre à Saint-Cloud. L'Empereur, qui venait de rendre visite à l'empereur et à l'impératrice de Russie, à Nice, s'amusait, en revenant, à passer des revues à Toulon, à Marseille et à Lyon. M. de Persigny, pendant ce temps-là, attirait sur sa tête les foudres du *Constitutionnel*, à propos d'une lettre adressée par lui à M. Emile de Girardin, qui venait de lui envoyer son livre *les Droits de la pensée*. M. de Persigny assurait dans cette lettre que sans aller, comme M. de Girardin, jusqu'à demander l'impunité de la presse, il était néanmoins disposé à lui faire des concessions : « Cette question me préoccupe beaucoup, et je me sentirais peu disposé aujourd'hui à maintenir le régime actuel sans de sérieuses modifications. » Le *Constitutionnel* tança vertement, le lendemain, M. de Persigny au sujet de cette lettre qui avait excité le mécontentement de l'Empereur. M. de Persigny recevant à son tour un avertissement, comme un simple journaliste, cela fit rire un moment.

La cour de Rome, cependant, préparait silencieusement sa revanche de la convention du 15 septembre. Ce fut la fameuse encyclique adressée le 8 décembre au clergé catholique pour signaler et condamner les « principales erreurs de notre temps ». Le cœur de Voltaire fut transporté, quelques jours après l'apparition de l'encyclique, à la Bibliothèque impériale par ordre des héritiers du marquis de Villette. M. Duruy, ministre de l'instruction publique, en prit possession au nom de l'État.

CHAPITRE XV

1862-1864

AFFAIRES DE POLOGNE ET DE DANEMARK

Sommaire. — Affaires de Pologne. — Le grand duc Constantin est nommé vice-roi de Pologne. — Attentats sur la personne du marquis Wielopolski et du grand-duc. — Napoléon III et l'insurrection. — L'embarras qu'elle lui cause. — Le recrutement en Pologne. — Le commencement de l'insurrection. — Répression de Mourawiew. — Les cabinets des Tuileries, de Londres et de Vienne, dans la question polonaise. — Négociations avec la Russie. — Le prince Gortschakoff y met fin cavalièrement. — La journée des princes à Francfort. — Son influence sur la question polonaise et sur celle des duchés. — Situation du Danemark en 1862. — Dépêche de Gotha. — Négociations diplomatiques. — Un nouveau prétendant. — Concessions de Christian VIII. — La Prusse et l'Autriche les repoussent. — Causes de ce refus. — Imprudence de certains passages du discours d'ouverture du Sénat et du Corps législatif. — Le Congrès est rendu impossible par l'opposition de l'Angleterre. — M. de Bismarck et l'Angleterre. — Les petits États reconnaissant le prétendant. — L'Europe et le Danemark. — Démembrement de la monarchie danoise. — Traité de Vienne.

Mgr Felinski, archevêque de Varsovie, rouvrit en personne les églises le 13 février 1862 ; il exhorta les fidèles à ne point chanter les hymnes prohibées et à respecter l'ordre. Ses exhortations restèrent sans effet; la police, assaillie à coups de pierres, appela les soldats à son aide. La terreur régna de nouveau dans Varsovie.

Le marquis Wielopolski, appelé à la direction du gouvernement civil, et à la vice-présidence du Conseil d'État, s'était rallié à la Russie à l'époque des massacres de la Gallicie pour se venger de l'Autriche. Représentant le parti de la soumission protégée par un régime légal, suspect par cela même et incapable d'exercer une influence utile, il conseilla bientôt au gouvernement russe de nommer le grand-duc Constantin vice-roi de Pologne ; mais le frère de l'Empereur, revêtu de cette dignité par un ukase du 26 mai, ne parvint pas plus que ses prédécesseurs à calmer l'irritation des esprits. Un Polonais nommé Jaroszinski tira sur lui un coup de pistolet sans l'atteindre, au moment où il sortait du théâtre. Un autre, ouvrier lithographe, nommé Jean Rzontsa, âgé de dix-neuf ans, tira sans succès sur Wielopolski. Les deux meurtriers furent exécutés dans la citadelle de Varsovie.

Le Parlement anglais s'occupa cependant, le 4 avril, de la Pologne. Les orateurs qui prirent la parole à la Chambre des communes firent entendre les plus chaleureuses protestations en faveur de cette nation. Le comte Russell en vint jusqu'à déclarer que l'Angleterre se sentait atteinte et blessée par la violation des traités à l'égard de la Pologne. Le gouvernement impérial des Tuileries, en coquetterie réglée avec la Russie, n'avait pas pu cependant s'empêcher de lui adresser quelques conseils. La continuation des troubles lui causait une mauvaise humeur très-visible dans la note du *Moniteur* du 23 avril 1861, publiée à la demande pressante de M. de Kiseleff, ambassadeur de Russie à Paris, et destinée à mettre la presse et l'opinion publique en garde contre

« La supposition que le gouvernement de l'Empereur encouragerait des espérances qu'il ne pourrait satisfaire. Les idées généreuses du czar sont un gage certain de son désir de réaliser les améliorations que comporte l'état actuel de la Pologne, et il faut faire des vœux pour qu'il n'en soit pas empêché par des manifestations irritantes. »

Le consul de France à Varsovie avait, de son côté, reçu l'ordre de décourager les Polonais. Ils n'avaient rien non plus à espérer du gouvernement anglais; les discours des membres de la Chambre des communes n'étaient suivis d'aucun effet, et lord Napier, ambassadeur britannique à Saint-Pétersbourg, disait ouvertement que les affaires polonaises l'*ennuyaient* (1).

(1) *Études de diplomatie étrangère*, par Julian Kladsko.

La Prusse n'avait cessé, dès le début du mouvement polonais, de donner à la Russie des conseils de rigueur et de répression. L'entrée de M. de Bismarck aux affaires eut lieu le 24 septembre 1862, quelques mois avant l'exécution de la terrible mesure du recrutement à laquelle ses conseils ne furent pas étrangers. La Pologne n'y avait pas été soumise depuis plusieurs années; les autorités de Varsovie firent tout à coup procéder, dans la nuit du 14 au 15 janvier 1863, à l'enlèvement des jeunes gens par les soldats et par les agents de la police, et le lendemain le *Journal de Varsovie* déclara que le recrutement s'était opéré « dans un ordre parfait; les conscrits montraient » même de la satisfaction et de la gaieté d'aller se former à » l'école que leur fournit le service militaire ».

Le Comité national polonais lança quinze jours après le recrutement son premier appel aux armes : la Russie et la Prusse conclurent presque en même temps la fameuse convention en vertu de laquelle, sous prétexte de protéger le commerce et les recettes des douanes, les troupes des deux puissances pouvaient pénétrer dans l'intérieur des deux pays. Les libéraux, en Prusse, s'indignèrent à l'idée que la royauté prussienne allait se charger de faire la police pour la Russie, mais les libéraux avaient peu d'influence. L'Autriche repoussa la proposition d'accéder à la convention. L'Angleterre et la France n'ayant pas pu s'entendre pour faire des représentations collectives à son sujet, en firent d'isolées, auxquelles la Russie et la Prusse répondirent de façon à leur permettre de considérer la convention presque comme une lettre morte.

La lutte engagée le 6 février entre les troupes russes et les insurgés polonais fut inaugurée par des succès remportés par ces derniers. La division ne tarda pas, malheureusement, à se mettre dans leurs rangs. Langiewicz, qui avait dirigé avec bonheur les premières opérations militaires, fut bientôt en lutte avec Mierolawski. Convaincu que « la Pologne ressent douloureusement l'absence d'un » pouvoir central non occulte, capable de donner une » direction aux forces engagées, et d'en appeler de nou- » veau à la lutte (1) », Langiewicz prit la dictature, après s'être concerté avec le gouvernement provisoire, entre les mains de qui il devait remettre le pouvoir aussitôt que la nation aurait secoué le joug moscovite. Il rendit, en même temps, un décret par lequel il instituait un gouvernement civil, composé de quatre directeurs pour la guerre, l'intérieur, l'extérieur, les finances. Tous les pouvoirs occultes étaient dissous. Mierolawski publia contre ces actes une protestation dans laquelle, après avoir rappelé que le gouvernement national avait remis la dictature entre ses mains, il repoussait la dictature de Langiewicz comme un odieux défi à la guerre civile.

Mgr Felinski, pendant que ces compétitions menaçaient de compromettre le succès de la cause nationale, adressa une lettre à l'empereur Alexandre II. « Le sang, dit-il, » coule à grands flots, la répression ne fait qu'aug- » menter l'exaspération des esprits ; que l'Empereur prenne » d'une main forte l'initiative dans la question polonaise, » et qu'il constitue une nation indépendante, unie seu- » lement à la Russie par le lien dynastique. C'est la seule » solution qui soit capable d'arrêter l'effusion du sang, et » de poser une base solide à la pacification définitive. » L'archevêque de Varsovie se trompait : la Pologne, à ces conditions, ne se serait pas tenue pour satisfaite. C'est

(1) Proclamation du 10 mai.

pour un résultat plus complet que les Polonais, commandés par Langiewicz, livraient, cinq jours après l'envoi de cette lettre, une bataille à la suite de laquelle, accablés par des forces supérieures, ils se trouvèrent dans la nécessité de se disperser. Langiewicz, arrêté sur le territoire autrichien, fut interné et laissé libre sur parole.

Le czar Alexandre II avait promis une amnistie à tous les insurgés polonais qui, du 12 avril au 1er mai, auraient déposé les armes. Il s'était engagé en même temps à maintenir les institutions accordées au royaume de Pologne, et « à les développer selon les besoins du temps et du » pays ». Le Comité secret national de Varsovie lui répondit : « Nous avons engagé la lutte, non pour des institu- » tions libres qui, sous le gouvernement russe ne sont que » des mensonges, mais pour nous affranchir d'un joug » odieux, pour reconquérir une indépendance et une liberté » complètes. Qu'on sache enfin, et qu'on ne l'oublie jamais, » que nous préférons la Sibérie, le gibet, à l'insulte d'une » aministie. »

Les hostilités recommencent avec plus de vivacité que jamais. Le Comité national prend un arrêté par lequel il est défendu aux citoyens de quitter le royaume ; les personnes résidant à l'étranger sont, en outre, invitées à rentrer dans leur pays pour concourir à sa délivrance. Le 13 mai, il constate que le délai fixé par le Czar pour déposer les armes est expiré, et que pas un homme ne s'est soumis aux autorités moscovites.

Un comité spécial, à Paris, était chargé de correspondre avec les sociétés formées sur divers points de l'Europe pour venir en aide aux insurgés. Le clergé catholique dans tous les pays secondait ses efforts ; en Pologne même, il se mêlait à l'insurrection ; Mourawiew, nommé gouverneur général de la Lithuanie, signale son entrée en fonctions en faisant fusiller deux prêtres; le 8 juin, il met la Lithuanie en état de siége et prononce la confiscation des biens de tous ceux qui viendraient en aide aux insurgés. Le comte Léon Plater, grand propriétaire du gouvernement de Witezk, accusé d'avoir commandé les Polonais à l'attaque d'un convoi d'armes, est fusillé le même jour sur les glacis de la forteresse de Dynaburg. L'abbé Agrypin Konarski est pendu le 12 juin devant la citadelle de Varsovie. Mourawiew interdit, le 13, de porter des vêtements de deuil. Mgr Felinski est enlevé, le 16, et conduit à Saint-Pétersbourg.

Le gouvernement national polonais, en dénonçant à l'Europe les actes iniques et barbares des autorités moscovites, déclarait que les réformes partielles ne suffisaient pas à la Pologne ; « ce qu'elle réclame au prix de son sang, » c'est l'indépendance complète; elle n'y renoncera ja- » mais ».

L'insurrection, en effet, durait encore au mois d'octobre. Une dépêche du gouvernement national de Lithuanie au prince Ladislas Czartoriski, son représentant à l'étranger, constatait que toutes les classes de la population, y compris les paysans, lui fournissaient des recrues.

Le grand-duc Constantin ne pouvait rester à la tête d'une administration décidée à pousser la répression jusqu'aux dernières rigueurs. Il fut relevé de ses fonctions de vice-roi de Pologne, le 31 octobre.

Que faisaient pendant ce temps-là les cabinets européens? Napoléon III continuait à prodiguer à la Russie ses conseils d'indulgence et de douceur; mais, ne se souciant pas trop de s'appuyer sur les traités de Vienne, il laissait le comte Russell agir seul, sous prétexte de ne pas enlever à la Russie le mérite de la spontanéité. N'obtenant cependant aucune concession du Czar, il essaya de se concerter avec l'Angleterre et avec l'Autriche.

M. Billault, on s'en souvient, après avoir dit « que le » gouvernement impérial était trop sensé et trop jaloux de » sa dignité et de celle de la France, pour laisser répéter » pendant quinze ans, dans une adresse, des paroles inu- » tiles et des protestations vaines », n'avait pas craint plus tard de présenter au Corps législatif le mouvement polonais comme « l'œuvre des passions révolutionnaires ». La Pologne n'avait donc pas grand chose à espérer, au fond, de la bonne volonté de Napoléon III.

La Prusse en signant la convention avec la Russie, espérait bien que l'Autriche s'y rallierait et que l'alliance des trois puissances, rompue par la guerre de Crimée, pourrait se rétablir. L'union entre la Prusse et la Russie restait, en attendant, une tradition de famille qui n'empêchait point M. de Bismarck de trouver que les frontières de la Prusse étaient mal tracées, et de chercher si par hasard l'insurrection polonaise ne lui fournirait pas l'occasion de les rectifier. Le Czar était las du royaume, disait-on autour de M. de Bismarck ; rien, par conséquent, de plus facile que de s'entendre avec lui et de l'occuper. Quelques années suffiraient pour le germaniser. La grande Allemagne ne doit-elle pas aller jusqu'à la Vistule ? M. de Bismarck, jusqu'au dernier moment de la lutte, fit des efforts secrets pour rallier les Polonais à la Prusse, et, à la fin de l'insurrection, ses agents à Varsovie engagèrent les insurgés à s'adresser à elle pour obtenir de meilleures conditions de la Russie (1).

L'Autriche, qui avait incorporé Cracovie à son empire, contrairement aux traités de 1815, paraissait vouloir rester

---

(1) *Études de diplomatie étrangère,* par Julian Kladsko.

neutre entre la Pologne et la Russie. L'entente rêvée par Napoléon III avec cette puissance ne paraissait pas facile à établir. Voulant cependant avoir l'air de tenter quelque chose, il fit adresser par M. Drouyn de Lhuys, le 10 avril 1863, une dépêche à toutes les puissances européennes avec prière de lui faire connaître leur sentiment. Cette dépêche constatait que les agitations de la Pologne n'étaient point des crises passagères dues à des causes accidentelles, que leur périodicité attestait l'impuissance des combinaisons adoptées pour les conjurer; il espérait d'ailleurs que l'empereur de Russie, toujours animé des mêmes intentions libérales, « reconnaîtra dans sa sagesse l'opportunité d'aviser aux moyens de placer la Pologne dans une paix durable ». L'Autriche répondit qu'elle partageait l'avis et l'espoir de l'auteur de la dépêche ; l'Angleterre en fit autant, et la Russie se garda bien de repousser brutalement ces ouvertures indirectes.

On était au printemps, et des mesures graves pouvaient encore être prises.

La croyance à l'existence d'un parti libéral en Russie, qui forcerait le gouvernement à des concessions à la Pologne, rassurait d'avance Napoléon III sur l'issue de ces négociations. L'armée russe était, croyait-il, l'objet d'une propagande qui inclinerait forcément le Czar aux idées libérales. Les paroles de M. Billault au Sénat, dans la séance du 20 mars, témoignent des illusions du gouvernement impérial à cet égard :

« Est-ce que vous croyez qu'il n'y a point pour la Pologne de très-légitimes espérances à attendre de ce qui se passe aujourd'hui en Russie? Est-ce que vous croyez que ce gouvernement, lancé dans une voie nouvelle par la volonté de son souverain, sera assez aveugle, assez peu intelligent de ses intérêts, pour risquer une complication d'agitations intérieures, contre des solutions qui lui assurent, au contraire, le calme et la paix?

» ..... Cette grande puissance est la plus intéressée, pour sa force, pour son repos, pour la facilité de son action dans le monde, à résoudre cette question convulsive de la Pologne.

» Quelle conduite peut lui inspirer la juste application de ces événements? Je ne me prononce en aucune façon sur cette éventualité, non plus que sur les puissants avis appuyés sur de si pressantes considérations. Je me borne à constater qu'il y a des intérêts évidents, offrant un point d'action sérieux..... »

Ce point d'action, c'était le rétablissement de la Pologne de 1815 sous le sceptre du grand-duc Constantin. Napoléon III finit par en faire la proposition dans une lettre autographe adressée à Alexandre II. La réponse fut un refus des plus nets et des plus formels.

Un agent obscur, Debrauz de Saldapenne, gérant du journal *le Mémorial diplomatique*, dont on s'était servi dans les négociations relatives à Maximilien, avait été envoyé à Vienne vers le milieu de mars pour sonder le terrain. Le prince de Metternich, ambassadeur d'Autriche à Paris, se rendit bientôt auprès de son souverain pour lui soumettre les nouveaux plans sortis du cerveau de Napoléon III : la Silésie en échange de la Gallicie, l'appui du gouvernement impérial dans les tentatives de François-Joseph pour prendre l'hégémonie de l'Allemagne, et, pour rançon de la Vénétie, les Principautés danubiennes ainsi que le littoral oriental de l'Adriatique que la Porte aurait échangé contre la Circassie, telles étaient les offres de l'empereur des Français à l'empereur d'Autriche pour l'engager à se joindre à lui dans une guerre pour forcer la Russie à rétablir la nationalité polonaise.

En marchant le premier, peut-être aurait-il entraîné l'Autriche; mais il demandait que, plus voisine du champ de bataille, elle entamât la guerre sans être sûre d'avoir à ses côtés l'Angleterre; celle-ci, ne voulant pas contribuer à l'amoindrissement de la Prusse protestante, se garda bien de seconder la mission du prince de Metternich. L'Angleterre, d'ailleurs, se croyait toujours obligée, par tradition et par intérêt, à respecter les traités de 1815 et à empêcher qu'aucune puissance sur le continent ne grandît aux dépens des autres. Le comte Russell aurait été charmé, en restant dans les limites des traités de 1815, de procurer quelque soulagement à la Pologne et d'amener une trêve entre les belligérants; mais voilà tout. En résumé les grandes puissances s'étaient bornées jusqu'ici à adresser de vagues reproches à la Russie; quant aux puissances secondaires, telles que le Danemark, la Suède et l'Italie, invitées à joindre leurs remontrances à celles de l'Angleterre et de la France, elles n'avaient pu s'en acquitter qu'avec mollesse et froideur.

Les trois cours, continuant cependant leur action diplomatique, avaient fini par tomber d'accord sur ce programme à présenter à la Russie :

« 1° Amnistie complète et générale;
» 2° Représentation nationale avec des pouvoirs semblables à ceux qui sont fixés par la charte de 1815 ;
» 3° Nomination des Polonais aux fonctions publiques, de manière à former une administration nationale ;
» 4° Liberté de conscience pleine et entière, et suppression de toutes les restrictions apportées au culte catholique ;
» 5° Usage exclusif de la langue polonaise dans l'administration de la justice et dans l'enseignement ;
» 6° Recrutement légal et régulier. »

Ces points devaient être discutés dans une conférence à défaut d'un congrès, moyen toujours préféré par le cabinet des Tuileries. L'Angleterre et l'Autriche acceptaient la conférence ; mais, tandis qu'elles se bornaient à appliquer ce programme au royaume, le cabinet des Tuileries parlait des anciennes provinces polonaises. La divergence était grande, surtout au moment où le gouvernement impérial proposait à l'Angleterre et à l'Autriche de prendre l'engagement, sous la forme d'une convention ou d'un protocole, de poursuivre de concert le règlement de l'affaire de Pologne par les voies diplomatiques « ou autrement, s'il était nécessaire ». L'Angleterre était loin de prêter l'oreille à une pareille proposition ; l'intervention lui paraissait un droit qu'elle exerçait comme bon lui semblait, mais non une obligation. Ministres, membres des Communes, lords, journalistes, déclaraient d'ailleurs qu'ils n'iraient pas jusqu'à la guerre ; l'Autriche, tremblant pour la Gallicie, pour la Vénétie et même pour la Hongrie, s'engagerait encore bien moins à la faire. La saison pendant ce temps-là s'était assez avancée pour empêcher un coup hardi d'être tenté ; le prince Gortschakoff refusa toute amnistie tant que l'insurrection ne serait pas réprimée, repoussa la conférence comme bonne uniquement à encourager les insurgés, nia la compétence des signataires des traités de Vienne, et déclara qu'il n'entamerait de négociations qu'avec les puissances copartageantes. Cette dépêche est du 13 juillet.

L'Autriche était une de ces puissances. Le cabinet de Vienne repoussa cette ouverture et l'annonça tout de suite aux cabinets de Londres et de Paris. Ce dernier aurait voulu s'entendre avec les deux autres cabinets sur une réponse identique à faire à la Russie. Il espérait donner ainsi à l'Autriche la garantie d'une solidarité qu'elle avait toujours réclamée ; l'Angleterre refusa. Il y eut trois notes distinctes. La note des Tuileries constatait un peu tard, il est vrai, que l'insurrection polonaise n'était point l'œuvre d'une démagogie cosmopolite, mais de l'idée de patrie, de religion, de justice ; elle se décidait enfin à parler des traités de 1815, en leur restituant cette fois leur signification faussée et en étendant leur application à la Lithuanie, à la

Volhynie, à la Podolie, à l'Ukraine, à la Posnanie et à la Gallicie. La note se terminait ainsi : « La Russie est res-
» ponsable des graves conséquences que la prolongation des
» troubles de Pologne pourrait entraîner. »

L'été finissait, la Baltique allait être gelée. Gortschakoff répondit par la terrible répression de Mourawiew à Wilna, et par une note dans laquelle il exclut de tout échange d'idées amical entre la Russie et les puissances la moindre allusion aux parties de l'Empire qui n'étaient pas l'ancien duché. Il accepta la responsabilité dont on le menaçait et mit fin à « une discussion évidemment sans but ».

Un Polonais qui occupait un rang élevé dans la société européenne, le général Zamoïski, se trouvait en ce moment à Londres; prévoyant que la voie où la diplomatie s'était engagée la conduirait à la défaite, il avait proposé au comte Russell de déclarer le Czar déchu des droits que lui donnait le traité de Vienne sur la Pologne, attendu qu'il n'avait jamais rempli les conditions auxquelles ces droits étaient liés. Cette déclaration aurait été suivie de la proclamation d'un archiduc autrichien comme roi de Pologne. L'Autriche tire cent mille soldats de la Gallicie ; le nouveau roi, à la tête de ces troupes, chassait les Russes et rétablissait le royaume des Jagellons.

Lord Russell laissa voir, le 26 septembre 1863, au banquet de Blairgowie, que cette idée de déchéance ne lui déplaisait pas absolument : « En reconnaissant la domi-
» nation russe en Pologne, les puissances de l'Europe ont
» stipulé certaines conditions pour ce pays; mais la Russie
» ne les a pas tenues. Avertie aujourd'hui par les remon-
» trances de l'Europe, elle persévère dans la violation de
» ses engagements. » Le comte Russell finissait ainsi son discours : « Les conditions en vertu desquelles la Russie a

» obtenu la Pologne n'étant pas remplies, le titre même
» peut être difficilement maintenu... » Le cabinet de Saint-James s'apprêtait à donner à cette pensée la forme d'un acte international; le cabinet des Tuileries y adhérait; l'Autriche, limitrophe de la Russie, demandait comme toujours des garanties avant de s'engager. Le gouvernement impérial lui offrait toutes celles qu'elle pouvait souhaiter. Il avait donné pour instruction à M. de Montebello, son représentant à Saint-Pétersbourg, d'agir comme le représentant de l'Angleterre, lord Napier. M. de Montebello, le jour où lord Napier remettrait au prince Gortschakoff une note dans le sens du discours de Blairgowie, avait reçu l'ordre d'en présenter une pareille. Lord Napier avait déjà prévenu le prince Gortschakoff qu'il était chargé de lui faire une communication importante. La signification de déchéance était en route; un coup de télégraphe arrêta le courrier. M. de Bismarck, par une habile diversion au profit de la Russie, menaçait à son tour de déclarer le roi de Danemark déchu de sa souveraineté sur le pays de l'Eider pour n'avoir pas rempli les engagements du traité de Londres.

Lord Russell se hâta d'écrire à lord Napier que « le gou-
» vernement de Sa Majesté n'a pas le désir de prolonger la
» correspondance au sujet de la Pologne, pour le simple
» plaisir de la controverse. Le gouvernement de Sa Majesté
» reçoit avec satisfaction l'assurance que l'empereur de
» Russie continue à être animé d'intentions pleines de bien-
» veillance vis-à-vis la Pologne, et de conciliation vis-à-vis
» des puissances étrangères ».

La cour de Vienne, jusqu'au milieu du mois d'octobre 1863, attendit les événements. Napoléon III avait demandé au pape d'user de son influence sur François-Joseph, en faveur de la Pologne. Le cardinal de Reisach remit, vers le milieu de juillet 1863, une lettre autographe de Pie IX à François-Joseph, dont il parut fort touché. Mais des soins non moins importants le préoccupaient alors. L'empereur d'Autriche avait adressé le 31 juillet à tous les souverains allemands une lettre pour les convier à se rendre à Francfort où ils aviseraient ensemble aux moyens d'accomplir la réforme fédérale. L'adhésion de la Prusse à cette réunion était capitale. Guillaume Ier prenait justement les eaux à Gastein dans le Tyrol. François-Joseph s'y rendit; les deux souverains eurent, le 1er août, une entrevue dans laquelle il fut question de la Pologne. M. de Bismarck, qui avait rejoint son maître, rappela les engagements pris par les trois souverains, en 1860, à Varsovie. François-Joseph, dont toutes les vues se portaient sur l'Allemagne, sacrifia la Pologne.

La presse allemande s'occupa beaucoup de la convocation des princes à Francfort; la presse autrichienne voyait déjà l'unité militaire, douanière et judiciaire de l'Allemagne, sortir de ce congrès. Le défaut d'accord préalable entre le cabinet de Vienne et le cabinet de Berlin ne lui semblait pas une raison suffisante de douter de l'importance des résultats de la réunion du Rœmer. Qu'importe que tel ou tel prince refuse d'y assister, pourvu que l'Autriche propose une réforme qui réponde au sentiment national et libéral de l'Allemagne? La question tout entière était là. La grande patrie allemande va enfin surgir à la voix du César germanique remplissant sa mission historique et reformant la vieille constitution avec l'appui des souverains. N'a-t-il pas, d'ailleurs, fait de l'Autriche le foyer du libéralisme allemand? L'Autriche n'a-t-elle pas un vrai parlement, et ne montre-t-elle pas sa sympathie à la Pologne, tandis que la Prusse, gouvernée par les hobereaux, renonce à guider l'Allemagne dans la voie de l'unité et de la liberté? C'est au milieu de ce concert d'enthousiasmes que l'Empereur arriva le 15 août à Francfort ; il fut reçu à la gare par les autorités civiles et militaire et par le Sénat *in corpore*. Il put bientôt voir autour de lui le roi de Bavière, le roi de Saxe, le roi de Hanovre, le prince royal de Wurtemberg, le grand-duc de Baden, le grand-duc de Hesse, le duc de Brunswick, le duc de Mecklembourg-Schwerin, sans compter dix-huit grands-ducs, ducs, princes et bourgmestres. Ces hauts personnages chargèrent le roi de Saxe de porter au roi de Prusse, à Baden, l'invitation pressante de se joindre à eux. Guillaume Ier persista dans un isolement partagé par Anhalt-Bernbourg, Saxe-Altenbourg, Hesse-Hombourg, Lippe, Lippe-Schauenbourg, Reuss branche aînée.

Napoléon III, quoiqu'il eût promis son aide aux tentatives de l'Autriche pour prendre l'hégémonie de l'Allemagne, s'étonna du mystère et de la promptitude d'exécution déployés dans cette circonstance, par une cour ordinairement très-lente, et surtout de l'appui que l'Angleterre, unie par de si intimes liens à la Prusse, semblait donner à l'Autriche. Lord Clarendon se trouvait en effet à Francfort au moment de la journée des Princes, et il était bien difficile de croire que le hasard l'y eût amené. Le langage tenu par lui à François-Joseph était des plus encourageants. Une Allemagne forte, avait-il dit à François-Joseph, est une garantie contre l'ambition de la France. Napoléon III se résignerait-il à sanctionner l'unité de l'Allemagne, sans recevoir, en échange, une compensation quelconque sur le Rhin ou sur la Vistule? Personne ne le croyait, et M. de Bismarck lui-même voyait dans l'attitude de l'Autriche une menace pour l'Empire français et pour l'Europe. Heureusement l'Autriche, malgré son désir de se rajeunir, était toujours la vieille Autriche. Il lui aurait fallu plus de jeunesse, plus de décision, pour pouvoir fonder l'unité allemande, sans parler de la ferme volonté de pousser jusqu'à la guerre avec la Prusse.

Le premier résultat de la journée des Princes fut donc de donner des soupçons à Napoléon III; il se demanda si l'Autriche en songeant à l'Allemagne n'aurait point, par hasard la Vénétie en vue, et si lui-même ne ferait pas bien de se rejeter du côté de la Russie; M. de Bismarck saisit l'occasion de lui faire quelques avances, gages certains de celles de la Russsie. Napoléon III crut qu'il n'avait désormais qu'à choisir entre les alliances. Ses journaux gagés, couvrant leur abandon du prétexte de prétendues concession libérales du Czar à la Pologne, juste au moment où Mourawiew commettait ses plus atroces violences, trouvaient tout simple que le gouvernement impérial enterrât la question polonaise, et lâchât, pour employer une expression vulgaire, ses alliés de la veille. L'Autriche, effrayée par leur langage, devint plus froide et plus méfiante à l'endroit des négociations avec le cabinet des Tuileries au sujet de la Pologne.

Le projet de réforme fédérale, présenté par François-Joseph aux princes allemands, portait que le pouvoir exécutif de la Confédération se composerait désormais de cinq membres, dont trois nommés par l'Autriche, la Prusse et la Bavière, les deux autres par les États allemands. Un Conseil fédéral serait adjoint au Directoire, et on constituerait une assemblée de trois cents délégués choisis : 1° deux tiers par les Chambres électives; 2° un tiers par les Chambres hautes, et investis d'un mandat législatif pour trois ans ainsi que du droit de fixer le budget fédéral. La présidence du Conseil fédéral et de l'Assemblée des délégués appartiendrait à l'Autriche. Le projet comprenait aussi l'établissement d'un tribunal fédéral suprême.

Si les hommes d'État de 1815 étaient revenus à la vie, que diraient-ils en voyant les successeurs de M. de Metternich porter une main sacrilége sur son œuvre et ébranler dans ses fondements la vieille constitution germanique? La machine politique construite avec tant de difficulté après les guerres du premier Empire avait fait son temps, il fallait pourtant bien en changer les rouages. On l'avait tenté déjà, en 1848; mais le Parlement de Francfort, la Prusse, le parti national, avaient tour à tour échoué dans leur tentative de réforme. L'Autriche reprenait leur œuvre sans le concours de ce maître ouvrier qui s'appelle l'esprit libéral. Ce qu'on voyait de plus clair dans sa réforme, c'est qu'elle maintenait la vieille suprématie du *Kaiser* autrichien, et que la nouvelle constitution ne serait pas moins compliquée que l'ancienne : Directoire, Conseil fédéral, Chambre des députés, Chambre des princes, que de complications! l'Assemblée populaire n'était là simplement que pour la forme, puisque ses délibérations n'avaient force de loi qu'après l'approbation formelle de la Chambre des seigneurs.

Le roi de Prusse, en répondant à l'invitation collective des souverains par un refus catégorique, s'était réservé d'examiner toute communication que ses confédérés pourraient lui adresser, « avec la sollicitude empressée qu'il avait vouée aux intérêts communs de la patrie ». M. de Bismarck ne tarda pas à expliquer très-sommairement les motifs qui avaient déterminé le roi de Prusse à ne pas se rendre au congrès de Francfort : « Pour le moment, je me

» contenterai de déclarer que les projets de réforme ne
» répondent, à notre avis, ni à la position légitime de la
» monarchie prussienne, ni aux intérêts légitimes du
» peuple allemand (1). »

M. de Bismarck, dans un rapport solennel adressé plus tard au roi, trouvait la réforme de l'Autriche trop peu libérale. Il voulait, au lieu de l'assemblée de délégués des diverses Chambres que François-Joseph parlait d'instituer à Francfort, une représentation véritable, élue par le suffrage universel. L'Allemagne, au lieu de s'unir, se divisait chaque jour davantage, malgré les efforts tentés par les ministres des divers États réunis en conférence à Nuremberg, lorsqu'une nouvelle cause d'agitation fit oublier celle de la journée des Princes. Le discours de Napoléon III le 5 novembre 1863, à l'ouverture de la session législative, contenait un programme qui changeait complétement la situation : L'entente la plus cordiale existait, à l'entendre, entre son gouvernement et celui de la Russie, depuis la guerre de 1856. Jamais il n'aurait compromis cette entente, si les droits de la Pologne ne lui avaient paru inscrits à la fois dans les traités et dans l'histoire. Les conseils désintéressés donnés par lui au Czar avaient été, malheureusement, pris pour des menaces de sa part, et de celle de l'Angleterre et de l'Autriche. Ces trois puissances en sont-elles réduites à la guerre ou au silence? Non, répondait Napoléon III, il leur reste un moyen ; c'est de soumettre la cause polonaise à un tribunal européen : « La Russie l'a
» déjà déclaré : des conférences où toutes les autres ques-
» tions qui agitent l'Europe seraient débattues, ne blesse-
» raient en rien sa dignité. Prenons acte de cette décla-

---

(1) Dépêche de M. de Bismarck à l'envoyé prussien près la Diète germanique.

» ration ; qu'elle nous serve à éteindre les ferments de
» discorde prêts à éclater de tous les côtés, et que du malaise
» même de l'Europe naisse une ère nouvelle d'ordre et
» d'apaisement. » Napoléon III ajoutait malheureusement :
« *Les traités de* 1815 *ont cessé d'exister* », déclaration qui
ne pouvait être du goût ni de l'Angleterre, ni de l'Autriche,
d'autant plus que la proposition du congrès était d'origine
russe ; elle avait en effet été faite au comte Pepoli, ambassadeur d'Italie en Russie, par le prince Gortschakoff.

Le discours du 5 novembre, sous sa phraséologie pompeuse, cachait l'arrêt de mort de la Pologne, personne ne s'y trompa, si ce n'est la Pologne elle-même. En lui signifiant la sentence, on lui eût épargné les inutiles efforts de ce terrible hiver de 1863-1864 qui causa sa ruine sociale.

L'Autriche, en effet, avait flotté dans des alternatives où l'instinct religieux et l'instinct politique, le désir de s'agrandir et la crainte d'être diminuée, la haine de la Russie et la méfiance de la France se livraient des combats perpétuels. Voyant cependant que le gouvernement impérial de France se bornait à déclarer que la question polonaise était d'intérêt européen, que l'Angleterre lui refusait la garantie, et comprenant d'avance que le comte Russell reculerait dans son projet de déchéance, l'Autriche fit savoir à la Russie, vers le milieu d'octobre, que son intention n'avait jamais été d'annuler les traités de 1815 et de reconnaître aux insurgés polonais la qualité de belligérants. M. de Rechberg, non content de féliciter l'armée russe « de ses succès passés, gage de ses succès futurs », prit en Galicie des mesures rigoureuses contre l'insurrection.

Le discours du 5 novembre ne devait pas exercer une

influence moins fâcheuse sur la question des duchés. Le moment est venu d'en décrire les phases à partir de l'année 1862.

L'émotion à cette époque grandissait dans le Nord scandinave; les étudiants suédois et norwégiens, mêlés aux étudiants danois, entrèrent dans Copenhague, le 11 juin, aux acclamations de la foule. Cette visite avait pour but de cimenter l'alliance entre la jeunesse des pays scandinaves. Le roi de Suède, Charles XV, voulut donner lui-même un gage à cette alliance; il fit une visite au roi de Danemark, et son débarquement le 17 juillet à Elseneur donna lieu à une explosion d'enthousiasme et de patriotisme de la part des populations.

La Diète du royaume de Danemark proprement dit s'ouvrit deux mois et demi après. M. de Bismarck venait d'être placé à la tête du cabinet de Berlin. Il avait autrefois traité de « querelle d'Allemand » la guerre suscitée au roi de Danemark. On connaissait ses tendances absolutistes qui l'éloignaient du sleswig-holsteinisme, on croyait donc que le roi de Prusse, en le plaçant à la tête de son conseil, rompait avec le parti démocratique, et que la question des duchés allait entrer dans une phase d'apaisement; mais on ignorait la transformation qui s'était opérée chez l'ancien membre de la Diète de Francfort, et l'on se berçait de bien trompeuses espérances, lorsque, le 24 septembre 1862, le jour même de l'avénement de M. de Bismarck, lord John Russell, qui avait jusqu'alors conseillé au Danemark la patience et la prudence, sans cependant dissimuler aux cours allemandes son opinion sur leurs prétentions et sur leurs empiétements, fit parvenir au cabinet de Copenhague une dépêche en date du 24 septembre, qui proposait en réalité un partage de la monarchie danoise en quatre provinces

administratives, combinaison qui livrait entièrement le Danemark à l'influence allemande. Le roi Frédéric VII en la repoussant déclara néanmoins le 20 septembre 1863, au Rigsraad danois, qu'il ne voulait pas renoncer à l'espoir d'un arrangement : « Mais si mon attente ne se réalisait pas, il
» serait évident à tous que ce n'est point le droit fédéral de
» nos territoires fédéraux allemands qui est en jeu, mais
» bien l'indépendance de nos États danois ; or, cette indé-
» pendance, nous sommes fermement résolu à la main-
» tenir contre toute attaque, et nous sommes convaincu
» que nous ne serons pas seul dans cette défense. »

Le comte Russell accompagnait la reine en Allemagne lorsqu'il écrivit cette dépêche pour ainsi dire sous la dictée d'une femme presque allemande par ses habitudes, par ses relations de famille, par le souvenir toujours vivant de son mari. La Diète de Francfort, encouragée par l'attitude nouvelle de l'Angleterre, décida, le 1ᵉʳ octobre 1863, que le gouvernement danois n'ayant pas rempli ses obligations fédérales relatives aux affaires constitutionnelles du Holstein et du Lauenbourg, le mandat d'exécution serait donné aux gouvernements d'Autriche, de Prusse, de Saxe et du Hanovre. Aucune mesure militaire cependant n'avait été prise lorsque le roi de Danemark mourut. Frédéric VII n'ayant pas d'enfant et songeant au cas probable où la maison d'Oldenbourg s'éteindrait sans héritier mâle, avait réglé, en montant sur le trône, la question de succession. La princesse Louise, femme du prince de Glucksbourg, appelé plus tard à régner sous le nom de Christian IX, reporta sur son mari ses droits de plus proche héritière. L'empereur de Russie renonça aux siens comme chef de la maison de Holstein-Gottorp, et le 8 mai 1852, les pléni-potentiaires d'Autriche, de France, d'Angleterre et de

Prusse sanctionnèrent ces arrangements. Le duc Christian, aîné de la maison d'Augustenbourg, signa de son côté, quelques mois après, l'acte de renonciation suivant : « Nous cédons et transmettons à S. M. le roi de Danemark et à ses héritiers, pour nous et pour nos héritiers et descendants, tous les droits qui nous reviennent sur les terres et propriétés ducales des Augustenbourg, avec leurs dépendances, avec les palais, châteaux et édifices qui se trouvent sur ces terres, avec tout ce qui, sur ces terres, tient au sol, aux murs, à fer et à clou, notamment aussi avec le total de l'inventaire du bétail et matériel de labour et d'exploitation, ainsi qu'avec toutes les immunités et priviléges concernant ces terres ou les gens qui en font partie, que ces droits et priviléges soient fondés sur les contrats ou sur la tradition. » Le duc, en échange de cette renonciation, recevait un million cinq cent mille rixdales (5 millions de francs).

Frédéric VII mourut le 15 novembre 1863, sans laisser d'héritier direct. La conférence de Londres avait désigné, ainsi qu'on vient de le voir, Christian de Sleswig-Holstein-Sonderbourg-Gluksbourg comme son successeur. Un prétendant à la couronne de Danemark surgit, cependant, dans la personne de Frédéric d'Augustenbourg, duc de Sleswig-Holstein, le même que Napoléon III, dans une lettre datée de Compiègne le 10 décembre 1863, appelle « mon cousin ». Le prétendant, dans sa première proclamation, rappelait « à ceux qui ont la foi dynastique et qui croient » fermement que la Providence confère des droits aux » maisons régnantes », qu'il représentait les droits de la seconde branche du Sleswig-Holstein-Sonderbourg-Augustenbourg. Ces droits avaient été échangés, à la vérité, en 1852, par l'aîné de la maison d'Augustenbourg contre cinq millions de francs; mais le prince Frédéric prétendait n'être pas lié par cet arrangement. On vit alors un étrange spectacle : le grand-duc d'Oldenbourg, l'empereur de Russie, ressuscitèrent leurs droits, et le roi de Prusse consulta les jurisconsultes de la couronne pour savoir s'il n'aurait pas aussi des titres à faire valoir pour occuper le trône danois. Les droits du prince de Sleswig-Holstein-Sonderbourg-Glucksbourg, finirent pourtant par être reconnus, et il devint roi le 16 novembre, sous le nom de Christian IX. Croyant ainsi donner satisfaction à la Diète, il sépara en montant sur le trône le Holstein et les Lauenbourg de la monarchie danoise. Le Sleswig gardait son autonomie. Ces concessions si larges n'étaient pas au niveau des exigences de la Prusse. L'Autriche, déjà en froid avec elle à cause de la réforme fédérale du Zollverein et des traités conclus avec la France, suivrait-elle sa rivale dans sa croisade contre le Danemark? Le comte de Rechberg s'était borné à déclarer, le 4 décembre, au Reichsrath, que l'Autriche, d'accord avec la Prusse, ferait respecter les droits des populations allemandes dans les limites tracées par le traité de Londres; mais les petits États montraient un si grand acharnement contre le Danemark, que l'Autriche craignant de s'aliéner des alliés sur lesquels elle avait toujours compté, se joignit à la Prusse pour demander que la Diète exécutât sa menace du 1er octobre. La Diète vota donc, le 7 décembre, à une faible majorité, l'exécution fédérale dans le Holstein.

Le Danemark comptait sur le congrès dont Napoléon III avait pris l'initiative; mais le comte Russell combattait l'idée de cette réunion auprès des cours de Vienne, de Berlin et de Saint-Pétersbourg. La Russie n'éprouvait nullement le besoin d'un congrès. L'Autriche le redoutait. Certaines phrases du discours prononcé par Napoléon III le 5 novembre à l'ouverture des Chambres sonnaient à son oreille comme une menace. La Vénétie semblait prise d'un redoublement d'agitation; une expédition de Garibaldi sur Venise devait, assurait-on, coïncider très-prochainement avec une insurrection en Hongrie; l'Autriche n'était pas tranquille quoique son ambassadeur à Paris lui assurât que le gouvernement impérial ne demanderait au congrès que la consécration du *statu quo* en Italie. Le roi de Prusse, qui avait en apparence accueilli assez favorablement l'idée de venir à Paris, « sûr d'y trouver l'accueil cordial qui lui rendait si » cher le souvenir de son séjour à Compiègne », y répugnait fort en réalité. Le Congrès fut décidément écarté vers le milieu de décembre, et le Danemarck perdit l'appui qu'il espérait en tirer.

Frédéric VII avait fait le mariage de la fille de l'héritier de son trône avec le prince de Galles; docile aux avis de l'Angleterre, il s'était prêté à toutes les combinaisons suggérées par elle pour résoudre la question des duchés. Sa mort parut au comte Russell une bonne occasion de redoubler ses offres de médiation. Il pensait que la Confédération donnerait au nouveau souverain, Christian IX, qui venait de sanctionner la constitution votée par le Rigsraad, le temps de s'asseoir sur le trône. L'Autriche aurait peut-être consenti à un répit, mais la Prusse montrait la plus vive impatience de voir supprimer, comme contraires aux engagements du Danemark, cette constitution contre laquelle M. de Bismarck s'était montré beaucoup moins hostile à l'époque où il s'agissait d'empêcher l'union entre les trois puissances.

La Prusse et l'Autriche, en maintenant le traité de Londres, maintenaient aussi la souveraineté légitime de Christian IX sur les duchés de l'Elbe, l'intégrité de la monarchie danoise et les droits et les obligations réciproques de la Confédération et du roi de Danemark concernant les duchés de Holstein et de Lauenbourg. Le traité de Londres couvrait également le Sleswig contre la Diète qui n'avait pas osé le faire occuper militairement ; c'était la proie convoitée surtout par M. de Bismarck. Le duc d'Augustenbourg n'était qu'une marionnette de prétendant dont il tenait les fils. Ce duc après avoir publié la réponse que Napoléon III avait faite à sa lettre, le 10 décembre, s'empressa d'adresser aux populations du Sleswig-Holstein une proclamation :

« Le roi de Danemark, disait-il, ne fonde sa prétention
» que sur un traité incapable d'annuler un droit ancien,
» d'en créer un nouveau. Dans ma personne, le droit de
» légitimité et les anciens pactes du pays s'unissent aux
» aspirations nationales et aux commandements de l'huma-
» nité. » Le prince engageait ensuite les habitants des duchés à bien accueillir les troupes allemandes en attendant qu'il eût organisé une armée. Bientôt pourtant une nouvelle proclamation du prince annonça qu'il prenait en personne l'administration des duchés et que « l'exécution fédérale était devenue maintenant sans objet ».

Les États secondaires de l'Allemagne avaient jusqu'alors poussé à la guerre avec ardeur ; leurs hommes d'État trouvaient enfin dans la question des duchés l'occasion de jouer un rôle important sur la scène politique. Jugeant qu'il y avait entre l'Allemagne et la Prusse une place à prendre, ils formèrent le parti de la triade, c'est-à-dire de l'Allemagne divisée en trois parties : Autriche, Prusse et Bavière avec les petits États ; Munich devant être la capitale de cette troisième Allemagne. La grande patrie ainsi constituée, rien ne serait plus facile que de lui ouvrir une route vers la mer. Le duc d'Augustenbourg était l'homme de la triade. Le roi de Bavière le reçut avec les honneurs princiers ; les troupes hanovriennes et saxonnes l'accueillirent à son arrivée à Kiel, le 30 décembre, avec enthousiasme et laissèrent partout se déployer ses couleurs. Le comte Russell protesta. M. de Beust lui répondit avec un dédain qui s'explique par la phrase d'une dépêche de sir Alexandre Malet au comte Russell, en date du 5 janvier 1864 : « Il y a ici une » indifférence miraculeuse pour nos représentations, et la » conviction étant absolue que l'Angleterre n'interviendra » pas matériellement, nos avis ne sont d'aucun poids. »

La troisième Allemagne n'eut pas le temps de s'applaudir de la fière attitude de ses représentants. La Prusse et l'Autriche déclarèrent que « leur position spéciale et l'impérieuse urgence de la question ne leur permettaient pas de se soustraire à l'obligation de prendre en main propre les droits de la Confédération dans le Sleswig, et de procéder aux mesures réclamées par cette défense ». Les deux puissances désobéissaient à la Confédération pour mieux punir le Danemark de sa désobéissance à cette Confédération elle-même. Les troupes de la Confédération occupant Kiel ne s'opposeraient-elles pas au passage des troupes austro-prussiennes ? Telle était la question qui se posait dans les premiers jours de 1864.

Le cabinet britannique essayait de calmer l'appétit de la Prusse ; mais celle-ci, tout en acceptant la conférence et le maintien du traité de Londres, tenait à occuper pacifiquement le Sleswig, quitte, s'il résistait, à lui faire une guerre acharnée. L'Autriche parlait comme la Prusse, la Russie insistait à Copenhague pour que le Danemark ne s'opposât pas à l'occupation du Sleswig, servant de garantie à la population allemande de ce duché. L'Angleterre passait d'une résolution à l'autre, tantôt laissant entrevoir qu'elle pourrait bien prêter son concours au Danemark, tantôt lui donnant quinze jours et même dix jours seulement pour retirer sa constitution. La Prusse et l'Autriche avaient déjà fait sommer le Danemark de l'abroger dans le délai de deux jours. Ce délai expirait le 18 janvier. Le comte Russell mettant enfin de côté les idées de médiation qu'il avait nourries jusqu'alors, fit demander à Napoléon III s'il pouvait compter « sur son concours et sa coopération pour le maintien de l'intégrité du Danemark ». Napoléon III se rappelait que l'Angleterre avait été le principal obstacle de son entente avec l'Autriche au sujet de la Pologne, et que lord Clarendon pendant son séjour à Francfort, à l'époque de la *journée des Princes*, avait non-seulement prêché la paix sur l'Eider et sur la Vistule, mais encore cherché à effrayer l'Allemagne des projets mystérieux des Tuileries. Il répondit à la proposition de médiation du comte Russell qu'il n'avait pas assez lieu d'être satisfait de la marche suivie dans la question polonaise pour recommencer dans la question de duchés.

M. de Bismarck, au moment où il concluait sa fameuse convention militaire avec la Russie, avait besoin de l'Angleterre; il s'efforça donc de rassurer le comte Russell. « La Prusse, lui fit-il dire par son ambassadeur, n'a pas d'intérêt spécial dans l'affaire des duchés, et moi-même je ne partage nullement l'effervescence allemande dans cette question. » La *journée des Princes* passée, le terme de l'exécution fédérale arrivé, la proposition de proclamer la déchéance de la Russie de tout droit sur la Pologne firent changer le langage de M. de Bismarck; le roi de Danemark n'ayant pas accompli les conditions du traité de Londres devenait, à ses yeux, passible de la déchéance. M. de Bismarck pressait l'exécution fédérale; le comte Russell s'effraya, comme on l'a vu, rappela le courrier chargé de la déclaration de déchéance de la Russie, et écrivit le 20 octobre à lord Napier, ambassadeur d'Angleterre à Saint-Pétersbourg, une dépêche où il étale sa satisfaction de voir que « l'empereur de Russie continue à être animé d'intentions bienveillantes vis-à-vis de la Pologne, et conciliantes vis-à-vis des puissances étrangères ».

M. de Bismarck avait paru un moment joindre sincèrement ses efforts à ceux de l'Angleterre pour régler les affaires des duchés. M. Quaade, envoyé danois à Berlin, vante sans cesse M. de Bismarck : « Je puis déclarer en conscience que le gouvernement prussien désire que l'exécution n'ait pas lieu ; M. de Bismarck m'a assuré que lui, personnellement, et le gouvernement dont il fait partie sont en faveur d'un arrangement. » Cette dépêche datée du 21 octobre est suivie de trois ou quatre autres dépêches dans le même sens. Cette comédie était due au désir de M. de Bismarck d'obtenir l'adhésion de l'Angleterre à la hautaine dépêche de Gortschakoff sur la Pologne. Sûr de cette approbation, il ne songea plus qu'à empêcher la promulgation de la nouvelle constitution (1).

Un enthousiasme feint régnait pour le prétendant en Allemagne, quoiqu'il eût commis en écrivant à Napoléon III la faute, impardonnable pour tout autre, de s'adresser à l'étranger ; il ramenait l'Allemagne à la féodalité, en invoquant l'ancien ordre de succession ; il augmentait le nombre déjà si grand des petits souverains allemands, et pourtant, démocrates, unitaires, patriotes, oubliaient leurs principes en faveur de celui qu'ils appelaient champion du droit et de l'honneur national.

(1) Dépêches de M. Quaade citées par M. Julian Kladsko (*Études de diplomatie étrangère*).

M. de Bismarck profitant de cette effervescence pour faire semblant de craindre d'être emporté par le double courant qui régnait à la fois sur le Mein et sur l'Eider demanda donc à l'Angleterre de consentir à quelque demi-mesure qui, en donnant le change à l'opinion, préviendrait tout mouvement révolutionnaire dans les duchés : une exécution dans le Holstein, par exemple, qui, selon lui, équivaudrait presque à la reconnaissance de Christian IX par la Diète.

Les puissances signataires du traité de Londres, moins la Prusse et l'Autriche, avaient fait féliciter ce souverain à son avénement. Le représentant du gouvernement impérial, le général Fleury, ne resta que quatre jours à Copenhague ; ses instructions lui interdisaient de prendre part à des négociations ; il devait se borner à déclarer explicitement au roi Christian qu'il n'avait pas à compter sur l'aide du gouvernement impérial dans le cas d'une guerre avec l'Allemagne. Le Danemark avait fait toutes les concessions, il ne lui restait plus que l'abolition de sa contitution, c'est-à-dire son suicide. L'Angleterre l'y poussait. Le ministère ne pouvant s'y résigner avait donné sa démission ; M. Monrad, chargé de former un nouveau cabinet, accomplirait-il le sacrifice ?

Les vœux populaires poussaient pendant ce temps-là l'Allemagne vers la Baltique. Les petits États auraient été sinon plus résolus, du moins plus rassurés, en marchant à l'accomplissement de l'œuvre nationale sous l'impulsion directe de l'Autriche. Mais celle-ci se sent mal à l'aise dans toutes les questions où l'esprit de nationalité est en jeu ; il s'agissait de répudier le traité de Londres au moment où Napoléon III répudiait les traités de Vienne. L'embarras de l'Autriche était visible, mais pouvait-elle laisser à la Prusse le soin de faire « la grande patrie », et dans le cas où

Napoléon III franchirait de nouveau les Alpes au printemps, comme elle le craignait, avait-elle d'autre alliée que l'Allemagne? L'Autriche se résigna donc à l'action commune avec la Prusse.

M. de Bismarck, pour justifier aux yeux de l'Angleterre son ardeur à presser le Danemark, avait mis d'abord en avant les exigences des États secondaires. Il fit intervenir le roi de Prusse lui-même dans le mois de janvier 1864. M. de Bismarck avait, disait-il, la plus grande peine à le contenir, et sa résistance ébranlait sa position. Il mit alors en avant l'idée d'occuper le Sleswig « pacifiquement » comme un gage de l'accomplissement par le Danemark des vœux légitimes de l'Allemagne. Quoique cette solution fût repoussée par les États secondaires comme une reconnaissance indirecte des droits de Christian IX, il se chargeait de la faire adopter. Le comte Russell lui avait répondu : « L'invasion du Sleswig mettrait en grand danger les relations de la Grande-Bretagne et de la Prusse. » M. de Bismarck cependant put bientôt se rassurer; lord Russell, le 5 janvier, expliqua qu'il avait voulu dire que le refus d'accorder au Danemark le temps de faire des concessions troublerait les relations entre Londres et Berlin.

Le gouvernement impérial, battu sur la question du congrès, avait proposé une réunion de ministres chargés de discuter les questions qui, plus tard, seraient soumises à la décision des souverains. Lord Russell, qui trouvait ce projet aussi peu pratique que celui d'un congrès, apprit avec plaisir qu'on était de son avis à Vienne et à Saint-Pétersbourg ; M. de Bismarck par contre ne voyait aucun inconvénient à porter la question des duchés devant une conférence spéciale qui se réunirait à Paris. Lord Russell y consentit d'assez mauvaise grâce d'abord, mais, voyant ensuite que l'Autriche désirait ardemment dépouiller la question de son caractère germanique pour lui donner un caractère européen, il y poussa avec d'autant plus d'ardeur que M. de Bismarck se refroidissait, et il fit la proposition d'une conférence, « pour traiter le différend entre le Danemark et l'Allemagne », siégeant à Paris ou à Londres, composée de puissances signataires du traité de Londres 1852 et d'un ministre de la Diète germanique. Le *statu quo* dans les duchés serait maintenu jusqu'à la fin de la conférence.

L'œuvre impuissante de la conférence de Londres, en 1852, ne donnait pas grande envie au gouvernement impérial d'en entreprendre une semblable; il désirait donc, avant d'accéder à la proposition anglaise, savoir si les États accepteraient le *statu quo*, et si la Diète se soumettrait au jugement de la conférence.

Les choses en étaient là lorsque le Rigsdaag, représentation particulière du royaume de Danemark proprement dit, se réunit le 11 janvier 1864, en session à Copenhague. Le roi, dans un banquet qu'il offrit aux membres de cette assemblée, répondit à un toast du président qu'il était résolu de défendre les libertés de la nation, l'indépendance du pays et les droits de la couronne. Aussitôt les ministres d'Autriche et de Prusse en Danemark adressent au gouvernement danois une note collective portant : « Les mi-
» nistres soussignés ont reçu l'ordre de réclamer l'abroga-
» tion de la constitution du 18 novembre dernier, et de
» quitter Copenhague si, dans la journée du lendemain,
» l'abrogation de la constitution ne leur est pas signifiée. »

Cette menace ne servit qu'à enflammer le patriotisme danois. Le gouvernement, en répondant par un refus, déclina la responsabilité des événements qui pourraient en résulter. Le Rigsdaag présenta, le 29 janvier, au roi, une adresse empreinte du plus ardent patriotisme : « Le peuple est prêt aux plus lourds sacrifices pour appuyer son roi dans le maintien de l'union indissoluble entre le royaume et le Sud-Jutland, ce vieux pays relevant de la couronne danoise. » Le Rigsdaag vote, le 13 février, une adresse de félicitations à l'armée pour la remercier de son héroïsme à Duppel et pour l'encourager à supporter de nouvelles épreuves.

Quelques mois après, le 7 août, tout était consommé; le roi remerciait ses soldats de leur courage : « La guerre » a coûté de grands sacrifices, la paix a été achetée par des » sacrifices plus grands encore, mais le bien de la patrie » exigeait qu'on préférât la paix à la continuation de la » guerre. »

Le prétexte de cette guerre avait été la désobéissance du Danemark à la confédération; le résultat, c'était la substitution de la Prusse et de l'Autriche à la confédération. Ces deux puissances s'enrichissaient des dépouilles du Danemark. La Suède, la Russie, l'Angleterre, avaient laissé consommer cette spoliation; l'attitude du gouvernement de Napoléon III l'avait rendu possible, en paralysant l'Angleterre et la Suède, et en rendant l'Autriche plus complaisante à la Prusse à laquelle la Russie était liée par la question polonaise.

Napoléon III tenait médiocrement au Danemark; son rêve était ailleurs; le prince de Metternich avait, on s'en souvient, porté à Vienne, au mois de mars 1863, un projet d'alliance dont les effets devaient se faire sentir à la fois dans l'ancien et le nouveau monde : rétablissement de la Pologne, rachat de la Vénétie par des compensations données à l'Autriche sur le Danemark, régénération de la race latine en Amérique, par la création d'une monarchie au Mexique ; voilà par quelles chimères il avait essayé de séduire l'Autriche ; n'y parvenant pas, il s'était retourné vers l'Angleterre, et il lui avait demandé le Rhin en compensation de son concours pour défendre le Danemark ; le traité de 1852 était la garantie de l'indépendance de ce malheureux pays ; Napoléon III avait abandonné ce traité en prévision de ses attaques contre les traités de 1815.

Le Danemark, délaissé de tous ses alliés, signa donc le 30 octobre 1864, à Vienne, un traité par lequel il abandonnait tous ses droits sur les duchés de Sleswig, Holstein et Oldenbourg au roi de Prusse et à l'empereur d'Autriche.

FIN DU TROISIÈME VOLUME.

TABLE DES MATIÈRES

CONTENUES DANS LE TOME TROISIÈME

L'EMPIRE

(SUITE)

CHAPITRE PREMIER (1860). — Expédition de Chine et de Syrie.   1

Expédition de Chine. — Traité de Tien-tsin. — Retard éprouvé dans l'échange des ratifications. — L'Angleterre et la France décident l'envoi d'une expédition en Chine. — Lord Elgin et le baron Gros sont nommés envoyés extraordinaires des deux puissances. — Prise des forts de Pé-ho. — Négociations pour la paix. — Elles sont interrompues. — Les alliés marchent sur Pé-king. — Bataille de Pa-li-kao. — Fuite de l'empereur de la Chine en Mantchourie. — Prise et pillage du Palais d'Été. — Situation difficile des alliés. — Destruction du Palais d'Été. — Le prince Hong-kong et le général Ignatieff décident le gouvernement chinois à signer la paix. — L'armée rentre en France. — Préparatifs de l'expédition de Cochinchine.

Expédition de Syrie. — Le Liban. — État de l'Orient depuis la révolte des Cipayes et la guerre de Crimée. — Les massacres du Liban et de Damas. — La nouvelle de ces événements parvient en France. — Napoléon III se prépare à secourir les chrétiens de Syrie. — Préliminaires diplomatiques de l'expédition. — Résistance de la Turquie. — Difficultés soulevées par l'Angleterre et par la Russie. — Le Piémont est exclu des négociations. — Proclamation de l'Empereur à l'armée. — Fuad-Pacha à Beyrouth et à Damas. — Lenteurs de la répression. — L'indemnité de guerre. — Exigences de l'Angleterre. — Résultat de l'expédition à la fin de l'année 1860.

CHAPITRE II (1860). — Suites de la guerre d'Italie. 35

Impuissance de la convention de Villafranca. — Ses causes. — Le gouvernement impérial modifie sa politique dans un sens favorable à l'Italie. — La brochure *Le Pape et le Congrès*. — Difficultés soulevées par la proposition du Congrès. — Les quatre propositions. — Annexion de la Savoie et de Nice à la France. — Expédition de Sicile. — Entrevue de Chambéry. — Préparatifs d'une guerre. — Les troupes piémontaises pénètrent sur le territoire pontifical. — Bataille de Castelfidardo. — Le royaume de Naples. — Sa situation intérieure. — Tentatives pour amener une alliance entre Naples et le Piémont. — Garibaldi passe le détroit. — Conquête du royaume de Naples par Garibaldi. — François II à Gaëte.

CHAPITRE III (1861). — Politique intérieure. 61

Réception du premier jour de l'an aux Tuileries. — Réponse de l'Empereur au corps diplomatique. — Application du décret du 25 mars 1852 sur la décentralisation à la ville de Paris. — Bruits de dissolution du Corps législatif. — Embarras de la situation. — Réception du père Lacordaire à l'Académie française. — L'Impératrice assiste à la séance. — Arrestation du financier Mirès. — Rapport de M. Delangle. — La brochure du duc d'Aumale : *Lettres sur l'histoire de France*, adressée au prince Napoléon. — Saisie chez l'auteur, de l'ouvrage : *Vues sur le gouvernement de la France*, par le duc de Broglie. — Procès Blanqui. — Inauguration du boulevard Malesherbes. — Les 25 millions des chemins vicinaux. — La transformation de Paris. — Crise industrielle et financière. — Les obligations trentenaires. — Mémoire adressé à l'Empereur par M. Achille Fould, ministre des finances. — Les agents de change demandent l'autorisation de dresser une statue à l'Empereur dans la salle de la Bourse. — Procès Plassiart.

CHAPITRE IV (1861). — Sessions du Sénat et du Corps législatif. 96

Session législative. — Discours de l'Empereur au Sénat et au Corps législatif.
Sénat. — Discussion de l'adresse. — Discours du prince Napoléon. — Amendement sur les encouragements aux lettres et aux arts. — L'amendement des cardinaux. — Son rejet. — M. Dupin et la presse. — Timbre sur le roman-feuilleton.
Corps législatif. — Application du décret du 24 novembre. — Discussion de l'adresse au Corps législatif. — Amendement des *Cinq*. — Discours de M. Émile Ollivier. — Étonnement causé par ce discours. — Incident du procès-verbal. — Discours de M. Picard sur les finances de la ville de Paris. — Vote de l'adresse. — Discussion et vote du budget.

CHAPITRE V (1861). — L'Empire et les affaires étrangères. 132

Maladie du roi de Prusse. — Son frère, héritier présomptif de la couronne, prend la régence. — Entrevue de Napoléon III et du régent de Prusse à Baden. — M. de Bismarck est nommé ambassadeur de Prusse à Saint-Pétersbourg. — Avénement de Guillaume Ier au trône de Prusse. — La réforme de l'armée. — Réveil de l'esprit unitaire. — La politique du nouveau règne. — Attentat de Bœcker. — Influence de cet attentat sur le roi. — Guillaume Ier à Compiègne. — Couronnement du roi de Prusse. — État de l'opinion publique en Allemagne. — Le principe des nationalités. — La question des duchés. — Effet de la révolution de Février sur l'Allemagne. — La campagne des corps-francs. — Conférence de Londres. — La question des duchés s'assoupit. — Le prince-régent de Prusse la réveille en 1859. — Menace d'exécution fédérale. — Le Danemark compte sur la France et sur l'Angleterre. — La Russie et Napoléon III. — La Pologne et les puissances. — Le *Poëte anonyme*. — Premières émeutes à Varsovie. — Dissolution de la Société agricole. — Mort du prince Adam Czartoriski. — Italie. — Mort de Cavour. — L'Italie reconnue par Napoléon III. — M. Ricasoli succède à M. de Cavour. — États-Unis. — La question de l'esclavage aux États-Unis. — Élection d'Abraham Lincoln. — La guerre de sécession. — Fin de l'expédition de Syrie. — Ses résultats.

CHAPITRE VI. — L'année 1862. 181

Réception du jour de l'an aux Tuileries. — Programme financier de M. Fould. — Procès et arrestations. — Société du Prince impérial. — Lettre de l'Empereur sur la question romaine. — Voyage de l'Empereur et de l'Impératrice dans le centre de la France. — M. de Morny est nommé duc. — Revirement de la politique impériale dans la question romaine. — M. Thouvenel donne sa démission. — M. Drouyn de Lhuys le remplace. — Napoléon III et la médiation aux États-Unis. — Interdiction des conférences de la rue de la Paix. — Polémique au sujet du *Fils de Giboyer*. — Inauguration du boulevard du Prince-Eugène. — M. Budberg, ambassadeur de Russie, remet à l'Empereur ses lettres de créance. — Discours de l'Empereur. — Souscription en faveur des ouvriers cotonniers. — Résurrection du titre de chevalier. — L'administration et la presse. — Coup d'œil rétrospectif sur la presse depuis 1860 jusqu'en 1862. — Expulsion de M. Ganesco, rédacteur-propriétaire du *Courrier du dimanche*. — M. d'Haussonville et M. Billault. — Destitution de M. Victor de Laprade. — Vente de la *Presse*. — Démission des rédacteurs.

CHAPITRE VII (1860-1862). — LE CLERGÉ. 206

Le clergé et le roi Jérôme. — Mandements et cérémonies funèbres. — Oraison funèbre du zouave Gicquel. — *La France, Rome et l'Italie*, par M. de la Guéronnière. — L'évêque de Poitiers déféré comme d'abus au Conseil d'État. — Le prosélytisme religieux. — Procès devant la Cour de Lille. — Le clergé soumis à la juridiction administrative. — Circulaire de M. Delangle. — La Société de Saint-Vincent de Paul. — Conférence de Lusignan. — Le gouvernement et la Société de Saint-Vincent de Paul. — Circulaire de M. de Persigny. — Le gouvernement veut accaparer la direction de la Société. — Le *Siècle* et la Société de Saint-Vincent de Paul. — Procès de Riom. — Encore le prosélytisme religieux. — Circulaire de M. Rouland. — Suppression de quelques maisons religieuses. — Les évêques et la canonisation des martyrs du Japon. — M. Renan nommé à la chaire d'hébreu du Collége de France. — Sa destitution. — Le jubilé de Toulouse.

CHAPITRE VIII (1862). — SESSIONS DU SÉNAT ET DU CORPS LÉGISLATIF. 233

Session législative de 1862. — Sénat. — Discussion de l'adresse. — La question religieuse. — M. de Persigny traité de Polignac. — Discussion sur les affaires de Rome. — Discours de M. Piétri. — Fin de la discussion générale. — Discussion des articles. — Discours de M. de la Rochejacquelein et du prince Napoléon. — Les sociétés religieuses et les congrégations. — M. de la Guéronnière et le prince Napoléon. — Le Mexique. — Vote de l'adresse. — Corps législatif. — Les obligations trentenaires. — La dotation Pa-li-kao. — Discussion de l'adresse. — Les amendements des *Cinq*. — Discours de M. Picard. — L'appel de M. Roques-Salvaza. — L'enquête sur le libre-échange. — Présentation d'un income-tax par MM. Granier de Cassagnac et Roques-Salvaza. — Discussion du budget. — Fin de la session.

CHAPITRE IX (1808-1861). — L'EXPÉDITION DU MEXIQUE. . . . 270

Le Mexique sous la domination espagnole. — Guerre de l'indépendance. — Défaite des Espagnols. — Empire d'Iturbide. — Sa chute. — Effet des *pronunciamientos*. — Formation du parti libéral. — Lutte entre le parti libéral et le parti clérical. — L'emprunt Jœcker. — Le Mexique et Santa-Anna. — Triomphe du parti libéral. — Présidence de Benito Juarez. — La république du Mexique et les puissances. — Le parti monarchique mexicain à l'étranger. — Il entoure l'Empereur et l'Impératrice. — Causes de son succès. Appui que lui donne M. de Morny. — Les bons Jœcker. — M. Dubois de Saligny

remplace M. de Gabriac. — Il commence par présenter la réclamation Jœcker.
— Juarez est obligé de suspendre le payement des recettes des douanes. —
L'Espagne, l'Angleterre, la France. — Les États-Unis. — La guerre se prépare — ses prétextes et ses causes. — Négociations diplomatiques pour une entente entre l'Espagne, l'Angleterre et la France. — Les États-Unis se tiennent à l'écart. — La convention de Londres.

CHAPITRE X (1861-1862). — Expédition du Mexique (suite). 305

Négociations diplomatiques. — La convention de Londres. — Les Espagnols devancent les Anglais et les Français au Mexique. — Ils occupent Vera-Cruz. — Manifeste des commissaires alliés. — Préliminaires de la Soledad. — Leur rupture. — Conférence d'Orizaba. — La conférence se sépare brusquement. — Dénonciation de la rupture des préliminaires. — Attaque d'Orizaba par le général Lorencez. — Pronunciamento de cette ville en faveur d'Almonte. — Marche sur Puebla — Échec de l'armée française. — Suite des affaires de l'intervention. — Période Lorencez. — Envoi de nouvelles troupes au Mexique. — Le général Forey remplace le général Lorencez. — L'opinion publique et le Mexique à la fin de l'année 1862.

CHAPITRE XI. — Session de 1862. 352

Ouverture de la session le 12 janvier 1863. — Discours de l'Empereur. — Il contient la revue rétrospective des faits depuis 1857. — Sénat. — Discussion générale de l'adresse. — Le baron Dupin, prend seul la parole. — Discussion des paragraphes. — Discours de M. Thouvenel. — Discussion des pétitions sur la Pologne. — Discours de M. Billault. — Pétition de M. Darimon au Sénat pour demander la définition de la liberté du compte rendu. — Corps législatif. — Discussion de l'adresse. — MM. Plichon et Lemercier attaquent les candidatures officielles. — Discours de M. Émile Ollivier. — Réponse de M. Baroche. — La question du Mexique. — Discours de M. Jules Favre. — M. Jérôme David approuve l'expédition. — Le décret de 1862 sur le nombre des députés. — Le gérant du *Constitutionnel* et M. Auguste Chevalier. — Modification de divers articles du Code pénal. — Le budget. — Clôture de la session.

CHAPITRE XII (1863). — Les élections générales dans les départements. 382

Débuts de l'année 1863. — La crise cotonnière. — Distribution des récompenses aux exposants français à Londres. — Interdiction des lectures publiques au bénéfice des ouvriers de la Seine-Inférieure. — Saisie de l'*Histoire de la maison de Condé*. — Note du *Moniteur* sur le compte rendu des Chambres. — Élection à l'Académie. — Mgr Dupanloup, évêque d'Orléans, et M. Littré. — Préparatifs pour les élections de 1863. — Voyage de M. Garnier-Pagès dans les départements. — L'abstention. — État de l'opinion dans les grandes villes. — Formation de quelques comités. — Candidature de M. Thiers. — Question du serment. — *L'Union libérale*. — Difficulté qu'elle éprouve à se former. — Le parti catholique. — La légitimité. — L'orléanisme. — Le suffrage universel et l'administration. — Résultat des élections dans les départements.

CHAPITRE XIII (1863). — Les élections à Paris. 427

Le parti républicain à Paris. — Ses divisions. — L'abstention. — Les assermentés et les réfractaires. — Le parti du *Siècle*. — Le parti de 1848. —

Le parti des hommes nouveaux. — Le parti des *Cinq*. — Rivalités entre les candidats de la 5ᵉ circonscription. — M. Havin et M. Ernest Picard. — Le comité central. — Réunion chez M. Carnot. — Le comité central ne parvient pas à se fonder. — Le gouvernement s'oppose aux réunions. — Note du *Moniteur*. — La candidature de M. Thiers. — Le *Siècle* ne l'accepte pas. — Première liste des candidats de l'opposition. — M. Havin. — M. Édouard Laboulaye. — M. Émile Ollivier. — M. Ernest Picard. — M. Jules Favre. — M. Adolphe Guéroult. — M. Alfred Darimon. — M. Jules Simon. — M. Eugène Pelletan. — M. Édouard Laboulaye se désiste en faveur de M. Thiers. — Le *Siècle* se décide à soutenir M. Thiers. — Maladresse de M. de Persigny à combattre cette candidature. — Sa circulaire aux préfets. — Sa lettre au préfet de la Seine. — Paris nomme tous les candidats de l'opposition. — Effet du vote du 31 mai sur l'Europe. — M. de Persigny est obligé de donner sa démission. — Changement de ministère. — M. Billault ministre d'État. — Sa mort. — Il est remplacé par M. Rouher. — Voyage de l'Impératrice en Espagne. — Napoléon III propose un Congrès aux puissances. — Emprunt de 300 millions. — Avortement du Congrès. — Fin de l'année 1863.

CHAPITRE XIV. — L'ANNÉE 1864 ET LA SESSION. 468

Commencement de l'année 1864. — Réceptions aux Tuileries. — Arrestation de quatre Italiens. — Élections partielles à Paris. — Comité de la réforme électorale. — Candidatures de MM. André Pasquet, Carnot, Laboulaye, Pinard, dans la 1ʳᵉ circonscription. — Candidatures de MM. Garnier-Pagès, Bancel, Théodore Bac, Renan, Vautrain, Hugelmann, Frédéric Morin, Jules Alix, Jules Ferry dans la 5ᵉ circonscription. — M. Tolain, candidat-ouvrier. — MM. Carnot et Garnier-Pagès sont élus.

Session de 1864. — Sénat. — Discussion de l'adresse. — Elle ne dure qu'une séance. — Pétition contre les progrès de la démoralisation.

Corps législatif. — L'emprunt de 300 millions. — Discussion de l'adresse. — M. Thiers. — Les libertés nécessaires. — L'abolition de la loi sur les coalitions. — L'amendement sur la presse. — Discours de M. Jules Simon. — Le Mexique. — Présentation de l'adresse à l'Empereur. — Sa réponse. — Élection de M. Bravay. — Discours de M. Eugène Pelletan. — M. E. Ollivier est nommé rapporteur de la loi des coalitions. — Sa défection. — Scène entre M. Jules Favre et lui. — Discussion du budget. — Le Mexique. — La presse. — Discours de M. E. Picard. — Vive discussion entre lui et M. de Morny. — La liberté électorale. — Discours de M. Garnier-Pagès. — Clôture de la session.

Suite et fin de l'année 1864. — Interdiction de lectures publiques au bénéfice des Polonais. — Interdiction du banquet en l'honneur de Shakspeare. — Réception de M. Dufaure à l'Académie française. — Procès des Treize. — Fondation de la Société internationale des travailleurs. — Convention du 15 septembre. — M. Vuitry est nommé ministre président le Conseil d'État. — Lettre de M. de Persigny à M. de Girardin. — Le gouvernement le fait tancer par le *Constitutionnel*.

CHAPITRE XV (1862-1864). — AFFAIRES DE POLOGNE ET DE DANEMARK. 526

Affaires de Pologne. — Le grand-duc Constantin est nommé vice-roi de Pologne. — Attentats sur la personne du marquis Wielopolski et du grand-duc. — Napoléon III et l'insurrection. — L'embarras qu'elle lui cause. — Le recrutement en Pologne. — Le commencement de l'insurrection. — Répression de Mourawiew. — Les cabinets des Tuileries, de Londres et de Vienne, dans la question polonaise. — Négociations avec la Russie. — Le prince Gortschakoff y met fin cavalièrement. — La journée des princes à Francfort. — Son influence sur la question polonaise et sur celle des duchés. — Situation du Danemark en 1862. — Dépêche de Gotha. — Négociations diplomatiques. — Un nouveau prétendant. — Concessions de Christian VIII. — La Prusse et l'Autriche les repoussent. — Causes de ce refus. — Influence de certains passages du discours d'ouverture du Sénat et du Corps législatif. — Le Congrès est rendu impossible par l'opposition de l'Angleterre. — M. de Bismarck et l'Angleterre. — Les petits États reconnaissent le prétendant. — L'Europe et le Danemark. — Démembrement de la monarchie danoise. — Traité de Vienne.

FIN DE LA TABLE DES MATIÈRES DU TROISIÈME VOLUME.

PARIS. — IMPRIMERIE DE E. MARTINET, RUE MIGNON, 2.

www.ingramcontent.com/pod-product-compliance
Lightning Source LLC
Chambersburg PA
CBHW060754230426
43667CB00010B/1563